本书属教育部人文社会科学一般项目"价值观的先验结构及其生成的内在程序研究"（12YJA720023）的最终成果。本书出版得到东南大学江苏省中国特色社会主义理论体系研究基地资助。

价值理性批判
价值观念生成的先验程序和先验结构研究

孙志海／著

Critique of Value Reason

RESEARCH OF
A PRICRI PROCEDURES AND
STRUCTURES FOR THE
FORMATION OF VALUES

中央编译出版社
Central Compilation & Translation Press

图书在版编目(CIP)数据

价值理性批判：价值观念生成的先验程序和先验结构
研究 / 孙志海著. —北京：中央编译出版社, 2017.6

ISBN 978-7-5117-3327-6

Ⅰ. ①价… Ⅱ. ①孙… Ⅲ. ①价值论(哲学)-研究
Ⅳ. ①B018

中国版本图书馆 CIP 数据核字(2017)第 094677 号

价值理性批判：价值观念生成的先验程序和先验结构研究

出 版 人：	葛海彦
出版统筹：	贾宇琰
责任编辑：	王丽芳
责任印制：	尹 珺
出版发行：	中央编译出版社
地 址：	北京西城区车公庄大街乙 5 号鸿儒大厦 B 座（100044）
电 话：	(010) 52612345（总编室） 　 (010) 52612349（编辑室）
	(010) 52612316（发行部） 　 (010) 52612346（馆配部）
传 真：	(010) 66515838
经 销：	全国新华书店
印 刷：	河北下花园光华印刷有限责任公司
开 本：	710 毫米×1000 毫米　1/16
字 数：	426 千字
印 张：	27.75
版 次：	2017 年 6 月第 1 版
印 次：	2017 年 6 月第 1 次印刷
定 价：	88.00 元

网　　址：www.cctphome.com　　　邮　箱：cctp@cctphome.com
新浪微博：@中央编译出版社　　　微　信：中央编译出版社（ID：cctphome）
淘宝店铺：中央编译出版社直销店（http://shop108367160.taobao.com）　　(010)55626985

本社常年法律顾问：北京市吴栾赵阎律师事务所律师　闫军　梁勤
凡有印装质量问题，本社负责调换。电话：(010)55626985

前　言

　　本书是一个综合型、原创性研究，重构了价值理论体系，并几乎重构了整个哲学理论体系。第一部分《导言》。首先阐明本书所说的先验研究和理性的含义，试图将传统哲学中"先验"和"理性"概念使用的混乱景象清晰地呈现出来，为本书准确把握自己的议题和研究方法清理了地基。第二部分《价值哲学概念体系和理论体系的反思与重构》。阐明了价值研究长期陷入混乱、停步不前的第一个方面的重要原因是语言逻辑不清。借助语言逻辑分析和现实生活分析相结合的方法，澄清了价值理论普遍存在的内在逻辑混乱的表现及原因，重构了哲学和经济学的价值理论体系和概念体系，并使二者合二为一。第三部分《价值观念形成的先验程序和先验结构》。价值研究陷入混乱第二个重要原因是缺乏自己的认识论基础，受到科学认识论的长期干扰。这部分首先阐明了科学认识论与价值认识论的基本区别之一是研究样本的区别。提出了"价值经验"这一概念，重构了经验论。在新的经验论基础上阐明了价值观念生成和延伸的先验程序。为了阐明新的经验论和价值观念形成的心理机制，我们提出了新的生命存在论假设。其次，阐明了价值思维和科学思维的运思方式、路径和特征及二者的关系。由此，我们顺利破除了科学哲学、科学认识论对价值哲学、价值认识论的侵凌，在使价值认识论、价值理性获得独立形式的同时，完成了对传统哲学，尤其是认识论哲学的核心批判。在上述研究中，我们穿越了科学、哲学和宗教之间的界限，东方文化和西方文化之间的壕沟，为系统全面地理解人类的认知方式、知识体系提供了新的思想资源。

目 录

导 言 ………………………………………………………………… 1
  一、先验 …………………………………………………………… 2
  二、理性 …………………………………………………………… 7
  三、本书的写作方式 ……………………………………………… 16
  四、本书的主要内容 ……………………………………………… 20

上 篇　价值哲学概念体系和理论体系的反思和重构

第一章　"价值判断"的内涵与外延的冲突 ………………………… 33
  第一节　价值哲学研究对象的错位 ……………………………… 33
  第二节　价值哲学研究对象错位的原因 ………………………… 36
    一、价值哲学研究对象错位原因 …………………………… 36
    二、价值哲学研究对象错位的危害及深层原因 …………… 42
  第三节　解决问题的基本态度和方法论原则 …………………… 43
    一、现实生活对理论的优先原则 …………………………… 44
    二、逻辑对理论的优先原则 ………………………………… 47
    三、现实生活的逻辑分析必须与语言概念的逻辑分析相结合 … 50
  第四节　推进研究的突破点 ……………………………………… 53
    一、价值研究要从原子价值命题出发 ……………………… 54
    二、复合性价值判断的形成及其研究方法 ………………… 57
    三、区分为原子性价值判断和复合性价值判断的理论意义 … 59

第二章 价值判断与伦理规范、道德判断的关系 ········ 61
第一节 价值判断与伦理规范的关系 ········ 61
  一、伦理规范不属于价值判断 ········ 62
  二、伦理规范的形成条件和本质 ········ 63
第二节 伦理规范与道德判断的关系 ········ 64
  一、伦理规范不是道德判断 ········ 64
  二、"道德规范"是一个多余的概念 ········ 65
  三、伦理判断和道德判断社会功能的异同 ········ 66
第三节 道德问题的本质 ········ 69
  一、道德问题的由来 ········ 69
  二、德性的本质 ········ 73
  三、德性的价值 ········ 73
  四、道德学的核心研究对象应该是德性 ········ 74
第四节 价值学和价值哲学的问题体系和社会科学的学科体系 ········ 75

第三章 价值判断的语法形式与价值判断词 ········ 77
第一节 价值哲学的第一个经典教条的谬误 ········ 77
第二节 价值判断、伦理判断和道德判断的语法形式 ········ 78
  一、价值判断的语法形式 ········ 78
  二、伦理规范和伦理判断的语法形式 ········ 80
  三、道德判断的语法形式 ········ 80
第三节 价值判断词、伦理判断词和道德判断词 ········ 81
  一、价值判断词 ········ 81
  二、伦理判断词 ········ 84
  三、道德判断词 ········ 84

第四章 价值判断与事实判断的关系 ········ 87
第一节 价值哲学的第二个经典教条的谬误 ········ 87
第二节 阐释"事实"的两条思维路径 ········ 89

一、理论建构的两种思维路径 …………………………………… 89
　二、两种思维方式的基本特征 …………………………………… 92
　三、"事实"的基本特征 …………………………………………… 95
第三节　"主观性和客观性"语义分析 ……………………………… 97
　一、主体和客体 …………………………………………………… 97
　二、主观的与客观的、主观性与客观性 ………………………… 105
　三、主观与客观 …………………………………………………… 109
　四、事实和价值的主观性和客观性 ……………………………… 110
　五、经验、事实与属性的主客体间性 …………………………… 111
第四节　价值哲学的第三个经典教条的谬误 ……………………… 111
　一、价值判断都不具有规范性，且也有描述性的 ……………… 112
　二、"属性"的本质 ………………………………………………… 113
　三、价值属性类概念都是价值判断词 …………………………… 115
　四、经验、事实、属性与事物的关系 …………………………… 116
第五节　价值命题的推理规则 ……………………………………… 119
　一、价值哲学的第四个经典教条的谬误 ………………………… 119
　二、事实判断、价值判断、伦理判断和道德判断之间的关系 … 120
　三、研究价值命题的推理规则的前提 …………………………… 120
　四、价值命题的推理规则 ………………………………………… 121

第五章　价值现象和经济学价值理论概念体系 …………………… 124
　第一节　从价值观念到价值现象 ………………………………… 124
　　一、价值现象的两种用法 ……………………………………… 124
　　二、价值现象的内在结构 ……………………………………… 125
　　三、价值现象的主体性和主观性 ……………………………… 130
　　四、价值现象的客观性和客体性 ……………………………… 131
　　五、价值学与价值现象的关系 ………………………………… 131
　第二节　经济学价值概念体系的逻辑混乱 ……………………… 132
　　一、经济学中"价值"使用乱象 ……………………………… 132

二、经济学价值概念体系的逻辑分析 ………………………………… 138
　第三节　经济学价值概念体系的自然含义和延伸含义 ………………… 140
　　一、经济学价值概念的自然含义 ………………………………………… 140
　　二、经济学价值研究思维路径的延伸与"价值"学术含义的演变 … 141
　第四节　经济学价值理论概念体系的整改建议 ………………………… 147
　　一、整改的基本原则 ……………………………………………………… 147
　　二、整改建议 ……………………………………………………………… 148

第六章　价值的本质和价值哲学的概念体系 ………………………………… 154
　第一节　"价值"和价值哲学的本质 …………………………………… 154
　　一、价值的"本质" ……………………………………………………… 154
　　二、价值哲学的本质 ……………………………………………………… 155
　第二节　价值哲学的概念体系 …………………………………………… 156
　　一、价值哲学概念体系的本体论陈述方式 …………………………… 156
　　二、价值哲学概念体系的认识论陈述方式 …………………………… 156
　第三节　价值定义之乱象及原因分析 …………………………………… 157
　　一、各种价值定义的差异和集体缺陷 ………………………………… 157
　　二、各种价值定义方式差异的重要原因是研究样本选择的不同 … 162
　第四节　阻碍人们接受"价值就是价值判断"的原因 ………………… 162
　　一、实体化思维习惯 ……………………………………………………… 163
　　二、对观念的主观性的误解 …………………………………………… 164
　　三、对价值判断统一性的追求 ………………………………………… 165
　　四、对价值追求的误解 ………………………………………………… 168

下　篇　价值观念形成的先验程序和先验结构

第七章　价值观念形成的先验程序的研究方法 …………………………… 173
　第一节　从经验出发 ……………………………………………………… 174
　　一、从经验出发就是从现实生活出发 ………………………………… 174
　　二、新经验必然导致新发现 …………………………………………… 174

目 录

第二节 静观体验法及其带来的新经验和新发现 …… 175
一、内省或内观体验法 …… 175
二、各种内省或内观方法之异同 …… 177
三、静观体验法 …… 180

第三节 气功和中医带来的新经验和新发现 …… 184
一、太极拳和气功给我带来的超常体验 …… 184
二、中医带来的体验 …… 184

第四节 再论语言逻辑分析与现实生活分析相结合 …… 186
一、创造新概念解释新经验 …… 186
二、合理分层，科学阐释价值观念不同层级之间的关系 …… 187
三、坚持认识论研究方式，不忘本体世界的存在 …… 188
四、坚定科学信念，践行求真务实精神 …… 188
五、本部分的写作方式 …… 189

第八章 经验的种类 …… 191

第一节 经验的第一级分类 …… 191
一、身体感受 …… 192
二、心智感受 …… 192
三、身心感受 …… 192

第二节 经验的第二级分类 …… 194
一、身体感受的分类 …… 194
二、心智感受的分类 …… 194
三、身心感受的分类 …… 201

第三节 经验的第三级分类 …… 201
一、身体外部感官经验 …… 201
二、身体内部感官经验 …… 202

第四节 经验的第四级分类：科学经验和价值经验 …… 203
一、视觉经验的两类信息 …… 205
二、听觉经验的两类信息 …… 205

三、触觉经验的两类信息 ………………………………… 205
　　四、嗅觉经验的两类信息 ………………………………… 206
　　五、味觉经验的两类信息 ………………………………… 206
　　六、科学经验和价值经验 ………………………………… 207

第九章　各类经验形成的机制 …………………………… 209
　第一节　身体外部客体感官经验形成的过程 ……………… 209
　　一、感官感应 ……………………………………………… 209
　　二、心智觉知 ……………………………………………… 210
　　三、人类意识的两个阶段或层面：身体意识和心智意识 … 211
　第二节　感官感应的特点和形成机制 ……………………… 213
　　一、感官感应的主客体间性 ……………………………… 213
　　二、感官感应的差异性 …………………………………… 213
　　三、我们所知道的仅仅是我们的感官所给予的 ………… 215
　　四、客观世界在普通感官经验之外的可能维度 ………… 216
　　五、话语中的世界不是真实世界 ………………………… 217
　第三节　身体内部感官感应的发生机制 …………………… 218
　　一、身体内部的感官感应 ………………………………… 218
　　二、身体内部感官感应变化的决定机制——身体意识 … 219
　　三、身体内部感官经验中的科学经验与价值经验 ……… 224
　第四节　情绪和情感的形成机制 …………………………… 225
　　一、观念诱发情绪 ………………………………………… 225
　　二、观念和情绪协同作用产生情感 ……………………… 227
　　三、情绪与情感的区别 …………………………………… 228
　　四、情绪和情感的功能 …………………………………… 229
　　五、情绪感受和情感体验都属于价值经验 ……………… 234
　第五节　知觉经验 …………………………………………… 234
　　一、知觉经验就是被意识到的感官感应 ………………… 235
　　二、心智对感官感应的加工编码活动 …………………… 236

第六节　对现代科学经验论的反思和重构 ………………… 241
　　一、现代科学经验论形成的意识形态背景 ………………… 241
　　二、经验论功能的演变 …………………………………… 242
　　三、主观经验向客观经验的转换 ………………………… 245
　　四、经验证实原则 ………………………………………… 247
　　五、感觉优先原则与经验证实原则的冲突 ……………… 248
　　六、经验证实原则优先于感觉优先原则 ………………… 251
　　七、新型科学是否可能 …………………………………… 252

第十章　价值观念形成的先验程序和延伸过程（上） ……… 255
第一节　心智系统的分别意识 ……………………………… 255
　　一、心智系统的分别意识的第一阶段 …………………… 256
　　二、事实判断、价值判断和真假判断 …………………… 261
　　三、心智系统的客体信息获取意识——科学思维 ……… 262
　　四、科学思维与价值思维的关系 ………………………… 265
第二节　经验永远为真 ……………………………………… 266
　　一、经验永远为真，错的是对经验的解释 ……………… 266
　　二、经验都是肯定性的，否定性经验不存在 …………… 270
　　三、完整陈述经验的方法 ………………………………… 272
第三节　价值判断和价值追求延伸的先验程序 …………… 273
　　一、第一级价值追求和价值判断的形成 ………………… 273
　　二、第二级价值追求和价值判断的形成 ………………… 277
　　三、第三级价值追求和价值判断的形成 ………………… 280
　　四、第四级价值追求和价值判断的形成 ………………… 286

第十一章　价值观念形成的先验程序和延伸过程（中） …… 290
第一节　心智系统的客观需要与价值判断 ………………… 291
　　一、获取信息的需要 ……………………………………… 291
　　二、分别判断的需要 ……………………………………… 291

三、解释的需要 …………………………………… 292
　　四、分享信息的需要 ……………………………… 292
　　五、合理性需要 …………………………………… 292
　　六、趋乐避苦和趋利避害的需要 ………………… 293
　　七、尊重的需要或名的需要 ……………………… 293
　　八、对心智系统客观需要的价值判断 …………… 296
　第二节　心智系统的自我实现需要及其价值判断 …… 296
　　一、自我实现的需要 ……………………………… 296
　　二、自我实现需要的内核是体验爱 ……………… 299
　　三、与自我实现有关的价值判断 ………………… 305
　第三节　心智系统自我完善、自我超越的需要及其价值判断 …… 306
　　一、自我完善和自我超越的需要 ………………… 306
　　二、自我实现、自我超越的存在论基础和境界表现 …… 309
　　三、走向自我超越、自我实现的道路 …………… 314
　　四、与自我完善、自我超越有关的价值判断 …… 318
　　五、自我实现、自我完善、自我超越需要的客观性、先验性 …… 318
　第四节　超越性价值追求与宗教、哲学的关系 ……… 320
　　一、正确认识宗教的建议 ………………………… 320
　　二、如何正确对待宗教和科学 …………………… 323
　　三、超越性价值追求在价值哲学中的地位 ……… 326

第十二章　价值判断形成的先验程序和演绎过程（下） …… 328
　第一节　审美判断 ……………………………………… 328
　　一、前审美判断即是前价值判断 ………………… 328
　　二、审美判断的延伸程序 ………………………… 330
　第二节　情绪感受在价值观念延伸中的作用 ………… 332
　　一、情绪感受强化价值判断和价值追求 ………… 332
　　二、情绪感受强化审美判断和审美追求 ………… 335
　　三、情绪感受在价值观念延伸中的作用 ………… 336

第三节　情感在价值观念延伸中的作用 ……………………… 337
 一、情感强化价值判断和价值追求 …………………………… 337
 二、情感强化审美判断和审美追求 …………………………… 338
 三、情感与审美观念的延伸 …………………………………… 339
 四、价值观念、审美观念和情感的客体的逻辑延伸路径 …… 341
 五、小结 ………………………………………………………… 342

第四节　价值评价活动 …………………………………………… 344
 一、价值评价活动的根据 ……………………………………… 344
 二、评价活动主体 ……………………………………………… 345
 三、价值评价活动的对象 ……………………………………… 346
 四、主体在价值评价和价值理论中的地位 …………………… 350
 五、评价活动与评价结果的类型 ……………………………… 354

第十三章　价值观念的内在结构 …………………………………… 355
第一节　"价值观念"的内涵和外延 …………………………… 355
 一、"价值观念"使用中的乱象及原因 ……………………… 355
 二、本书所说的价值观念的含义 ……………………………… 358

第二节　价值观念的类型 ………………………………………… 359
 一、价值观念的两种用法：广义的与狭义的 ………………… 359
 二、价值判断的两种形态 ……………………………………… 361
 三、分别判断的六种类型 ……………………………………… 363

第三节　价值观念体系的内在结构 ……………………………… 367
 一、人类的价值观念系统是一个开放的不断进化的自组织系统 … 367
 二、价值观念的演绎过程和先验结构 ………………………… 368
 三、研究各级价值追求和价值判断之间关系的方法论原则 … 372
 四、价值观念体系的结构体系 ………………………………… 379
 五、价值观念系统构成的逻辑规则和研究方法论 …………… 380

第四节　单一价值观念的语言逻辑结构 ………………………… 382
 一、功能性价值判断的逻辑结构 ……………………………… 382

二、感受的分别性价值判断 ································ 384
三、具体事物的分别价值判断 ································ 384
四、价值追求的语法形式及其合理性判断的语法形式 ·············· 385
五、伦理规范的语法形式及其合理性判断的语法形式 ·············· 386
六、价值分别意识的本质 ···································· 386

结　语 ·· 389
一、价值理论体系和概念体系的反思和重构 ···················· 390
二、价值观念生成的先验程序和先验结构 ······················ 409
三、对人类知识整体的反思和重构 ···························· 416

后　记 ·· 420
参考文献 ·· 424

导 言

价值研究在当代学术研究、社会治理和人生规划中的地位日益提高，价值问题成为与科学问题相对的另一个重大实践问题和理论问题，并获得了与科学同等重要的地位，甚至更重要的地位。但人们对价值的理解却存在着巨大的混乱，无数人一旦开始试图去系统地思考价值问题时，立马就发现自己似乎进入到一个迷宫中，路看起来很多，但墙同样很多，找不到出口，无法看清整个宫殿的全图，至多能够看清其一隅。这种现象表现无法为人们在诸多概念、理论中找到前后一致的逻辑联系，无法把与价值有关的基本概念前后左右连贯清晰地联结起来。所以，一旦当人们开始讨论什么是价值、价值观之类的问题时，就陷入无穷的争论，以至于有学者提议不要试图给价值下定义了，我们只研究现实的价值问题就是了。这种理论策略很明显不符合理性本身的需要，不能满足理性的欲求，当然更不能满足生活实践的需求。面对日益丰富复杂的生活，我们的内心越来越焦虑，找不到方向，我们越来越不知道我们为什么活着，如何活着，只是在无可奈何地活着、稀里糊涂地活着。可以说今天的人类已经普遍面临一个"价值魔咒"。因此，人们迫切希望在价值领域的研究能够获得突破，能够把相关的概念和理论澄清，给我们的人生指明方向。

我坚信这个世界是完全规则化的，任何事物无论它多么大，多么复杂，一定存在一套规则将它们整合为一个整体。人类的认知系统、观念系统都同样如此。如果我们一个观念系统很乱，一定是我们没有找到和厘清其中的规则，一定是我们的思维在某处陷入了混乱。而思维的混乱一定是我们使用的概念在某处陷入了混乱造成的。所以，我们对价值问题的研究一定要深入到思维方式和概念分析这一元理论层面，只有当我们把思维的地基清理清爽了，各个概念的疆界划分清楚了，相互间的关系界定清楚了，理论问题也就自然解决了，由此我们才有可能认清、解决现实生活中的无数具体问题。在元理论层面澄清价值和价值观就是本书的意图。

本书之所以把研究的目标聚焦在价值观的生成程序和内在先验结构上，就是为了在元理论层面理清价值理论的概念体系，为阐明各个概念之间的关系提供理论基础和方法论原则。而要实现这个目的，我们就必须在纯粹逻辑的意义上展开研究，即在先验的层面进行研究，而不急于讨论现实生活中的具体问题，即经验性问题。

一、先验

（一）何谓先验

本书所说的"先验"就是"先于经验"的简称[①]。但这个先于经验并不是在宇宙发生的意义上而言的，不是从绝对的意义上研究在经验发生之前人类认知所发生的事情。这是许多人不能正确理解先验哲学的一个主要思维节点。首先，我承认没有经验就绝不会有认识，是一个彻底的经验主义者。其次，我也承认人类之所以会有经验发生，经验之所以能升格为理论，理论之所以会形成一个庞大的系统，是因为我们的心灵（或心智）具有某种能力，这种能力是由一套信息操作程序决定的，是这套信息操作程序的功能体现。这套操作程序是人人皆有的，心智不健全的人只不过是程序的某些部分未得到开发或失灵而已，就像我们所使用的电脑都装有操作系统一样。先验论所研究的就是那套操作系统，就像电脑的 WINDOW 系统。而人们常用的各种应

[①] 先验的另一个含义是在柏拉图和笛卡尔意义上而言的，是指预先存储在人脑中的观念，这些观念的形成与人们现实生活中的经验没有关系，人们在现实生活中的经验只能起到唤起或激发作用，使人们认识到已经存在于大脑中的观念。这就是所谓的天赋观念说。而本书所说的先验是在康德和胡塞尔的意义上而言的，但在研究方法上又不同于康德和胡塞尔。康德、胡塞尔的先验哲学的研究方法是纯粹逻辑思辨的，而我们的先验哲学的研究方法则是思辨和经验的统一。我们首先通过逻辑思辨提出认知的先验程序的存在，然后再通过对经验或体验的分析阐明其先验程序的存在和运作规则。

用程序则相当于各个学科的理论体系，它们虽然也都是一套信息处理系统，但对一台电脑的使用者来说却不是先验的，而是可以根据自己处理信息的需要再安装各种运月程序。

大家都使用电脑，都知道电脑由硬件、软件（其中包括操作系统和应用软件）所构成。硬件相当于人类的中枢神经系统（包括脑组织）、软件就相当于人的感觉系统和思维操作系统，硬件和软件在空间上是融为一体的。但仅有硬件和软件电脑还是无法工作的，只有当有人来操作它，输入信息时，这个电脑才能运作起来。人的感官系统就相当于电脑的输入装置（键盘、摄像机、录音机等各种输入设备），仅有感官系统没有信息输入，人类也无法生产经验、理论等。

对电脑而言，在我们输入信息前，其内在的操作程序都已经安装完毕了。当然，我们也会在后来的使用中根据所输入和处理的信息的需要再安装新的应用程序。也就是说，人的心智与电脑相比相同的地方在于：人们通过感官从外部输入信息时，就已经存在一套信息处理系统了。所以，对一个特定个体来说，这个信息处理系统是先于经验输入的，所以说是先验的。不同的地方在于：人的信息处理系统很可能是一生下来就完备的（安装完毕的），但其功能并不是一开始都能正常运行，而是随着信息的输入和程序的应用而逐步发展起来，表现为我们的认知能力会不断提高，各种开发智力的活动具有成效。因此，人的心智系统应该是一个"刺激—回应"导向型发展系统。即这套程序有一套潜在的功能，其中的某一项功能能否成为现实功能和功能表现如何，取决于它是否被外界环境激发，我们是否经常使用它，所谓"回应"就是我们对外部信息的刺激是否能够积极地、主动地回应。所谓积极、主动地回应就是心智思维的信息加工程序的启动。我们在某一方面思维的信息加工程序越经常启动，功能就越强大，我们越经常地向深入思考，功能也就越强大。因此，心智的潜在功能实现了的状态即我们实际所表现出来的能力，是取决于我们的使用、开发的。大家知道，人脑的潜力是十分巨大的，目前，常人只能开发使用其中的10%左右，所以，我们可以不断开发这个系统的功能。但无论怎么开发也不能超出其潜能限制。所以，人的大脑是用得越多越好用，当然仅低水平的使用并不能开发高层功能。所以，许多人在某些方面功能很强大，比如记忆，但往往忽视其他方面功能的开发，比如逻辑推理、理论建构、反思等，就使其整体智力水平受到限制。而电脑在操作系统安装完毕后，其各个应用程序是后来不断根据需要安装的，使电脑获得各种特定信息的处理能力。同时，对绝大多数用户来说，也很少有人能够把一套程序的功能全部掌握，往往只能用一部分。

当然，本书并不研究如何开发人的心智程序的功能问题，我们只研究一个得到正常开发的心智系统在认知方面的表现，即运作程序和知识生产能力。这就是我们所说的"先验"的基本含义。这个思路和目标与康德、胡塞尔的先验哲学是一致的，只是我们的研究方法有所不同罢了，我们不仅通过思辨的方式，即逻辑推理的方式，来研究人的心智的先验程序，也通过经验的方式来研究这个程序。所谓经验的方式是指我们通过某种心理操作感知或体察到心智的某种程序的运作。这种方式使我们能够超越康德和胡塞尔等先验哲学家对人类认知的先验程序有更深刻更系统的认识。我们所采取的经验方法是静观，静静地观察和感受大脑和身体内部的感受的形成和变化，借此了解心智的先验运作程序。

（二）先验论与经验论、反映论的关系

因此，我们大脑中的每一个观念都实际包括两个部分：一是信息，相当于康德所说的来自自在之物对感官的刺激信息。二是将信息加工成经验的程序（相当于康德的先验感性能力对刺激信息的加工）和将经验加工成该观念的程序（相当于康德的先验知性范畴对经验的加工）。如上所述，程序部分实际上包括两个层面：一是大脑整体的操作系统，二是加工各个学科门类的应用系统。这两类程序是相互配合的，操作系统是平台，适用于所有类型的经验和理论加工。应用系统是专业化操作程序，随经验、知识的变化而变化，但其中的根本规则是由操作系统决定的。所以，许多人有这样的感觉，一行通行行通。这个"通"一定是对该行的知识生产程序和运用程序的"通"，而不仅仅是知识的熟练。那些仅仅是知识丰富和熟练的人无法做到真正的"通"，这个"通"的能力也传递不到其他行当中。所以，面对各种知识系统，我们要像面对电脑中的一个文件（不是程序）一样，知道一个知识系统包括我们输入的信息、操作程序、应用程序三个部分，缺少任何一部分，该

知识系统都不存在，也不能被正确解读。

过去许多反对康德先验哲学的人主要是因为没有理解"先验"之正确含义造成的，误以为讲先验就否定了经验在认识中的源头地位了。当然，这与过去没有电脑这种同类设备有关。康德过去写《纯粹理性批判》很费事，很难懂，也与那时没有直观的同类装置有关。

对观念的生产或知识的形成来说，操作系统、运用程序和信息输入这三者的地位是同等重要的。如果我们说先验哲学研究的是经验加工成知识的心智程序，人们就一定不会反对了。当然，也许有人会说：不对，我们认为所谓先验的加工程序也是在劳动实践和经验中形成的。这就涉及生命进化问题了，超出了本书的讨论范围。① 我们的研究已经假设没有了一个完整的人类生命，该生命包括了人的一切潜能。如果我们这样理解先验论，先验论就是经验论的一部分，二者就是一家人了。因为经验论研究包括三大问题：（1）经验是从何处而来。（2）经验是如何形成的。（3）经验是如何被加工为理论的。近代哲学一开始仅研究第一个问题，洛克开始研究第三个问题，到康德才开始研究第二个问题。这三个问题都属于先验哲学所研究的问题，后来也都成为心理科学所研究的问题。自然科学所研究的一切问题都以承认该对象的存在为前提。所以，先验论是对经验论的深化，完整的经验论必然包括先验论，即程序论。当然，如上所述，我们承认一个人实际开发或表现出的思维能力或思维运作程序是与其过去的经验刺激和思维实践相关的，这也是先验论与经验论并不对立的一个表现。

反映论主要解决的是经验论的第一个问题，仅指经验来源于人心对外部对象的反映，这是经验的一个来源。如前所说，经验本质上有两大来源，外部刺激（信息输入）和心智的先验程序。反映论仅讨论了经验是来自于外部对象，这一点当然是正确的，但当该理论反对先验论时，已经走上了自己的对立面。因为，如果没有人心的某种先验的能力，人心何以能对外部对象做

---

① 人类的心智与生理、行为（实践）系统的关系不能按线性思维方式来理解，一定说是哪一个发展在先。合理的解释三者是平衡发展的，它们之间是互动互助、共同进化的。参见孙志海《人性存在论研究的反思与重构——兼论人的自然属性、精神属性与社会属性的关系》，载《东南大学学报（哲学社会科学版）》，2014年第4期。

出反映？比如，我们对一个人吼一句和对一面墙吼一句，二者的反映能是一样的吗？当然，后来人们又给反映论增加了许多内容，比如能动反映之类的。但这个增加同样也表明人心的某种先验能力的存在。所以，在经验的形成这个问题上，先验论与反映论是一个对子，二者所强调的分别是经验的两大来源，外部刺激和心智能力都是经验构成的基本条件，缺一不可。

所以，先验论是经验论的深化发展，如果一个先验论者否认经验论的科学性，就无法正确地认识自身。当一个先验论者承认外部刺激是经验的一个必然来源时，先验论也就包含了经验论。经验论者如果否定先验论，也就使经验论停留在问题的表面。与先验论完全对立起来的经验论就成为反映论，反映论无法完整地解释经验的形成和理论的形成。

（三）价值观念的先验结构和生成的先验程序

本书所研究的价值观念即是人们常说的价值观①。对一个社会化了的人来说，每个人的价值观都是一个系统，且这个价值观系统并不是杂乱无章地堆积在大脑中的，而是存在一个有序的系统结构。这个结构的主体部分是先验的，即是由人的心智自身程序安排的，具有必然性，只要生活在社会中一定会被激发起来并成功运作的。这个内在结构实际上是由一个内在的先验程序引导和决定的，它使我们的价值观系统不断地从一种价值观念延伸到另一种价值观念，从而形成一个动态的有序结构。即它包括几个部分或几种形态，这些部分或形态之间有着生成性的逻辑关联。也就是说，这个结构是程序性的，是一定会如此的，即是必然的，因此也是先验的。它虽然依赖于经验而展开，但与经验的具体内容无关，所以生活在不同环境下的人，其价值观念具有相同的宏观结构，由此，人们才能相互沟通、相互学习，否则就不可能了。这个结构和程序既存在于每一个人身上，也存在于一个社会的价值观念体系上。因此，价值观的先验结构就与其生成的先验程序是直接相关的，我

---

① 有些人将价值观与价值观念区分开来，目的是想将具体的价值观与价值理论区分开来，这个意图无疑是正确的，但这个区分在语言逻辑上是存在问题的。因为观与观念、论与理论之间的区别是很难一目了然的，很容易给人们的学习、思维带来混乱。我们通常会把观理解为观念的简写，论理解为理论的简写。所以，我们建议将价值观或价值观念视为同一个概念，而把人们对价值观念或价值问题的认识称为价值论或价值理论，这样有利于理论思维的清晰化。

们将通过对价值观念生成的先验程序的研究阐明价值观内部的先验结构。因此，本书的目的非常明了、简单。但要把这个明了、简单的问题阐释清楚则是很难的。

二、理性

（一）科学理性与价值理性的分野

当本书把研究对象直接对准价值观念，要研究价值观念的先验哲学问题时，就引发了一个很严重、很重要的问题。这就是价值观念的生产是否与科学观念的生产有着不同的规律或程序？换言之，是否存在着一个不同于科学理性的价值理性？或在科学思维之外存在一个价值思维？如果存在着一个价值理性或价值思维，价值理性和科学理性之间是否存在某种联系，如果有联系，又是何种关系？对这些问题的回答将对人类的自我认知、科学发展和人生规划都具有极为重要的意义。

目前学术界已经有人提出在人类思维中存在着一个不同于科学思维的价值思维，并认为价值思维的根本特征是评价性思维。评价性思维是不同于科学研究的描述性思维的。这是关于价值理性存在的一个简单描述。我完全赞同这个观点，本书的意图就是要把二者的区别与联系阐释清楚：以科学的态度、科学的思维方式将价值思维、价值理性阐释清楚，将价值理性和科学理性区分开来①。当我们将这个问题阐释清楚后，也就自然将价值观念的先验结构及其生成的内在程序阐释清楚了。因此，本书本质上是研究价值思维、价值理性的，是关于价值思维、价值理性的系统研究。但为了把这个问题研究清楚，我们还必须不断地回到科学思维和科学理性问题上，通过澄清二者的边界和关系来澄清价值理性和科学理性。如果我们认为康德当年所提出的"科学何以可能"是关于自然科学的一个追问，那么本研究就可以说是对"价值科学何以可能"这个问题的探讨，是关于价值理性的一个系统解答。

因此，要想将价值思维阐释清楚，我们就必须对传统的认识论哲学进行系统的、彻底的反思，在将价值认知从科学认知的解释范式下独立出来的同

---

① 我们同时也以价值思维来评价和认识科学思维。所以，两种思维是相互关联的，可以相互认识，互为对方的认识对象。

时，给二者划界并澄清二者之间的关系，为此就必须重新描述科学思维的路线图，即将科学观念的先验结构及其生成的内在程序也同时清晰地描述出来。当我们这样想时就意味着我们要对科学理性或科学思维这个概念进行重新界定，对"理性"这个概念重新描述和界定。

众所周知，近代以来，人们高举理性的大旗，但在不同语境下人们所说的理性并不相同，其中至少有五种用法，存在五种大的使用语境和五种含义。

（二）理性的第一个含义

理性是指知识的一种来源，是相对于启示而言的，特指根据人的感官经验通过逻辑思维加工而获得知识的途径和能力。为了区分的方便，我们称之为理性 1。当人们说信仰高于理性时，或理性高于信仰时，所说的理性就是指一种特定的认知方式，即知识来源的方式和途径：它是人们基于自己的感觉经验和运用逻辑思维加工获得知识的途径，我们简称为**经验—逻辑理性**。人们所说的理性真理、理性科学中的理性都是这个含义。这个理性是名词。正是在这个意义上，人们将基于自己的经验所获得的一切观念、理论都视为理性知识范畴，而那些并非通过人类经验和运用逻辑思维加工而获得的知识，在西方被称为启示，在东方则被称为神通或顿悟等。

所谓启示是指这样一种信息或观念来源途径：一个人是通过一种其他人不可见、不可重复的途径获得的信息、观念（指信息、观念的内容），即非源于自身经验或思维而获得信息或知识。比如摩西所获得的关于"十诫"的信息和观念。按《圣经》的说法，摩西是通过听觉感知上帝的声音和视觉看到上帝在火光中，获得"十诫"信息的，但这些信息的内容却并非摩西基于自身经验和运用思维加工经验而获得的。像摩西这种能获得自身经验和思维之外信息或观念的人，在西方传统中被称为先知，即神的信使。西方人相信神是通过这个人将信息传递给人的。犹太教、伊斯兰教中都存在此类先知，也因此这些宗教被称为启示性宗教。

在东方传统中，则存在着某些特殊人物，即所谓的圣人，能够不通过普通的感官经验和理性思维而获得某种特殊的信息和观念，比如慧能没有通过任何学习，也没有任何经验和思维，就能听懂并讲解被释迦牟尼称为万经之王的《金刚经》。这种知识来源途径在东方被称为"悟"或"顿悟"。在东方还有这种说法,说某些人能够通过非正常人的感官获得特殊信息或观念,比如看到别人看不到的东西,听到别人听不到的声音,或者获得指示等。这些在东方被称为神通:通神之术,但有些时候也被称为巫术、法术等（取决于人们的态度是褒还是贬）。顿悟、神通或巫术等都是与理性相对的**非经验—逻辑认知途径**。当然,有许多人根本就不承认这些所谓的非"经验—逻辑"认知途径的存在。我们这里只做现象的陈述和分析,不做存在论的探讨。

过去人们一般将信仰与启示等同,其实二者是不同的东西。启示是指知识（信息或观念）来源的途径,而信仰则是指人们对待知识（信息或观念）的态度,指人们不是基于自身经验和思维就直接相信某人的言论是真实的。在过去信仰的内容往往是与人们的日常经验冲突的,或日常经验无法提供任何经验支持的,后来泛指对所有观念的一种非经验—逻辑性相信态度。比如对某位先知所言说的启示的相信,或对某人所陈述的观点、故事的相信,比如佛教徒对佛经的信任,基督徒对《新约》的相信等。佛经所记载的都是释迦牟尼的故事和言语,新约记载的则是耶稣的故事和言语。在过去很长时间,人们通常将信仰与宗教联系在一起,主要是因为各种宗教中都包含着我们日常经验无法提供经验支持的信息、故事。比如童女怀孕、死而复活、白日飞升、各种佛法神通等。我们把此类普通人的日常生活所无法获得的经验或事件称为神秘体验、神秘经验或神秘之事。所谓神秘就是指日常经验所没有,理性无法正常理解、解释的信息、现象和观点。中国人为了把此类经验、故事与日常经验区分开来,把与此类事件相关的知识、理论、观点等统称为玄学。玄者悬也,意思是很悬,从人们的经验看来没有边际、无法把握;也指要把这些东西悬置起来,不要试图以经验—逻辑的方式来理解。在历史流传过程中,这些启示或顿悟与各种神秘体验、神秘故事一起被演绎成一种宗教内容的一部分。

所以,启示与信仰是不同的,启示是指观念的来源,信仰是指对观念的态度,且主要指对那些包含神秘故事的观念体系的态度。由此,启示、信仰都与宗教紧密联系在一起。由此,启示、信仰、宗教都被置于与理性对立的位置上,而理性与科学则被置于同等的位置。

在宗教界,对信仰者来说,由于他不能直接根据自己的经验和思维获得相关的信息、生产相关观念，所以就直接相信他所面对的信息和观念为真。因为，人们除了相信之外别无他法，是一种无奈的选择。但这种选择只是理性的一种理论策略，而不一定是真正的心理事实。事实上，每个信仰者面对他所信仰的信息和观念，心智系统都会产生无数次的怀疑，即使他或她如何坚称自己是信仰的。如何克服这种怀疑是对每个信仰者的考验。历来都有许多信仰者不能顺利消除这些怀疑，往往会因此承受许多痛苦，甚至会最终放弃信仰。因为，理性是人类最基本、最普遍的信息和知识来源，我们的心智本质上是一个经验—逻辑系统，它会对所有与自己的经验和逻辑不一致的信息、观点持怀疑或否定态度，这是不以人的意志（我们的主观愿望）为转移的。让一个人真的相信（没有丝毫怀疑）与理性不一致的信息和观念，是很困难的。所以，那些具有坚定信仰的人往往是能够从自己的经验和思维中获得支撑的人，即自己具备某些重要经验（比如神秘体验），或自身通过经验—理性获得的某种知识能够支撑其所相信的启示或观念体系是真实的，后者就是神哲学的信仰价值。因此，真正的信仰者也分为神秘派和理性派，在宗教内部也会出现信仰与理性对宗教生活孰高孰低、孰重孰轻的争论。这就是基督教神学内部最重要的争论产生的原因，在佛教中也有类似的分化。而那些没有获得神秘经验支持和理性支持的人的信仰常常会动摇不定，很容易成为伪信者。

所以，在知识来源上，从原创性的或观念的生产上看，与理性相对的是启示，而不是信仰。信仰只是指人们面对一个启示观念时的态度，或面对一个包含神秘经验的故事、理论体系时的态度。即信仰是在启示、故事和观点传播过程中发生的，是人们面对自己无法获得的经验或信息、无法重复的故事、无法亲自验证的理论时所采取的一种接受、认同态度：我就是相信，虽然没有充足的经验和合理的逻辑思维支持，即没有充足的理性支持。

同样，我们也可以说理性与科学也是一体的，这个一体的含义同样包括两个方面：一是从科学的原创的角度看，科学理论是理性的产物①。二是从科

---

① 这是一个不严格的说法，因为，在许多重要的科学发现中，灵感、顿悟等有时也会起到很重要的作用。灵感和顿悟中没有经验或逻辑思维，所以，人们也把那种认同灵感和顿悟存在或相信由此产生的观点的态度称为非理性。

学理论的传播角度看，一个人相信科学理论也是根据理性原则进行的，他因自己也能获得相关经验和进行相关的逻辑思维而确信该理论是真实的或错误的。所以，从严格的意义上讲，理性、科学与信仰都是对立的。但在现实生活中，许多人并不按这个语言游戏规则使用信仰这个概念，他们会强调自己信仰科学（集合的意义上的科学）。当他这样自我表达时，其准确意思是：我反对或不相信宗教或一切神秘之事。这是一种肯定否定式表达方式，以肯定对立面的方式来表达自己对某种对象的否定。同样，也有一些人说自己信仰某种科学理论或某一理性理论体系，此时"信仰"的含义只是"相信"的加强版，而不同于宗教信仰之信仰。但这种表达会对当事人自身造成严重的误导。因为，首先，理性的基本特征就是反思性、批判性，由此使理性科学不断获得发展和完善。一旦我们对某一理性理论采取信仰的态度，就等于剪去了理性的翅膀，使其失去了继续飞翔的能力。其次，由于所有的理性理论都是基于经验形成的，所有基于经验的理论都不具有逻辑必然性。所以，当一个人选择信仰某一理论时，就表明他放弃了对该理论相关经验和思维成果进行理性判断的责任，也就放弃了发展和完善该理论的责任。再次，面对飞速发展的世界，尤其是人类社会，当一个人放弃发展和完善自己所知的理论时，也就等于放弃了自己适应世界和社会的机会。所以，我们就很自然地发现，所有以信仰的态度对待某种理论的人，在该理论面前都是保守主义者，面对日新月异的现实生活，往往失去适应能力，甚至变成社会变革的敌视者，成为历史发展的绊脚石。而那些能以开放的心态对待自己过去所知、所相信的理论的人，在社会变革面前，往往能够"解放思想、实事求是、与时俱进"，成为历史发展的促进者和弄潮儿。"改革开放"不仅是我们对待社会现实的正确态度，也是我们对待一切理论的正确态度。

（三）理性的第二个含义

指逻辑思维，是与感官经验相对而言的，所针对的是人类经验—逻辑理性认识的不同阶段、不同能力和认识成果的不同形态。我们称之为理性2，是理性1的一个环节。即理性1＝经验＋理性2。在这个层面，理性有三种用法：

（1）动词，指逻辑思维这种认识活动，相对应的是感官感觉（动词）这种认知活动。

(2）名词，是指人的逻辑思维这种认识能力，人正因有理性逻辑思维能力才能进行逻辑思维这种活动。与之相对的是感官感知这种认识能力。比如，"我闻到了花香"，其中"闻"就表明人有一种感知能力，它在进行一种感知活动。我为什么能够闻到花香呢？因为我有闻这种感觉能力。"我在思考花为什么会是香的"，其中的思考是一种活动。同样，人之所以能够思考是因为人有一种思考能力。感官感知能力和理论思维能力都属于心智的先验程序的功能表现。

（3）形容词，完整的说法是"理性的"，是指人的理性思维能力通过自身的思维活动所获得的知识的性质：是理性的而非感性的，即没有停留在感觉经验层面，而是经过了逻辑思维加工的，与感性的相对。比如，我们说某一观点是理性认识而非感性认识中的理性就是指理性的。在这个意义上，人们对一种观念、理论或认识的性质的划分方法是二分法。所以，当我们在与感性相对而言说理性时，就是指它不再是纯粹经验性的、感性的，是经过逻辑思维加工后获得的认识。

所以，在逻辑思维这个意义上，理性首先是一种能力，其次是一种活动（作为过程是动词，作为命名是名词），再次是其所生产的知识的性质。与之相应，感性也有三种含义。首先是一种能力，其次是一种活动（作为过程是动词，作为命名是名词），再次是其所生产的知识的性质，我们通常将通过感官所获得的经验称为感性经验。为了区别，我们称这个感性为感性1。

（四）理性的第三个含义

指价值理性。在现实生活中，我们通常把一个很会进行价值判断、利益计算、按利益最大化原则进行选择和行动的人称为理性人；而把不善进行价值判断、利益计算或不按趋利避害原则和利益最大化原则行事，而仅凭自己的情感冲动或个人兴趣而进行选择和行动的人称为非理性的，或说该人没有理性、理性不足等。现代经济学、哲学、政治学等一切社会科学所假定的理性人都是指具有这种能力、能够进行这种思维、按这种思维结果进行选择采取行动的人。这种理性实际上就是指价值理性。

价值的判断也即利益的判断，判断什么东西是有价值的，也就是判断什么东西是利益。价值选择也即利益的选择，是行为选择的前提。人类之所以存在价值选择这种能力和行为，是因为人类绝大多数需要都可以被多个乃至无数对象所满足，比如保暖是人的需要，能够给人们提供保暖价值的东西很多，所以，在某个时间、地点，我们需要从中进行挑选。由于人的理性具有**极致化倾向**，即倾向于按照自己的原则把事情做到自己能力的极限，直到遇到外部的阻碍或内部能力的限制。这种极致化倾向在价值选择中就表现为两利相权取其大、两害相权取其轻，即利益最大化或福利最大化能力。所谓利益最大化就是以最小的代价满足最多的需要。因为我们获得满足需要的对象是需要付出劳务、痛苦、牺牲等代价的，在市场经济社会则都可以用货币统一衡量，即付出金钱的代价。同时，一个对象也可能满足我们许多种需要，比如衣服就不仅仅是为了满足保暖的需要，还具有其他多种价值，不同的衣服所具有的价值也是不同的，因此我们才发展出一个极为昌盛的服装业。

在价值判断和价值选择之间还有两个基本环节。一是价值追求的形成。当我们的理性对某物的价值做出判断之后，随即就会形成一个价值追求：是有用的、好的、善的，我就要得到、保有；是无用的、坏的、恶的，我就要扔掉、远离、破坏。价值追求是价值思维过程的重要一环，是从价值判断到实践活动的中介环节。除极少的无意识活动外，人类所有的实践活动都是包含价值追求的活动，因此也都可以称为价值实践活动。二是价值计算能力和计算行为，即人还有计算价值的能力，这个能力属于逻辑思维能力中的计算能力的一部分。如果没有价值计算，人们的行为决定就会变得很简单，能满足需要就行，遇到什么就用什么，这样就没有选择了。正是由于人有价值计算能力和计算行为的存在，人才有选择能力，人的行为才变得复杂，社会变得复杂。价值计算作为心智的一种能力属于逻辑思维能力的一部分，也属于价值理性的一部分。

人们之所以会提出价值理性这一概念，是因为人们发现我们在进行价值思维时所遵循的思维程序是不同于一般的科学思维的，目前大家公认的是价值思维中存在一个以主体自身需要为标准的评价过程，这是人们过去所研究的逻辑思维过程中没有的。

上述所说的价值理性可以视为狭义的价值理性，也是价值理性真正的、最准确的含义。在以往的研究中，人们通常把与伦理现象和道德现象有关的问题也视为价值问题，我们认为这些问题是价值问题的延伸现象，既与价值理性相关，也与一般理性相关。为了与传统衔接，我们将包含伦理和道德问题的价值理性称为广义的价值理性，相关的价值问题称为广义的价值问题，相应的价值观念也就是广义的价值观念。本书的研究对象主要是狭义的价值理性的运作程序及相应的狭义的价值观念，同时阐明狭义的价值理性与广义的价值理性的关系。

那么，价值理性与科学理性是何种关系呢？我们认为二者是并列的但相互影响的关系。科学理性是指形成科学理论、从事科学研究活动的认识能力，价值理性是指人的价值认知能力，包括形成价值判断、价值追求的能力和进行价值计算、价值选择的能力。最初人们所讲的理性都是指科学理性，将理性与科学等同起来，即认为理性运作所生产出来的观念一定是科学理论、科学知识。但后来人们发现不是这样的，理性运作也可产生价值观念、价值追求、价值计算和价值选择。为了区别二者，人们把理性思维又区分为科学思维和价值思维。由于二者皆属于理性思维范畴，所以，也称科学理性和价值理性，价值理性的对立面是科学理性，二者同属于理性1。我们之所以说二者同属理性1，是因为二者思维运作的区别从经验阶段就开始了，而不仅发生在逻辑思维阶段。阐明二者区别，是本书的核心内容之一。为了区别，我们称科学理性为理性3.1，价值理性为理性3.2。二者都是理性1的一部分，但并不是决然对立的两部分，而是相互交叉的两个部分。

（五）理性的第四个含义

指人的一种存在方式。是对人性的一种存在论陈述，即指人是理性的存在者，其极端表现就是认为人的本质就是理性，我们称之为理性4，与非理性主义相对。这个理性包括两个方面：一是指人类拥有的一种能力、特性，即具备经验—逻辑思维能力。二是指人还拥有根据这种能力所产生的知识进行生活的一种生存方式。即理性4是从存在论的意义上表达的理性1。即人类理性有两种表达方式：一种是指认知方式，一种是指存在方式。非理性主义也有不同形态，与理性4相对的非理性主义是指这样一种哲学系统，它认为人的本质是意志，人是在意志指导下生活的，是针对理性主义者认为人是按理性观念生活这种哲学的。但当人们指认这种所谓的唯意志论哲学为非理性主义哲学时，其含义并不是说该哲学不是基于经验按照逻辑思维原则建构起来的，也不是指人们在建构该理论体系时没有遵循逻辑思维规则，同样也不是指该理论不承认人具有利害的理性计算能力，而是指该理论在对人的存在方式进行研究时，强调人的意志等方面超过强调人的逻辑思维、理性计算等方面，将逻辑思维和理性计算视为意志，实现自己的辅助工具。这个意志实际上就是生命冲动、意愿（will）、欲望（desire）等，为了方便，我们称这个意义上的意志（意愿）为意志1。

（六）理性的第五个含义

指人的一种行为特性或人格特征。指一个人具有一定的意志力、忍耐力、承受力，能够使自己克服各种痛苦和障碍坚守、实践自己的信念、原则、计划，而不受自己的情绪、情感、眼前利害的影响。即其践行信念、原则、计划的能力很强，从而使自己的生活状态不受或很少受自己情绪、情感的影响。而要达到这种状态需要一定的意志力。所谓意志力即抵抗情绪、情感和眼前利益的干扰能力，因为人们的情绪、情感和眼前利益都会影响人们践行自己信念、原则和计划的能力，将人们的行动引导到引发情绪、情感的事物上或眼前的利益上。比如，一个学生本计划晚上要好好学习，完成作业；但实际上因抗拒电视吸引力的能力太弱，一直在看电视而没有完成作业。这种情况就是意志力薄弱的表现，人们通常也认为这是理性能力不足的表现，是执行理性规划能力低的表现。所以，这种理性与意志、意志力直接相关，是以意志力的存在为根本的，是由意志力的强弱决定的。意志力越强的人，在思维和行为上就会越坚定，就显得越有理性。所以，在这个意义上，意志力是属于理性的，是理性生活方式的根基、决定性力量。为了方便，我们称这个理性为理性5，这个意志力为意志2。这个理性实际上是理性1的实践论形态。与之相应，人们把意志力弱的人称为感性人，把这种行为方式称为感性的。当然，被视为感性的人，也并非没有理性和不受理性观念的指导，而仅指其抑制诱惑、抗拒压力的能力比较弱而已。这个感性，我们称为感性3，指情绪、情感、心力低这样一种行为特征或人格特征。我们常说西方人比中国人理性，所指的就是这个含义。就概率而言，西方人相比中国人更能坚持原则、坚守信念，而中国人则更容易因情感、利益等因素而放弃自己的原则和信念。

所以，这个理性的含义与认知方式、逻辑思维、价值理性等都相关，但所指却又不同。它实际上与人的人格特征、心理动力类型直接相关，也就是与后面所说的德性相关。在心理学上所谓的理智型人格和情感型人格的区别就是依据于此。但这种理性并不仅限于根据理性生活的人，也适用于信仰某种启示的人，宗教信仰者往往也非常理性，坚持信念，不受情感现实利益影响。

为了便于理解，我们将理性的五种含义及其相互关系用下表说明：

		理　　性	非理性
理性1		指观念的经验—逻辑来源途径。	启示
理性2		逻辑思维（理性1的一段）	感性1，感官经验
理性3	理性3.1	科学理性（理性1的一部分，包括理性2）	
	理性3.2	价值理性（理性1的一部分，包括理性2）	
理性4		存在方式（具有理性认知能力和按理性观念原则生活），理性1的存在论形态。	感性2，意志1，按情绪情感生活的一种状态
理性5		心理动力特征、人格特征。克服困难、情绪干扰的能力，理智，意志力，意志2。理性1和启示的实践论形态。	感性3，情绪、情感、心力

从上表可以看出，理性在不同语境下的含义相差甚大，与非理性的关系也很复杂。澄清这些用法，尤其是科学理性与价值理性的关系，对我们研究价值思维和价值哲学具有重要的理论意义。

三、本书的写作方式

本书的内容，对那些完全接受现有价值哲学理论体系的读者来说，阅读起来将是艰难而痛苦的，因为它将您的基本信念完全摧毁。如果您试图从肯定的方面理解本书内容，又将引发您重新整理、编排自己的知识系统，而这种行为总是令人不快的，甚至令人厌烦和痛苦。对那些从未深入系统地思考过人类认知和价值认知的读者来说，阅读本书也可能给您带来痛苦，因为，整本书都是以人类的认知和观念体系为研究对象的，也是以我们的心智为研究对象，因此它要求您能以自己的观念体系和心智为研究对象、反思对象。这对不习惯以自己的心智和观念为研究对象的读者来说，是非常困难的，也是令人不舒服的。当然，如果您过去认真思考过我们所讨论的问题，已经习

导 言

惯于对自己的思想观念进行反思和批判，那么阅读本书将是一个愉快的经历。因为，论题虽然艰深，但我的论述却直击您自身的生活方式和认知习惯，也使您过去努力的目标得以实现。您只要跟着我的思路阅读，同时能切实反思、省察自己的生活方式和认知习惯，并能保持严密而清晰的逻辑思维，过去困扰您多年的许多理论节点就能很轻松地突破，从而很容易地理解这些内容。

我们的基本写作方式与研究方式是一致的，都是按照语言逻辑分析和现实生活分析相结合的原则进行的。正是这个方法论原则使我们得以突破现有学术体系、概念体系的局限，获得丰富的、常常是令人惊奇的创见。语言逻辑分析代表分析哲学的研究方法，现实生活的分析是马克思主义实践分析方法。我们或者直接从对人类生活现象的分析出发，或者直接从语言逻辑的分析出发，常常是这二者交互使用的。按照这种研究方式和写作方式，现有理论体系和概念体系的混乱和模糊之处能够快速而清晰地呈现出来，从而使我们能够直接提出问题，面对问题本身。更重要的是使我们可以按理论问题和实践问题自身的内在逻辑展开理论思维，使研究的思路以简易、清晰的笔墨呈现出来，使概念的使用语境和逻辑内涵、概念间的关系能够清晰地呈现出来。这种写作方式与流行的写作方式，即从已有的文献出发，从文献中寻找问题和寻找解决问题的思路、确定概念的语境和逻辑内涵的方式是完全不同的。我们的研究和写作方式使我们能够获得丰富的创见，而后者这种研究方式和写作方式，使获得创见往往非常艰辛而难得，所以，二者的优劣当下立判。

同时，由于我们进行的是大跨度的综合性研究，涉及哲学、科学和宗教，东方文化和西方文化，涉及哲学社会科学，乃至自然科学的诸多学科，我们不仅要解构，更要建构，致力于解决现有的各种理论问题，并试图为解决实践问题提供理论基础和思维方式，所以，我们不能按照当前学术界流行的那种写作方式进行写作。流行的写作方式要求我们对研究的每一个问题、概念进行学术史的梳理，对历史上的主要人物及其观点进行评判。如果这样，恐怕十本书也无法完全容纳本书所写的内容。所以，面对一些读者和评论者对本书写作方式的抱怨，我只能说声抱歉，也希望能够得到您的谅解。

但这并不意味着我们忽视先贤们的研究成果，我们只是直接把对先贤观点的继承、挑战和问题的解决融入内容的陈述中，有相关学术背景的人一定能够看到我对这些问题的思考和回应，只是我们不做专门的讨论，以免影响主题的论述。本书从根本上颠覆了传统哲学认识论，颠覆了诸多哲学问题的讨论方式和解决思路，并努力把不同的研究方法、观点融为一体。这就给那些喜欢从某一学派、人物出发进行思想演绎、问题讨论的读者带来不便。它需要读者有更开阔的视野，有更清晰的问题意识和更精细的逻辑思维能力，否则，难以进入本书的语境，难以理解作者的意图。如果这些也给您造成困扰，也请谅解。

为了把价值问题阐释清楚，我们尝试将传统宗教的部分合理内核拯救出来，将其纳入价值思维和价值观念系统的研究和阐释之中。这部分讨论可能会引起争议，但我在书中把各种可能的反对理由都先行解构了，只要您还尊重人类的基本经验和逻辑规则，就会同意我的观点，至少可以持怀疑和保留态度。但在我们的生活中，确实存在这种人，他只相信他愿意相信的理论，对他不愿意相信的理论，他的态度是始终如一的：无论你怎么说，我就是不接受，我就是要反对。如果您对本书也采取这种态度，我就无可奈何了。

我一直认为我是一个理性主义者，是一个逻辑中心主义者，但也是一个经验中心主义者，坚信经验和逻辑的紧密配合，才会有真理的产生。同时，我也是一个综合主义者，反对极端化思维，反对各个学派相互对立，认为真理存在于对立的双方中间，将不同学派的研究方法、观点综合起来，才是学术研究的正途，才能获得真正的真理，即马克思所说的理论的具体。所以，本书在挑战了传统哲学和价值哲学的所有基本观点的同时，也成全了冲突各派的所有基本观点，自认为完成了人类认知的一次大的综合。这个综合既包括对西方哲学史上各个对立学派间的综合，也包括对东西方文化的综合。如果要给这种新的哲学一个命名的话，它应该被称为综合哲学。当然，要想完成这样的综合，必须有一套综合性的研究方法和理论平台。除了现实生活分析与语言逻辑分析相结合的研究方法外，还有自组织的研究方法，系统结构层次关系原理，还有内省体验与逻辑分析相结合的方法，内在经验分析与外部经验分析相结合的研究方法，等等。这些方法保证了我们在各个关键环节能够突破传统进行创新。

所以，我希望各位读者在阅读本书时，最好能把您原有的知见、信奉的权威观点先放置在一旁，完全跟着我的思路走，读完后再来与您现有的思想进行比较，再来批判。我知道这个要求是非常无礼的，但为了您能更好地理解拙作，这个提醒是必要的。我相信读完本书后，你不会太失望；也许您会认识到您原有的信念被以一种新的方式得到维护，原来人们反对您的信念的理由也被以一种新的方式得到驳斥；但您原来抗拒的观点也同样得到辩护，您抗拒别人的观点的理由也同样得到驳斥。我想，这也许就是一个综合哲学所应该具有的特征吧？！

所以，无论是从知识观念的立场看，还是从理性运思路径的立场看，本书实际上对人类现有理论的思维运作方式和知识观念都进行了系统的反思和批判，同时，也在新的理论平台上实现重构，属于对人类理性整体的反思和重构，应该名之为人类理性批判，而不仅仅是价值理性批判。但由于本书中对科学理性的批判是附带的和部分的，并未深入科学理性的整体结构中，我们批判的对象主要是价值理性，即价值思维、价值理论、价值观念，所以，名之为《价值理性批判》。

我们在做这个价值理性批判时虽然借鉴了康德的某些思想和方法，但总体上却不是从康德出发的，也没有把康德的《纯粹理性批判》（我认为是科学理性批判）作为模仿的对象。因为，我们的研究方法主要有两条，都是康德所没有的。一是我们的总体理论体系的分析和建构原则是语言逻辑分析和现实生活分析相结合的方法，而不是纯粹的逻辑思辨。它将语言逻辑分析与现实生活的分析（即实践研究）紧密结合在一起，将逻辑思辨牢牢扎根在现实生活的分析中。这是我作为一个马克思主义哲学博士、马克思主义者所应该具有的学风和研究方法。二是我们之所以能够完成对价值经验和价值观念形成的先验程序和先验结构的阐释，除了继承西方哲学的内省方法外，更主要的是采用了东方儒释道各家的内观法，包括我自己发现的静观体验法，这两种自我体验、省察的研究方式，与一般的自我反思、反省方法相比较，所观察到的经验更加细微，并能体验到由于内在经验和观念的改变而带来的价值判断和价值追求的改变，这在西方文化传统（包括宗教）中是没有的。因此，我们的先验研究本质上是建立在深刻而系统的经验体验和经验研究基础上的，而不是纯粹的逻辑和语言分析基础上的。这是我们能够突破西方先验哲学和分析哲学的地方，而这个突破应该归功于东方传统文化。因此，我们的先验研究与经验研究是完全融为一体的。如果一个人拘泥于西方哲学的先验研究，就无法理解本书的先验研究。所以，本书完全是一个经验—逻辑研究，即是一个完全的理性化研究，即使我们涉及传统宗教的内容和方法依然是在经验和逻辑的层面进行的。也因此，阅读本书要比阅读《纯粹理性批判》容易得多，如果您能跟着我的思路去体验，也会有趣得多。

上述所言，如果有不当之处，还请海涵！

四、本书的主要内容

第一部分《导言》首先阐明本书先验研究的含义，是指研究经验和观念形成的心理机制或程序，这些程序是先于经验的，且是普遍、必然的和规则性的。其次，阐明了"理性"的五种用法。分别从认知方式、活动方式、存在方式立场，系统梳理了现代哲学的核心概念"理性"的五种使用语境和实际语义，借此阐明价值理性与科学理性的关系、理性与非理性的关系、理性主义与非理性主义的关系等基本理论问题，同时阐明理性与启示、信仰和宗教的关系，理性与人的认知方式、生存方式的关系，理性与本体论和认识论的关系。通过这种辨析，传统哲学中"理性"概念使用的混乱景象清晰地呈现出来，为本书准确把握自己的议题和研究方法清理了地基。

第二部分，价值哲学概念体系和理论体系的反思与重构。阐明了价值研究长期陷入混乱、停步不前的第一个方面的重要原因是语言逻辑不清。借助语言逻辑分析和现实生活分析相结合的方法，澄清了价值理论普遍存在的内在逻辑混乱的表现及原因，重构了哲学和经济学的价值理论体系和概念体系，并使二者合二为一。具体内容包括：

一、澄清了价值学、伦理学和道德学各自的研究对象和边界，重新界定了价值哲学的一系列基本概念。

1. 阐明伦理规范不是价值判断。将伦理规范踢出价值判断范畴，将价值学与伦理学区分开来，为价值学从伦理学中独立出来提供了理论基础。为此，我们破除了人们关于"事实（判断）与价值（判断）对立"的四大教条。

（1）在语法形式上阐明了价值判断的语法形式与事实判断一样都是 S is P，否定了"事实判断的语法形式是'是句'、价值判断的语法形式是'应当句'"这一经典理论。（2）在存在论上阐明事实和价值都是认识论概念，都是主观的，否定了"事实是客观的、价值是主观的"这一流行观点。为此重新界定了主观的与客观的、主观性与客观性、主观与客观这三对范畴的语境和含义。（3）在语义上阐明功能性价值判断也是描述性的，也是事实判断，否定了"事实判断是描述性的、价值判断是规范性的"这一经典命题。在这个过程中，我们重新讨论了人类本体论和认识论两类思维方式和陈述方式，讨论了事物、事实、属性等基本概念的使用语境、含义、理论性质及其与经验的关系，确认事实即经验，属性即经验，事物是诸经验或属性的集合。（4）推翻了价值判断不适用普通命题逻辑推理规则的著名论断，认为价值命题同样适用普通命题逻辑推理规则。其中，（1）（3）（4）三项教条都是建立在把伦理规范视为价值判断的标准形态这一错误论断基础上的。

2. 阐明了伦理规范与伦理判断、道德判断各自产生的社会条件、现实功能。澄清了伦理学和道德学各自的研究对象、学术目标，为道德学从伦理学中独立出去提供了理论基础。伦理规范是人们在借助社会合作实现价值追求的过程中形成的契约，伦理判断是为促进人们遵守伦理规范而进行的社会舆论。道德判断最初是伦理判断的加强版，后来人们又发现道德判断有更多的内容和价值，发现了德性的存在。人们研究德性的目的是为了寻找弥补伦理规范的缺陷、改善人们行为方式的心理根据。德性即行为之内在心理根据——稳定的心理反应模式。道德学的核心目标应该是寻找塑造美德的途径和方法。

3. 重新界定和梳理了价值理论一系列相关概念。在解决上述问题的过程中，我们在严守语言逻辑分析的权威性的同时，充分照顾人们的语言习惯，为此把价值观念区分为广义的价值观念和狭义的价值观念。广义的价值观念包括现在人们所认为的所有形态的价值观念，除狭义的价值观念外，还包括伦理规范、伦理判断、道德判断。伦理判断即对某种行为、意向、思想是否合乎某种伦理规范的判断。道德判断包括对行为和人格的道德性判断（即善恶、好坏的判断）和德性判断（判断某人是否具备某种德性的判断，比如，是勇敢还是懦弱，公平还是不公平等）。狭义的价值观念包括价值判断和价值追求。价值判断仅指对某物价值的判断，包括功能性价值判断和分别性价值判断。功能性价值判断是对某物对人们的生存状态和生命体验（身体和心理）的影响力及其大小的判断，包括审美判断。分别性价值判断是指人们在功能性价值判断基础上对某物有用无用、有价值无价值、美丑、善恶、好坏的判断。价值追求指人们对某物的追求或逃离的意向，包括审美追求。本书将价值追求与价值判断并列，共同视为价值观念的重要形态，甚至比价值判断更重要的观念形态。

二、确定价值哲学研究的出发点是原子性价值判断。

将价值判断分为原子性价值判断和复合性价值判断是我们确定价值判断的性质、语法形式、形成规则、逻辑推理规则的前提，是我们开展价值观念的先验程序和先验结构研究的前提。以往的价值研究之所以陷入混乱的一个根本原因是没有从原子性价值判断出发，从而无法准确把握价值判断的性质、语法形式、形成规则和逻辑推理规则，使价值研究陷入困境找不到出路。原子性价值判断即人们对原子性价值经验的陈述和判断，是人们感觉经验可以直接确定的，是构成复合性价值判断的基础。原子性价值命题的真假由经验直接确定。

三、澄清了哲学价值理论和经济学价值理论之间的关系，重构了价值理论的概念体系。

为了全面研究价值问题，我们深入经济学领域，阐明了经济学上价值概念使用和界定的混乱之处和混乱发生的原因，重新界定了经济学价值理论的概念体系。

1. 经济学价值理论的核心问题是价格决定问题，即影响价格的因素问题。经济学所说的价值就是价值判断的简称，价值判断的首要含义是交换价值判断，在市场交换中就是价格。价值判断的第二个含义是使用价值判断。与之相关的是边际效用价值判断，边际效用价值判断即对商品给人们带来的消费体验的影响力的判断，在市场交换中体现为消费体验价格。商品的使用价值判断是物理性判断，边际消费体验价格判断与使用价值判断没有直接关系。影响商品价格的因素归根到底就是劳动时间和消费体验。即商品的市场价格=

劳动时间价格+消费体验价格。劳动时间与生产劳动及其生产效率相关，劳动时间价格即生产商品的劳动量的货币表现。消费体验价格是消费者消费体验的货币表现。消费体验与市场供求直接相关。

2. 劳动价值论和边际效用价值论都是价格决定理论，二者各有优劣。（1）劳动价值论强调劳动时间在价格决定中的基础性决定性作用，但忽视了消费体验在价格决定中的作用。（2）边际效用价值论强调消费体验对价格的决定作用，但忽视了劳动对价格的基础性决定作用。（3）二者都重视供求关系对价格的决定作用，但劳动价值论没有将供需关系与消费体验结合起来，而这恰恰是边际效用价值理论的优点。所以，二者各有优劣、相互补充。（4）二者合并的结合点是：马克思所说的劳动时间决定商品的价值量，其货币表现就是劳动价格。劳动价格就是一个商品供需平衡时的市场价格，记为 P^0。这是一个固定值。消费体验价格主要由供需关系决定，当供求关系平衡时，消费体验价格为 0。当供小于求时，消费体验价格大于 0，商品价格即大于 P^0，记为 P^+；当供给大于需求时，消费体验价格小于 0，商品价格低于 P^0，记为 P^-。这样，马克思的价值规律就可以表述为：商品的劳动价值量 P^0 表现为该商品供需平衡时的市场价格，商品价格随供求关系的变化围绕 P^0 上下波动。这样，劳动价值论与边际效用价值论就以劳动价值论为基础完全统一起来。这样我们就解决了劳动价值理论对消费体验的忽视，边际效用价值理论对劳动量的忽视以及由此产生的价格的计量困难问题。

3. 确定哲学上的"价值"与经济学的"价值"一样，都是价值判断的简称。在哲学上，价值判断包括功能性价值判断和分别性价值判断。以往哲学家们在定义价值时有两个特点：（1）将对价值的定义活动转化为寻找影响价值判断的因素的活动，表现为，人们纷纷把自己所认为的对价值判断的最重要影响因素确定为价值的本质。经济学家也如此。（2）由于人们所选择的价值判断的样本不同，对价值的特性的理解也不同。经济学家都是以功能性价值判断为研究样本的，就将商品的功能、劳动或价值客体本身确定为价值的本质。以功能性价值判断为样本的哲学性价值定义强调价值的客观性，认为价值就是价值客体或使用价值或效用价值，就从客体或主客体的关系立场界定价值。以分别性价值判断为样本的哲学性价值定义就强调价值的主观性、超越性，强调价值是意义或美好事物等，因为，分别性价值判断是以价值追求为标准的，而价值追求是主观的。

4. 确定了一个统一的价值理论概念体系和问题体系。这是一个多层次的概念体系。我们按认识论陈述方式陈述。（1）第一层，研究对象，是价值观念。价值观念包括价值判断和价值追求。价值判断就是对某物价值的判断。价值追求就是人们的意向，包括需要、欲望、兴趣、志向等。价值判断和价值追求相互生成、相互转化。价值就是价值判断的简称，但是个错误简称，最好不要这样做。（2）第二层，价值判断的类型。包括功能性价值判断（即使用价值判断或效用价值判断，判断有何用）、分别性价值判断（判断是否有价值）和价格判断（即交换价值判断或边际效用价值判断，判断值多少钱）。功能性价值判断和分别性价值判断是哲学和经济学共同研究的对象，价格判断是经济学研究对象。（3）第三层，影响价值判断的因素。这是哲学和经济学研究的核心问题。包括价值主体、价值客体和主客体之间的关系。价值主体即价值判断和价值追求的主体，价值客体即价值判断和价值追求的客体。价值主体、价值客体是哲学研究的对象。主客体之间的关系首先是消费关系（客体对主体的生存状态的影响，包括审美影响）。**人们所说的功能关系、效用价值、价值事实等都属此类**）和认知关系（价值评价活动），是哲学和经济学共同研究的对象。消费关系体现为商品的消费体验价格。认知关系体现为价值判断和价值理论。（4）第四层，对影响价值判断因素的进一步研究。价值主体的存在方式、价值客体的来源、主客体关系的形成。价值主体的存在方式即人类的生存方式。价值客体的来源包括自然赋予（自然资源）和生产劳动。生产劳动在哲学上是价值客体的创造者，在经济学上既是商品的生产者，也是价格的决定因素之一，劳动时间价格是商品的底线价格。生产劳动是主客体关系的第三种形态。主客体关系的形成是主体的生命存在方式、价值追求和客体的存在方式、对主体的影响方式两个方面共同作用的结果。（5）第五层，价格判断的决定因素。一个商品的价格是劳动时间价格和消费体验价格之和。

如果我们要把价值研究延伸到伦理问题和道德问题，那就再增加两个层次。这样，我们就把哲学价值理论的概念体系、问题体系和经济学价值理论的概念体系、问题体系完全统一起来。

四、在思维方式的最宏观层面讨论了两类不同的思维方式和概念体系。

在研究上述问题的时候,我们对人类的思维方式有一个重大发现,这就是在宏观层面人类思维方式和话语陈述方式有两类:本体论思维方式和陈述方式、认识论思维方式和陈述方式。

1. 两种思维方式的基本特征。(1) 本体论思维方式和陈述方式。其基本信念是:①确认思维认识或所加工的直接对象是外部事物。②确认经验是完全来自对象的,与主体没有关系的,强调经验的内容是客观的。③把经验作为外部事物本身,认为我们所经验的就是外部事物或认识对象,将经验过程等同于"模仿、复写和摄影",认为我们可以直接对外部事物进行言说、判断,外部事物正如我所经验的那样。④在理论建构中,认为本体论决定认识论。本体论思维方式和言说方式是人类思维基于经济原则的一种简单化运作,是各种理论问题产生的渊薮。其优点就是使思维和表达变得相对简单和方便,也有利于逻辑演绎,但缺点是容易滋生理论问题,导致顽固和傲慢,是各种思想冲突的根源,是经验主义和教条主义的根源。(2) 认识论思维方式和陈述方式。其基本信念是:①确认自己思维加工的直接对象是经验,而不是外部事物或所谓的客观对象。②确认我们对外部事物的所有思考、言说都是在自己认识的结果范围之内进行的,也都是认识结果,我们不可能超越经验、认识结果去进行思维和言说。③确认我们是根据自己的认识结果推导外部事物的存在及其存在状态的,我们不能把自己的经验和理论直接视为外部事物、外部世界,在外部对象与经验、理论之间保留了一定的空间。这样在理论陈述中,认识论相对于本体论就处于优先地位。④确认主体自身的存在和认识活动参与到经验的形成和理论的建构中,所有的经验和理论都具有主观性。这种思维方式在科学研究的微观和宏观领域已经完全获得主导地位。我们根据这种思维方式重新解释了日常经验,包括价值经验或价值事实,阐明所有的经验都具有主客体间性。持这种思维方式的人对自己的认知、理论会保持一种理智的、谨慎的、谦逊的、开放的态度,是抵抗经验主义和教条主义的有力武器。

2. 两种思维方式的混淆是理论问题产生的根源之一。(1) 这两种思维方式分别对应两套概念体系、两种理论建构方式，哲学问题大多是由于这两套概念体系和理论建构方式混淆在一起造成的。①事物、实体以及标识各种具体事物的概念（比如物质、精神、书、衣服等）都是本体论概念。本体论概念仅仅是一个命名或标签，本身没有含义，其含义是由属性类概念给予的。②所有属性类概念都是认识论概念，是人们为陈述自己的认识成果（经验、理论）而设定的，其含义就是其所陈述的经验。我们有多少种感知事物的方式，事物就有多少类属性，比如色彩属性、声音属性、味道属性、空间属性、运动属性等。③事实也是认识论概念，当人们言说"×是事实"时，就是表达对自己所陈述的经验×的肯定，事实即确定发生过的经验。价值也是认识论概念，当我们说某物有何价值时，就是对自己所经验或理解到的事物的功能的判断（功能性价值判断）。当我们言说某物是否有价值、是否有用时，就是在功能性价值判断基础上进行分别性价值判断。所以，价值就是价值判断的简称（但是一个错误的简称），是一种认识结果。④人们以往对"价值"的各种定义方式的基本错误之一就是思维方式的错误。以本体论思维方式定义价值，而没有认识到价值是一个认识论概念，表现为人们无意识中将价值实体化，将价值的定义活动理解为在这个概念之外寻找背后的支撑者的活动。真相是：在人的认知活动之外没有任何东西与价值匹配，正如没有任何东西与科学匹配一样。（2）正是在自觉坚持认识论思维方式和陈述方式的基础上，我们重新界定了诸如先验、理性、主观性与客观性、事实判断、价值判断、伦理规范、道德判断、使用价值、交换价值、边际效用价值、价值等一系列哲学和经济学的基本概念，为传统哲学、经济学的一系列重大理论问题的解决提出了一个新的思路，基本完成了一个全新的综合性哲学体系的建构。

  第三部分研究价值观念形成的先验程序和先验结构。价值研究陷入混乱的第二个重要原因是缺乏自己的认识论基础，长期受科学认识论的干扰。本书借助内省、内观和静观体验法，获得了丰富的关于心智运作过程的感受经验，尤其是提高心智运作层次所带来的心理感受经验。同时借助中医治疗实践，获得了丰富的身体感受与身体内部物质能量平衡（现代医学的话语方式）或气血平衡（中医的话语方式）之间相互影响关系的经验。这些经验以往都是没有进入认识论研究领域的。本书正是在这两类经验基础上，借助对人类日常经验的重新分析，对人类认知和生命特征提出一系列新的假说，建构了一个新的生命存在论和价值认识论。

一、阐明了科学认识论与价值认识论的基本区别之一是研究样本。

在人类认识过程中，研究样本决定研究的方式、思路和成果。传统哲学都是以科学知识或事实判断作为理论和真理的标准样本，由此形成的认识论本质上都属于科学认识论。人们很自然地用科学认识论研究价值认知和价值观念，混乱必然发生。本书将价值观念和科学观念列为平等的研究样本，建构了一个综合性的认识论理论体系。

二、提出了'价值经验'这一概念，重构了经验论，阐明了价值观念生成和延伸的先验程序。

1. 通过对人类经验及其形成机制的系统研究，将人类经验区分为科学经验和价值经验，提出"价值经验"这一概念，建构了一个新的经验理论，为价值研究奠定了一个新的经验论基础。在此基础上，我们对传统的经验理论和科学理论进行了反思，破除了人们对自然科学的若干幻象。

2. 在新的经验论基础上，从两条线索阐明了价值判断和价值追求在心智系统中形成和不断延伸的先验程序和价值观念体系的内在结构，使人们充分认识到个人和社会的价值观念系统都是一个立体的多层次的不断进化的自组织系统。（1）价值思维的外向型演绎路径。从身体感受、身体需要和身体意识出发，阐明人类价值判断、价值追求发展的四大阶段或四大层次，阐明这些层次产生的必然性和先验性。这条线索人们所追逐的核心价值客体是物质对象，是为满足人的物质身体的需要服务的。（2）价值思维的内向型演绎路径。从心智意识的纯粹需要出发，阐明纯粹心智需要的基本内容及其客观性、必然性、先验性和层次性，重点是阐明心智意识对物质欲望的超越性要求、实现方式，阐明价值思维走向终结的路径和方法。在这里我们对宗教进行了一系列重大反思，试图将宗教的内核提炼出来，将宗教的神秘色彩和组织形式剥离，使之成为开发心智意识更高层次、提升德性的技术工具。

通过两条价值思维路径的研究，我们阐明了身体的物质需要和心智的精神需要之间的内在关系，心智的现实需要和超越性需要的内在关系，使看起来纷繁复杂的价值追求和价值判断系统化、结构化。同时，阐明了价值思维从何处开始、到何处终结和终结的方法。在这一部分，本书将科学、哲学和宗教完全融为一体，并打破了东西化文化之间的界限，填平了阻挠东西方文化交流的鸿沟。上述理论成果为人们研究各种具体的价值观念体系提供了一个理论框架和方法论基础，也为价值科学的产生奠定元理论基础。

三、为认识论研究提供了新的生命存在论假设。

在阐明价值经验形成的过程中，我们重新思考了认知活动的生命存在论基础，提出一系列新的本体论假设来支撑新的经验理论和价值观念理论。

1. 提出人类的意识活动包括身体意识和心智意识两个相互关联的部分。身体意识是由自主神经系统控制的自主反应活动。身体意识的反应活动是即时的，由身体内外的物质能量平衡态决定。心智意识是一套信息加工、处理和储存活动系统。

2. 提出心智意识的思维活动是一套先验程序所支配的必然性活动，价值思维和科学思维的信息加工活动都属于心智意识的活动。

人的价值思维根源于身体意识的身体感受和趋乐避苦程序，形成于心智意识的趋乐避苦程序、分别判断程序和趋利避害程序。

四、阐明了价值思维和科学思维的运思方式、路径和特征及二者的关系。

1. 科学思维和价值思维运动的基础和核心都包括两个层面。（1）身体意识所获得的感官感应。这是一个物理化学过程，是客观的。（2）心智意识的觉知活动和一系列的先验范畴或先验程序。心智意识觉知到身体意识的感官感应后即形成感觉经验。在这个过程中心智意识启动一系列先验范畴（实体、属性、空间、时间）实现对感官感应的加工即形成感觉经验。感觉经验的形成过程即知觉经验的形成过程。在感觉经验形成后，心智意识的其他信息加工程序随即启动经验的模式匹配和归纳、概括工作模式，形成各种命题或观念。这两个层面是科学思维和价值思维共同具备的。在阐明感觉经验形成机制的过程中，我们阐明科学思维像价值思维一样具有主体性，都是基于人类的生命特征和感官特性，都是人的理性思维活动，不存在绝对的客观的科学思维，因此，也不存在绝对的客观的、与人无关的科学知识。科学知识和价值知识一样，本质上都是人这种存在体的认识，依赖于人自身的存在方式和感知方式，主体在其中都具有牢不可破的地位。这就破除了实证科学知识的绝对客观性、普遍性假象，同时也就赦免了价值知识主观性的罪过。

2. 人类每一次感官感应和感觉经验形成的时候，实际上都获得两类经验。（1）是以往人们研究的关于客体的科学经验，比如看到一朵红色的花，人们获得关于花的颜色、形状等信息。（2）是价值经验，是一种感受，比如看到那朵红色的花的同时会获得舒服、愉悦的心理感受。科学经验进入心智系统的科学思维加工频道，形成科学知识。价值经验进入心智系统的价值思维加工频道，形成价值观念或价值知识。

3. 身体意识的趋乐避苦程序形成身体活动意向，是价值思维的原点。当人们获得一个身体感受后，身体意识必然同时开展两个方面的活动：（1）识别出这种感受的存在。这个依然可以作为科学经验，成为研究生命活动和意识活动的经验材料。（2）形成对这种感受的态度。舒服的就想继续得到，不舒服的就想停止或远离。

4. 心智意识的价值思维过程是从觉知到身体感受开始的，是来自对身体感受经验的加工，其核心是趋乐避苦先验程序。当心智意识觉知到身体感受之后，也开展两个方面的认识活动。（1）识别出这个感受经验的存在，即提取经验信息，进入科学理论加工频道，成为认识人类价值思维的客观经验。（2）由于趋乐避苦程序的作用，形成对该感受经验的态度倾向：舒服的就被判断为好的（价值判断），随即就想继续得到（价值追求）。不舒服的就被判断为坏的（价值判断），随即就想逃离（价值追求）。所以，身体意识的趋乐避苦程序是心智系统的价值思维的物质前提，心智意识的趋乐避苦程序是价值思维的核心程序，是先验的、本能的、固定的程序，是一种意向性活动，是价值思维的基础、核心或本质特征和本质内容。价值判断和价值追求的形成就是价值思维过程的基本形态。心智意识的科学思维和价值思维在每一个经验感受形成的过程中都是同时启动的，只是过去人们关注的主要是科学思维过程，而忽视了价值思维过程的存在和运行。

5. 心智系统的另一基本活动方式是分别判断。即在对立统一规则支配下对任何经验、观念都采取二元对立的方式进行处理。趋乐避苦就是心智系统的分别判断先验程序功能的基本体现形式之一。心智意识的分别判断先验程序功能的另一个基本体现形式包括两个方面：（1）在科学思维中体现为对命题的真与假的判断。（2）在价值思维中体现为对事物的有用与无用、有价值与无价值、美与丑、善与恶、好与坏等的分别判断。通过这些分别判断形成多种形态的价值观念。但科学思维和价值思维的分别判断并不是完全分离的，沟通这两种分别判断之间关系的是功能性价值判断。功能性价值判断既是事实判断也是价值判断，既是科学知识也是价值知识。科学思维对功能性价值判断和分别性价值判断也可以进行真假判断。因此，价值知识与科学知识一样具有先验的必然性，二者像 DNA 的双链一样相互交织在一起，相互推动、交互前进，共同构成人类的知识体系。

通过上述研究，我们顺利破除了科学哲学、科学认识论对价值哲学、价值认识论的侵凌，在使价值认识论、价值理性获得独立形式的同时，也完成了对传统哲学，尤其是认识论哲学的核心批判。在上述研究中，我们也穿越了科学、哲学和宗教之间的界限，东方文化和西方文化之间的壕沟，为系统全面地理解人类的认知方式、知识体系提供了新的思想资源。

上篇
价值哲学概念体系和理论体系的反思和重构

第一章 "价值判断"的内涵与外延的冲突

长期以来,价值哲学研究难以推进的第一个拦路虎就是"价值"这个概念,由于人们对其理解差异甚大,以至于无法进行有意义的对话。而造成这一困境的原因虽然很多,其中一个很重要的原因就是人们没有将价值与价值判断的关系梳理清楚,同时,人们关于价值判断的理解也存在严重的逻辑问题。当前,价值哲学研究的第一个错误就是二者定义的内涵与外延不一致,外延超出内涵的规定,由此可以肯定地说:人们关于价值和价值判断的定义都是错误的。本章首先从价值判断这一概念的内涵和外延谈起。

第一节 价值哲学研究对象的错位

长期以来,价值哲学一直认为价值判断是自己的研究对象,并认为事实判断是科学研究对象,进而把自己与科学区分开来。因此,如何理解价值判断对价值哲学乃至伦理学、道德学和所有社会科学都具有极其重要的意义。因为,人们也将伦理规范、道德判断都称为价值判断。但笔者发现,人们对价值判断的这种理解存在着诸多根本性的错误,且这些问题相互关联,牵一发而动全身,使整个价值研究长期处于混乱状态,无法突破。[1] 比如,目前各种关于"价值判断"和"价值"的定义的内涵和外延都不一致,外延远远超出内涵所限定的范围。"价值判断"的中心词是"判断",而被认为是价值判

---

[1] 赖金良:《关于价值哲学和价值科学的思考》,载《学术月刊》,2006年第6期。

断主要形态的伦理规范却无"判断"之义。无论人们把"价值"定义为客体（或客体的属性）或主体（或主体的需要），还是定义为客体与主体的关系，其中都不包含对人的意向和行为的任何规范性内涵，但人们却都认定"价值"是规范性的，将伦理规范视为价值判断的主要形态。比如，冯平教授虽然指出"价值判断是评价活动的一种结果，它是评价主体根据价值主体的需要，衡量价值客体是否满足价值主体的需要以及在多大程度上满足价值主体的需要的一种判断"，但就在这篇讨论价值判断的论文中，她讨论的主要是伦理判断和道德判断问题，通篇反驳的对象也主要是关于伦理判断和道德判断的论述，也认为价值判断讨论的是"应该"①。在我们看来，"应该"是伦理规范问题，而不是价值判断问题。所以，她整篇文章所讨论的实际都是伦理问题（也即道德问题）而不是价值问题。这样她所研究的这些"价值判断"并不包含在"价值判断"的定义中，"价值判断"失去内涵的同一性。孙伟平在《价值哲学方法论》中给价值下了一个与李德顺很接近的②定义："在人的实践活动中建立起来的，以人的目的、需要为尺度的一种客观的主客体关系，是客体的存在、性质及其运动是否与主体本性、目的、需要、能力等相一致、相适应、相接近的动态关系。"③ 这个定义中也不包含对人们意向、行为的任何规范性、指导性含义，但他在同一本书中却把"价值"分为评价价值和规范价值，将"价值判断"分为评价判断和规范判断④，"规范性"内涵也被悄悄地加入"价值"和"价值判断"的外延中，同时，整本书对话的主要人物和论题也都是伦理学家及伦理规范和道德判断问题，"价值"和"价值判断"内涵也失去同一性。

我们说人们普遍把伦理规范视为价值判断的主要形态的主要根据，是人们对价值判断的诸多理解和界定都是建立在将伦理规范理解为价值判断的基础上的。在流行世界一百多年的一个经典教条"事实与价值的对立"中，人

---

① 冯平：《走出价值判断的悖论》，载《哲学研究》，1995年第10期。

② 李德顺教授的价值定义是："价值是对主客体相互关系的一种主体性描述，它代表着客体主体化过程的性质和程度，即客体的存在、属性和合乎规律的变化与主体尺度相一致、相符合或相接近的性质和程度。"参见李德顺：《价值论》，中国人民大学出版社2013年第3版，第53页。

③ 孙伟平：《价值哲学方法论》，中国社会科学出版社2008年版，第76页。

④ 孙伟平：《价值哲学方法论》，中国社会科学出版社2008年版，第286—293页。

们所说的事实是指事实判断，价值是指价值判断。在人们进一步阐释二者的区别时都会这样说：事实是陈述性的，价值是规范性的，事实判断的语法形式是"是句"（S is P），价值判断的语法形式是"应当句"（S should P）。这个应当句就是一个规范句，实际上是伦理规范的语法形式。更有甚者，在价值哲学研究中还有一个极其著名的理论难题，即所谓的休谟问题：从事实能否推出价值。人们又把这个问题转换为：从"是句"能否推出"应当句"。在这里人们都是将价值判断理解为伦理规范的。因为，休谟所问的就是从事实判断出发能否推出我们应该做什么、不应该做什么。而应该做什么、不应该做什么就是伦理规范。因此，大多数价值哲学家在讨论所谓的价值判断问题时，实际上都是以伦理规范为主要对象的。这一点在我们后面对价值哲学的四个基本教条的批判中清晰地展示出来。

我们知道，如果一个概念的内涵与外延不一致，那么，要么是定义本身的规定错了，表现为外延大于内涵或外延小于内涵或者外延与内涵没有关系；要么是人们对研究对象本身还没有搞清楚，需要重新划定对象范围。从逻辑学的要求而言，我们应该根据定义的要求来确定研究对象，使概念的内涵与外延一致起来。如果外延没有错，那么就需要重新下定义。但就价值判断的定义和外延的关系而言，问题可能更复杂。因为，价值判断这个概念的含义是很简单的，也是清楚的，就是关于某物价值的判断。这个定义几乎属于同义反复，是不可能错的。所以，问题就应该出于外延，即研究对象搞错了。许多人可能会问：难道我们连自己在研究什么都不知道吗？如果我们说一个学科把自己的研究对象搞错了，是很不招人喜欢的。事实上，价值哲学的研究对象确实搞错了，这是一个几乎让所有的价值哲学研究者都难以置信和难以接受的结论。价值哲学的真正研究对象是价值判断，而不是伦理规范。价值判断不是伦理规范，伦理规范也不属于价值判断。价值判断既是一种认识活动，也是一种认识结果。下面我们会详细阐释这些基本概念和基本观点。

像价值和价值判断的定义错误这样的概念问题在当前的价值哲学研究中还有很多，有些问题是价值哲学研究中独特的问题，还有些问题是整个哲学研究中普遍存在的问题。正因为这些普遍性问题的存在，才使整个哲学社会科学的基本理论研究都几乎处于停滞状态。如果这些问题不被正确地描述出来，其发生的原因不被清晰地揭示出来，价值哲学研究就不可能走出混乱状态，伦理学和道德哲学也都不可能走出混乱和停滞状态，甚至整个哲学社会科学研究都不可能走出混乱和停滞状态。

第二节 价值哲学研究对象错位的原因

经过深入细致的研究，我们发现现有的价值哲学对象错位的首要原因是将伦理规范作为价值研究的核心对象造成的。这是价值研究和伦理研究混淆在一起的主要原因，也是价值学难以独立的主要原因。本节的主要目标就是将价值判断与伦理规范彻底区分开来，从而使价值学的研究摆脱伦理学的羁绊，并为价值学的研究成果进入伦理学提供通道。

一、价值哲学研究对象错位原因

价值哲学之所以长期以来将伦理规范作为自己的研究对象，其原因有二：一是与学术延伸路径相关，二是与价值哲学的追求有关。

1. **学术史延伸的逻辑路径**。价值问题本来一开始是经济学研究对象，人们研究的主要是事物的使用价值和交换价值。但随着欧洲社会从宗教社会向世俗社会的转型，传统的伦理秩序崩溃，人们的心理不能适应，产生了严重的社会伦理问题。人们开始关注的社会伦理现象主要是人们的社会交往行为不再符合传统的伦理规范。这个问题在我国改革开放以后也同样出现。由于学术研究的路径依赖问题，当人们试图对伦理问题进行思考时，很自然地想从旧的学术体系中寻找进入新的研究领域的概念入口，"价值"这个概念就被选中。因为，价值概念的基本含义是评价，value 做名词时是价值（评价结果），做动词时就是评价。经济学中的使用价值和交换价值中的价值都是名词，都是评价结果。而在人们的伦理行为中，评价及评价结果都是主导性的因素，是背后根据。因为，人们做什么和如何做总是有理由的。这个理由首先是自己的价值追求（即目的、需要等主观意向或客观需要）。这一点与经济学完全一样。

在经济学中,人们评价一个事物是否有价值的**首要标准**就是该事物是否能够满足人们的需要、合乎人们的目的。需要和目的就是价值追求。能够满足就是有价值,不能满足就是无价值。人们评价一个事物是否有价值的**次要标准**是人们的价值追求、行为与社会的伦理规范是否一致。因为,人的经济行为从来都不是简单的个人行为,而是社会行为,其中贯穿伦理规范,是伦理行为。

一个人的行为、价值追求如果与社会的伦理规范是冲突的,则人们对其价值的评价就会受到影响,甚至直接否定其具有正向的价值。比如没有爱情和婚姻基础的性行为、性追求就被认为是错误的,是无价值的,或负价值的。即我们对一个事物、行为、思想的价值判断是与伦理规范直接相关的,符合伦理规范的就是有正向价值的,违反伦理规范的就是有负向价值。但这又不是绝对的。如果一个伦理规范与人们正常的或者得到普遍认同的价值追求和行为是冲突的,那么人们尊重该规范的可能性就会很低,该规范就有被否定的可能。反之,如果一个伦理规范对人们的价值追求和行为有促进作用,人们就会积极地赞同、遵守该规范。因此,人们对自己的价值追求和行为的价值判断与伦理规范具有相互影响关系,这使人们误将伦理问题视为价值问题。

同时,伦理学与经济学很接近,所关心的问题都是价值判断(评价结果)和价值追求(目的、欲望、需要等)。所以,最初讨论伦理问题的大多是经济学家,比如斯密、穆勒、边沁等。由此伦理学与经济学建立了紧密联系,其中介点就是价值问题。在这个意义上,伦理学与法学也具有共同性,法律规范不过是伦理规范的特殊形态。

正是在这样的思维和学术背景下,当人们试图突破经济学的局限,将价值问题作为独立现象进行研究,为伦理规范寻找立论的根据时,就无法摆脱经济学的效用价值论的纠缠,沿用了经济学的"使用价值"这一概念,将价值定义为效用。即一般价值理论研究无法抛开经济学的价值定义,也无法不从使用价值的立场来解释伦理行为和伦理规范的合理性,所以,它认为自己的研究对象主要是伦理规范,认为伦理规范属于价值问题。这个思维从表面上看是很顺的,但实际上存在着严重的逻辑问题。这些问题在人们对价值、伦理这些基本概念澄清之前是很难被发现的。这些问题的存在也是价值研究和伦理研究长期陷入停滞和混乱的重要原因。我们将在下文予以澄清。

细心的学者可能已经发现，一般价值论和伦理学本身都想突破经济学的局限，却无可奈何地接受了经济学的价值定义。很明显，这种情况并不完全符合一般价值论或价值哲学、伦理学的要求。否则，价值哲学、伦理学都有可能被并入经济学，成为经济学的一个分支学科。事实上，价值哲学和伦理学依然保持着强烈的独立精神，抗拒经济学和法学的侵凌。这是为什么呢？作者认为这是因为价值哲学、伦理学有自己独特的，甚至可称为隐秘的价值追求，正是这个价值追求使问题变得复杂起来，使价值哲学、伦理学还保持着自己的独立性。

2. **价值哲学、伦理学的价值追求**。对人类来说，对伦理学家、价值哲学家来说，都有一个同样的问题：物质生活是不是人类唯一可能的生活形态？或者富足的物质生活是否能够使人获得心灵安宁、幸福美满？这里所说的物质生活，除包括衣食住行外，还包括各种感官刺激性的所谓享乐活动，比如跳舞、唱歌等。之所以把这些活动也算作是物质生活，其一，它们一般都要消耗物质生活资料，或需要借助物质条件进行。其二，这些活动都是身体的物质活动的表现，都是通过刺激身体感官来获得刺激和快乐，所以，人们将吃喝玩乐放在一起是正确的。面对这个问题大致有两类回答。

第一类是肯定性回答，认为物质生活就是人类生活的全部，人类的一切活动都是为了过上富足、安康、快乐的物质生活。持这种观点的价值哲学家、伦理学家就很自然地赋予物质财富以最高的价值（对物质财富的价值判断），是唯一可追求的价值客体。在市场经济社会，金钱就是最高、最后的价值客体，因为它可以交换来一切价值客体。对他们而言，我们即使从事一些看起来与物质生活没有直接关系的活动，比如非生产性的社会交往和伦理活动、观念活动、艺术活动等最终都是为物质生产和生活服务的。我们把这种价值判断或价值观称为物质主义价值观，在这种价值观基础上形成了一套价值理论，即物质主义的价值哲学。这种价值哲学也可称为物质功利主义价值哲学，因为，它认为人们做一切活动都是为了实现自己的物质目标。

这种价值哲学实际上并不具有真正的理论性，因为在自然状态下，如果没有外部观念的输入，比如具有强烈精神性的宗教或哲学的教化，每个人都会形成这种价值观，这是理性对我们的生活经历的直接反映，所以，所有的人学习、领会这种价值哲学并不困难，因此具有最广泛的群众基础，几乎不需要教育。但在这种物质功利主义控制下，人们为了获取物质利益、满足自己的物质需要，不择手段地参与竞争、损害他人和社会公共利益，破坏伦理规范，相互挤压，不仅给人们的身体安全、健康造成严重伤害，还影响许多人的物质利益的获得，同时给人们内心造成巨大的痛苦和焦虑。

在这种价值哲学及其所造成的现实面前，伦理学家们认为伦理学所要做的工作就是建构一种良好的社会秩序，使每个人在安全、公平的社会环境下从事生产和消费、竞争和合作活动，使每个人的物质需要都得到满足、物质利益都能得到保障，如果能够建立这样的社会，人类就达到了美好状态。所以，这种伦理学工作的重点在改造、调节社会的价值客体的生产、分配、消费体系，即建构各种伦理规范。

物质功利主义伦理学家和价值哲学家们之所以会如此思考，是因为他们虽然认为物质生活是唯一可能的生活样态，但他们还是不希望人类像动物一样为争夺物质财富无序竞争、相互残杀，而是希望借助人的理性制定规则使人们能够相互合作、扶助，希望建立和谐的社会关系，希望人人都过上和谐安宁的生活。正是在这种思维下，在过去的两百多年中，人们进行了一系列的社会制度、规范建设工作，不断调整社会关系，从而使社会内部个体间的冲突明显降低，人们的物质生活的富足程度和安全程度都在不断提升，物质功利主义伦理学获得巨大成功。正是这种社会效果，使人们对物质功利主义伦理学抱有坚定的信心，也因此使人们认为伦理规范既是伦理学的研究对象，也是价值哲学的研究对象。价值哲学家无法割舍对伦理规范的研究。因此，价值哲学家在宣称价值判断是自己的研究对象、将价值判断定义为对某物价值的判断的同时，将自己的主要研究精力倾注在伦理规范上。所以，众口一词，认定伦理规范是价值哲学的研究对象，价值判断的语法形式是"应当句"。如果下面两件事情不发生的话，这种认定的破绽就不会被人发现，物质功利主义价值哲学和伦理学也不会受到任何质疑。

第一件事是：在物质功利主义控制下的人很自然地会发展出机会主义伦

理态度，只要确认自己的违规行为不会被发现就会违反规范以获得不合理利益。这不仅使社会监督伦理规范的成本很高，而且导致伦理规范快速更迭，直至伦理规范崩溃，导致伦理虚无主义。2008年以来的金融危机、欧洲的主权债务危机都将欧美社会过去表面的和谐之下的困境无情地展现出来：竞争和人们的贪婪之心并没有减轻，只是竞争的领域发生了转移，竞争的形式发生了改变，个人的危机在相当大程度上转让给了群体、国家。但无论人们在国家层面怎么操控，危机最终还是要落实到个人头上。

第二件事意义更加重大，这就是在物质欲望的满足、物质生活的富足之后所引发的现象。随着社会富裕人群的增多，人们发现富足的物质生活并没有给人们带来心灵的安宁和生活的和谐、美满，反而带来空虚、无聊、焦虑、抑郁等心理问题，这些心理问题所带给人们的痛苦丝毫不比贫穷所带给人们的痛苦少。这种痛苦的蔓延速度与社会富足的发展程度成正比，表现为随着富足人口的增多，心理疾病、精神疾病发病率快速增长。为了解决这个问题，不仅产生了新的心理医疗行业，而且还催生了非常繁荣的娱乐业，各种消磨时间的娱乐方式、游戏被不断发明出来，整个社会呈现出一片"娱乐至死"的文化景观。所有这一切都是为了用来填补心灵的空缺，或者说用来麻痹、欺骗自己的心灵。同时，各种惊险游戏项目也被不断发明出来以刺激因缺乏挑战而渐趋麻木的心灵。换言之，随着物质生产的发展，人们用来生产物质财富的时间和解决自己衣食住行的时间减少之后，剩余的时间并没有像马克思推测的那样用于个人的全面发展，至少对大多数人来说是如此，这些剩余时间成为折磨人们心灵的病毒，人们必须把它杀掉，才能顺利进入下一天。面对此情此景，许多人选择无奈地接受，但还有一些价值哲学家、伦理学家则选择更积极的态度，他们希望可以找到新的途径和方法来解决这一问题。这些伦理学家发现问题出在物质主义价值观上，所以，他们想在物质之外发掘新的可追求的目标，寻找新的生活空间。这就是部分价值哲学家和伦理学家坚持价值哲学和伦理学独立于经济学、法学之外的理由，导致了对上述问题的第二类答案的出现。

第二类回答是否定的答案。人们不认为物质生活就是人生的全部，不愿意把所有的价值都赋予物质和物质生活，不愿意像动物一样为物质生活而奔忙、争斗，由此度完余生，希望给心灵、精神或其他值得追求的非物质的东西留下足够的地盘，甚至认为精神生活比物质生活更重要，心灵的安宁比物质的繁华、感官的刺激和快乐更重要。① 这就在物质主义的价值观之外形成了一个非物质主义的价值观、价值哲学。这种价值哲学首先表现为一种新的价值判断，它不再把价值一词仅赋予物质，认定还存在着非物质的精神也具有价值。其次认为非物质的精神可能具有比物质更高的价值，虽然人们对这种精神到底是什么，如何具有最高价值的认识并不是很清晰，也远没有达成一致意见。

这种价值哲学延伸到伦理学中就使人们把关注的焦点从伦理行为、伦理规范转移到人的精神、德性上，寻找使人心灵安宁、德性提升、人格完满的良方，由此改变人们伦理行为中的机会主义倾向，使人们能够从内心自觉遵守伦理规范，从而减少社会监督成本，形成真正和谐的社会关系、伦理秩序。这种价值追求才是伦理学、价值哲学超越经济学而保持独立的关键所在。因为人们研究伦理学、价值哲学的重要原因之一就是不想使自己完全沦为经济的奴隶，准确地说不想沦为物质欲望的奴隶。如果人们的行为完全按经济理性和物质欲望原则行事，伦理学就完全可以被法律替代，因为调整人们之间的经济关系法律更有效。

随着物质发展的进步，响应这种价值诉求的人越来越多，至少同情者越来越多。虽然人们对非物质的价值追求到底是何物，纯粹的精神生活到底是何种状态等问题尚未达成任何共识，但许多人已经开始了积极的探索。这种探索表现在诸多方面：

首先，最引人注目的是各种宗教原教旨主义兴起。人们把治疗心理疾病的期望寄托在传统宗教上，比如基督教、伊斯兰教、佛教、道教等具有精神内涵的宗教上。当前，这种宗教的再次兴盛不仅发生在宗教内部，在知识分子界也正在蔓延。这些人进入宗教不仅仅是为了自己心灵的寄托，更主要的是想寻找将心灵从物质生活中解脱出来的道路，具有明显的探索、试验的心

---

① 这种价值观虽然在古典社会也出现过，但那时几乎都是在宗教或类似宗教理论语境中出现的，因此，文艺复兴后被科学理性彻底否定。对现代人而言，或对科学理性而言，这些价值观几乎都属于重新发现，并得到了重新论证。

理特征，因此表现出较大的理性主义成分。这是传统的宗教信仰者所不具备的。

其次，更多的伦理学家则希望能够通过理性的努力获得有效的方法，帮助人们向内探索，回到内心，获得心灵安宁。在中国，有许多人想回到传统儒学，从儒学中寻找心灵的滋养。在国外，有许多新的哲学流派，比如怀特海主义者通过发展一种新的思维方式、宇宙观开辟心灵成长的空间。目前，这批人在价值哲学界和伦理学界的影响正在逐渐增强，也正由于他们的顽强坚持，使价值哲学、伦理学保持着独立的品格，使人们知道超越物质功利主义的可能性是存在的，至少是有人希望如此，从而没有被经济学、法学完全殖民。

二、价值哲学研究对象错位的危害及深层原因

由于价值哲学直接将现实生活中的各种价值判断、伦理规范作为研究对象，不仅无法将伦理规范和价值判断区分开，也无法将价值学与伦理学区分开来，使二者相互干扰，更重要的是无法使研究深入下去，很容易停留在问题的表面，甚至最后只能去对具体的伦理规范、伦理实践发表一些情感和意见，还自我安慰称之为应用研究。如果一个学科的基本理论尚处于混乱状态，其所谓的应用研究能走多远，是非常值得怀疑的。

造成这种状态的最深层原因是没有采用还原的方法将原子性价值判断和复合性价值判断区分开来，没有将复合性价值判断还原为原子性价值判断，从而没有将价值研究真正建立在经验论基础上。正是这个原因造成价值哲学的逻辑思维失去经验论的根基，成为情感和利益肆虐之地。换言之，过去的价值研究从来都没有进入真正的理性科学的研究领域，还处于前科学思维状态。

由于不能直接从原子性价值判断出发进行研究，因此就无法直观地把握价值判断的内容、形式和形成规则，进而无法将价值判断与伦理规范区分开来。当我们将原子性价值判断与复合性价值判断区分开来，并将原子性价值判断作为第一研究对象之后，才能直观地把握"价值判断"的本真含义，由此深入研究复合性价值判断，并进一步给"价值"一个科学定义。

以往，人们常把复合性价值判断直接作为研究对象，使价值判断研究无法深入下去。这是因为：1. 复合性价值判断的内涵和外延都不够清晰，常常与伦理规范和道德判断混合在一起，导致价值判断与伦理规范、道德判断的界限很难划清，价值判断的基本特征淹没在伦理规范和道德判断中。像"民主是好的"就是个复合性价值判断，其中又包含了许多伦理规范和道德判断，比如其中包括"每个人的权利都应该得到尊重""尊重他人权利是道德的"等伦理规范和道德判断。2. 正由于复合价值判断中常常包含伦理规范和道德判断，所以才造成人们明知道将伦理规范、道德判断视为价值判断有些不妥，却找不到解决问题的出路，使价值判断的实际所指发生严重偏移，使价值判断的研究（价值哲学）长期陷入混乱状态。

在人们没有将复合性价值判断还原为原子性价值判断之前，人们经常直接将各种复合性价值判断作为研究对象，想从中找到规律，这是不可能的。就像物理学研究，如果物理学家们没有将我们日常的物理经验（所观察到的物理事实）还原为各种原子经验，没有掌握各种原子经验的记录方法，那么，我们根本无法正确描述和解释各种物理现象，也不可能建立庞大而严谨的物理学体系。比如，我们观察到一辆马车在运动，这个经验是一个复合性经验，即知觉经验，基于这种经验我们只能描述马车的运动路线，而不能解释一辆马车运动中所受到的各种力、所遵守的各种力学原理。对价值判断的研究同样如此，我们在生活中所形成的价值判断往往都是复合性价值判断，要想完整了解其内涵和形成规律，就必须从原子性价值判断开始，并找到原子性价值判断形成复合性价值判断的规则。

上述诸多因素聚合在一起就使独立的价值研究很难进行，陷入多重模糊概念构成的泥潭寸步难行。下面将仔细梳理这些概念之间的关系。

第三节 解决问题的基本态度和方法论原则

之所以出现上述状况，上述问题之所以长期没有解决，我认为首先是因为人们研究价值问题的态度和基本的方法论存在严重问题造成的，所以，要解决此问题首先必须对现有研究的态度和方法论进行反思和改造。

一、现实生活对理论的优先原则

1. 现实生活优先原则。 这是理性科学的基本原则,也是马克思主义哲学的基本观点。首先,它要求我们进行的任何科学研究都必须尊重客观的现实生活,对价值哲学和一切社会科学而言,则必须符合人们的现实生活实际,不能脱离现实生活实际情况而进入纯粹理论的玄想;当理论不能解释现实生活,或出现对现实生活的歪曲的解释、不当的解释时,要毫不犹豫地修改理论,尊重现实。

2. 现实生活优先即经验优先。 那么在认识上如何贯彻现实生活优先原则呢?认识论上的现实生活优先本质上是经验优先。因为,现实生活的所有内容都是通过经验进入理论思维和理论建构中的;现实生活中的某项内容如果没有转化为经验,就不能成为理性科学研究的对象和内容。所谓的理论是解释现实的,也就是解释经验的,一个不能合理解释经验的理论一定存在问题;理论的哪个环节与经验不符,那个环节就一定存在问题。面对理论与经验的差距,我们只能怀疑理论而不能怀疑经验。

当然,在存在论意义上,现实生活与经验肯定是不一样的,因为,现实生活的内容是无限丰富的,所包含的信息也是无限量的,但其中只有一部分信息被人的感官系统接收到并转化为经验。如果我们把一个事物的全部信息分成100份,我相信人类实际所获得的信息不会超过10份。对与经验之外的那90%的现实生活我们是不知道的,是无法影响我们的理论思维和理论成果的。所以,我们要在现实生活与经验之间保持清晰的理智:(1)不把现实生活与经验等同。(2)要认识到我们所知道的现实生活都在自己的经验中,经验之外的现实生活是不能言说的,不知道的。所以,对现实生活的解释是通过经验进行的,对经验的解释也就是对现实生活的解释,但又不能把基于经验的关于现实生活的理论完全等于现实生活本身,我们要在经验、理论与现实生活间保持某种谨慎的态度。这就是认识与现实生活关系的辩证法。

3. 没有错误的感觉经验。 在科学研究中,经验是永远不会错的,错的永远是理论[1]。因为,一个经验发生了就是一个存在,比如,我听到一段音乐,

---

[1] 孙志海:《"眼见为实"辨》,载《科学技术与辩证法》,2001年第3期。

这个经验对我就是一个存在,当我获得这段音乐的经验后,它就成为我认知、思维、判断的对象,我也可经常回忆它、分析它。这与我听音乐时的感受是愉悦还是烦躁无关,也与我是否听清、听错无关。理论是用来解释经验的,因此,理论是围绕着经验转的,经验发生在哪里,理论就在哪里出现。所以,当经验与理论发生冲突时,我们要无条件修改理论①。但在实际生活中,有些人不能正确理解经验与理论的关系,面对自己所信仰的理论或各种现代科学还不能很好解释的经验,宁愿相信自己的信仰或现有的科学理论(注意:这绝不同于相信科学②),而不相信发生在生活中的社会现象(经验)的真实存在。比如,中医所说的经络理论,无数医疗事实都证明人体经络的存在,但依然有很多人还是以现代科学手段不能证实它为由就不愿意相信经络的存在,而不是去怀疑现代科学研究人体的技术手段和基本理论是否存在问题,需要改进?不去思考我们是否可以建构一个新的更具包容性的理论来解释现代科学所不能解释的生命现象,而是简单地否定中医的科学性,甚至说中医是巫术、伪科学等这种严重违背科学精神和科学思维方法的话。这种以违背科学精神、科学思维方式维护科学的行为不是很愚蠢吗?

4. **现实生活永远都不会错**。现实生活也永远是不会错的,错的只能是理论。许多人所谓的现实生活的错误其实仅仅是相对于他所认同的特定的理论观念或价值追求(目的)而言的。他们认为所有他的理论不能解释的社会现象都是错误的,是不应该发生的,是必须消灭的;或者不符合他的价值追求的社会现象、行为等也是不应该发生和存在的。这些很明显都是唯我主义的表现。

---

① 要深入地理解这个观点,请参考本书第十章第二节。

② 相信科学的正确含义应该有二:一是相信科学研究方法能够给我们带来真理,二是相信整个科学知识体系对人类生活有积极的价值。作为一个知识体系,科学理论是由无数命题构成的,其中有许多是不准确,甚至错误的,更重要的是相对于丰富、复杂的现实生活还有无数遗漏。所以,全球的科学家都在不断发掘新现象,获得新经验,修改旧理论,建构新理论。因此,我们对待现有的各个科学命题,即各种理论观点,不能简单地相信了之,还应该时时保持反思和批判态度。许多人所谓的相信科学只是相信其中的某一个或若干个命题是正确的,然后用它解释一切、打遍天下,还美之曰:信仰坚定!这不是很可耻可笑的吗?

现实生活中无论发生了什么事情，它一定是按照人类生命和社会自身的规律形成和运行的。就像人的疾病不存在错误不错误问题，所有的疾病都是人类生命按生命规则运行的结果，都是符合生命自身的规律的。对一个医生来说，面对疾病，首先，要承认疾病的存在。其次，承认它是我们生命运作过程中某一环节出现了问题造成的。再次，这些问题的产生也一定是符合生命自身的客观规律的。只有当我们承认这些生命运动规律和疾病现象的规律，我们才能找到合适的方法通过调整人们的身体使之恢复健康。健康就是我们的价值追求。我们不能因为我们要健康，就说疾病是错的，不该发生的，甚至否定疾病的存在。我们可以说，疾病是我们不想要的，要逃离的。但我们如果真想逃离疾病就需要深刻系统地理解疾病发生的规律，按科学的方式去生活，按科学的方式去预防和治疗疾病，才能真正逃离疾病。这就是科学理论与价值追求之间的辩证关系。智慧的人会以科学理论和科学技术、科学行为实现自己的价值追求，愚蠢的人只是不断重复自己的价值追求，然后怨天尤人，无可奈何地承受人生的痛苦。

我们之所以提出这个在自然科学研究和技术实践中习以为常的标准，是因为在社会生活领域，尤其是与价值有关的领域，人们以价值具有主观性为由，常常非常任性，宁愿断言现实生活错了，也绝不愿承认自己的理论错了，自己的价值追求错了，人们积极地想去修正现实，或掩盖、歪曲、伪造描述现实的经验，而不是修正自己的理论。所以，在自然科学领域，贯彻解放思想、实事求是是比较容易的，但在哲学社会科学领域则很难，越是利益丰厚的地方，做到解放思想、实事求是越困难。许多人愚蠢地认为，我只要坚持自己的理论，我就能实现自己的利益，至少能保住自己的利益。事实情况根本就不是这样。违反客观规律的行为一定会受惩罚的，越是固守错误理论，自身所遭受的危害就越大。现实生活中还有人以固守某些听起来很高大上的理论、价值观（通常是价值追求）为自豪，面对无数理论问题和实际困难，仍拒绝反思、修正，还以某卫道士自居，以坚持理想为名粉饰自己，实在是理性的耻辱。

5. **现实优先原则与主观能动性的限度**。对价值哲学研究而言，我们承认现实生活中许多现象不符合我们生命的要求和价值追求，面对这些现象，我们该如何面对呢？首先，我们要承认这些现象的存在，尊重现实。其次，我们要研究这些现象，揭示它们发生的原因，提出科学的理论和有效的技术手段、行为方式来调整改变社会现象，使之符合我们生命的要求和价值追求。这是马克思主义的基本态度和辩证唯物主义的基本原则：尊重客观现实和发挥主观能动性相统一的原则。但我们认为这个原则还需要做一个补充，即有些时候，现实生活本身并没有不符合我们生命的要求，而是我们的价值追求错了。比如，我们追求长生不死就是错的，追求没有矛盾的社会、追求人与人之间绝对的平等和自由就是错的。所以，尊重现实生活还包括尊重人的基本特性，尊重社会系统和人类心智运作的基本规律，一旦发现我们的追求是不符合社会系统和人类心智运作的基本规律时，就要修改和放弃自己的价值追求。

二、逻辑对理论的优先原则

1. **逻辑优先原则**。所谓逻辑优先原则意指一个存在逻辑问题的理论不可能是完善的，在许多情况下可能是错的。理论的哪个环节存在逻辑问题，那个地方也一定是存在问题的。这里说的逻辑问题是指人们在进行理论建构过程中，比如在收集经验、整理经验、分析经验、解释经验、界定概念和命题推理等各个环节中，出现了不符合逻辑规则的问题。我们一旦发现一个理论存在逻辑问题，就必须修改理论，不能以任何借口继续维护存在逻辑问题的理论。当然，一个理论存在一个或若干个逻辑问题并不代表该理论一定是错的，很可能只是不完善，在某些环节上存在问题，所以，修改一个理论不是否定一个理论，更不是抛弃一个理论。

在理论研究中经常会出现两种违反逻辑优先原则的情况。（1）一个理论是建立在坚实的经验和严密的逻辑推理基础上的，但由于不符合现实生活中的某些人的思想习惯、传统、利益或意愿，而被以不符合现实生活要求为由拒绝。这就是将自己的思想、愿望、利益等凌驾于逻辑之上。（2）一个理论建构过程明显存在逻辑问题，但有人感觉理论是符合自己需要的，从而坚决否认自己的理论存在问题。这也是将自己的利益、需要凌驾于逻辑之上。这两种态度都是人们基于维护自己的需要、利益出发的，直观地看都是对自己有利的，但现实生活的逻辑一定会向人们证明这两种态度最终都会对自己有害。

　　逻辑优先原则与现实生活优先原则是并列的，二者同等重要，相互协调，相互补充，相互纠正对方的不足。因为，理论的科学性既取决于其所加工的经验的真实性、全面性、系统性，也取决于理论思维的过程是否合乎逻辑规则，任何一方出现问题，理论思维的结果就一定是错误的。错误的理论一定会给人们带来坏的结果，不利于人类的生存、发展和幸福。逻辑思维有时会陷入玄想，也会陷入旧有的理论思维框架，从而脱离现实生活的需要和不符合现实生活的实际状况（因为现实生活是永远发展的），这样理论思维就会陷入困境和错误。如何将理论思维导向正确的道路呢？尊重现实生活，不断从现实生活中获得新鲜经验、新思路，就能扭转理论思维运作的方向，弥补理论思维的不足，获得真理。这就是所谓的"解放思想、实事求是"，是理论思维不断发展的基石。虽然，许多人都知道现实生活是不断变化发展的，自己也在不断获得新经验、新判断，但陷入某种利益格局或现实关系格局中的人，常常因畏惧改变而陷入因循守旧困局（保守者），如何引导这些人走出各自的思想和行为困局呢？唯有严谨的逻辑思维，使人们在尊重现实的条件下，认真分析自己所面对的困局，从而理清思路、找到出路。

　　也许有人说，既然二者是并列的，为什么还要说"优先"呢？有两个方面的理由。(1) 这两个优先原则所针对的对象都是理论，而不是相互针对的。即我们认为在现实生活和逻辑面前，理论是次要的。这就告诉人们不要迷信理论，我们要做好准备随时根据现实生活的变化（新的经验的获取）和逻辑思维规则的要求修改理论，如此才能做到"解放思想、实事求是，与时俱进"。(2) 把两个优先原则并列就是为了强调两个原则的同等重要性，防止用一个压制另一个。因为，只有我们在充分尊重经验和逻辑规则的前提下，才可能有正确的理论建构。经验相当于原材料，逻辑规则相当于生产工艺，这两个缺少一个，就不可能生产出产品，有一个出现问题就不可能生产出合格的和优质的产品。当然，逻辑规则也是有可能不完善的，甚至在某些地方是错的。但在发现其错误之前，我们还是要相信它，直到我们发现了其错误为止，此时我们就要去修改逻辑规则。由于逻辑学像数学一样具有纯粹形式性，所以，逻辑规则的研究相对于一般科学研究具有超脱性，当我们发现其错误或不足时，修改起来相对较为方便，受人们情感和利益影响的程度相对较低。

2. 逻辑问题的表现。一个理论的逻辑问题的产生存在四种可能，这四种可能相互影响。

（1）建构理论所依据的经验样本存在某种重要遗漏，比如现代医学之所以在治疗某些疾病方面存在重大局限，原因之一是因为其至今不能获得中国古代医学所说的与经络、穴位、元气等相关的基本经验，从而不能很好地吸收中医的理论和治疗技术。价值哲学和价值科学研究之所以长期不能获得真正的进展，就是因为它没有自己的经验论基础，没有认识到在人类的经验中有一类极其普遍的价值经验的存在。换言之，以往的认识论研究遗漏了价值经验这一极其丰富而重要的经验形式。我们将在第七章、第八章详细阐释这些价值经验，对价值经验的提炼是本书的核心工作，是价值观念形成的先验程序的核心组成部分，也是我们建构价值理性的基础工作。

（2）对经验的分析和归纳存在问题，没有对经验进行全面、细致的逻辑分析和正确的逻辑归纳。全面的经验很重要，但同样重要的是经验分析和归纳。严谨的经验分析和归纳是我们得到正确的理论的重要环节。比如，我们发现以往人们对经验的逻辑分析存在严重遗漏：面对一个感觉经验，往往只重视该经验带给人们的客体信息，而忽视该经验给主体带来的身心感受。正是通过对主体的身心感受（经验）的分析、归纳，我们发现了价值经验的存在。这个环节是现实生活优先原则和逻辑优先原则的结合点。经验代表现实生活，经验的分析和归纳代表逻辑，二者紧密配合才会有科学的理论建构。伦理生活和道德生活都是人类经验的重要组成部分，如何深入、细致、全面地分析伦理生活经验和道德生活经验，是我们正确认识伦理现象和道德现象的前提。

（3）概念的界定、命题的构造是否存在问题。比如，概念的内涵与外延是否一致，包括概念间的关系是否清晰、合理。命题就是对概念间关系的断言，一个正确的命题就是对两个或多个概念间关系的正确判断。一个命题的错误，乃至一个理论体系的错误，往往都与概念界定不准确和概念间关系判断错误有关。比如，人们长期将伦理规范视为价值判断，就使价值判断的外延超出内涵的规定，从而把价值研究导入错误的研究对象上，把价值研究引入歧途。

（4）逻辑推导存在问题。所有的理论建构都是在概念和命题的基础上进行逻辑推导的产物，而经验的分析和归纳、概念的定义、基本命题的构成和演绎等过程中也都存在逻辑推导环节，一个环节出现问题，整个理论体系就出现问题。上述四个方面的问题是相互影响的。

我们只要发现这四个环节任何一个环节出了问题，就需要对整个理论体系进行反思和修改。差别只在于大修还是小修。上述产生逻辑问题的四个方面也是我们建构一个理论的四个环节。即如果我们要建构一个理论，就包括这四个环节的工作：收集经验材料、分析和归纳经验材料、下定义、进行推理。一个理论只要发现上述四种问题中的任何一种，我们就必须立即着手来修改理论。

三、现实生活的逻辑分析必须与语言概念的逻辑分析相结合

上述的分析告诉我们在进行价值研究、建构价值理论时，必须做到将现实生活的逻辑分析与语言概念的逻辑分析紧密地结合起来。这是对马克思主义的理论与实际相结合原则的进一步深化。这个原则不仅在理论建构的过程中是极为重要的，而且在发现理论问题、修改和完善理论体系的过程中也是极为重要的。

1. 发现理论问题的两大基本途径。我们发现一个命题或理论体系是否存在问题主要有两个途径：（1）实践的路径。在现实生活中发现理论不能解释现实生活，或者以某一理论为指导的实践不能达到目的，甚至与目的背道而驰，即理论不能通过实践的检验。那么，我们要相信或者是理论错了，或者实践技术不足，或者是我们的目的（价值追求）错了。比如，如果现有的道德教育理论与方法基本是一致的，实践效果却很差，甚至几乎无效，那就表明我们关于道德的理论很可能是错误的，方法很可能是不对的。（2）逻辑分析的路径。通过语言逻辑分析发现概念或理论体系存在问题。只要发现有一

个问题，整个理论体系都必须重新调整和建构。比如，我们通过语言逻辑分析发现将伦理规范视为价值判断在逻辑上是说不通的，因此就可以判定现有的价值哲学体系一定是存在严重问题的。

2. 修正理论错误的方式。（1）如果是通过实践途径发现理论存在问题，那么首先就必须对理论展开严格的语言逻辑分析，看看是否存在逻辑问题，发现什么问题解决什么问题，然后重新建构新的理论体系。（2）如果我们是通过语言逻辑分析发现了理论体系的逻辑错误的，当然也要立即去寻找逻辑错误发生的原因，并积极修正之，使之在逻辑上完善起来。但语言逻辑分析的能力是有限的，如果存在生活经验的重大缺陷，那么，语言逻辑研究就不可能解决问题，逻辑的不足后面往往有现实生活的因素。所以，当我们发现仅仅在逻辑领域不能解决问题时，就必须回到现实生活领域，对现实生活展开新的研究。现实生活方面的问题主要是经验问题，或者是因为存在重大经验的遗漏，或者是现实生活的改变。比如，当我们发现现有的认识论不能解决价值研究问题时，发现仅仅在文本和语言逻辑领域解决不了问题，我们就回到人的现实生活，仔细体察自己的价值思维运作过程，仔细体察自己的价值追求是如何形成的，价值追求是如何决定价值判断的。通过这个经验体察活动，我发现人的趋乐避苦本能在价值思维中占据核心地位。由此进一步体察人的趋乐避苦活动过程，发现了人的普通经验发生的同时，人们还获得了身心感受，当这个身心感受发生时，我们的身体和心智都表现出趋乐避苦的自然倾向，由此，我们发现了价值经验的存在，从价值经验生成价值判断和价值追求的心理机制。这个仅仅依靠语言逻辑分析是不可能发现的，只有在不断地体察、反省自己的生命经验即生命现实活动的过程中发现。因此，无论通过什么方式发现了理论错误，修正理论错误的方法都是现实生活或经验的逻辑分析与语言概念的逻辑分析相结合，缺乏任何一方，都不能完成理论的修正，理论都不可能获得发展。这个方法也是我们真正做到"解放思想，实事求是，与时俱进"的具体途径和方法，由此推动实践的不断发展，使我们合理的价值追求得以实现。（3）如果我们通过研究发现是自己的价值追求错了，当然就要修正或放弃那个价值追求。一个价值追求无论多么美好，一旦发现不符合现实，不符合客观规律，我们就应该放弃它或修正它。对那些完全没有实现可能的价值追求，就应该完全放弃。而有些价值追求或者仅仅在现有条件下无法实现，那么，我们就要不断创造条件使它能够实现。有些价值追求则是因为我们对其认识还不够清晰，那么我们就要根据对现实生活的发展和对人性认识的不断进步而进行调整。比如，我们原来设想的没有矛盾完全和谐的共产主义社会就是违反对立统一规律的。既然对立统一规律是普遍的、绝对的，就不可能有例外。这样的共产主义理想作为价值追求是极难实现的。但在传统的共产主义理想中有一些具体的价值追求还是可能实现的，只是我们对它们的认识还不是很清晰，比如，建构一个更加公平、正义的社会，使弱者得到更好保护的社会，还是有可能的。这样的价值追求本是共产主义理想的一部分，是可以保留的。

3. 坚决反对两种错误态度。第一种错误态度是反对将语言概念的逻辑分析置于理论研究的核心和基础地位。在现实生活中，我多次遭遇有人对概念的语言逻辑分析的抵抗，他们认为思想才是重要的，或者相反，认为解决现实问题才是最重要的，概念的语言逻辑分析是细枝末节，是没有多大价值的。之所以出现这种认识是因为他们没有认识到我们的一切思想都是通过语言概念表达的，世界上（尤其是哲学）大多数理论问题都是由于语言概念不清造成的。现实生活本身也都是通过语言概念进入理论思维中的，没有精细的语言逻辑分析，就没有学术研究。因此，分析哲学家们认为对各种理论体系进行语言概念的逻辑分析就是哲学所能够做的唯一的工作。我虽然不赞同这种哲学观，但赞同他们把语言概念的逻辑分析提高到哲学思维的核心高度这一做法。所有的重大理论创新一定是从对某一基本概念的反思和重构开始的，即使是从新经验的发现开始的，也必须经过语言逻辑分析实现概念的重构和理论体系的重新建构。一个学者的理论思维能力从根本上说就体现为其对基本概念的分析、批判和重构的能力，尤其是哲学研究者。没有深入这个层面的人，基本上谈不上什么理论思维能力，至少是没有进入哲学的大门。

第二种错误态度是离开现实生活沉溺于无限的文本分析中。这种情况在目前的学术界已经非常普遍，已经危害到许多学者基本失去从现实中寻找真理的意向，完全迷失在文本中。他们离开现实生活抽象地进行语言概念分析，而他们的语言概念分析却不是基于对现实生活或经验的分析出发的，也不经常回到现实生活的逻辑分析中,而是从各种文本的分析出发的,并沉溺于文本分析,无穷无尽,得不出多少具有现实意义的结论。所以,我们认为对概念的语言逻辑分析一定要与对现实生活的逻辑分析相结合。当我们深入现实生活中,从人们处理和思考现实生活问题情境中,而不仅仅是在文本中,我们就能找到答案。比如,面对"价值"的诸多定义,如果我们仅在文本层面进行语言逻辑分析,永远也搞不清那些不同的定义到底想述说什么,而如果我们深入现实生活中,深入人们的现实思维中,我们就能澄清价值这个概念的本真含义及各种延伸含义,理清每种含义到底在述说什么,为什么要如此述说。这种研究态度是克服各种教条主义、权威崇拜的利器。

对现实生活的逻辑分析代表的是马克思主义理论传统,对语言概念的逻辑分析代表的是逻辑实证主义或分析哲学的理论传统(实际上也是整个西方哲学的传统),将二者结合在一起的是经验。在认识论研究中,实践与经验是同义的;实践是从存在、活动的立场上命名的;实践所提供给思维的就是经验,实践对理论的引导也是通过经验实现的。我们在实践活动中源源不断地获得经验,没有这些经验,实践活动对认识活动不会有任何意义和影响。所以,在认识论上,实践与经验的含义是一样的,名异而实同。当然,在现实生活中,实践会改变现实生活,但现实生活的改变对认识的推动作用也是通过经验这一中介的。因此,认识论哲学中的实践论与经验论的含义是一样的。所以,在理论研究中我们必须保持严格的逻辑规则意识和强烈的现实生活意识,并时时将二者结合在一起,逻辑分析进行不下去的时候,就要回到现实生活的逻辑分析中。

第四节 推进研究的突破点

本书的首要目标是对现有价值哲学进行系统的反思和批判,它首先属于一种反思性研究,因此,作者命名为《价值理性批判》。作为一种反思性研究,其研究对象就是理论,而不是现实生活或具体事物。但本书并不停留在反思阶段,而是要进入理论建构阶段,试图对价值理性做出一套系统的、科学的解释和说明，同时，又具有一种科学的性质，是一种直接针对价值认知或价值理性这一具体事物的研究。所以，作者把书名的副标题命名为《价值观念生成的先验程序和先验结构研究》。那么，如何开展这种研究呢？

反思性研究的直接对象是理论，而理论或者是命题，或者是命题体系，所以，反思性研究的起点一定是命题。概念是以命题的形式出现的。我们对价值和价值判断的研究都是通过对一个命题的研究开始的。作为建构性的科学研究其主要目标也是构造命题和命题体系。对价值哲学和价值科学来说，我们要审慎地建构价值命题、论证价值命题的合理性。所以，本书研究的突破点就是价值命题。价值研究的真正对象也是价值判断或价值命题。

一、价值研究要从原子价值命题出发

1. **判断、命题、价值判断、价值命题**。我发现许多人在研究价值哲学时，或者缺乏基本的语言逻辑常识，或者因臣服于权威而无视那些基本的语言逻辑错误，人云亦云。就像人们把"伦理规范视为价值判断的主要形态"这样的错误一定有许多人发现了，但没有人直接提出来。我的同事赵庆是伦理学博士研究生，当他发现这个问题并向大家提出来后，几乎没有人理睬他，有人感觉他太多事或太不自量，那么多权威人物都这样讲，会有错吗？这些人忽视了两个问题：一是权威人物也会犯错。二是在学术研究中，越是基本概念发生语言逻辑错误，对整个学科的影响就越大。面对这么明显的错误，大家都还在容忍，甚至别人提出来了还不高兴。不是很奇怪的吗？这也说明我们的学风存在严重问题。为了把这个问题阐释清楚，我们首先做些必要的普及常识的工作。

判断是思维活动的一种形式，首先是个动词，指判断这种思维动作，与获得经验、下定义、进行推理等思维活动并列，代表认知活动的一个环节。比如，"我在判断这朵花的颜色是什么"中的"判断"就是动词。其次是个名词，指判断的结果。比如，我判断"这朵花的颜色是黄色的"，这个句子就是判断的结果，也被称为判断。就像"吃"既是动词也是名词一样。当我把这个判断结果用语句表达出来时，这个语句就是命题。比如当我把上面的那个判断结果说出来："这朵花的颜色是黄色的"，这句话就是一个命题。所以，判断与命题之间的差别仅在思和说之间，没说出来的就是判断，说出来就是命题。反思性研究的直接对象是命题，即人们已经说出来的判断①。因为，判断还在思维阶段，没有呈现出来，就不能成为他人研究的对象，只能作为自我反思的对象。所以，人们常说价值哲学是研究价值判断的，这个说法有些不太准确，准确的说法是研究价值命题的。诘言逻辑研究的都是价值命题。逻辑推理的对象都是命题。由于判断与命题之间的关系是如此密切，所以，为了照顾读者阅读的习惯，在本书中判断与命题不分，判断即命题，命题即判断。

一般而言，我们在描述一个事实或现象或经验时，就是对该事实的一系列环节做出判断，或者说是通过对该事实的各个环节进行一系列的判断。比如，当我要描述"我在看花"这个事实时，我会说：（1）我在看花，或者我是在看花的，I am watching a flower。（2）花是黄色的。（3）花是圆形的。（4）花是有五个瓣的等。这些句子都代表了我对特定主词和谓词之间的关系做出的一个断言或判断，肯定或否定。在逻辑学上这些句子都被称为判断，这些判断都是对经验的描述。简单地说，我们描述一个事物就是对该事物与相关属性之间的关系做出断言或判断（动词），当我们做出了判断之后就形成了一个判断（名词），当我们把这个判断（名词）用语句表达出来后就形成命题。上面四个句子就是四个命题。价值命题就是表达价值判断的语句形式。

2. **原子命题和原子性价值命题**。现实生活中的人每天都在进行价值判断，这是价值研究的实践论基础，离开这个基础，价值研究必将迷失方向。而价值研究之所以长期处于混乱状态，首要原因是没有找准并牢牢把握住清晰、简单、可经验的研究对象。大家试想，如果一个学科、一个理论连研究对象都没找准，它能发展到哪里？受数学、逻辑学和自然科学研究方式启发，我们认为首先确认价值哲学最简单的研究对象作为理论建构的起点是极为重要的，这个对象和起点就是原子性价值判断，相对于维特根斯坦所说的或逻辑学所研究的原子命题、原子事实。从对原子性价值判断的研究出发，整个价值思维的脉络将层层展现出来，价值哲学的问题体系和演绎路径也将展现出来，简单而清晰。所以，原子性价值判断是价值哲学研究的第一对象，与洛

---

① 参见陈波：《逻辑学》，中国人民大学出版社2008年第2版，第31—32页。

克所说的简单观念在近代认识论哲学和实证科学中的地位是一样的，因此，可称价值哲学研究的第一对象。

所谓原子价值命题也就是对原子性价值事实的断言或判断的语言形式，即原子性价值判断的语言形式。那么什么是原子性价值事实呢？原子性价值事实即原子性价值经验。比如，我们通常认为所说的一个事实也就是一个经验。比如，当我们说"这朵花是黄色的"时，我们首先就是想表达一个事实，这个事实实际上是一个经验。所以，事实也就是经验①。"这朵花是黄色的"不仅是一个经验或事实，还是一个原子经验或原子事实。因为，其中的"这朵花"是个体事物，"黄色的"是我们的感觉经验直接给予的，作为一个感觉经验是不能再分了。同样，"这朵花是圆形的""这朵花是有五瓣的"，都是原子经验。在现实生活中，当我们看到一朵花时，往往是同时看到这朵花是黄色的、圆形的、五瓣的。这样的经验实际上是一个复合经验，这个经验就可以再细分为三个原子经验，或原子命题。当我们把这个复合经验陈述出来时，就形成一个复合命题：这朵花是黄色的、圆形的、五瓣的，或者这是一个五瓣的、圆形的、黄色的花朵。

那么，什么样的命题是原子性价值命题呢？比如，我们吃了一道菜，感叹说：这道菜太美了，或这道菜太有营养了，或这道菜太好吃了，这道菜太有价值了。这都是一个价值判断。但这个价值判断是一个复合性价值判断，因为，每一个价值判断中都包含了若干小的价值判断。比如，当我们判断"这道菜太美了"时，是由许多具体的原子性价值判断构成的，比如，这道菜的形状、香味、口感等都很美，由此我们可以形成若干原子性价值判断，比如，这道菜的香味太好闻了，这道菜的口感太爽了，等等。复合性价值判断就是可以分解为若干原子性价值判断的判断，复合性价值命题也就是能够分解为若干原子性价值命题的命题。

价值研究的情感主义者可能会对这个要求提出质疑，他们会问：对情感也能进行这种原子式的分析吗？或者说人的情感也属于原子式的经验吗？如果从现有的情感理论出发，对情感这种经验形式进行原子式分析是很困难的，但我们找到了研究情感的一条更精细的道路（参见第九章），可以将复杂的情

---

① 关于经验与事实的关系，第四章还要进行深入讨论。

感拆分开，将其形成和演绎的内在程序清晰地呈现出来，从而为价值科学研究提供了一个非常重要的理论基础。

3. **科学研究的直接对象是原子命题。**这个命题对朴素经验主义者是很难理解的，他们会说：你说错了，科学研究的对象是外部的客观事物，怎么可能是原子命题这种主观的东西呢？你这不是唯心主义吗？对这些朴素经验论者而言，理解这个问题会有些困难，但也一定是能够理解的。这个问题不是几句话能够说清的。下面我们在详细阐述科学思维和价值思维的程序时会给出精细、准确和可经验的说明。

二、复合性价值判断的形成及其研究方法

目前，价值哲学在价值判断上主要做了两项工作。一是把价值判断与事实判断区分开来，让人们认识到价值判断的存在及其对人类生活的意义。这项工作已经完成，表现为价值判断的存在和重要性已经被人们充分认识到。这个工作相对比较简单，靠经验和简单的逻辑思维就能解决。但价值判断与事实判断的关系还尚未梳理清楚，这需要非常复杂的逻辑思维才能解决。二是价值判断的形成机制。目前人们主要从实践需要和评价性认识的角度来解释价值判断的形成机制，需要是动力，评价是生产方式。这些方面的研究已经取得了很丰硕的成果，大多数是正确的，但还不够精细和深入。我们认为，价值判断形成机制的研究应该包括两个方面：一是原子性价值判断的形成机制，二是复合性价值判断的形成机制。

原子性价值判断也就是简单价值判断，如果以语句的方式陈述出来就是原子性价值命题。这类命题的基本特征是具有可直接经验的，即可经验直观的。"这朵花是美的""这碗水能解渴"等都是原子性价值判断。因为"这朵花""这碗水""美"和"解渴"都是我们能够直接感知的，3岁儿童都能理解并能对其真假做出判断，所以原子性价值判断与逻辑学上的原子命题一样是可直接感知的，具有简单性和清晰性，符合笛卡尔的"清晰明白"的真理标准，可以根据经验直接判断它的真假。原子性价值判断既是形成复合性价值判断的基础，也是判断复合价值判断真假的前提。

所谓复合性价值判断（命题）就是由若干原子性价值命题按照一定逻辑

规则组合而成的价值命题。此类价值命题的基本特征是我们不能根据自己的经验直接进行真假判断，儿童也不能理解它们。复合性价值命题大概有三类。

1. 第一类复合性价值命题是基于原子性命题的归纳而形成的全称命题或特称命题（除单称命题），其主词是复数。比如，所有的天鹅都是美的、有些天鹅是美的，都是一个复合性价值命题，因为，我们无法直接经验到"所有的天鹅"或"有些天鹅"，我们只能经验到某一只天鹅，或某一群天鹅。这样的命题通常是根据若干原子命题进行的不完全归纳的结果。

2. 第二类复合性价值命题是若干原子性价值命题的综合，且其主词是一个具体事物。比如：这道菜色香味俱佳，就是由三个原子性价值判断归纳、综合而成的。其中的三个原子性价值命题是：这道菜看起来很美，这道菜闻起来很香，这道菜味道鲜美。

3. 第三类复合性价值命题是以抽象概念为对象的价值判断，比如正义、公平、正当、富强、和谐等都是抽象概念。所谓**抽象概念是人们在描述自己的生存状态和生命体验时所创立的概念**，这类概念也是人们无法直接经验的，我们对以其为主词形成的价值判断也很难进行真假判断。同样，儿童也很难理解这些主词和相应的价值判断。所有的抽象事物和抽象概念的形成都依赖于一个事物系统和理论系统，以它们为主词的价值判断都是复合性价值判断，李德顺所说的价值观念①、宴辉所研究的价值观②都属于复合性价值判断。

原子性价值判断是生活经验直接给予我们的，那么原子性价值判断是如何形成复合性价值判断的呢？第一类和第二类复合性价值判断是从原子性价值判断通过归纳形成的。比如，"民主制度"是一种社会制度，但是一个复数，我们所能经验到的都是某一个具体的民主制度，比如德国的民主制度、英国的民主制度等。所以，"民主制度是好的"就是一个复合性价值判断，是根据所有被称为民主制度的各种原子性价值判断归纳而形成的。当我们从原子性价值判断归纳复合性价值判断时往往忽视了一个极为重要的问题：复合性价值判断所断言的那个复合性概念与原子性价值判断所断言的原子性概念之间的关系问题，原子性概念能否说明和如何说明复合性概念的问题。比如，

---

① 李德顺：《价值论》，中国人民大学出版社2013年第3版，第137页。
② 宴辉：《现代性语境下的价值和价值观》，北京师范大学出版社2009年版，第34页。

各个具体的民主制度如何说明那个作为集合概念的"民主制度"？因为各种具体的民主制度并不相同，其制度、环境等差异极大，导致其功能或价值差异也很大，我们如何能够保证自己从若干具体的民主制度是好的所归纳出的"所有的民主制度都是好的"这个命题在逻辑上是严谨的。因为，很可能我们在得出"各个民主制度是好的"这个价值判断时，所依据并不是民主制度的同一属性，而是不同属性。这一点对社会性的那些大的系统更是如此。所以，在社会研究领域，从原子性价值判断推导出复合性价值判断时，一定要确立一套相关的逻辑规则，以保证在前提为真的情况下，推理结果也为真。但目前还无相关的逻辑规则，这应该是今后价值学研究的重点。将原子性价值判断与复合性价值判断区分开来就是研究价值命题推理规则的第一步。

三、区分为原子性价值判断和复合性价值判断的理论意义

价值哲学研究本身不是目的，价值哲学研究是为价值科学研究奠定基础的，比如确定研究对象，澄清研究方法，确定研究基础等。就价值哲学研究本身来说，将价值判断区分为原子性价值判断和复合性价值判断就是非常重要的，因为，我们只有借此才能认清价值判断的性质，确定价值判断形成的机制。没有这个研究价值哲学就一直在黑暗中摸索，价值科学就不可能形成。试想，如果当年洛克不能把观念分为简单观念和复合观念①，西方哲学如何能够使认识论研究深入下去？近代的整个认识论研究都无法走出混沌状态，无法前进。

从价值科学理论体系的建构立场看，将价值判断区分为原子性价值判断和复合性价值判断具有重大的理论意义。我们知道近代以来自然科学之所以能有如此巨大的成就，与它一开始就以几何学、数学和逻辑学为典范建立命题体系有关，而它们的命题体系都是从原子性命题开始的。当命题体系初步建立起来后，人们才能用这些知识去研究具体事物的现实的存在状态和运动状态，创造出新的事物或事物的新的存在状态，即创新和发明。如果没有这套从原子命题出发演绎出复合命题和命题体系的方法和大量工作，科学也许依然像中国古代那样虽有无数技术成果却没有科学理论体系，也就不会有今

---

① 〔英〕洛克：《人类理解论》，关文运译，商务印书馆1959年版，第84页。

天的这个科学世界。中国人也知道许多数学定理和力学定律，这些定理都是来自经验的总结，但由于缺乏从简单命题到复合命题的严密的逻辑推导体系而不能发展出严密的科学体系，也使已经获得的科学知识的使用范围和效率受到很大影响。所以，基于原子命题的逻辑运算是构造理论体系的本质性要求。就价值哲学而言，最重要的工作就是确立正确的原子性价值命题的形成规则和原子性价值命题转向复合性价值命题的推理规则。在此基础上，如果我们要确定任何一个复合性价值判断是否为真，只需确定它是从哪些真的原子性价值命题推导出来的和推理过程是否符合逻辑规则就可以了。因此，这也是我们进行价值推理的理论基础。但即使我们证明道德问题、道德学是成立的，"道德规范"这个概念依然是多余的。

第二章 价值判断与伦理规范、道德判断的关系[①]

长期以来，人们都将伦理规范视为价值判断，在语言逻辑上，这个说法本身就是错误的。而这样错误的说法竟然流行那么多年，可见在价值哲学研究领域，人们对语言逻辑问题是多么的掉以轻心。一个对语言逻辑如此忽视的学科怎么可能真正取得进步，获得真理呢？所以，长期以来，价值研究就成为情感、利益肆虐之地，没有规则，没有真理。人们似乎在这里找到了在自然科学领域被放逐的"自由意志"，任意所为，严谨的学术研究变成了自我发泄的任性。本书试图扭转价值研究的这一态势，本章将严格按照语言逻辑分析的线索重新探讨价值判断与伦理规范和道德判断的关系。

第一节 价值判断与伦理规范的关系

将伦理规范视为价值判断是价值学和伦理学研究陷入混乱的第一个节点，我们只有把这个节点解决掉，下一步的研究才有可能，整个价值研究的道路才能看清。

[①] 第二、三、四章的核心内容已以《价值哲学体系的重构——从价值判断出发》为题发表在《现代哲学》2015年第1期上。

一、伦理规范不属于价值判断

江传月发现"价值判断是判断,而不是指令,价值判断不是价值指令"①,因此也就不是伦理规范②。这是从逻辑形式上看的。如果从内容上看,无论人们把"价值"理解为效用(意义可视为效用的一种类型)或属性或关系,甚至是对象、实体、人本身等,表面上差别很大,但有一个共同点:都不包含对人的行为、意向的任何导向性或规范性内涵。因此,当人们对某物(包括行为、思想等)的价值做有无、大小的断言时,即针对某物做价值判断时,都不包含对人的行为、意向的任何导向性或规范性内容。所以,所有的价值定义中都不蕴含伦理规范。同样,没有任何一个伦理规范对事物的价值的有无或大小做出了断言。因此,在语义上,伦理规范毫无判断之义,绝不是价值判断;价值判断也毫无规范之义,绝不是伦理规范。

但伦理规范与价值判断确有内在联系:价值判断是伦理规范的基础、前提。只有当人们对某物、某行为的价值做出了判断之后,才会根据自己的需要形成行动的意向,然后根据事实条件(事实判断)对人们的行为提出某种指导性的规范。从价值判断到伦理规范的推理过程包括两个阶段:

推理一:水是能解渴的　　　　　　　　(价值判断)
　　　　我们都会渴　　　　　　　　　(事实判断)
　　　　所以,我们是需要水的　　　　(行动意向、价值追求)

推理二:我们是需要水的　　　　　　　(行动意向、价值追求)
　　　　水是来自水源的　　　　　　　(事实判断)
　　　　水源是受到人类不当行为的威胁的　(事实判断)
　　　　所以,我们要保护水源　　　　(伦理规范之一)

推理三:我们要保护水源　　　　　　　(伦理规范之一)
　　　　水源被垃圾污染　　　　　　　(事实判断)
　　　　所以,我们要禁止乱扔垃圾　　(伦理规范之二)

---
① 江传月:《论价值判断》,载《长安大学学报(社会科学版)》,2004年第3期。
② 我的同事赵庆也发现了这个问题。本文与此相关的内容受赵老师启发很大,在此特表感谢。

上述推理过程的推理一是根据价值判断和我们的身体状态（一个事实判断）推导出我们的行动意向。这个行动意向也就是价值追求，明确我们具体需要什么东西，想得到什么。推理二从行动意向或价值追求出发，以若干事实判断为中项，推导出我们的初步的行为规范。推理三则从初步的行为规范，再以若干事实判断为中项，推导出更具体的行为规范。

所以，价值判断是伦理规范的前提，伦理规范是价值判断的延伸，二者不能等同。在价值判断向伦理规范推理的过程中，还需要加入人们身体或存在的事实判断推导出人们的行动意向或价值追求，再从价值追求推导出伦理规范或行为规范。如果没有这个中介环节，也无法形成伦理规范。换言之，价值判断+事实判断→价值追求+事实判断→伦理规范。

所以，不仅伦理规范不是价值判断，价值判断不是伦理规范，而且从价值判断还不能直接推导出伦理规范。

二、伦理规范的形成条件和本质

伦理规范是建立在价值判断基础上的，但仅仅有价值判断还不会有伦理规范。伦理规范的产生还有两个条件：价值追求和人类生存方式的社会性。伦理规范的本质是人们借助社会合作方式实现自己价值追求的合作协议。

1. **价值追求就是人们的行动意向**。就人类理性而言，当我们形成一个价值判断后，由于趋利避害本能的作用，就会立即形成一个价值追求。如果我们判断某物是有用的、好的、善的，我们立即就会产生得到该事物的愿望；如果我们判断某物是有害的，我们立即就会产生逃离、摆脱该事物的愿望。这些愿望用价值学的话语表达就是价值追求。因为它是建立在价值判断基础上的，与价值判断具有密切的互动互生关系。人们每形成一个价值判断就会形成一个相应的价值追求；同样，每形成一个价值追求就会形成一个价值判断。比如，我们希望得到温暖、关爱、自由、富裕等，希望远离疾病、痛苦、麻烦等，都属于价值追求，相应的人们就会对这些追求对象做出价值判断。想得到的就自然被判断为好的，不想得到的就自然被判断为坏的。价值追求也就是人们常说的需要、欲望、理想、志趣等主观意向。价值追求给人们的行为提供方向。

2. 伦理规范是人们实现价值追求的社会形式。由于人类个体自身能力的限制，人们的许多价值追求靠个体自身的努力是很难实现的，大多依靠与他人的合作，通常是一个社会共同体内部的成员之间的合作。在一个社会共同体内部，为了使合作能够顺利、持久地进行，人们之间需要一些技术性安排，制订一些合约或合作的规则，这些合约或合作规则就是伦理规范。比如，我们要想一直得到充足的食物，个人单打独斗是不能保证的，人们就通过合作组织生产活动，为了使合作生产具有稳定性、持久性和生产力，就需要相互协商，达成合作协议，人们相信这些协议能够保证所有相关者的利益，即保障生产、分配和消费的实现。这些合作协议包括对人们的行为做出某些要求，也包括对人们行为的限制。这些要求和限制最初都是以伦理规范的形式表现出来的，是人们在组织生产过程中逐渐形成和完善的。后来随着生产的发展和人的行为的复杂化，其中一部分生产性伦理规范演变为生产规则、经济制度，一部分生产性伦理规范演变为强制性的法律制度。所以，伦理规范的本质是人们在社会生活条件下为了实现价值追求而达成的相互合作协议，是人们进行合作的社会形式或社会契约。因此，伦理规范的主要功能就是对人们的行为提出要求和限制，其表述方式就是祈使句，即应当句。

第二节 伦理规范与道德判断的关系

伦理问题和道德问题长期也被混合在一起，以至于无法把二者关系区分开来，更无法把二者关系说清楚，也使二者各自无法专注于自己的研究对象，严重影响了二者的发展。

一、伦理规范不是道德判断

与把伦理规范视为价值判断一样，长期以来，许多人也把道德判断视为伦理规范。这表明人们对伦理规范和道德判断的性质都缺乏明确辨析。前文对规范与判断区分当然也适合伦理规范与道德判断的关系。所以，仅仅从语言形式上我们就可以断言：伦理规范不是道德判断，道德判断不是伦理规范。

在大多数场合下，在当今学术界主流话语中，人们所说的道德判断实际上都是对行为的合伦理性判断。如果一个行为是合乎伦理规范的，就被判断为道德的。在这种道德判断中，伦理规范是前提，同时还需要道德判断标准和事实判断这两个中项。从伦理规范推导出道德判断的过程是：

推理一　我们要保护水源　　　　　　　　　　　（伦理规范）
　　　　遵守伦理规范的人（或行为）是好人　　　（道德判断标准）
　　　　张三是保护了水源的　　　　　　　　　　（事实判断）
　　　　所以，张三是个好人　　　　　　　　　　（道德判断）

推理二　我们要保护水源　　　　　　　　　　　（伦理规范）
　　　　合乎伦理规范的行为是善行　　　　　　　（道德判断标准）
　　　　张三是保护了水源的　　　　　　　　　　（事实判断）
　　　　所以，张三保护水源的行为是善行　　　　（道德判断）

因此，当人们从伦理规范推导出道德判断时，其中必须有一个道德判断标准。这个判断标准是根据伦理规范来的，人们通常把合乎伦理规范的行为称为道德的或善的，或把做了合乎规范行为的人称为有道德的。

二、"道德规范"是一个多余的概念

当我们仅从合伦理性的立场理解道德判断时，人们又把伦理规范称为道德规范。或者说，之所以人们把伦理规范也称为道德规范，主要原因可能就是人们把道德判断视为合伦理性判断，但这样一来，伦理学与道德学就可以合并了。这一结果现实生活中表现为伦理学家与道德学家之间似乎没有分别，这样一来，这两个概念就至少有一个是多余的。就学术研究现状而言，那个多余的概念似乎是道德和道德学，从我国的学术分类上看，有伦理学而没有道德学也说明了这一点。所以，如果我们取消道德问题和道德学，大多数伦理学家或道德学家可能不会有太多意见，但有一部分人肯定会不同意。那些对道德问题和道德判断有更深理解的人知道：道德问题和道德判断有超出伦理规范和合伦理性判断的内容，将道德规范与伦理规范等同对待就取消了道德问题，而这样做对人类自身的健康成长，对伦理规范的自觉落实都是不利的。我们认为道德判断有超出伦理判断范围的内容,因此,也反对将伦理规范称为道德规范,希望将二者区分开来。当然,仅仅这样号召是没有用的,我们还必须把道德学的真正内容发掘出来,从而使其从伦理学中真正地独立出去。准确地说,使伦理学从道德学中独立出来,还道德学以独立发展空间和安宁。下面我们就尝试对道德问题给出更精准的说法,明确道德与伦理的真正区别。

三、伦理判断和道德判断社会功能的异同

以往,人们之所以经常将伦理规范称为道德规范,将二者混同,除了没有厘清这些概念内涵和相互关系外,另一个重要原因就是人们对伦理判断和道德判断之间的关系没有梳理清楚,对它们各自的社会使命没有搞清楚。伦理判断、道德判断不同于事实判断和价值判断。事实判断和价值判断都属于认知范畴,是人类对事物的两类认知;而伦理判断和道德判断则不仅仅是一种认识,更是一种社会实践,是人类社会存在性的重要内容,也是人类社会性的重要体现。要想准确理解伦理判断和道德判断的区别,就必须回到现实生活中,通过对现实生活的分析并借助语言逻辑分析完成。

1. **伦理判断的社会功能**。所谓伦理判断就是判断某行为是否合乎某伦理规范。人们是根据已有伦理规范判断某行为是否合乎规范,合乎规范的就是合伦理的。

合乎伦理规范的行为就是合伦理的	伦理判断标准
我们都应该讲文明有礼貌	伦理规范
张三行为是文明的、有礼貌的	事实判断
所以,张三的行为是合伦理的	伦理判断

以往很少有人讲伦理判断,是因为被道德判断这个词顶替了。伦理学用这个冒名顶替的方法,诓骗了道德学这么多年,使道德学不能独立。道德学要想独立就必须让伦理学启用伦理判断这个概念,并将合伦理判断的研究任务还给伦理学。

人类之所以会发明伦理判断这种思维活动,是因为伦理规范并不会被自

动遵守，为了促进相互交往的社会成员遵守伦理规范，人们才发明伦理判断。伦理判断是社会舆论的重要形式。对人类来说，当我们的行为被肯定和被接纳时，我们就会产生愉悦高兴的情绪，而被否定和抗拒时，我们就会产生痛苦、焦虑的情绪，趋乐避苦的本能就会督促人们去遵守伦理规范，获得高兴、愉悦的情绪。

一个社会的舆论包括两种情况，一是熟人世界的舆论，即身边人的舆论，即熟人舆论。二是陌生人世界的舆论，即公共舆论。这两种舆论对人们都会有很大的影响力，但对不同的人影响力则不同。一个人的交往范围和利益获得渠道影响着两种舆论对人们的影响。交往活动范围比较窄、利益主要来自于熟人的人，熟人舆论影响力更大；而交往范围比较大，利益获得主要来自陌生人的，公共舆论影响力更大。随着现代化进程的推进，我国的大多数人都进入陌生人社会，因此，公共舆论对伦理规范实施的影响力在不断增大，但这并不意味着熟人舆论的力量不大了。对大多数普通民众来说，熟人舆论的影响力依然很大。目前，我国公共舆论的力量在不断增强，熟人舆论的力量似乎在减弱。这表现为许多人对身边人的舆论监督不够关心了，对那些明显不合伦理规范的行为，甚至违法行为，直接进行谴责、做出拒绝认同或反对的语言行为减少了，往往反而装作不知道或无所谓的心态来对待那些不合伦理的行为，从而使人们违反伦理规范的胆量越来越大。简单地说，我们以虚假的宽容放纵了身边人的违规行为。这是我国目前社会舆论的最大问题。许多人没有认识到：我们的生活环境首先是由熟人舆论决定的，公共舆论也必须通过熟人舆论才能影响到我们身边的环境。而熟人舆论的重要形式就是对身边人的行为进行合伦理性判断，合乎伦理的行为要赞扬，不合伦理的行为要反对、谴责，并且要在行为上表现出这种态度。比如，拒绝与其交往。

所以，伦理判断首先存在于人们的相互交往中，其次存在于社会舆论中。其目的是促进人们相互遵守伦理规范。如果一个社会能够把否定性的伦理判断与否定性交往行为相结合时，伦理判断这一社会舆论的力量就会大大增强，伦理规范实施的力度就会大大增强。所以，要想搞好社会秩序建设，即人们常说的公共道德建设或者公共伦理建设，就必须搞好伦理判断，以公正合理的伦理判断来推动人们遵守伦理规范。

  2. **道德判断为什么不能被伦理判断所代替**。所谓道德判断就是对一个行为或人的是善是恶、具有何种德性的判断。由于人们通常将道德判断与伦理判断混同，将一个人的行为是否合乎伦理规范作为合道德性的判断，实际上取消了道德判断的独立性，更重要的是遮蔽了道德判断本质性内涵。我们希望将道德问题从伦理问题中独立出来，将道德判断从伦理判断中独立出来，为此我们就要加强对道德问题的研究，重新确定道德判断的内涵和形式。当人们将伦理判断视为道德判断时，实际上是将伦理判断视为道德判断的基础，而不是道德判断本身，这个思维过程如下：

某行为是合伦理的	伦理判断
合伦理的行为都是好的、善的、有道德的	道德判断标准
所以，某行为是好的、善的、有道德的	道德判断

  这个推理过程揭示了道德判断与伦理判断混同的思维过程：即人们是从"合伦理的"推出"善的""有道德的"这样的道德判断的，虽然从逻辑形式上看道德判断是以伦理判断为基础的，但由于二者的集合是相等的，因此在思维经济原则支配下，就很容易被混同或相互取代。当二者被混同时，伦理规范也就很自然地称为道德规范。从伦理判断到道德判断的推理的关键是道德判断标准："合伦理的行为都是好的、善的、有道德的。"问题就出在这个标准上。

  在思维比较粗糙的情况下，这个道德判断标准看起来也是比较合理的。但如果我们回到现实生活中仔细思考，就会发现这个道德判断标准是存在严重问题的。其所造成的第一个问题是引发社会文化冲突。这种现象在社会转型和文化交流过程中特别明显，此时面对同一个行为，我们用不同的伦理规范做标准进行伦理判断，自然会有不同的结论。在日常生活中，大家都知道"十里不同俗"，所以，对伦理判断的差异人们的接受度比较高，人们面对他人对自己的行为不合规范的判断接受性也比较高，常常也会以不懂规矩为由给自己开脱，社会也很容易接受。所以合伦理判断对人们的心理影响不是很大。而如果人们根据某人没有遵守某一伦理规范而做出道德判断，其意义就完全不同了。比如，我们过去就以自己的伦理规范对西方人的行为进行判断，得出结论：西方人没有道德，是鬼而不是人。西方人则说中国人野蛮，没有道德等。这就会引发严重的社会冲突。简言之，伦理规范的差异和冲突可以交流、宽容，而道德判断的冲突的可交流度和宽容度要低得多。所以，道德判断的社会影响力、心理影响力要远远大于伦理判断。那么，道德判断的影响力为什么会大于伦理判断呢？因为，道德判断涉及对被判断者的人格的判断，即对其作为人而应该具备的品质的判断，进一步是对其是否有资格做我们的同类的判断。所以，道德判断往往会引发严重的社会后果。而伦理判断实际上只是一个行为判断，具有技术判断的性质，我只要按规范做事就是了，而道德判断却不是完全按规范做事就行了的。这就涉及道德问题的本质了。上述道德判断标准造成的第二个问题就是遮蔽了道德问题的本质。

第三节 道德问题的本质

一、道德问题的由来

就人类理性认知的路径而言，如果我们将伦理判断剔除在道德判断之外，不把伦理规范称为道德规范，伦理规范和伦理判断就是先于道德判断的。那么，我们在什么情况下才会去关注道德问题呢？

大家一定要记住：理性是一种基于经验的运作程序，也是一个解决问题的运作程序，生活中有问题，比如某种事物给人们生活带来不便、引发了社会冲突、给人们带来痛苦的情绪等，才会引起理性的关注。我们关注伦理问题是为了更好地通过合作实现价值追求，是大量合作经验使我们建立起伦理规范；又为了保证伦理规范的落实，我们才发明舆论活动，进行伦理判断。如果伦理判断能够保证人们都遵守伦理规范，能够保证人与人之间的合作顺利实现，理性就不会发展出道德问题。道德问题一定是伦理规范和伦理判断出现了不能解决的问题后才形成的，由此道德问题进入理性的视野。但这并不是说道德问题在理性关注前是不存在的。道德问题一直是存在的，只是在更早的时候没有进入理性认知范围而已。

经过反复的反思和体察自己的思维活动，观察他人的活动，我发现道德问题是在下述环境下进入理性思维的范围的。人们在社会合作中发现有三类问题经常出现：（1）伦理规范并不总是被遵守的，伦理判断这种社会舆论也不总是有效的。（2）人们对伦理规范的遵守、伦理判断对人们的影响力在个体之间存在差异性。即有些人很容易遵循伦理规范，而有些人则经常出现违规行为；伦理判断对有些人具有约束力，而对有些人则不那么具有约束力。（3）遵循伦理规范和尊重伦理判断的后果具有不确定性，并不是说，遵守伦理规范对大家一定是好的，不遵守伦理规范或者破坏伦理规范对大家一定是不好的。有些人死守规范、害怕被谴责或固守伦理规范，但在某些时候会干坏事，也会坏大家的事，使大家达不到目的。有些人对规范不是那么尊重和敬畏，则能灵活运用规范，或者在关键时刻突破规范，做出对大家有利的事情来，甚至挽救大家。历史上和现实生活中这两种情况都不断发生。那么，人类是如何解决这三个问题的呢？

针对第一个问题，为了增强伦理规范和伦理判断的有效性，理性的直接反应是找到两种方法来解决。（1）在伦理判断之上，提出道德判断。试图通过道德判断来加强舆论监督的力量，提升舆论监督的层次，推动人们去遵守伦理规范，去做对大家有利的事情。这对推动社会合作是有意义的。这个道德判断就是对人们的行为和品格做出善恶、好坏、有没有道德的判断。然后告诉人们在某些情况下不遵守规范不要紧，但如果被判断为恶的、坏的、没有道德，事情就严重了。人们会对恶事、坏事、坏人或缺德之人持以更严厉的否定态度、排斥态度，甚至打击态度。因此，道德判断就是在伦理判断之后追加的一个判断，是对人们的行为和人格（或品格）好坏、善恶、有道德的或无道德的（有德或无德）的判断。社会交往中往往是这样的，如果一个人的行为都是合伦理的，就没有人关注道德判断；只有当我们发现某人的行为是不合伦理的后，才会去进一步判断该行为是否是道德的，人是否是有德的。几乎在所有的社会，道德判断都是伦理判断之后的一种判断，一种社会舆论方式；道德判断的力量都比伦理判断更大，对人们的心理和行为影响更大，人们会更在意。（2）将一部分特别重要的伦理规范升格为法律，用集体强制力来保障实施。这个集体强制力既可以是特定共同体的强制力，比如组织的纪律、家族的族规，也可以是国家的法律等。

针对第二类现象，理性开始探讨不同的人在伦理规范面前不同反应的原因，这种探讨使人们发现这样的事实：个人的心理素质、习惯、性格、智力等影响着人们对伦理规范的态度和践行伦理规范的能力，影响着人们对伦理判断（社会舆论）的态度。首先，人们发现对一个心理懦弱的人来说，你让他在危险面前去帮助他人、解救他人，是不现实的，他即使想做也无法做到。而对一个勇敢的人来说，他就很容易做到。人们发现，这种懦弱和勇敢是一个人的稳定的心理特性，与人们的稳定的行为方式相关，所以，人们将其称为德性或美德或品德。同样，一个做事谨慎、喜欢规则、稳定的人会更容易尊重规范、尊重社会舆论，而一个喜欢冒险、做事灵活的人，则更容易违反规范，对社会舆论不是很在意。绝大多数社会的伦理规范要求大家对人要信守承诺、讲真话、不说假话，有些人随时随地都能做到，而有些人则很难做到。这些稳定的心理特征常常也被认为是习惯、性格或人格特征。正是在这种思维中，人们发现了德性、品德或美德这样的概念。对德性的这种观察和思维在苏格拉底的对话中（在柏拉图的书中）和在孔子的对话中（与孔子有关的书中，比如《论语》）都经常出现。

第三种现象比较复杂，需要更高的智力才能解决。许多社会都有这样的智者或社会精英，他们认识到如果一个社会的伦理规范得不到落实，社会舆论没有影响力，这个社会就要失序，陷入混乱，人人都将受害，肯定是不行的。但如果一个社会人人都死守规范，也是很危险的，因为使人们适应环境变化的能力降低了，个人和社会都会面临巨大的风险。为了大家更好地生存和发展，社会上就需要这种人，平时能守规范、尊重舆论，但关键时刻则能突破规范，进行创新，做出最大的善举，挽救大家或解决重大问题。这种思维用中国人的话说就是"有经有权""原则性与灵活性相结合"。经就是常规、社会规范、原则，权就是遇到不同常规的意外情况或危急情况，能够善于权衡利弊，根据现实需要，本着善良意志，灵活创新，哪怕做出违规行为也是可以的。社会上能够做到这种情况的人比较少，需要具备更多的德性，比如，善良、勇敢、沉着冷静、智慧等。对这种情况的思考也使人想到人具备某些稳定的德性，可以使一些人既能尊重规范，又能不断创新，真正做到原则性与灵活性相结合。

对第一种情况的研究，使人们发明了对人格、人的行为的善恶、好坏、有道德无道德这种道德判断。大多数人都会非常在乎这种道德判断，其影响力要远大于伦理判断。这种道德判断是伦理判断的升华和加强版。从这种道德判断出发，人们就会把道德建设归于舆论建设、教育建设。

对第二、第三种情况的研究，使人们发现了每个人都具有某种稳定的心理素质，即德性或品德。人们发现，是人们的一些德性使某些人更容易遵守社会规范、尊重社会舆论，而另一些德性则使人更容易违反社会规范、不尊重社会舆论。同样，有些德性使一些人更容易做到遵守社会规范、尊重社会舆论，而使另一些人不那么容易做到遵守社会规范、尊重社会舆论。从这个研究出发，人们把道德判断理解为德性判断，把人们是否具有某种德性理解为道德判断，比如，某人是否仁义，是否诚信，是否勇敢，是否守礼等。然后，把道德建设归于心理素质建设、品格建设。

因此，道德判断就有两种形态，人们的道德问题也就具有两种形态，一种是社会舆论性质的道德判断，判断一个人或其行为的善恶、好坏、是否有道德（有德或缺德），这种道德判断是伦理判断的加强版。一种是心理素质判断，是德性判断，也就是过去伦理学讲的美德问题。这个道德判断虽然与伦理判断没有直接关系，但对每一个人来说，其德性决定着人们是否遵守伦理规范、尊重伦理判断。由此道德建设也就分两种形态，一是通过教育和舆论宣传使人尊重道德判断。二是通过心理塑造使人具备某种稳定的心理素质，即德性，从而为人们更好地合作提供心理基础。这就是德性培育或塑造问题，这是道德哲学所应该关注的核心问题，是未来教育学努力的方向。

道德问题的上述两个方面，或道德判断的两种形态，都直接关系到人们价值追求的实现、社会合作的效率。因此，道德问题也就一直被视为社会问题，是社会合作中产生的问题，因此，它首先不是认识问题、理论问题，而是实践问题，社会存在问题。

二、德性的本质

1. **德性是稳定的心理反应模式**。即一个人在各种环境下都会表现出来的稳定的反应方式或应对方式。注意是一种反应模式，而不是一个观念、想法或动机。比如，面对困难、威胁是积极应战（勇敢），还是消极退避（懦弱）。面对履行承诺自己就要遭受损失，是继续履行诺言（诚信）还是想法逃避（不诚信）。面对困难是能找到解决办法（智慧），还是找不到解决办法（愚昧）。面对别人给自己的恩惠，是积极地寻求报答（义），还是无所谓或努力贬低别人对自己的贡献（不义）。面对遵守规范就会给自己带来麻烦或损失，是继续守规（规矩），还是消极应对或积极破坏规范（不规矩）。面对弱智、处于痛苦或困境中的人，是积极地帮助（仁），还是消极观望，甚至落井下石（不仁）。见到利益就想独占（贪婪），还是与人分享（大方），等等。当一个人具有某种德性时，遇到相应的情景，他自然会如此反应。因此这些德性自然会体现在人们的相应的行为中，对人们的行为具有长期的决定性作用。这样的行为模式也被人们称为品格、品性等。

2. **德性是个系统**。人的生命是极其复杂的，其所面对的社会也是极其复杂的，因此人类的德性也很复杂。首先，德性的复杂性表现在德性很多，面对不同的环境，生命的不同需求，形成不同的德性。至今我们还没有把人类的德性系统地梳理。其次，表现在不同的德性之间存在着某种联动关系，其中似乎存在着一个相互关联的系统。比如具有仁爱、诚实、守规等德性往往会在一个人身上同时出现。自私、嫉妒、吝啬等不好的德性往往也会在一个人身上同时出现。再次，德性有积极的和消极的之分，或好的和坏的之分。我们通常是根据某人行为中所体现的积极的或好的德性来判断某人是否好人、善人或有道德的人。

三、德性的价值

1. **德性对伦理和社会的价值**。美德具有增强人们遵守伦理规范、自觉调节伦理规范的不足的功能，不仅使社会减少监督成本，还有利于和谐社会建设。一个社会具有仁爱德性的人多了，对他人怀有善良的动机的人就多，与互助合作有关的伦理规范就容易做到。而一个社会缺乏仁爱德性的人多了，对他人漠不关心的人就多，或者积极地想侵占别人利益的人就多，就很难遵循互助、合作的伦理规范。当前我国社会具有诚信德性的人太少了，所以各项制度、规范的监督成本非常高，整个社会付出巨大代价。所以，从社会交往、社会合作的立场看，仅仅有伦理规范是不够的，培育更多的具有良好德性的人，尤其是具有守规德性的人，更重要。这应该是我们未来教育的重点。

2. **德性对个人的价值**。从对个体的心灵成长、内心精神世界的和谐和社会的和谐来讲，具有好的德性都很重要。比如，安静是一种德性，这种德性表现为一个人独处时能够坦然地面对、享受独处和宁静；面对喧嚣的环境也能保持内心的宁静；遇到刺激，也能很快使自己静下来。静能生慧，安静的人看事物更清楚，处理问题会更得当。一个具有安静品格的人，抗干扰、抗诱惑能力更强，内心更容易和谐，在社会上也更容易与人相处，遵守伦理规范也会更自然等。一个诚信的人更容易建立内心的和谐，也更容易感觉幸福，同时还容易拥有和谐的社会关系。一个具有勇敢德性的人更容易突破困难和障碍，实现自己的价值追求，获得信心和幸福。人的每一个美好德性（积极的德性）对自我都具有肯定的价值，都会使其生活得更好、更和谐、更幸福。

当一个人开始形成自我发展、自我完善、自我超越的价值追求时，人们就会将德性作为自己自觉的培养目标，努力使自己具有某种好的德性，即美德。自我德性培育是人的自我实现、自我完善、自我超越的最重要内容。

四、道德学的核心研究对象应该是德性

我们认为，未来道德学主要研究对象应该是德性，主要任务应该是：收集、整理人的德性，对德性进行分类，研究各种德性的个人和社会价值，研究各种美德形成的条件、机制，研究有效的美德培育途径和方法。这样，道德学就可以独立于价值学和伦理学了。如果我们仅在行为的规范性层面研究道德问题，道德学都是多余的。

道德学之所以长期难以真正的建立，一个很重要的原因是西方人在社会交往、个人教育中都是重行为、重规范、重形式、重程序造成的。当然，这不是说西方人没有德性观念，不讲德性。西方人培育德性的方式是从外而内，

把外在的行为习惯化后稳定为德性。当然,在这个过程中,宗教起到了相当重要的作用。这就使西方人虽然也有德性的概念,但更倾向于从行为表现上理解德性,所以很自然地将道德与伦理混同在一起。中国文化的特点就在于我们从远古时代就走上内在德性塑造的道路,我们发展出许多方法从内在培育人们的美德,儒家、道教和后来进入的佛家对此都贡献甚多。一个熟练掌握了这些德性塑造方法的人,往往能够自觉培育很多美好的德性,给公众留下了无数不可磨灭的印象。但中国人为了引导人们更关注内心则在无意中引导人们走上了一条轻视伦理规范、轻视外在行为的道路,从而对公共道德和社会公共伦理秩序的建设形成一定的阻碍作用,是我们今后应该努力改进的。建设法治社会的重要环节就是使每个人都形成守规的德性,我们可以从内在德性的塑造和外部行为的驯化两个途径同时进行。

第四节 价值学和价值哲学的问题体系和社会科学的学科体系

根据上述研究,我们建议成立一门独立的价值学,价值学研究的对象明确规定为价值观念。价值观念就仅指价值判断和价值追求。将价值判断规定为对某物价值的判断。对此学术界早就达成共识,只是在进一步研究中,由于伦理规范和道德判断的干扰,有些人就放弃了这个定义。

价值学对价值观念的研究分为价值哲学、价值科学和价值实践学三个层面。价值哲学即价值观念的元理论研究,主要问题是:价值判断和价值追求的含义、形成规则,影响价值判断和价值追求的因素,价值判断和价值追求的推理规则、真假判断标准,价值观念与人们的行为方式(实践)之间的关系,价值哲学元理论与价值科学、伦理学和道德哲学的关系等。价值科学研究所有具体的价值观念,建构各种价值观念系统(即价值观系统),对已有价值观系统进行真假判断。价值哲学的元理论研究在社会科学中应该具有自然科学中的逻辑学和科学哲学的地位。价值科学应该是经济学、政治学、伦理学和道德学等各门具体社会科学的基础学科,就象自然科学中的数学一样。价值实践学研究价值实践方式(技术)、规律以帮助人们更好地实现价值追求，相当于自然科学的技术工程学。

从人类知识体系看，价值科学的学科地位是与自然科学并列的。以后的社会科学，即以社会现象为研究对象的科学，将是社会自然科学和价值科学的统一体，是价值观念和科学观念的统一体。社会自然科学将社会系统也作为自然现象（客观必然的现象）进行研究，为了区别于以非人为对象的自然科学，我们把以社会现象为对象的科学称为社会自然科学。价值科学研究各种社会自然现象的具体属性的价值。社会自然科学和价值科学合在一起构成社会工程学（价值实践学）的基础。人们的社会实践是社会工程学的研究对象。这样目前的社会科学将被分为价值哲学、社会自然科学、价值科学和社会工程学四个门类。

当我们明确了价值学的研究对象和目标后，伦理学和道德学的对象和目标就容易确定了。伦理学的研究对象就是伦理规范，目标是建构合理的伦理规范和社会公共交往秩序，规范人们的行为，为人们合作提供适宜的合约；同时探讨使人们遵循伦理规范的途径和方法，重点是加强伦理判断和法律判断建设，使人们能够重视伦理判断。由于伦理规范是建立在价值判断和对人性的事实判断、社会生活环境的事实判断的基础上的，所以，伦理规范的建构应以价值科学、人学（人的科学）和社会认知（社会自然科学）为前提，这样伦理规范的建构就不会再是随意的了。道德学的研究对象是道德判断、德性及其培育方法。

第三章 价值判断的语法形式与价值判断词

价值判断是人类思维进行判断的重要形式，其命题表达式也必然有其语法形式，本章将主要探讨价值判断的语法形式，重点是探讨价值判断词，即价值判断的表语或宾语。这将有利于我们破除传统价值哲学所一直坚守的价值判断与事实判断二元对立的教条，对我们更深入、系统地理解价值判断具有极为重要的意义。

第一节 价值哲学的第一个经典教条的谬误

价值判断与事实判断的区分是现代哲学社会科学中最基本的区分之一，也是传统价值哲学、伦理学和道德哲学共同认同的区分。这个区分包括四层含义：（1）语法上的，事实判断的语句表达式是"是句"：S is P，而价值判断的语句表达式是"应当句"：S should P，S 代表人，个体或群体都可以，P 代表行为。（2）存在方式上的，事实是客观的，价值是主观的。（3）语义上的，事实判断是描述性的，价值判断是规范性的。（4）在推理规则上，价值判断不适用命题逻辑的推理规则，适合道义逻辑的推理规则。这四层含义成为价值哲学的四大经典教条，影响甚大，一直在主宰着价值哲学和价值学研究。下面我们将逐层阐明这四个教条都是错误的。

本节首先讨论第一个经典教条。由于这个经典教条使价值哲学、伦理学界产生一个非常重要的理论问题，即所谓的伦理学上的休谟问题：从事实判断能否推出价值判断。但其中所说的价值判断实际上是伦理规范。根据上一章的分析,我们已经确认伦理规范不是价值判断,所以,"S should P"不是价值判断的语法表达式,而是伦理规范的语法表达式。所以,休谟问题的实际所指是从事实判断出发能否推出伦理规范。这也是休谟的本意。因为休谟是这样说的:

"在我所遇到的每一个道德学体系中,我一向注意到,作者在一个时期中是照平常的推理方式进行的,确定了上帝的存在,或对人事做了一番议论;可是突然之间,我们却大吃一惊地发现,我所遇到的不再是命题中通常的'是'与'不是'等连系词,而是没有一个命题不是由一个'应该'或一个'不应该'联系起来的。因为这个应该或不应该既然表示一种新的关系或肯定,所以就必须加以论述和说明;同时对于这种似乎完全不可思议的事情,即这个新关系如何能由完全不同的另外一些关系推出来,也应当举出理由加以说明。不过作者们通常既然不是这样谨慎从事,所以我倒想向读者建议留神提防;而且我相信,这样一点点的注意就会推翻一切通俗的道德学体系。"[1]

很明显,休谟这里所说的道德学实际上是指伦理学,他所质疑的就是人们从关于上帝和人事的事实判断出发能否推出关于人们行为应该如何,即伦理规范。前文我们已经阐明了从事实判断出发推出伦理规范中间需要加入许多中介性命题,其中最重要的是必须有价值判断。所以,这个问题我们已经以非常清晰的逻辑阐释清楚了。我们是赞同休谟的观点的,从事实判断出发不能直接推出伦理规范,也不能直接推出价值判断。

第二节 价值判断、伦理判断和道德判断的语法形式

一、价值判断的语法形式

当我们将伦理规范从价值判断中分离出来后,价值判断的命题表达式就非常明确了,就是"S is V",即"是句",这是一个命题。是命题就适用命题

---

[1] 〔英〕休谟:《人性论》,关文运译,商务印书馆1997年版,第509页。

逻辑的推理规则。S代表主词，被判断事物，V（value）代表价值判断词，比如有用、好、美、价值、意义等都是价值判断词；也可以是具体表述主词功能的短语，比如"能解渴"，能解渴就是一个价值短语。这个语句表达式与事实判断的表达式是一样的。差别仅在于事实判断"S is P"的表语"P"包含所有可描述主词的词汇或短语，而价值判断的表语则仅指价值判断词，即描述主词的价值属性的词汇或短语。即V∈P，V是P的子集。因为价值属性也是事物的属性之一。

价值判断的标准表达形式有三种：

（1）定性的。也有两种形态：①简单判断某物具有什么价值，比如判断S是有什么功能的，或有什么用的，S是好的，S是善的，S是有意义的，S是有价值的，等等。简单地说就是：S is V。V代表有功能、用处、好或坏、善或恶、有价值或无价值等价值判断词。②判断某物在某方面具有价值，比如衣服有保暖功能。这类价值判断表达式就是：S is V（x），V（ ）代表"有价值的"，代表"价值的关系属性"，x代表事物的某属性，比如保暖、解渴等事物的属性。

（2）定量的。定量性的价值判断也有两种形态：①简单判断某物具有某种量度的价值，其命题表达式是：S is nV。比如，"煤炭具有很大的价值"，n代表"很大的"。②借助他物来表达某物的价值。比如，借助货币之类的媒介物来表达某物的价值，我们会说：S的价值是r个W，或S值n个W，W是交换媒介或货币，其表达式是：S is nW。这种判断表达形式主要使用在交换活动中，是为了相互交换而进行的价值判断。这种价值判断至少包括两层判断：S是有价值的，W也是有价值的，S的价值是W的价值的n倍。所以，它是一个复合性价值判断。

（3）质量合一的判断。也有两种形态：①判断某物在某方面具有一定量的价值，表达式是：S is V（nx）。x代表事物的某种属性，V（ ）代表一种"有价值的"这种关系属性，n代表价值的量。整体含义是：S在x方面的价值是n。比如，这件衣服的保暖价值很大，或这件衣服收藏价值很大，等等。②对两个事物的价值进行比较的比较性表达式，比如，如果我们说：S在某方面的价值是比Y大的，或S的价值在某方面是Y的价值的n倍（价格表达式），等等。这两句话既表达了 S 和 Y 有价值，也表达了对二者在某方面的价值的度量和比较。所以，这类价值判断至少是由两个或两个以上的原子性价值判断构成的复合性价值判断："S 在某方面是有价值的"和"Y 在某方面是有价值的"都是原子性价值判断。二者构成的复合性价值判断是：S 的价值是 $n \cdot YF(x)$，记为 S is nY （x）。或 S 在 x 方面的价值是 Y 的 n 倍，记为 S is YF（nx）。其中 x 代表 S、Y 的某一属性，F（ ）代表价值关系属性"有价值的"，n 是量词，代表"价值大的"或倍数。

江传月认识到价值判断的语法表达式与事实判断具有一致性[①]，但他没有再向前一步提出：价值判断属于事实判断、价值判断是事实判断的一个子集。我想这可能是因为他认识到这个结论对传统的价值研究具有颠覆作用，担心超出了许多人的心理承受范围，所以适可而止了。这说明在理论研究上也需要足够的勇气才能推翻理论上的重大错误，坚信语言逻辑分析的力量，不为传统和权威所动摇，在理论创新方面具有重要的意义。

二、伦理规范和伦理判断的语法形式

伦理规范的语法形式是：H should A，即"应当句"。H 代表人（human），个体或群体，A 是代表行为（action），should 代表祈使，表达命令、劝说、禁止、允许等。注意，表达伦理规范的句子不是命题，因其中不包含判断，所以不是命题表达式。A 是指广义的行为，既包括身体行为，也包括思想行为、语言行为等所有人类的身心活动。简单地说就是身、口、意。

"伦理判断"的语法形式也是"是句"，是一个命题。因为在语义上，一个伦理判断就是对某行为的合规范性的断言，一定存在"判断"行为，一个伦理判断也就是对某一行为的合规范性的评价和断言。伦理判断的表达式是：A is n。其中 A 指行为，n 是伦理判断词。

三、道德判断的语法形式

当我们把道德学从伦理学中独立出来后，"道德规范"之说就是非法的，但道德判断之说是成立的。所谓道德判断就是对某人或其行为的道德性或德

[①] 江传月：《论价值判断》，载《长安大学学报（社会科学版）》，2004 年第 3 期。

性做出了判断，其中也必然存在"判断"行为。前文已经阐明，道德性判断是对人或其行为的善恶、好坏、有道德或无道德的判断，而德性判断是对人的心理素质的判断。因此，道德判断的语法形式就包括道德性判断和德性判断两类。

1. 对人或其行为的道德性判断的语法形式是"是句"：H or A is m。H 是 human 的缩写，A 是 action 行为的缩写。m 是道德判断词，m 是 moral 的缩写。

2. 对德性的道德判断就是判断某人是否具有某种德性，比如，张三是勇敢的，张三是智慧的，或张三具有勇敢的德性。这种道德判断的命题形式是：H is V。V（virtue）代表各种美德，是形容词。与对人的德性判断相应的，还有对心理素质的德性判断，即判断某种德性是好的或坏的，是美德还是恶德，比如勇敢是美德，莽撞是恶德等。这个判断的命题形式是：C is a m or imm，C 是 character 的缩写。

第三节 价值判断词、伦理判断词和道德判断词

在一般的事实判断句中，都存在主词和谓词，其中的谓词可以是一切描述主词特性、存在方式的词语、短句等。价值判断作为事实判断的一种类型，其谓词也只能是一般谓词的一部分，为了区别，我们称之为价值判断词。

一、价值判断词

价值判断词就是用来对某物的价值属性进行描述和评价的词汇或短语，在价值判断中作谓词。价值属性作为事物属性的一类，有自己独特的词汇，我们称之为价值判断词。这与事物的其他属性是一样的，其他属性也都有自己的专有词汇。比如我们描述事物空间属性、时间属性、运动属性、听觉属性、色彩属性、关系属性等都有专有名词，不能混同。比如，不能用描述听觉属性的词描述视觉属性，不能说我听到了鲜艳的色彩。

由于我们对事物的价值判断也有不同的侧面、不同的属性，所以，价值判断词也可分为若干小类。

1. **功能性价值判断词**。表达某物对人类生命（身体和心理）生存方式和感受（生命体验）的影响的价值判断词，比如保暖、营养、解渴、令人愉快、使人舒服等都是表明该物实际功能的词汇。所谓的功能就是指某物对人的影响，包括直接影响和间接影响。衣服能保暖就是指对人具有直接的影响，即直接功能。刀的功能可以用来切割事物，能切割事物就是对事物的影响方式，是刀对人的间接功能。我们把描述事物功能的词汇称为功能词，而所有包含功能词的命题、判断或句子都是价值判断。比如，这件衣服的保暖性很好、山药的营养价值很高、这首歌使人愉快等，都属于价值判断。这类词汇非常多。

2. **分别性价值判断词**。面对任何事物，价值理性还表现在用对立性思维来把握其价值，对立性思维也就是分别性思维或二元论思维来表达。比如所有的功能性价值判断词的抽象表达就是有用的、有价值的，其否定式就是无用的、无价值的。所以以往人们对价值判断的经典定义就是用"有用"来表达的：价值判断即是对某物是否有用的断言。有用的即是有价值的。

基于对事物有用性的具体分类，分别性价值判断词还可为若干小类。

（1）适合于描述所有事物抽象价值的价值判断词。除有用与无用、有价值与无价值外，其他的还有好与坏、对与错、美与丑、崇高与卑贱、伟大与渺小等。一个东西如果是合用的，即合目的、令人满足或满意的，就是对的，即是有用的，有价值的；不合用的，令人不满足或不舒服、痛苦、难堪的等就是错的，即是无用的，无价值的。能够给人们带来愉悦感、舒服感的东西就是美的，否则让人难过的、恶心的、不舒服的东西就是丑的。美的东西我们想继续得到，也就被判断为有价值的。丑的东西我们想远离或毁掉，也就被判断为无价值的或负价值的。崇高感或卑贱感、伟大感或渺小感都是某物给人们带来的心理感受，都属于美感的一种形态，也都属于价值判断词，前者表示积极的价值判断，后者表示消极的价值判断。

（2）合理与不合理、有意义与无意义的判断。通常是对抽象事物，比如观念、理论、规范、目的等的价值判断，判断它们对人类生命活动、精神活动影响的合目的性。合理的、有意义的就是合目的的，就是好的，不合理的、无意义的就是不合目的的，就是不好的。所以，有人主张将价值定义为意义，其根据就在这里，但如果这样，就会影响价值概念的使用范围，因为人们很少将意义用于对具体事物的价值判断。比如我们不会说"这个锅是有意义的"。即意义主要指向人的精神产品或某物的精神特性，比如，"这个锅是有纪念意义的"。当然，如果有人说我把所有的价值判断词都视为意义，这样不就行了吗？从语言逻辑上讲，这样做当然可以。但这不符合我们的日常语言习惯，会给人们表达、研究价值问题带来障碍。

3. **分别性思维的两种思维方式**。过去我国哲学界曾讨论过一分为二和一分为三的问题，实际上就是对人类的分别思维的一种讨论。两种说法都是对的。就价值判断词来说，分别性价值判断词通常都是成对使用的，有肯定的一方就必然有否定的一方。但也可以在二者中间加一个中间状态。比如有价值的、**无价值（零价值）的**、负价值的、伟大的、**普通的**、渺小的、对的、**半对半错的**、错的、好的、**不好不坏的**、坏的，等等。

4. **价值不是价值判断词，"有价值的"才是价值判断词**。价值本身是个名词，不是价值判断词，作为价值判断词的是"有价值的"，这是形容词。有些人将价值理解为价值判断词，但仅视为肯定性的价值判断词，引发了一些不必要的误会。所有的价值判断词都是形容词，价值判断就是主词+is+价值判断词。如果某些价值判断不是以这个命题形式表达的，也可以转换为这个命题形式。比如，这件衣服的保暖性很好，就不是标准的价值判断，但可以转换过来：这件衣服是有很好的保暖性的。

5. **价格判断词**。价值这个词的最初含义应该是用处，但在市场交换出现后又获得"价格"这一新的含义。在人类的交换活动中，对某物价格的判断是对某物价值的一种极为重要的判断形式，所以，也应该属于价值判断。价格判断不同于用处判断，但是建立在有用性判断基础上的。因为，交换双方需要对所交换事物的用处、好处、美处进行评价，判断其有用之后，人们才会出价。所以当一个人对某一事物出价时，即赋予其某一价格时，也一定是认为其是有价值的、有用的。否则该物不会获得一个价格。所以，价值判断词就是值多少钱，值很高价钱、无价的等都是价值判断词。因此，所有的价格判断都是比较性的带有确定度量的复合性价值判断。

二、伦理判断词

伦理判断词就是我们在对一个行为进行合伦理判断时所使用的判断词，主要有两种形态：合伦理的与不合伦理的、合法的与非法的、合纪律的与不合纪律的、合规矩的与不合规矩的等。合伦理的与不合伦理的这对伦理判断词多用于日常生活领域，合法的与非法的多用于司法领域。由于一切事物、命题、概念都是价值判断的对象，所以，当人们完成对一个行为的伦理判断之后，价值理性就立即也对其进行了价值判断：合法的、合伦理的是对的、好的，而非法的、不合伦理的是不对的、不好的。这样伦理判断常常就会直接引发价值判断，也因此，人们就很自然地将伦理判断视为价值判断。

但这样做不是很妥当。因为，伦理规范极其复杂，同样一个行为人们可以从不同的伦理规范出发进行伦理判断，并不是所有被判断为合伦理的行为都是好的、对的、善的。比如，某地存在割阴的习俗，作为伦理规范，在我们看来就是不好的、不对的、不善的。所以，我们认为伦理判断与价值判断之间还是有距离的。伦理判断是一个规范性判断、程序性判断，并不一定包含价值判断。所以，我们建议不要把伦理判断词直接视为价值判断词，也不要把伦理判断直接视为价值判断。但由于从伦理判断到对伦理判断的价值判断很近，所以，长期以来人们一直将伦理判断视为价值判断，这给人们的价值思维带来了一些混乱和障碍。

三、道德判断词

前面讨论过道德判断的语法形式有两种：对人或行为的道德性判断和是否具有某种德性的判断，所以，道德判断词也有两类。

1. 对人或行为的道德性进行判断的道德判断词。 比如，道德的与不道德的、有德的或无德的、崇高的与卑贱的、伟大的与渺小的、善的与恶的、好的与坏的等用于对人及其行为的道德性进行判断的道德判断词。此类道德判断词也包括肯定的和否定的，或积极的和消极的两个系列。

道德性道德判断词与价值判断的关系要比伦理判断词与价值判断的关系更近，因为，道德性道德判断的对象直接与人们的价值判断相关。比如，我们对一个行为的善恶的判断本质上就是一个完全的价值判断，所判断的是某一行为对我们是好是坏，好的就是道德的，不好的就是不道德的。所以，道德性判断本身就是价值判断，属于价值判断的一种类型。肯定性的道德判断词都直接代表肯定性的价值判断，否定性的道德判断词都直接代表否定性的价值判断，由此认为道德的、有德的、崇高的也就是有价值的、好的、善的。所以，在实际语境中，当我们在进行道德性道德判断时，常常也就表达了自己的价值判断。

人们之所以将道德性道德判断从一般的价值判断中独立出来，很可能与人们习惯于将道德判断与伦理判断混同有关。

同样，道德是对一个社会现象的命名，本身不是价值判断词。与道德有关的价值判断词是"道德的与不道德的""有德的或无德的或缺德的"。之所以将它们列为价值判断词，是因为我们认为善的、崇高的、道德的、有德的、正义的、伟大的等就是好的，恶的、不道德的、缺德的、卑贱的、非正义的、渺小的等就是不好的。

在日常生活中，道德判断词也常被用来对社会组织进行道德判断，比如政党、企业、学校、协会等。我们认为对一个组织要慎用道德判断，因为，道德一词的主要针对对象是人的心理、精神品格，而组织都是由多人构成的。任何一个组织都是很复杂的，对组织的道德判断很容易被转变为对其中的每个成员的道德判断，这就给人们带来很大的误导。所有有丰富人生经验的人都能体察到这一点。所以，我们可以对一个组织的组织文化进行价值判断，而最好不要对其道德性进行判断，即不要用道德判断词来对组织进行判断。

2. **德性判断词**。所有用来表示德性的词汇的形容词态都是德性判断词，坚韧的、宽容的、懒惰的、勇敢的、豁达的、软弱的、虚伪的、狭隘的等都是。同样，价值思维也对德性进行了价值判断，我们会认为某些德性是好的、积极的，某些德性是不好的、消极的。所以，在现实生活中，人们在使用这些词汇的时候往往也同时表明了自己的价值判断。比如当我们说某人是坚韧的时候，就表达了我们对其的肯定性价值判断，说某人是软弱的时候，就表达了对其的否定性价值判断。但就我们的研究发现，这些德性判断词并不一定与价值判断直接相关，即肯定性的德性并不一定就是好的、有积极价值的，否定性的德性也不一定就是坏的、有负价值的。比如，宽容并不是在任何时候都是具有积极价值的，对我们或自己都是好的。所以，我们认为，德性判断词不是价值判断词，但德性判断词与其他判断词一样，都可以成为价值判断的对象，从而被赋予价值判断词的功能。

第四章 价值判断与事实判断的关系

传统哲学除认为价值判断与事实判断的语法形式不同外，还认为事实是客观的，价值是主观的，事实判断是描述性的，价值判断是规范性的。本章将证明这两个对立也是不成立的。

第一节 价值哲学的第二个经典教条的谬误

我们确认了价值判断与事实判断在语法形式上的同一性，还不能彻底推翻事实判断与价值判断的对立，为此，我们还必须推翻二者在存在论上的对立：事实是客观的，价值是主观的。解决事实判断与价值判断在存在论上对立的突破口是"价值事实"这个概念。

价值事实这个概念是在"价值"与"事实"对立的逻辑前提下提出来的。就逻辑规则而言，在"事实"与"价值"对立的大前提下，"价值事实"必然是个错误概念。因为在这个概念中，事实是中心词，价值是限制事实的，所以，价值事实必然是事实的一个子类。如果价值事实是事实的一个子类，那么事实与价值的对立就不存在。比如，我们说男性的人是人的一个子类，那就不能说男性与人是对立的，男性不是人。所以，面对"价值事实"这个概念，我们只能二选一：要么"价值与事实是对立的"这个命题是错误的，要么就是"价值事实"这个概念是不成立的①。

---

① 孙志海：《论"行为事实属性"是一个错误概念——兼论王海明伦理规范推导公式的错误》，载《伦理学研究》，2007年第4期。

李德顺以严格的逻辑分析证明了"价值事实"这个概念的合理性，他认为"价值事实存在于价值关系运动的现实的或可能的效果、结果之中。或者不如说：价值关系运动后果的事实①，就是价值事实"②。邬焜也从本体论角度证明"效应事实（价值事实）"存在的客观性，价值研究就立足于这种事实的存在，价值判断就是对这种事实存在性的判断。从人类思维的自然特征看，如果不承认有这样一种事实存在，那么价值研究、价值评价、价值判断都不过是痴人说梦，所有与价值研究相关的文献都毫无意义。所以，邬焜认为从"价值事实"出发就可以"取消事实与价值的绝对分立，填平事实与价值之间的人为设立的'鸿沟'"③。而李德顺面对"价值事实"与"事实与价值是对立的"二者之间的冲突，由于继续执守"价值是规范性的"这一规定（受"伦理规范是价值判断"这一认识的误导），所以他不能直接推翻价值与事实对立这一经典教条。但面对理论困境，他并没有放弃，而是提出"在逻辑推理中不能解决的问题，却正是由实践所解决的"④，认为应该尊重现实。李教授的这个解决办法原则上是正确的，如果我们发现一个理论体系存在逻辑问题在逻辑上不能解决，就需要回到现实生活中，通过对现实生活的重新研究来寻找解决理论问题的线索。但仅有对现实问题的分析还是不能解决理论的逻辑问题的，理论问题一定要在理论上、在逻辑上解决，否则学术就不可能进步，理论体系就难以不断完善。这就是为什么我们一定要把现实生活分析与语言逻辑分析相结合的根本原因。解决这个问题的关键是重新阐释"事实"和"价值"这两个概念，我们从"事实"概念入手进行讨论。

---

① 这个客体对主体产生的实际影响也就是客体对主体的功能。如果是客体之间的影响也就是客体之间的功能。功能性价值判断就是对所谓价值事实的确认、断言。
② 李德顺：《价值论》，中国人民大学出版社 2013 年第 3 版，第 159—169 页。
③ 邬焜：《价值事实、价值反映与价值评价》，载《学术界》，2000 年第 6 期。
④ 李德顺：《价值论》，中国人民大学出版社 2007 年第 2 版，第 239 页。

第二节　阐释"事实"的两条思维路径

要想阐明事实和价值这样的基本概念的理论性质，就必须了解人类是如何创造和使用概念的，如何进行理论建构的。人们创造和使用概念、建构理论的方法从表面上看有很多，从根本上说就只有两条，这就是本体论路径和认识论路径。

一、理论建构的两种思维路径

1. **理论建构的两条思维路径**。当人类在认识事物和世界时，由于人们对自己的认识过程和认识结果的特征的认识不同，导致人们在研究和陈述自己的认识成果时形成两种方式，存在两条理论建构方式，或理论陈述方式。这两种方式体现为理论思维运作的两条不同的路径。根据这两种认知方式和陈述方式所相关的哲学理论的特征，我们将其分别称为本体论思维方式及其相应的陈述方式和认识论思维方式及其相应的陈述方式。由于这两种方式的区别在于对人类思维路径的认知，所以，我们也称之为人类认识事物、建构理论、解释知识的两条基本的思维路径。

（1）本体论的思维路径和陈述方式是与传统的本体论哲学[①]直接相关的思维方式、陈述方式。这种哲学的目标是对整个世界做出解释，认识只是其中一个环节，在其理论构成过程中，认识论是建立在本体论基础上的，所以，人们在建构理论体系时，总是先本体论，然后认识论，认为本体论决定认识论。这种思维方式是人们在生活中自然形成的，即不需任何教化，人们就会这么认为、这么做。因为，人们的日常生活经验告诉人们：我的所有经验都来自现实事物的存在及其刺激，我们的认识就是对世界的反映，世界恰如我们所知的方式存在，即真理就是世界的本来面目。这一点几乎不需教育。换言之，在人们建构这种哲学体系之前，这种认识论已经存在了。所以，从表

[①] 这里忽视人们对本体论的各种用法之间的差异，仅代表笔者本人的一种理解，我们希望通过这种理解能够将与价值哲学有关的理论问题阐释清楚。

面上看，这种哲学的本体论在决定认识论，实际上是认识论决定了本体论。

（2）认识论的思维方式则是与近代认识论哲学直接相关的，这种哲学的目标是对人类的认知过程和认识结果（经验和理论）做出解释，通过对认识过程的解释来解释人类所面对的世界。所以，在这种哲学中，认识论是核心，本体论是建立在认识论基础上的，人们对认识的不同理解就产生了不同的本体论。① 这种思维方式需要艰苦精细的训练才能形成，因为它有悖于日常生活经验。这个思维方式也是现代科学研究，尤其是宏观科学和微观科学研究所采用的理论策略，其标志是不再相信自己的理论就是世界的本来面目，而仅认为是对世界存在的一种假设，理论只不过是解释世界存在方式的一个模型。笔者是一个科学主义者，虽然进行的是哲学性的研究，但坚持的是科学的研究路线和思维方式。我们对价值理性的研究就是一种认识论研究，在这个研究的基础上对世界的本体或存在方式也做出若干假设，建构出一个具有本体论性质的理论，但我们依然是以认识论的方式来陈述的，即我们严格遵守认识论的思维路径展开研究和陈述。

注意：我们用本体论和认识论这两类哲学来标识这两种思维路径，并不代表我们认为这两类哲学家都是按这种思维路径来建构自己的理论的，更不代表人们对此有自觉意识。许多哲学家是将二者混同在一起的。我们之所以要将其区分开来，是因为我们认为哲学中的许多问题就是由于二者的混同造成的，这一点对价值哲学尤其重要。下面我们会逐步将其弊端显现出来。

2．"事实"概念的理论性质。"事实"是一个认识论概念，却常被误解为本体论概念，被当作本体论概念使用。实体、事物、存在、物质、精神等才是本体论概念，它们的逻辑功能是标识或设定某种存在者存在。本体论概念只是一个命名、一个标签，除此之外什么都不是。而"事实"概念的逻辑功能却完全不是这样的，它是一个认识论概念，是对人类认识结果的一种陈述。

大家试想一下：在现实生活中，我们是在什么情况下使用"事实"这个概念的呢？就是在讨论认识活动时，在讨论一个言说或命题的真实性时使用的。"事实"这个概念实际上所表达的意思是：我所言说的东西是真实的，而

---

① 孙志海：《论体系化哲学的终结》，载《东南大学学报（哲学社会科学版）》，2005年第3期。

所谓真实的就是我对它是有实际经验的。所以,一个事实陈述(即事实判断)包括经验和判断两个方面的内涵,当一个人说"××是事实"时,不仅表明他已经将××经验陈述出来了,而且还做出了"是真的"判断。现代科学之所以认为自己研究的是事实而不是事物,除了表明自己所研究的经验是真实的外,还表明人们有意识地将事实与事物或实体区分开来。

面对一个事物我们就能立即确认它的存在,然后给它一个标签(命名),再去进一步认识,而无需辨别真假。人们面对事物辨别真假时只是辨别它是不是自己所以为的那个东西或别人所告知的那个东西。而面对一个事实陈述我们才需要去辨别它的真假,此时我们要做的就是:(1)通过重新观察,或重新实验,或访问其他亲历者,判断它所陈述的经验有没有发生过。如果真的发生过,它就是事实,如果没有真实发生过,它就不是事实。之所以我们要对一个事实陈述进行真假判断,是因为人们可以虚构自己的经验,即虚构事实,即撒谎。这个行为在司法上就是要寻找证据、证人、证言。(2)判断它对经验的描述是否准确、是否全面。因为人们有可能用错误的概念和方式来描述自己的经验,即扭曲事实;也可能有意用错误的概念和方式描述自己的经验,即歪曲事实。这两种方法都涉及对该事实陈述(即命题)的真假判断。这种情况也是经常发生的,所以,在法庭上对方律师和公诉人都要对证人的证词进行反复质询,以便证人能将自己所经验到的东西准确地陈述出来,防止其作伪证或不当陈述给人们造成误导。(3)通过重新观察、实验,发现该事物的其他更多的没有描述到的可能经验(即可能事实),以丰富对事物的认识。因此,事实就是经验,即关于某物的事实就是关于某物的经验,经验之外无事实。维特根斯坦正是在这个意义上将事实分为原子事实和事实(复合物),原子命题就是陈述原子事实的句子,复合物是由原子事实构成。①

在《逻辑哲学论》中,维特根斯坦完全是从认识论的立场讨论世界、事实、事物,即在话语世界谈论问题,为人们摆脱本体论思维方式和言说方式思考认识论问题和逻辑学问题提供了基本的思维方式和话语方式。因为,当

---

① 参见〔奥〕维特根斯坦:《逻辑哲学论》,贺绍甲译,商务印书馆1996年版。

我们思考、言说任何东西时都是在话语中进行的，而话语和言说的内容都是认识的结果。我们言说的东西首先是经验，而经验是人类感知、体验的结果，是已经存在于人的大脑中的，而不是存在于外部世界的客观对象。关于经验与外部对象的关系、与人自身的关系，第六章将详细论述。这些论述将表明：所有的经验都是人类生命系统与外部对象的客体信息物相互作用的反应（感官感应）被心智系统觉知后的结果，其发生和具体内容不仅依赖于对象，也依赖于人的生命系统（注意不仅仅是感官系统）。这就使经验与客观事物和客观世界之间的直接关系被拆除，也就拆除了本体论思维方式存在的根基。所以，认识之外无话语，话语之外无思想；我们思想所言说的东西都是认识的结果，而不是客观的事物。我们是通过认识来言说对象的，即言说话语外部的事物的。所以，事实是一个认识论概念，而不是本体论概念；是认识的结果，而不是认识之外的存在。

二、两种思维方式的基本特征

1. **本体论思维方式的基本信念。**（1）确认思维所加工的直接对象是外部事物，即将外部世界视为思维加工的直接对象。（2）确认经验是完全来自对象的，与主体没有关系。因此，才经常强调经验的内容是客观的。（3）把经验作为外部事物本身，认为我们所经验的就是外部事物或认识对象。虽然很少有人直接这样讲。典型代表就是反映论，它将经验过程等同于"模仿、复写和摄影"。它认为我们对一个事物的经验是什么样子，该事物就是什么样子；或者我们根据经验得到了什么理论，该事物就如我们的理论所述那样存在着。所以，这种理论认为，我们的认识对象都是客观的、独立于我们而存在。

第二、第三两个特征是对人类经验和理论思维能力的信任，也是对经验和思维能力的无知。信任导致对自己认识的执着和坚定，但同时很容易导致顽固和傲慢。既有对世界的傲慢：我能完全地认识你；也有对不同认识者的傲慢：我已经获得了真理，你的认识与我不同，所以，你是错误的。因此，在本体论思维路径中，经验、观念与对象之间是没有中介、没有障碍的，或者说认为人的认识能力具有完全的穿透力，能直达事物的全部存在。

2. **本体论思维方式的优点和缺陷**。本体论思维方式和言说方式是人类思维基于经济原则的一种简单化运作,是各种错误、幻象产生的渊薮。本体论思维方式和言说方式的优点就是使思维和表达变得相对简单和方便,也有利于逻辑演绎,但缺点是容易滋生理论问题。比如,当我看到一束花感觉很愉悦时,我就说"这束花很美"。这就是一个本体论思维方式下的本体论陈述,它直接以"花"为主词进行判断。这个陈述会引起纷争,因为另一个人看到它时感觉有些不爽、不舒服,会说"这束花不美"。这种现象在价值学和美学中引起许多理论问题。这就是本体论思维方式和陈述方式造成的。如果我们有认识论思维方式和陈述方式的自觉意识,我们会这样说"我感觉这束花很美"或"这束花很美是我的感觉",即将认识者和认识方式加入对认识结果的陈述中,突出了该认识的具体性、相对性和与特定主体的相关性,即使其他人感觉不美,也不会与我们争论。更重要的是:从经验或事实本身看,认识论的陈述方式是准确地表达了我们认识的实际状态。即完全忠实于自己的经验,不对自己经验之外的可能性进行断言,从而为对同一事物的其他经验或表达保留了空间,既为自己的认识提供了开放的空间,也避免了与其他不同表达之间的冲突,有利于认识的进步和社会和谐。

3. **认识论思维方式和陈述方式的基本信念**。(1)确认自己思维加工的直接对象是经验,而不是外部事物或所谓的客观对象。因为思维不能直接认识外部对象,其所加工的对象或材料是经验,经验是认识的结果而不是外部事物。由此很容易认识到自己通过加工经验所获得的理论也是认识的结果而不是外部事物。(2)确认我们对外部事物的所有思考、言说都是在自己认识的结果范围之内进行的,也都是认识结果,我们不可能超越经验、认识结果去进行思维和言说。这是近代那些主观唯心主义哲学的基本信念。很明显,这种信念是建立在对认识过程的科学认知之上的,是非常正确的。(3)确认我们是根据自己的认识结果推导外部事物的存在及其存在状态的,而不能把自己的经验和理论直接视为外部事物、外部世界。即我们假设外部事物还存在其他存在方式的可能。这种认知和对待自己认识的态度使我们在面对外部事物、外部世界时,对自己的认知、理论会保持一种理智的、谨慎的、谦逊的、开放的态度,也表达了对外部世界、外部事物的独立性尊重,以便使我们能在新的实践活动中不断发现新的经验，并随时根据新的经验来修正我们的理论，修改我们对外部世界的判断。这种态度对我们反对"经验主义"和"教条主义"都是非常有利的。经验主义者是坚信自己的经验就代表了外部事物和这个世界的"本来面目"。教条主义者坚信自己所信奉的理论就是这个世界的真理，甚至是全部真理。要想让这两种人做到"解放思想、实事求是"都是很困难的。

简言之，认识论的认识方式就是确认我们关于事物的认知仅仅是"我们的"认知，我们并不确定外部事物就是如此，而仅仅是推导其大概如此、也许如此。同时，它确定在我们的认知与对象之间存在一个"认识环节"，而这个环节是受我们人类自身的存在方式、认知能力和认识活动等多重因素的限制的。下面我们将通过对人类认知过程的更深入阐释，使人们对这个问题有更深的理解和感受。

4. 认识论思维方式的优点和缺点。 对科学研究的价值而言，认识论的思维路径的优点在微观和宏观领域表现得特别明显，这两个领域的科学家几乎都成了认识论思维方式及其言说方式的忠实的践行者，他们几乎都抛弃了本体论的思维方式和言说方式。有人可能因此认为认识论的思维方式和言说方式在日常生活世界和中观世界也许意义不大。非也！虽然它对普通的物理学、生物学等学科的影响不大，但对相关事物的影响却依然很大。

首先是价值领域。价值认知是人类认识的重要方式之一，与普通的科学认知相比具有同等重要的意义。但由于长期以来人们按照本体论思维方式来讨论价值问题，使价值研究长期陷于混乱状态无法前进。我们如果恪守认识论研究路径和思维方式，许多理论问题就很容易解决。本书就是按照此思维方式展开研究的成果。

其次是生命和医学领域。当代许多中国人都在中医和西医之间纠结，中医在治病，尤其是养生方面的杰出成效使许多人对中医产生强烈的好感，愿意相信其为真理。但在理论上，人们理解中医确实存在许多困难，元气、阴阳、五行、经络等我们大多人都缺乏直接的经验，怎么能确定这些概念和理论的真实性呢？西医的所有概念和理论都有经验基础，我们很容易相信它为真理，但在治病、养生方面，西医实用性确实远不如中医。如果我们坚持本体论思维方式，我们就很难相信中医。但如果我们坚持认识论思维方式，虽然不能完全相信中医，至少可以为中医理论留下一定的空间。我们可以按照实践是检验真理的标准，根据疗效来确认中医理论的真理性，并在本体论上为元气、阴阳、五行、经络等概念留下空间，假设在现代科学对生命的现象性认识的背后还有一套存在体系，元气、阴阳、五行、经络等是描述这套存在体系的概念体系。如此，就在经验—逻辑思维背景下为中医理论留下了地盘。而如果我们完全坚持本体论思维方式，当我们没有相应经验根据时，就不可能为这套存在体系留下空间。

但认识论的陈述方式确实有些啰唆，如果我们每陈述一个自己的认识结果时都说"就我的认知而言"或"我个人的认识是"等，就会显得烦琐，会影响表达的流畅感，也影响听众和读者理解和阅读的快感。所以，我们在写作时，为了方便也时常采取本体论的言说方式。

三、"事实"的基本特征

1. **事实的基本含义**。事实（fact）源自拉丁文 factum，意为 something done（已成之事）、deed（事情）或 action（行动）。在中文中，事实也是指已经发生的事情、行动等。近代科学研究的一个基本特点是将事实与事物区分开来，人们研究的直接对象是事实，然后根据事实来研究事物。但长期以来，这个概念并没有得到完全正确的阐释，因为人们的认识被困在本体论思维方式和认识论思维方式的纠结中。

2. **事实就是经验**。对那些缺乏认识论思维方式自觉意识的人来说，理解"经验之外无事实，事实就是经验本身"这个命题，是非常困难的。我们要牢记：科学研究所加工的直接对象或材料都是那些经验而不是所谓独立于意识之外的客体事物，经验是介于事物和理论之间的主观的东西。当一个科学家向别人介绍他的研究成果时，他会说根据我们所观察到的事实，我们认为这个事物是如何如何的。即事实作为经验的替代性概念主要用于我们要向别人表达我所陈述的经验是实际发生过的，是真的。所以，人们所说的经验和事实是同一个东西，二者同体而异名，分别用于不同的话语情境。

人类的学术思维链条，如果用本体论思维方式陈述，起点是存在或事物

（本体论概念），中介是经验或事实（认识论概念），终点是理论（认识论概念）。但这个陈述是不符合认识的实际情况的。人类的实际认识过程是先有经验，然后根据经验推定事物存在。如果没有经验，我们不能确定任何事物存在。对此休谟和康德已经有很深的研究，其研究结果值得尊重。

许多朴素的经验论者和朴素的唯物论者一再坚持没有外部对象怎么可能有经验？这个问题迷惑了无数人。实际情况是：对认识者来说，一定是先有经验然后才根据习惯确认某物存在。（1）经验并不一定来自外部对象。比如，笛卡尔就曾经给我们举出这样的例子：有人朝我们眼睛来一记老拳，我们眼冒金星，也就是看到了光，这是一个视觉经验。但这个经验并无外部相应的对象存在。所以，我们也不能直接从一切经验出发推定外部事物的存在。对这些经验我们需要进行审查。（2）现代物理学在研究宏观事物和微观事物时，都是根据观察到的极细微的经验来推断的，因为，我们无法通过经验直接认知事物。这种研究方式清晰地表明了我们是根据经验推断经验之外的外部事物的存在的。在日常生活中，我们之所以将经验和外部对象混同，是因为在绝大多数情况下，我们都可以同时通过多种经验途径确认一个事物的存在，从而忽视了经验与事物之间的差异。比如电影中有这样的桥段：一个人看到了听说已经死了的某人站在面前就疑惑其到底是人是鬼，为了澄清疑惑，他会摸摸这个人是否实在，是否有体温，是否有影子等。这样他通过多种经验途径来确认自己所看到的那个人确实是真实存在的人，而不是鬼。这个事例也证明经验与事物之间是存在障碍的，当我们不能直接确认某一经验与相关事物的关系时，我们就会很自然地将经验与事物区分开。

3. **事实是主观的，具有主观性**。当确认了事实就是经验之后，也就肯定了事实也是主观的，具有主观性。这就破除了"事实与价值是对立的"这个命题在存在论上的对立：事实是客观的、价值是主观的。要想准确地理解这个结论，还需对主观性与客观性这对范畴进行认真讨论。

第三节 "主观性和客观性"语义分析

与主观性和客观性相关的概念还有三组：主体和客体、主观与客观、主观的和客观的。由于这几组概念本质上是认识论思维方式的产物，长期以来，也被当作本体论概念使用，也在本体论思维方式下进行阐释，由此导致的哲学问题特别多且复杂，表现为这些概念的使用特别混乱。如果不把这个问题解决了，哲学史上的许多问题都难以解决，尤其是与价值哲学有关的诸多问题都无法解决。所以，我们必须大胆地尝试一下针对这几对概念的各种含义及其之间的逻辑关系给出一个说明，厘清它们在不同场合的不同语义。要想完整地给出说明恐怕很困难，如果能将它们在价值哲学的语境下的含义梳理清楚，我就很满足了。

一、主体和客体

从内容和形式上看，这四对概念的核心应该是主体和客体。因为主观、主观的、主观性都与主体这个概念相关，客观、客观的、客观性则都与客体相关。

1. **主体**。主体首先是一个认识论概念，在不同的学派那里具体含义是不同的，也随着认识论哲学向本体论、存在论的延伸获得了不同的意义。

（1）主体与认识者、意识的关系。在认识论上，主体首先是指认识者，这是很明确的。但有些人也将意识称为主体。这可能是因为人的认识活动也就是意识的活动的缘故，人们就把意识也称为主体，或把主体也称为意识，这就把意识与认识者等同起来了。但这种行为是不严谨的。因为人们对人的认识活动和意识活动的理解是不同的。比如，马克思主义哲学通常只把逻辑思维活动称为意识活动，把感觉活动排除在意识之外，即它把意识视为认知发展的最高阶段、认识活动的一种高级形态。但马克思主义哲学在讨论认识时，也明确地把感觉经验视为认识的，称为感性认识。由此我们也可称动物具有认识能力，能够认识，是认识者。这样意识与认识者所指的范围就不同①，意识就不能等同于认识者。而大多数人则把意识活动等同于认识活动。比如把人类的感觉活动、知觉活动、想象活动、直觉、顿悟等都视为意识活动，即认识活动的不同形态。因为这些活动都能给人类带来经验、信息、思想理论，是人类认识活动系统的一部分。除此之外，我们还把人类对身体内部的感受活动、体验活动也称为意识活动。比如，我感觉身体酸痛，感觉到我的高兴的情绪活动，感受到我对祖国的爱等都属于意识活动、认识活动，因为这些感受、体验是我们认识人类自身的重要途径，在人类的自我意识中其地位比一般感觉经验更重要，我们就是通过这些感受和体验知道自己的身体、精神或心理的存在状态的。人的价值感、伦理感、道德感等也是意识活动，也能够使人们认识到自己的价值观、伦理观和道德观。即使意识活动与认识活动的所指相同，我们也不能把意识等同于主体。因为，主体除认识活动外，还有身体和实践活动。本书将意识与认识等同，主体即指认识者，意识活动的承担者。相关概念之间的关系如下：

主体=认识者+行动者
意识=认识
意识者=认识者
认识=感觉经验+思维(逻辑加工)+身体感受+情绪情感体验+直觉+顿悟+灵感等

即我们所说的主体就是认识者，这个认识者拥有人的全部认识能力，从事各种意识活动，我们把人类的所有认识形式都视为意识的具体方式，将认识与意识等同。这对我们全面认识人类的认识活动，尤其是价值思维活动具有重要意义。

---

① 因此，马克思主义只将带有思维活动的行为或观念指导下的行为称为实践，以此区别于动物的活动。这种做法虽有利于讨论人类的行为与动物行为的区别，却不利于讨论人类行为与动物行为的联系或共同点。我们主张将人类的所有行为都称为实践活动，所有认识都称为意识活动，以便对人类认识和行为进行更系统的研究。

（2）意识具有多种含义。当人们言说"意识"时，一般有两种用法：

第一，指意识的内容，即我的意识所意识到的东西。这个意识我们称之为意识1。以往人们讨论意识与物质关系问题时所言说的意识实际上是指意识的内容，即经验和思想观念的内容。所谓的物质与意识的关系问题就是我所获得的感觉经验、理论与对象的存在方式之间的关系，反映论就是从这个立场讨论物质与意识的关系的，反映论就是确认意识的内容是来自物质对象的。在这种关系中，物质并不是指一种存在，而是指一种存在方式。所谓物质与意识的关系就是人的意识的内容与物质存在方式是否一致，如果一致就说明意识的内容是正确的；如果不一致，就说明意识的内容是错的。这就是意识与物质的认识论关系。这是物质与意识关系的一种形态。

同样，许多人所讨论的思维与存在的关系中的思维也是指思维的结果：经过逻辑加工获得的知识、观念，所谓的思维与存在的关系就是知识观念与其所反映的对象的存在方式的关系。这个思维我们也称之为思维1。所以，

意识1＝意识的内容＝知识观念的内容＝对认识对象的认知

思维1＝思维的内容＝知识观念的内容＝对认识对象的认知

意识1＝思维1

物质与意识的关系1＝认知对象与对认识对象的认识的关系

思维与存在的关系1＝对认知对象的认识与认知对象的关系

在上述意义上，确定意识对物质、思维对存在的依赖关系是非常正确的。但还不够全面，因为对认识对象的认识也依赖于认识主体的认识活动、认识方式。其中非常重要的是主体与对象发生关系（相互作用）的方式（实践），因为不同的相互作用方式所带来的信息或经验或数据是不同的。单纯强调知识观念对认知对象的依赖作用的是机械的或朴素的经验论者和朴素的唯物论者。马克思则强调了主体的实践活动对知识观念内容的决定性作用，就超出了朴素经验论和唯物论的水平。马克思实际上是把实践活动视为认识过程的内在要素，后来国内流行的哲学教科书却把实践活动视为认识的外部因素，将实践理解为认识和理论之间的中介，从而将实践视为认识过程的外部因素。

这是错误的。之所以出现这种情况，是因为马克思没有把实践活动与经验这种认识结果直接联系起来。实践在认识中的作用不仅是使主体与客体发生关系、使客体得到改变，还使主体在改变对象过程中获得更多的对象信息，这些信息就是经验或数据，直接就是认识成果。同时，认识过程和认识结果也都是实践活动的一部分。所以，实践活动不是外在于认识活动的，而就是认识活动的一部分。

第二，指意识活动。我们称之为意识2。当我们把意识理解为一种活动时就是一个存在论概念，物质与意识的关系就是另外一种形态了。笔者认为，作为一种存在的意识活动本身就是物质活动，是人类的心智系统运作的表现。注意是表现而不是心智系统自身。即当人类的心智系统开始运作时，就表现为意识活动开始了。就像汽车一发动，机器就响了一样，响声就相当于机器的意识活动。在这个意义上，意识也可以说是物质，因为人的意识活动作为一种生命能量活动的一种表现，也要消耗物质能量。这就如汽车一样，汽车是物质，汽车的声音也是物质，汽车与汽车的声音是不能分离的，是一体的，我们不能说汽车是物质的而其声音不是物质的。所以，当我们把意识理解为意识活动时，就不能说意识不是物质的。因此，意识活动是物质的一种存在方式，是一个物质系统认知另一个物质对象的方式。考虑到认识活动并不纯粹是信息的摄取和加工活动，比如科学研究活动还包括一系列非常复杂的物质活动，所以，意识活动就是物质活动的一种形态，没有脱离物质活动的意识活动。

同样，在本体论层面，思维与存在的关系问题中的思维也是指思维活动，这个思维我们称之为思维2。其所言说的思维对存在的依赖是指思维这种认知活动是依赖于现实物质世界的存在的，是物质存在方式、活动方式的一种形态。没有整体也就不会有部分。所以：

意识2＝意识活动∈物质活动
思维2＝思维活动∈物质活动

即在本体论和存在论层面，意识是物质活动的一种形态，思维是存在的一种形态，物质与意识的对立、思维与存在的对立是不成立的。即，在本体论上，思维与存在的二元对立是虚假的，是我们对意识活动的错误理解造成的一种错误认识。

所以，作为认识论的主体是一个整体，即要从事各种信息摄取和加工活动，还有许多非经验性的认知活动、各种改变物质存在状态的实践活动，同时，还是储存了无数信息、经验和知识的信息库，是所有活动和信息库的主体。这种主体才是现实中的主体，即现实中的人。人的存在、行动、诸认知活动、体验活动和各种经验观念、情绪情感等都是完全交织在一起的，共同构成一个现实的人、现实的认识者。而传统认识论哲学所讨论的主体仅仅是信息收集和加工的主体，是一个很狭窄的概念。这种主体仅适用于一般的科学认知研究，而不适应价值哲学的要求。因为，在价值思维过程中，不仅经验—逻辑认知、实践活动很重要，而且身体感受、情绪情感活动也都很重要，都具有认知功能。所以，

意识＝意识1＋意识2＝意识内容＋意识活动

思维＝思维1＋思维2＝思维内容＋思维活动

主体＝认识者＋行动者＋体验者＋意识内容＝认识活动＋实践活动＋体验活动＋意识内容

认识者＝行动者＝体验者

意识活动的内容＝感觉经验＋情绪情感体验＋理论

2. 客体。在认识论上，客体指认识对象。对此大家几乎没有异议。异议发生的地方在于认识对象包括哪些东西，即对"认识对象"这个概念外延的认识。人们对认识对象外延的认识与对认识活动外延的认识是一致的。早期认识论哲学研究者把对主体外部对象的认知作为认识活动，因此也就只把主体的外部对象作为认识对象。由此仅把具有广延性（有长宽高）的物质实体作为认识对象。对认识和认识对象的这种认识不仅形成了早期的物质定义，也形成了早期的客体定义。在这种认知背景下，认识就被理解为反映，形成反映论。这种物质观和认识论与机械力学时代的自然科学的研究对象及其研究方法是一致的，同时与人们的日常生活经验也是一致的。对人们来说，所

谓的物质就是有广延能够看得见、摸得着的实实在在的东西①。认识就是人的意识对这类对象的反映。所以，反映论与广延性物质观是一体的。

随着人类对自我认识的发展，认识论研究就逐渐摆脱了传统的认识对象的限制而走向人体内在的心理、精神领域，由此，人们对认识对象、客体的认识也就会更加广泛，从而使客体、认识对象超出传统哲学所限定的广延性物质范围。比如，当我在这里对以往的"价值哲学理论"进行反思时，也就是将"价值哲学理论"作为认识对象，价值哲学理论就是我的认识活动的客体。但"价值哲学理论"很明显不是具有广延性的物质。如果这个例子还不够有力，我再举一个例子。我自己头脑中有一个价值理论，我经常对其不断地反思、重构，此时这个价值理论就是我的认识对象、客体，这个对象在我的意识之外没有任何存在。所以，将客体理解为物质是存在严重问题的，它忽视了人类的意识存在自我意识能力，即意识能以自身的活动及其生产的观念为对象。我在这里写书的主要认识对象首先是人的意识活动自身，其次是它所产生的各种观念。意识及其生产的观念也是认识对象或认识客体。这样的客体就不是物质。这个意思可表述为公式：

客体＝认识对象＝物质＋精神

精神＝意识活动＋观念（意识内容）

这个公式在认识论上就打破了物质与精神的对立，二者都可以作为认识对象，都是客体。但这还不够，我们还要在存在论上进一步打破二者之间的对立。

随着电磁学、电子学等微观科学的发展，基于人的感觉经验的广延性物质观难以立足，因为，电磁波、电子等都不是机械力学、几何学和近代哲学意义上的实体、物质。同时，现代物理学、生理学、脑科学和认知科学都已

---

① 这种物质观在当时还获得了一种意识形态价值，因为，当人们从实体的角度理解物质，并强调物质的实在性、坚实性（比如不可入性）时，就取消了精神、灵魂等传统宗教、神学所关注的核心概念的实体地位，成为对抗宗教的有力武器。因为在经验论的意义上，精神和灵魂都是虚幻的，没有实在性。我之所以强调"经验论"这个认识背景，是因为近代哲学所说的实在就是指我们能看得见、摸得着，即我们的感觉能直接经验到它们。所以，这些概念就都获得了意识形态性质，而不再是纯粹的科学研究概念。也正如此，所有反宗教人士，都有意无意地坚守着这种物质观、实体观。

经清晰地表明,精神活动完全是物质的、生理的。我们大脑的所有观念活动都是生理的、物质的,近代哲学家将精神活动视为非物质、非生理活动只是一个假象,是人们把物质与机械运动体等同的结果。感觉经验的获得、信息的传递和信息加工(思维)以及语言的表达过程都是物质的,目前也都属于自然科学研究对象。所以,在人的生命活动中,物质与精神的二元对立、自然属性与精神属性的对立也就随之崩溃①。同样经验、知识观念在大脑中也是以物质存在的。当然这个物质不是在近代哲学和科学的意义上讨论的,并不是人的感官经验能够"看得见、摸得着"的。

3. 事物的存在方式

那么,我们该如何理解"物质、存在与实体"与"意识、精神与思维"这两组概念之间的关系呢?我认为这两组概念分别代表人类认识世界、认识自我的两种方式,由此代表事物的两类属性。物质、存在、实体这类概念代表了一个事物(包括人自身)中人们可以用感官感觉能力去经验的方面,以往人们所述说的物质的各种属性,比如空间、运动、色彩、硬度、长度等都是用来描述事物这方面属性的。而精神、意识或思维代表了一种人类感官感觉能力无法经验、把握的方面。我将在第八、九章阐明这方面属性,即我们可以通过内省、向内觉察、反思等方式发现,并获得相关经验,这些经验将是价值思维的基础。同时,现代科学已经可以通过电子或电磁仪器,比如脑电波技术、脑成像技术、情绪物质测试技术等观察或测试到这些心理活动、精神活动。下面的研究将表明:以前的价值科学研究之所以难以深入的最重要的原因就是对人的精神方面的研究存在重大缺陷,忽视了生命体验在价值判断中的作用,没有从生命体验的角度来理解价值现象,没有将生命体验作为生命物质活动的一种形态来理解。下面我们对价值思维的内在程序的研究就是从人的生命体验开始的,每一步的运作都离不开人类的生命体验。

也就是说,在这里,我们将物质和精神从一对本体论概念转换为存在论概念,取消了它们之间的对立性,而将其视为事物存在方式的两个不同的方面,其不同的原因则在于人们经验、认知的方式不同。这种不同在认识过程

---

① 孙志海:《人学存在论的反思与重构》,载《东南大学学报(哲学社会科学版)》,2014年第4期。

中是普遍的。比如我们感知空间的方式就不同于感知时间的方式，感知味觉的方式就不同于感知触觉的方式。为了使概念系统达到内部协调，我们建议在本体论上用"事物"或"存在者"代替一切相对独立的事物，而把物质和精神分别规定为事物的两大类属性：事物的物质性和精神性。

从总体上看，任何事物都具有三个方面的存在，具有三个方面的特性：结构方式、运动方式和反应方式。这三种方式是三位一体的，三者的区别并不是实体间的区别，也不是实体与属性的区别，而是人类心智系统把握事物的方式的区别。(1) 结构方式代表人类认识中的稳定性维度，它努力使过程静止下来以实体的、规则的方式呈现出来，以便使人们的认识能够牢牢抓住它。这方面的内容就是传统哲学的"物质"概念所表述的东西。(2) 运动方式代表认识中的变化性维度，它努力使过程向下一站过渡，把新的存在状态带给我们。这方面的内容就是传统哲学的"运动"概念所表述的东西。(3) 反应方式代表认识中关系性维度，它努力把事物之间的关系呈现给我们，以便我们能在关系中寻找到自己适宜的位置和适宜的行动，价值问题就在这个过程中产生。① 这方面的内容也就是传统哲学的"精神"概念所表述的东西。

上述三个方面的关系是将唯物辩证法所说的物质与运动的辩证关系、物质与精神的辩证关系叠加在一起形成的物质、运动和精神三元互动模式。这三个方面不是事物存在的三个侧面，而是由于人类认知的独特方式所造成的认知的三个方面、认识事物的三个维度。

我们以人类生命存在为例来说明结构方式就是人的生理特征，我们对人的生理特征的认识不能与对生命的运动方式和反应方式（意识）的认识分离开，否则生理特征就无法得到合理的解释。人的生理特征中完全包含运动方式和反应方式（意识）。运动方式就是人的各种生命活动方式，对运动方式的解释也不能离开对生理结构方式和反应方式（意识）的解释。反应方式就是人的意识活动、精神活动，对人的精神活动或意识活动的解释也不能离开生理活动和运动方式，如果离开了人的生理活动和运动方式，我们就不能准确

---

① 孙志海：《人学存在论的反思与重构》，载《东南大学学报（哲学社会科学版）》，2014年第4期。

地认识人的反应方式。我们下面就是基于此种生命存在论对经验做出了全新的解释，建构了一个全新的经验论。

传统经验论的错误就在于将人类生命的结构方式、运动方式和反应方式分离开各自孤立的阐释所造成的，由此造成一大堆哲学问题不能解决。所以，在传统认知方式中，精神性、意识性代表的是事物的反应特性或反应方式，物质性则代表事物的结构方式和运动方式。实际上我们在认识事物的结构方式与运动方式的方式上也是不同的，二者代表的是两个不同的维度。由于运动方式也是通过感官感觉认识到的，所以，人们把运动视为物质属性。唯物辩证法对运动这种属性与事物的其他属性还是有所区分的，将物质与运动并列的，此时的"物质"就仅指结构方式。

事物＝物质＋意识（精神）＝（结构方式＋运动方式）＋反应方式（意识或精神）

事物的结构方式、运动方式和反应方式又都可以成为人类认知的对象，即客体。所以，客体也就不再是所谓的物质的。人的反应方式与动物反应方式的基本区别就是人的反应方式具有自我反应能力，即人的反应方式能以自身为对象进行反应，即人的意识具有自我意识能力。这种自我意识不仅指人对自身的意识，而且指人对自身意识的再意识。人的反应自身的方式是体验或觉察（动词），即人的心智可以通过向内觉察、体验感受到自己的反应方式的存在和运动规律。下面我们对人的心智的客观需要的论述就是基于这种自我认知方式。

所以，客体首先是认识论概念，仅指认识的对象。认识对象的准确所指是一切进入认知领域的存在者或事物的属性。因此，这个认识论概念就自然转变为存在论概念，指向相对独立的事物及其一切存在方式和属性。

二、主观的与客观的、主观性与客观性

这两组概念的使用情况比较复杂，包括五种形态，读者需要仔细辨别，否则脑袋很容易变成一团糨糊。

1. **对认识过程和认识结果的分类。** 用来描述认识过程和认识结果，表达

对认识过程、结果的一种分类，也是真理标准的另一种表达，属于认识论概念。主观的就是指与人的意识活动、认识活动有关的，客观的就是指客体的，与人的意识活动、认识活动无关的。这两个定义的核心都是人的意识活动，因此，给人们的印象是这对概念应该以"主观的"为重心，实际上不是。这对概念的重心在"客观的"。因为，人们创造这组概念的目的在于强调自己的某些认识（观念）是客观的，或中立的，不是出于自己的主观认知或主观意愿，以此来强调自己认识的事实性、真理性或公允性。所以，在这里"客观的"是一个肯定性表达，而"主观的"则是一个否定性表达。当人们说某人的认识、计划等是主观的时候，意为：你说的是错误的，错误的原因是你仅从自己的认知和愿望出发，不符合客观实际。所以，"主观的"这个概念虽然具有肯定的形式，实际上所表达的是一种否定的意义，因此这组概念也就有了真理标准的意蕴。由此，在这里"意识活动"就包括两个含义：认识和意愿（或意志）。所以，我们常说某一陈述、理论是客观的时候，就意指该陈述是对的，对的原因是符合客观实际的，其中并没有掺杂个人的偏见和意愿。我们说某一理论是客观真理就是这个意思。一个理论如果被判断为主观的，该理论就具有主观性。一个理论如果被判断为客观的，该理论就具有客观性。为了区别，我们把此种语境下的主观的和客观的、主观性和客观性称为主观的1和客观的1、主观性1和客观性1。这是这两组概念最初的含义。

因此，客观的1和客观性1与客体和物质并没有直接关系，其所描述、判断的是认识的性质，即某一理论观点的性质，而不是认识对象的性质。这个区别很细微，大家需要仔细体察。

2. **对科学认识结果的分类**。是科学研究所提出的判断认识过程和认识结果的合法性标准，依然是认识论概念，是第一种用法的升级版。其重心也在"客观的"一词身上。"主观的"表达的是"客观的"之否定，即"非客观的"。在这个意义上，认识过程或认识结果是不是客观的标准是指这个过程是否完全排除了认识者主体自身的行为对认识对象行为的影响，认识成果是否准确地反映了客体自身存在的特性或规律，其中没有加入人的因素。这个要求在科学研究中就表现为要求理论加工的对象（经验）必须是可无限重复的，且重复观察、实验的结果（从经验到理论）能够保持一致，即观察结果不受观察者本人的存在和观察方式的影响。孙志海曾将这种要求具体化为"与主体无关性"和"可公共感知性"①。

客观的经验＝与主体无关的经验和可公共感知的经验
主观的经验＝与主体有关的或个人的经验

在这个意义上，客观的、主观的主要是描述、评价经验的，其评价标准是认识过程和认识结果中是否排除了认识者个人存在方式和认识方式（而不是意愿和认识）的影响。排除了的就是客观的，没有排除的就是主观的。客观的也是公共的，主观的也是个体的、私人的。客观的经验就具有客观性，主观的经验就具有主观性。这两组概念的重心依然在"客观的"和"客观性"上。"主观的"和"主观性"都是否定性用法，含义就是非客观的、不具有客观性。为了区别，我们把这个主观的称为主观的2、主观性称为主观性2，客观的称为客观的2、客观性称为客观性2。这种分类主要存在于科学研究中。

3. **按事物存在方式的分类**。按照事物的存在方式对事物进行分类，将人的意识所创造的观念性的东西或存在于人的意识中的东西通称主观的，具有主观性，而把非观念性东西或存在于所有人的意识之外的东西称为客观的，具有客观性。这是一种本体论用法，与传统哲学的物质与精神、思维与存在、物质与意识的二分法是一致的，其中的精神、思维、意识都仅指人们认知的结果，即经验和观念。所以，这对概念双方地位是平等的，没有主次之分。

事物＝主观事物（具有主观性的事物）+客观事物（具有客观性的事物）＝观念（意识）+物质。
观念（意识）＝具有主观性的事物
物质＝具有客观性的事物

为了区别，我们称这种客观的为客观的3、客观性为客观性3，主观的为主观的3、主观性为主观性3。很明显，这组概念是一对存在论概念，是对存

---

① 孙志海：《论经验主义的内涵及其内在矛盾》，载《科学技术与辩证法》，2005年第3期。具体内容请参阅本书第九章第六节《主观经验向客观经验的转化》。

在者性质的一种断言或描述。

4. **根据事物的形成方式对认识对象的分类**。主观性与客观性是指事物的两种属性,主要用来对认识对象进行分类,是一个存在论概念。其分类标准就是某物(作为认识对象)的形成是否与人的意识活动有关,或者说人的意识活动是否在其中留下印迹,有的就具有主观性,没有的就具有客观性。在这个用法中,"主观性与客观性"这对概念的重心在"主观性"这一边,"客观性"的准确含义是"不具有主观性"。这是人们从本体论和存在论角度研究事物、对事物进行分类时所使用的。按这个标准,所有的经过人加工过的事物或人造物、人化自然物,包括人的经验、理论、意愿等具有主观性。没有经历过任何人加工过的东西才是纯粹客观的,或纯粹自然物。但许多经过人加工过的事物也是具有客观性。因为,人并不能完全无中生有,所有的创造物中都包含着纯粹自然的东西或成分。所以,在这个用法中,我们就说人造物都既有客观性也有主观性。

事物=认识对象=客体=具有主观性的事物+不具有主观性的事物

在这个意义上,主观性和客观性都是存在论概念,是用来描述具体事物创造方式的,帮助人们根据事物的创造方式对事物进行分类。为了区别,我们将这个主观性称为主观性4,客观性称为客观性4。在这组概念中,没有主观的和客观的这对概念。

5. **要求认识对象是存在的**。它是来自我们对所认识、研究的每一个对象真实存在性的要求。比如,我们在这里研究价值判断,那么这个价值判断就必须是现实中存在的。这个存在不一定是意识之外的物质,还可以是我们的经验、思想观念、意识活动自身。即当一个经验、观念、理论在大脑中形成之后,它们也就是一种存在,都是客观的,因此,都成为认识的客观对象。如果我们在这里研究鬼,如果我不能确定鬼的存在,那么我的研究就是主观的,而不是客观的,不具有客观性。所有不是客观的事物都不能作为研究对象。这组概念的重心在客观的和客观性。很明显,这个客观的含义在于存在性,而不在于物质性。为了区别,我们把这组概念称为主观的5和主观性5。

概念	含义	重心	举例	性质
主观的1和客观的1 主观性1和客观性1	对认识过程和认识结果的分类。分辨认识过程和认识结果是否受到人的意识的影响。	客观的 客观性	你这个说法不是客观的，不具有客观性，是主观的。	认识论概念
主观的2和客观的2 主观性2和客观性2	对科学认识结果的分类。判断主体的所有因素是否都已经被剔除。	客观的 客观性	这个经验不是客观的，是主观的。	认识论概念
主观的3和客观的3 主观性3和客观性3	根据事物是否存在于人的意识之中对**事物**进行分类。	双方平等	人的思想意识是主观的，物质世界是客观的。	存在论概念
主观的4和客观的4 主观性4和客观性4	根据某物的形成是否受到人的意识活动的影响来对**认识对象**进行分类。	主观性	人造物既具有主观性也具有客观性。	存在论概念
主观的5和客观的5 主观性5和客观性5	对认识对象的存在性断言，主观的意为不存在，客观的意为存在，其存在性不受他人的认知和意愿的影响。	客观的 客观性	每一个合法的认识对象都是客观的，具有客观性。	存在论概念

在上述主观的和客观的，主体性和客体性中，主观的和主体性总是与主体相关，且与人、人的意识活动直接相关，但客观的、客体性虽然也是与客体相关的，却并不是与人对立的，其中有很大一部分也是与主体相关的。对于此点，望诸君牢记。

三、主观与客观

如果我们把"主观与客观""主观的与客观的""主观性与客观性"这三组概念放在一起，人们一定认为这三组概念的基础在主观与客观，后二者是主观与客观的延伸性用法。实际上相反。大家如果仔细观察和反思我们的日常使用习惯就会发现：人们经常会说"主观的和客观的""主观性和客观性"这两组概念，很少有人说主观和客观这组概念，人们只在讨论主观的和客观的、主观性和客观性的含义的时候才会讨论主观和客观的含义。

为什么会出现这种情况呢？这是因为当人们脱离具体的语言环境抽象地

讨论"主观的与客观的、主观性与客观性"的含义和来源时，根据本体论思维习惯，自然会联想到在主观的、主观性背后有一个叫"主观"的东西存在着，在客观的、客观性背后也有一个叫"客观"的东西存在着。但人们忽视了主观的、主观性这两个概念从根本上是从主体而来的，主观的、客观的都是形容词，是描述、限定思想观念或具体事物的性质的，而**不是所有格**，并不是说人们的某一经验或理论属于一个叫"主观"的东西或"客观"的东西。所以，那些从主观的与客观的倒推出主观和客观含义的人，都忽视了这些概念之间的逻辑延伸关系。因此，世界上不存在"主观和客观"这两类事物。所以，主观和客观作为一对哲学概念是多余的，是错误思维的产物。

四、事实和价值的主观性和客观性

当我们用"主观的与客观的""主观性与客观性"来限定事实和价值时，其中的"主观的"所描述和断言的都是事实产生和存在的状态（主观的第四种用法），表明事实产生于人的认识活动，因此作为认识结果存在于人的大脑中（主观的第三种用法）。这里所说的价值就是指价值判断——人们对某物价值的判断，而不是指一个意识之外的对象。价值判断作为一种认知结果，当然也是主观的，具有主观性。因此，这里的"主观的"是指主观的3，存在于人们的意识之中；也可指主观的4，指其产生和存在都与人们的意识活动相关。

而其中的客观的所断言的则是事实的存在性，意指一个事实一旦发生，无论人们是否认识到它的存在，能否接受它的存在，它都存在过。我们说所有的事实都是客观的，具有客观性，就是这个意思。这个"客观的"准确含义是"存在的"，属于客观的5和客观性5。因为，所有的事实不仅是认识结果，更是认识对象：理论加工的对象。所有的价值判断也是如此，都是认识结果，也都是理论加工的对象。作为认识结果是主观的3，作为认识对象是客观的5。所以，所有的事实都具有主观性，也具有客观性。所有的价值判断也同样如此，既具有主观性3、4，也具有客观性5。

所以，在"事实与价值对立"这一命题中，所谓事实是客观的，价值是主观的，是不成立的。事实是主观的，也具有主观性，价值（判断）是主观的，也具有客观性。

五、经验、事实与属性的主客体间性

李德顺基于自己对主观性和客观性的分析,提出"价值具有主体客观性"[①],对反对机械论哲学的主观性、客观性理论具有非常重要的价值。但我认为这个说法还不够准确,准确的说法应该是价值具有主客体间性。注意,是主客体间性,而不是主体间性。

像经验、事实(包括价值)、属性(包括价值)等所有认识论概念,既依赖于事物(对象、客体)而存在,也依赖于人的认识活动而存在,都是事物与人类认知活动相互作用的结果。我们把认识论概念的这种特性称为主客体间性,表明它们是在主体与客体相互作用过程中主体所创造的东西。对认识论概念的这种主客体间性,下文我们还要更详细地论述。主客体间性不同于主体间性。主体间性表达的是概念使用的社会约定性,主客体间性表达的是概念创造的主客体协同作用性。从认识论的角度讲,事物依赖于属性和事实而存在,意为:不通过属性和事实我们就不可能知道事物存在。因此,"价值属性"和"价值事实"都是人们认识事物、陈述认识结果的一种方式,对某物价值属性的判断(价值判断)也是对某物的一种事实的陈述,所以价值判断属于事实判断的一个类型,也都具有主客体间性。

面对"经验是客观的"这样的命题,许多人会习惯性地反对,我们只需提醒一点,就能说服他们:在医院里您向医生介绍自己的病情,向医生陈述您的身体感受,即生病的经验时,如果医生否定您的经验的客观性,说您所陈述的都是主观的、不是事实,您会有何反应?您一定会气坏了并对医生说:"请尊重我的感受!这是客观的!这是事实!"

第四节 价值哲学的第三个经典教条的谬误

价值哲学的第三个经验教条是:事实判断是描述性的,价值判断是规范性的。我们要证明价值判断也有描述性的。

---

① 李德顺:《价值论》,中国人民大学出版社 2013 年第 3 版,第 33—34 页。

一、价值判断都不具有规范性，且也有描述性的

"事实与价值是对立的"这个命题中的第三层对立是：事实是描述性的，价值是规范性的。其实这是一个简略的说法，完整的说法是：事实判断是描述性的，价值判断是规范性的。这个简化是非常错误的，给价值研究带来严重的误导。这是典型的语言误导思维的事例，也是发挥哲学的语言诊断功能的地方，是语言逻辑分析对理论研究发挥主导作用的地方。

事实判断和价值判断都是词组，其核心词都在判断，事实和价值都是限制判断的。事实判断是对某种事实的判断，价值判断是对某物价值的判断。一旦当人们将"判断"简化掉之后，整个词组的核心词就丢失了，这样的简化在语言逻辑上是错的。正由于这个错误，才误导人们在价值判断之外寻找所谓的"价值实体"，才将事实理解为物质等之类的实体。

前文已经阐明价值判断中并无规范性内涵，所以，价值判断不是规范性的，沿用简化后的错误说法就是：价值不是规范性的。这里要进一步确认的是：有些价值判断也是描述性的，是对事物价值属性的描述或陈述。

当我们吃到一盘味道很好的菜，我们会有多种说法，多种判断，比如，这道菜营养很好，这道菜的味道很美。"营养好"和"味道美"都是这道菜的属性，既可看作是事实属性，也可看作是价值属性。当别人质疑我们的这个陈述时，我们会言之凿凿地说：这是事实啊！（即我的经验啊）我确实感觉它很美呀！因此，价值判断也是描述性的，是对事物的"价值属性"的描述和判断。李德顺通过类似研究提出类似的观点："描述性"与"规范性"之间，并没有绝对分明、不可逾越的界限，认为价值判断也可以是描述性的[①]。但他严密的逻辑思维能力再次止步于"价值是规范的"这一教条，无法得出"价值判断是事实判断的一个类型"这样的结论，从而使他关于"价值事实、价值属性"概念分析的逻辑功能不能发挥到底。

---

① 李德顺：《价值论》，中国人民大学出版社2013年第3版，第164页。

二、"属性"的本质

1. **属性就是经验**。在传统观点看来，属性都是属于事物的特性，是属于事物的，事物的属性与认识者是没有关系，即是客观的（与主体没有关系）。这种观点没有将属性类概念的本质呈现出来。因为，没有认识者就不会有什么属性，所有的属性都是人类认知的结果。这个说法有三个含义。（1）所有的属性作为一个概念是由人创造的。（2）我们对任何事物的任何属性的描述或判断都是建立在人的经验基础上的。没有经验就不会有属性。属性是对某类事物同类经验的标识。比如，当我们看到一朵花是红的时候，我们才会说这朵花是红的，红是花的属性，而红就是人们的一个经验。（3）所有的经验的形成都依赖于人自身的感觉特性或生命特性。试想人如果没有视觉能力，没有感觉红色的能力，不能形成红色的经验，我们就不可能说这朵花是红的，具有红的属性。从本质上讲，所有的属性都像经验一样具有主客体间性。

人类所创造的每一个属性类概念都是由我们心智的认知方式决定的。我们有空间感觉能力，所以就产生描述空间感觉的概念，比如长、宽、高、大、小等就是我们的空间感觉的描述，这些词汇就是空间性属性，当我们要描述一个空间性感觉时，就必须采用这些概念，只有这样自己和其他人才能懂。我们有色彩感觉能力才会有色彩类属性概念。我们有运动感觉能力才能有与描述运动有关的属性类概念，比如速度、加速度等。所以，我们创造这些概念和使用这些概念表达经验的原因都在于我们有相关的感觉能力。换言之，人的感觉经验有两种形态：一是纯粹心理的，是完全个体性的。二是通过属性类概念表达为语言的，一个经验只有用语言概念表达出来，其他人才能理解，才能交流，获得公共性，我们也才能对其进行加工。被加工之后的经验与纯粹心理层面的经验有时并不一致，表现为我们会感觉到自己的语言常常没有把自己的感觉完整地表达出来。而这些表达经验的概念也就是属性类概念。所以，属性就是表达出来的经验，是对具体事物的具体属性的抽象。所以，我们说"我们是通过经验来认识事物"与"我们是通过属性来认识事物"，这两句话的意思是完全一样的。

因此，我们可以说：如果没有人，没有人的感觉能力和语言表达能力，就无所谓属性。属性像经验一样，具有主客体间性。人有多少感觉途径，每一条途径有多少类型的经验，事物就有多少属性。人有五类外部感觉器官（色彩、声音、触觉、味觉、嗅觉），由此我们就有五大类描述这些经验的属性类概念，分别用来表达对一个事物在五个方面的感觉。除此之外，人还有空间感觉能力和时间感觉能力，这又给人带来两类感觉经验和属性类概念。另外，人还有运动感觉能力、关系感觉能力、内在的体验能力，由这些能力又带来运动性经验、关系性经验和体验性经验，并创造出相关的属性类概念。如果人类缺乏感知事物某种存在方式的能力，我们就不能创造出相关概念来描述事物的相关存在方式。比如，在人们获得电磁波的经验前，人类是无法创造出描述事物电磁存在的属性类概念。现在物理学家通过数学计算和逻辑推导认为在我们所感觉的世界之外还有许多平行宇宙或平行空间。有人觉得这些宇宙在我们所知的宇宙很远的地方，实际上它们很可能就存在于我们的身边、身后或身体中，只是我们缺乏相关的感觉能力无法获得经验而不知道它们的存在罢了，因此也不能创造出相应的概念来描述它。其他的还有诸如暗物质、暗能量等概念所指示的存在体都是因为我们没有相应的感知能力而无法获得相应经验，也无法创造出相应的属性类概念，因此就无从描述它们。就人类的语言表达能力来说，我们只能用描述我们这个世界的属性概念来描述或想象它们，但这恰恰是错误的。所以，也许我们永远都无法真正地发现它们，因为，我们无法用我们所知的属性概念来表达它们。所以，对这些存在者我们还是保持谨慎的态度为妙。所谓谨慎的态度就是抱着开放的、中立的、不置可否的态度，不肯定也不否定。上述所陈述的概念之间的关系可以表述为：

人的感觉能力→经验→描述经验的概念（属性）→事物

这个表述存在一个重大的问题：仅仅有人的感觉能力就会有经验和属性类概念了吗？当然不是。正如康德所说，除了感觉能力外，还需要有外部事物的刺激。外部事物以不同的方式刺激我们的感官就形成不同的经验，由此我们才用不同类的概念来描述它们。所以，我们还需要确认经验、属性具有客体性：来自客体刺激。因此，经验、属性都具有主客体间性，是主体和客体相互作用的产物。

2. 属性与事物的关系。人们对一个事物存在方式的描述和认知都是通过属性实现的,也就是通过经验实现的。由此,从人类认知的角度看,属性对事物也具有优先性。当然,如果从属性发生的因果关系看,事物的存在是属性存在的原因、前提,事物具有优先性。其中的关系可以用两种不同的方式表述:

(1) 认识论的:$(A_1+A_2+A_3\cdots\cdots+A_n)=T$。A(attribute)代表属性,1、2、3……n 代表属性类别,比如视觉属性、听觉属性、关系属性、价值属性、伦理属性、道德属性等。事物 T 就是属性的集合,没有属性,事物对我们来说就是无。T 作为一个本体论概念只是在给一个属性的集合做出标识,这个标识本身是随意给出的。但在现实生活中,存在一个命名系统和命名规则,人们会根据事物之间复杂的关系给事物做出命名,即贴上标签。在这个意义上,事物就是一个完全开放的概念,不断接纳新的属性的进入,使其内涵逐步扩大。所以,从认识论看来,作为本体论概念的事物或实体不过是人们对一组相关属性的集合的命名,如果我们把一个事物的所有属性都抽空,该物就是纯粹的无,就仅剩下一个标签空壳。比如,我们如果把描述一个人的所有属性的概念都抽掉,该人就是空。所以,属性决定事物,属性是主,事物是次。

(2) 本体论的:$T=(A_1+A_2+A_3\cdots\cdots+A_n)$。这个公式表明事物的存在是优先的,没有事物,就不存在所谓属性,属性就是无源之水、无本之木。事物为主,属性为次。如果我们能把二者综合起来,就可以有个更完整的说法:事物和主体及其认识活动的双重存在对属性具有同等优先性,二者缺少一个都没有属性的存在。

三、价值属性类概念都是价值判断词

价值属性也是事物的一个属性,比如我们说"玫瑰花很美""玫瑰花可入药,具有疏肝的功效""玫瑰花是好的"等都是我们对玫瑰花的价值属性的判断。对人类认知来说,这些属性也是描述、理解一个事物的存在方式的一部分。这一部分属性虽然仅是事物属性的一小部分,却是极为重要的一小部分,

因为它给我们提供处理与外界事物和自身关系的基本指导性信息，决定着我们要做什么。

价值属性类概念也就是价值判断词，其本质是我们用来描述某物对人类身体、心理及其活动方式的影响的。一个价值判断词就告诉我们某物对人类的影响的某种性质，代表我们对这种影响的评价，决定着我们如何与该事物相处，如何利用该事物，即以何种方式与之发生关系。这种关系描述还包括对我们身体内部的各种存在状态与我们自身的关系或影响的描述，即我们自身的存在状态对我们自身的价值描述。

所以，价值属性属于关系属性的一个子类，是用来描述对象对人的关系、人自身存在方式与人自身的关系。我们对某物的价值判断也就是对某物与某一描述价值属性的词语之间关系的断言，因此，价值判断也是描述性的。

四、经验、事实、属性与事物的关系

根据上述研究，我们就可以做出下列总结：

1. 在日常生活和科学研究中，我们是通过经验感知事物的存在的，也是用经验来描述事物、确认事物存在方式的。我们只有通过经验才能确认某物存在，也只有通过经验才能确认事物如何存在。所以，对人类的认知来说，经验与事物是一回事，事物是经验的复合体。在微观和宏观领域，事物的存在及其存在方式则是根据经验做出的推定。所以，对我们的认知来说，经验对事物具有优先性。这一观点在过去被认为是唯心主义，实则是因为人们没有搞清这种观点的来源及其合理性。当然，从经验发生的因果关系看，事物的存在是经验发生的原因，事物具有优先性。根据我们的经验，我们可以推断：世界上存在无数事物我们对它们没有经验，因此，从认知的角度看，它们都是不存在的，我们无法思考它、言说它。就像中子一直是存在的，但在过去很长时间我们不知道它存在，因为我们对它没有经验。

2. 经验是用属性类概念来描述的，如果没有描述事物属性的概念，经验就无法被表达和交流，也无法被加工和思维。属性类概念的根本在于人的生命的感觉、体验能力。人类有多少感觉、体验途径就有多少属性类概念。所以，属性类概念首先是属于主体的。但仅有人的感觉、体验能力，人也不会创造出属性类概念，还必须有事物的刺激。事物的存在是属性类概念产生的第二个原因。因此，我们可以说经验与属性是同一个事物，都具有主客体间性。经验之外无属性，属性就是经验的表达。

3. 当我们要对自己的经验描述或属性的陈述作真假判断时，我们就说这些经验或属性是事实或不是事实。即事实就是对经验的肯定性描述或属性的肯定性表达。从语言形式上看，事实就是事实判断，是对事物与特定属性类概念之间的关系的一种断言。比如，"这朵花是红的"就是对这朵花与红的之间关系的断言，我们就说"这朵花是红的"是事实，这就是一个事实判断或事实陈述。所以，事实作为认识论概念，实际上是一个判断，它是依赖于经验的。事实就是事实判断，就像价值就是价值判断一样。事实不是事物，而是事物在人们认知系统中留下的经验或经验的组合。

许多人将事实与事物等同，是因为他们误解了事实这一概念的形成和使用情境，没有正确认识其在认知过程中的逻辑功能。就人类认知而言，事实不仅相对于理论具有优先性，相对于事物也具有优先性。因为，我们首先是确认了某经验的真实性或所陈述的属性的存在性之后，才能确认某事物的存在。对无数人来说，将事实与事物区分开来是一个非常困难的事情，因为人们过去经常会这样说："屋子内有个人，这是个事实。"人们由此就把人与事实等同起来，似乎这个人的存在就是事实。这是由于语言表达的不完整给人们带来的误导。人们在什么情况下会如此说呢？一定是在他在讲述屋子内有一个人在那里但被其他人怀疑时，为了表达其陈述的真实性，才会如此说的。如果屋子内的这个人没被见到，即没有人对那个人在这个屋子内有经验，那么，就不会有人说存在这个事实。所以，所有的事实陈述都首先是经验陈述，经验在先。同样，如果没有人怀疑其经验陈述，那么他也不会说"这是个事实"。上述陈述的完整说法是：我对我所说的"屋子内有个人"这句话是有经验基础的，我看到了那个人在那里。所以，我们一定要将事实与事物区分开。

4. 事物是本体论概念。如前所述，从人类认知、言说的角度看，本体论概念都是依赖于认识论概念而存在的，事物依赖于经验而存在的。本体论概念有经验的集合功能和标签功能两大逻辑功能。面对一个事物我们会获得无数原子经验，这些经验并不是杂乱无章地储存在大脑中的，而是首先通过信息的空间处理程序和时间处理程序（康德的先验感性范畴）将其聚合在一个文件夹中，以便以后的逻辑加工。然后根据命名系统给其一个命名，也就是贴上一个标签，就像我们给自己命名一样。"事物"这个概念是一个最抽象的标签，比实体、物质都还要抽象。因为事物可以用来标识所有认识对象，不仅包括物质、实体，还包括所有能够被感知、讨论、研究的对象。比如，前文所说的"主观性理论"作为认识对象也是一个事物，如果将来有人研究我的这本小书，它也就成为一个事物。我今天看到了鸡鸣寺的樱花，不仅樱花是个事物，如果我对这个经验进行思考、陈述，这个经验也成为一个事物。我们的大脑、大脑中的所有经验、理论，一旦成为认知对象，也都会被贴上事物的标签。所以，事物是我们的心智系统对自己的所有认识对象的总称，我们假设它存在于我们的认识活动之外，将其置于与认识对立的位置上，由此才使我们的心智比较方便地进行操作。

传统哲学将认识对象用实体、物质来标识，也是为了将认识活动置于一个对立中以方便操作。这是我们心智必须在对立中运行这一程序或规则的要求。如果我们不把认识对象置于自己的对立面，我们的认知就无法操作。即使我们在向内体验自身时，心智也是将其作为对立面进行操作的。所以，所有的本体论概念都是心智运作的结果，但我们之所以称它们是本体论概念而不称之为认识论概念，是因为它们在逻辑功能上被设置在认识活动之对立面的。注意：仅仅是在逻辑功能上被设定为认识活动的对立面，而不是指这个概念的实际所指在心智或认识活动之外。比如，理论作为一个事物可以被我们认识，该"理论"就被设置在认识活动的对立面，但这不是说该理论并不在心智系统中，不在我们的知识系统中。由此我们可以推定：人的心智系统可以把一切我们认识的东西置于对立面位置，即我们的心智可以制造无数对立。只有如此，我们的心智才能保证对所有观念进行自我意识、进行反思批判。思维必须在对立中运行，是对立统一规律在心智系统或认识活动中的表现，是一个客观规律，无法破除。

因此，经验、属性和事实三者名异而实同，我们对事物的每一个经验陈述就是一个属性描述，也同时是一个事实，实际上是一个判断，而事物就是经验、属性和事实所指向的对象，事物也就是经验、属性、事实的总和。

事物与经验、属性、事实的关系是:

(1) 事实、经验与事物的关系,用公式表达为:$F=(f_1+f_2+f_3\cdots\cdots+f_n)=T$。F(fact)代表事实的集合,f代表原子事实,1、2、3……n代表诸原子事实,其中包括价值事实,原子事实也即是简单经验。T(thing)表达事物。我们是通过f的集合判断T是否存在和如何存在。事实是认识论概念,事物是本体论概念。

(2) 属性与事物的关系,用公式表达为:$(A_1+A_2+A_3\cdots\cdots+A_n)=T$。A(attribute)代表属性,1、2、3……n代表属性类别,比如视觉属性、听觉属性、关系属性、价值属性、伦理属性、道德属性等。事物T也是属性的集合,没有属性,事物对我们来说就是无。基于(1)、(2),我们可得出:

(3) 属性与事实的关系,用公式表达为:$(A_1+A_2+A_3\cdots\cdots+A_n)=(f_1+f_2+f_3\cdots\cdots+f_n)$。即属性与事实是完全相同的,所谓事实就是对一个事物属性的确认、肯定。

第五节 价值命题的推理规则

一、价值哲学的第四个经典教条的谬误

价值哲学的第四个经典教条就是认为在价值研究中,价值判断不适用普通的命题逻辑的推理规则,而适用道义逻辑的推理规则。之所以有此观点是因为人们将伦理规范视为价值判断或价值命题的标准形态,如此,价值判断就无法被写成"是句"或命题形式,因此,也就不能适用命题逻辑的推理规则。

但我们如果把伦理规范的推理过程理解为从一个伦理规范推导出另一个伦理规范,并且不把推理仅理解为从大前提到小前提的演绎,则伦理规范可以有自己的推理形式和推理规则,只是这个推理规则与普通的命题逻辑的推理规则并不一致。比如:我们从"我们应该尊重他人的自由"这个伦理规范

就可推出"我们应该尊重家人或其他任何人的自由"这样的伦理规范。只是中间所加的小前提不是一个伦理规范，而是一个普通的事实命题"家人也是他人"。再比如，我们从"我们应该爱护自己的生命"这个伦理规范，可以推出"我们应该爱护自己的国家"这个伦理规范。只是中间加的小前提依然是一个事实判断"国家是保护我们生命安全的"。这样的伦理规范的推理过程与普通命题逻辑的推理过程比较相近，把命题逻辑的推理形式稍加改造即可。完整地整理伦理规范的推理规则不是本书的任务，这里只能提出这个任务，有兴趣的读者可以接着做。

二、事实判断、价值判断、伦理判断和道德判断之间的关系

前面的分析已经表明，价值判断、伦理判断、道德判断与事实判断具有相同的命题形式：S is P，区别只在于其判断词不同。事实判断是对某物所有属性的判断，所有事物都具有价值属性，人的行为具有伦理属性，人及其行为还具有道德属性。所以，价值属性、伦理属性、道德属性皆属于描述事物的属性。确认某物与这些属性之间的关系的判断就是事实判断，所以，价值判断、伦理判断（注意：不是伦理规范）和道德判断都属于事实判断。

伦理判断 ∈ 事实判断
功能性价值判断 ∈ 事实判断
道德性道德判断 ∈ 分别性价值判断
德性道德判断 ∈ 事实判断

三、研究价值命题的推理规则的前提

表达价值判断的语句就是价值命题。如果价值判断属于事实判断的一个子类，那么价值命题就是普通命题的一个子类。如果我们关于价值判断属于事实判断的一种形态的断言是正确的，形式逻辑中的命题逻辑的推理规则就适用于价值判断体系的建构。同样，也适用于伦理判断和道德判断的推理过程，这就为建构一个价值科学的命题体系提供了理论基础。

所以，根据前文研究，我们可以得出结论：将价值判断区分为原子性价值判断和复合性价值判断，是我们研究价值判断推理规则的第一步。将伦理

规范剔除在价值判断之外,是研究价值判断推理规则的第二步。将价值判断确定为事实判断的一种类型,是研究价值命题推理规则的第三步。由此,价值命题的逻辑推理就完全可以借用命题逻辑的推理规则了。

四、价值命题的推理规则

如果价值命题的推理规则能够确立,就能为判断价值命题的真假提供逻辑规则。价值判断的推理规则应该包括几种形式。

1. **价值命题的形成规则**。最初的价值命题是从描述事物存在状态的普通命题(事实判断)和价值判断标准联合推出的:下面是从事实判断推导出价值判断的推理形式,与命题逻辑的推理规则一致。

(1) 这个桌子上是放了许多物件的 　　　　事实判断　　　S is P
　　 放了物件就是有用的 　　　　　　　　判断价值的标准　P is V
　　 所以,这个桌子具有能够放置物件的功能　功能性价值判断　S is V
　　 或　　所以,这个桌子是有用的 　　　分别性价值判断 or S is V

这个推理中的大前提是一个事实判断,是对桌子存在状态的一个描述或断言。小前提是一个判断某物功能的价值判断标准。这个标准告诉我们什么是有用的或有价值的。由此,我们就能推导出桌子是否有价值,构成一个关于桌子的价值判断。这个推理公式在命题逻辑中属于肯定后件式,是一个有效推理。这个推理形式实际上是初级价值判断的形成规则。

(2) 这朵花是让人看了舒服的 　　　　　　事实判断　　　S is P
　　 让人看了舒服的就是好的、美的或有用的　判断价值的标准　P is V
　　 所以,这朵花是好的、美的或有用的 　　价值判断　　　S is V

这个推理的大前提是对花所带给人们的感受体验的陈述或断言,是事实判断,小前提依然是一个关于感受体验的价值判断标准,是一个关于审美价值的判断标准,所得出的结论也是关于花的审美价值的判断。

(3) 张三的行为是对我有帮助的 　　　　　事实判断　　　S is P
　　 对我有帮助的事是好事 　　　　　　　判断价值的标准　P is V
　　 所以,张三的行为是好事 　　　　　　价值判断　　　S is V

这个推理的大前提是一个行为的功能性判断,小前提是一个关于行为的价值判断标准，结果是一个关于行为的价值判断。

2. **价值判断标准**。从事实判断推导出价值判断时，中间插入的前提不是人们常说的表达需要和愿望的命题，而是价值判断标准，其命题形式也是 S is P。许多人认为事实判断和需要结合在一起就能得出价值判断[①]，方向正确但不全面。比如：

这朵花是红色的	S is P
我需要或喜欢红色	f（P）
所以，这朵花就是好的或有价值的或美的	S is V

f（P）是关系函数，表示"我需要或喜欢……"表达需要、愿望的句子都是一个关系句，表达的是主词与谓词的关系。这个推理很明显是不通的，其中缺少了价值判断标准这个环节。我们需要先确定"我需要或喜欢的东西就是美的、好的或有价值的"这个价值判断标准才行。所以完整的推理形式是：

这朵花是红色的	S is P
我需要或喜欢红色	f（P）
我需要的或喜欢的就是有价值的、美的或好的	f（P）is V（价值判断标准）
所以，这朵花就是我喜欢的	S is f（P）
所以，这朵花就是好的或有价值的或美的	S is V

所以，从事实判断出发要想推出价值判断就必须加入价值判断标准。

价值判断标准并不是随意确定的，而是根据现实生活条件和人们真实的生命体验、需要、欲望、喜好、理想等价值追求确定的。而人的需要、欲望、喜好、理想等价值追求则与人性、人的生活方式直接相关。要想将这些问题阐释清楚，就必须对人性、人的生命的运作方式有更深入、细致的理解。

3. **价值命题的逻辑演绎**。价值判断的逻辑演绎即从一个价值命题推出另一个价值命题的逻辑推理过程，其形式应该有两类。（1）归纳。运用归纳逻辑，从原子性价值命题推导出复合性价值命题。解决这个问题的关键是对每个具体的"复合性"概念进行深入剖析，厘清其与各个原子概念之间的关系。这是一个复杂而细致的工作，非有严谨科学的研究态度不行，应该是将来的

[①] 冯平：《走出价值判断的悖论》，载《哲学研究》，1995年第10期。

价值科学的另一个重要任务,这个研究也属于实证研究。(2)演绎。从一个价值命题推导出另一个价值命题,普遍命题逻辑的演绎规则应该都适用。

这里我们要特别提出关于复合性价值命题的推导问题。因为价值研究中大量的价值命题都是复合性价值命题,这些复合性价值命题中的主词或者是复合词或者是抽象概念,而它们的含义往往是多义的或不确定的,所以,在进行推理的过程中,我们必须高度警惕这个概念是否保持逻辑统一性。比如,当人们以"民主"为主词的价值命题为前提进行推理时,一定要搞清楚在这个命题中的"民主"到底是什么含义,必须能够将其进行还原到原子命题,否则推理就很容易出错。而这个还原过程是一个很复杂的过程,需要我们对民主这个事物有很深、很细的研究。所以,我一直认为真正的社会科学研究的复杂程度要远大于自然科学,需要研究者有丰富的社会经验性资料和严密的逻辑思维,而不是读几本书,学会几个概念和命题就能高谈阔论的。

因此,我们不仅可以对价值命题进行真假判断,还可以进行价值命题的逻辑推演。价值命题的逻辑推演适用一般命题逻辑的推理规则。有了这个规则,将来我们就可以建构一个严谨的价值命题体系,即价值科学的理论体系。就有可能使价值学研究摆脱随意的恶名,而赋予其严谨性。但由于人自身的存在方式深深地嵌入价值命题之中,因此,价值命题的形成与真假判断不适用客观性2的要求,但依然可以适用客观性的其他要求。下面我们将进一步阐明,科学研究也没有真正达到客观性2的要求,它也是根植于人自身的存在方式。

第五章　价值现象和经济学价值理论概念体系[①]

价值研究是基于社会上存在一个可被称为价值现象的社会现象，价值研究就是对价值现象的研究，价值理论就是关于价值现象的理论。就像经济学是关于经济现象的学说一样。前文已经阐明，价值研究首先是从经济学开始的，然后才延伸到伦理学、哲学。我们在对价值哲学理论体系和概念体系进行反思和批判的时候，就经常回到现实生活的价值现象中；如果我们还想对价值哲学有更深的理解，就必须回到价值现象和价值学的源头——经济学的价值理论，否则研究难以深入。

第一节　从价值观念到价值现象

一、价值现象的两种用法

人类社会之所以会有价值现象，是因为人类在面对各种事物时能够且必然进行价值判断，形成价值追求（或价值意向），最后采取价值行动——实现价值追求或获得价值客体的行动。这个从认知到意向再到行动的无限次重复的过程，以及在这个重复过程中所延伸的各种精神现象和社会现象，一起构成人类社会的价值现象，也构成了人类整个社会系统。

---

① 本章的核心内容在《上海财经大学学报（社会科学版）》2015年第6期上以《价值理论概念体系的反思与重构》为题发表。

为了研究方便和照顾传统,我们将价值现象这个概念区分为广义和狭义两种用法。狭义的价值现象是指人们面对客体能够进行价值判断、形成价值追求、采取价值行动这样一个身心活动过程而构成的普遍的社会现象。狭义的价值现象主要是一种个体身心活动现象。而广义的价值现象是包括价值观念、价值行动涉及的所有社会现象,比如伦理现象、道德现象等,由此,人类社会的一切现象都属于价值现象。因为,我们所有的社会现象都是由人的行动形成的,而人的所有行动都是价值行动,其中都包含价值判断和价值追求。广义的价值现象主要是一个社会群体性现象。

狭义的价值现象的微观活动构成广义的价值现象的宏观运动,所以,二者是相互关联、相互转化的辩证关系。因为人们在采取行动实现自己的价值追求的时候,往往自然开展各种社会合作,形成伦理规范,进而形成道德判断。社会的各种生产活动、政治活动以及各种社会性的文化活动和科学研究活动等都是个体为了实现自己的价值追求而形成的社会现象,都属于广义的价值现象。

二、价值现象的内在结构

狭义的价值现象的内在结构可以分为两层:主体—客体是第一层,这是一个二元结构。价值判断、价值追求和价值行动三者一起构成第二层。而广义的价值现象包括四个层面。第一、二层就是狭义的价值现象的那两层,第三层是各类关系,包括人与自然的关系、人与人的关系、人与自身的关系。这三大关系构成人类社会的基本关系,构成人类社会,并使社会系统成为一个开放的自组织系统。即这三大关系本质上都是价值关系,都内涵价值判断、价值追求和价值行动。对这些关系都既可以进行价值研究,也可以进行科学研究。第四层是各项社会建制。

1. 人生的三大关系。

(1) 人与自然的关系。它是建立在人对自然万物的价值追求和价值判断、价值行动基础上的。首先,人类要判断什么东西是有用的,有什么用,有多大用,然后确定要得到哪些、逃离哪些,以使我们能够更好地生存下去。其次,人类从大自然中获得美的感受,使人有一个归属到大自然中获得与世界万物一体的感受，以减轻个体人的孤立、弱小感。在这种感受中，人自身与万物融为一体。如果这个关系遭到破坏，人的内心就会产生焦虑感。这是今天城市居民的普遍感受。对我们来说，当我们回归到大自然中的时候，我们就立即会感受到自己与自然亲近的那种喜悦感、一体感。

（2）人与人的关系。人与人的关系是建立在人对人的价值追求、价值判断和价值行动的基础上的。这个关系稍微复杂些。因为，首先，人一生下来就是个体的存在，但个体的人存在于社会关系中，一生下来就作为社会关系的一部分而存在。对此我们没有进行任何积极的努力，是人自身的自然关系赋予我们的资源和财富。我们只有在这个关系保护下才能长大成人。所以，每个个体天然地有一种与他人的一体感。这表现在婴儿对人的普遍的亲切感，也表现在我们有了困难、危险总是想到人群中寻找同类的帮助。比如，当我们在野外迷路的时候，我们只要见到人，就会立即体会到亲切感。其次，我们又是在社会关系中逐渐形成独立的个体意识。这种个体意识正是产生于社会交往中所获得的各种负面的消极的生命体验、情绪感受和情感体验中。即，在社会关系中，在我们与他人和社会的交往中，我们在获得大量的积极的体验、感受的同时，也体验大量的消极的体验、感受。这是由社会和我们生命自身的对立统一规律决定的。积极的感受使我们体验到与他人的一体，在积极的感受中，我们心生爱意，愿与他人分享我们的所有，与他人建立亲密无间的关系。而在消极的体验中，我们体验到与他人的分离，体验到个体生命的无奈、孤独，体验到我就是我自己，我的痛苦与烦恼无人替代。在这个过程中，我们建立了自我感，并将自己与他人和社会对立起来。一个人的理智或智慧的一个非常重要的方面就体现在他如何看待、对待这两种相反的生命体验和心理意识。

这两种生命体验和心理意识因观念的形成，尤其是价值观念的形成而得到加强。在纯粹理性的思维中，人们往往会不自觉地建立一体化意识，将所有的人视为一体。因为理性思维是借助语言进行的，而语言是公共的。通过语言，我们实现了与他人的一体感。比如，我们都是人，都是某种人，等等。这些语言和思维会引导我们建立与他人的一致性的感受。理性有一个天然的功能：使人类归于统一。这也表现在我们的每一个观念都在寻找与他人的统一性，因为我们会以自己的观念为标准来评判别人，希望别人改变观念与自己一致；或者改变自己的观念与他人一致。如果实现了观念的一致，我们就高兴，如果不一致，我们就痛苦。即理性对统一性的追求如果实现了，我们就快乐，快乐感强化一体性、统一感；如果受阻，我们就痛苦，痛苦感强化个体感和孤立感，反过来又促进我们寻找统一感。但世界的辩证统一性就表现在：我们越是要寻找认同、统一，我们就越感受到个体情绪和情感的痛苦，从而体验到生命的孤立、孤独。所以，正是在社会关系中，在个体的情绪情感体验中，我们产生统一感、一体感、统一意识、一体意识，也产生分离感、个体感、分离意识、对立意识或个体意识。这两个方面的感受和意识对人的价值判断和价值追求产生极其复杂的影响，人们在二者之间产生无限的纠结，从而使价值思维长期陷入混乱状态。可以说，人类社会的各种形态的意识形态都是在这种纠结中形成和运作的。什么时候，我们对此产生了清醒的自觉意识，并找到了解决的方法，我们的社会才能真正地实现和谐。

在一定意义上，现代社会的自由、民主意识和相应制度、环境，以开放的、多元的、包容的态度，对待自己和他人的价值观念和生命体验，允许每个人沿着自己的生命轨迹独立自由地去选择、体验，从而为人们逐渐认清自己的价值判断和价值追求提供了一个宽松的环境。虽然不是每一个人都能解决自己的价值观念问题，但这种意识形态环境却为人们提供了机会。注意：是这种环境，而不是这些观念，为人们提供了机会。所谓环境是指它们已经成为我们生活的方式，而不仅仅是一个观念。这些观念本身依然会制造对立和痛苦。比如，我们常见到某些追求自由、民主的人，根本就不愿意给那些不赞同他们的自由、民主观念的人生存空间，从而给自己和他人不断制造痛苦和冲突。

（3）人与自身的关系。在人的价值思维中，其实最核心的是人与自身的关系。包括两个方面。首先是价值判断。即一个人如何评价自己的价值，包括自己对自己的价值，自己对他人的价值。其次是价值追求，即自己对自己有何期望，期望自己获得何种生命体验、做何种事情、获得何种东西能够满足自己的需要和实现自己的价值追求。一个人如何对待自己从根本上决定着如何对待他人。

从人的自然思维倾向来说，尤其是建立在人的外部感官经验基础上的科学理性思维和价值理性思维，都有一个强烈的自然倾向：向外观察、向外寻找追求的对象，向外寻找满足需要的对象和手段。在这里其他人和社会都成为其观察、追求、占有的对象。在这种思维中，我们就自然地进入竞争状态，从而形成与他人和社会的种种紧张关系。

但在人的心智中，同时还存在另一种思维倾向，这种思维倾向不像第一种外向型的思维倾向是我们一生下来就自然具备的，而往往需要后天的启发或反思才能开启。这种向内的思维倾向表现为三个方面：①面对自己的思想观念，尤其是当其与其他人的观念发生冲突时，不再是无原则的自我维护，而是反思自己，开展自我批评，自我修正，自我协调。其中包括价值判断与价值追求。②面对自己的需要、欲望或价值追求受阻时，也不再是无限制地要求改变外部环境，尤其是他人和社会，而是反思自己，检讨自己的需要和价值追求是否合理。③面对自己的痛苦，也不再是抱怨、改变别人，而是检讨自己为什么痛苦，通过调节自己的情绪情感来解决问题。通过这三个方面的向内思维，我们都将自己的思想观念、价值追求和情绪情感痛苦置于认识的客体位置，我们在自己的思想观念、欲望、情绪情感面前获得了主体、主动的位置，使我们有机会调整、修改乃至消除它们，成为自己的思想观念、情绪情感的主人，而不是被它们带动着一直要求改变世界和他人、占有他人和世界，由此使我们在人与自然的关系、人与人的关系中实现某种来自内在的自我调节、自我修正，这就为我们建构和谐的人与自然的关系、人与人的关系提供了空间。所以，人与自身的关系就是人对自己的思想观念、价值追求和情绪情感的反思、批判、修正、协调关系，使自己的理智成为自己的主人，而不被自己的思想观念、价值追求和情绪情感所控制，成为它们的奴隶。这对人类的生存和发展具有决定性的意义。

开启这条思维路向的方式有两条：一是自悟，通常是一个人面对批评、失败或行为受阻时，如果一个人能够保持冷静，那些心智能力发展更高的人就有可能开启向内解决问题的途径；或者在经历重大痛苦通过向外思维、探索的途径无法解决时，也有可能开启向内的思维、从内部解决问题的途径。二是他人的启发。世界上有许多智者给我们留下了开启向内思维的语言和故事,这些语言和故事我们从小基本上都听说过,但往往并不起作用。通常要等到我们外部扩展、征服遇挫时,当我们学会冷静思考问题时,才有可能开启这一思维路向。

2. 各种社会建制。这是广义的价值现象的第四层,包括文化、规范和组织三个面向。主体在与客体发生关系的过程中(第一层),主体形成价值判断、价值追求、从事价值行动(第二层),由此形成人与自然的关系、人与人的关系、人与自身的关系(第三层),对人而言,这三大关系都是在社会交往活动中进行的,由此形成各种社会合作机制,体现在各种社会建制上,包括社会的文化建构、规范建设和组织管理。所谓文化建构就是建构各种科学观念和价值观念。所谓规范建设就是建立各种规范,核心是伦理规范,又表现为各种风俗习惯、礼仪、纪律、法律、规章等一系列东西,供人们在不同场所使用。所谓组织管理是指在文化和规范建设基础上,人类自然形成各种社会组织和社会管理方式,这些组织管理方式不仅使社会分成不同的团体、单位,而且还实施各种具体的管理,比如社会舆论、法律实施、社会教育、生产分配等都属于这个层面的现象。我们通常都是在这个层面区分和研究各种社会现象。随着社会的发展,第四个层面会不断进化发展,表现为越来越复杂,结构层次越来越多。这就不是本书要研究的对象。有兴趣的读者可参阅孙志海的《自组织的社会进化理论:方法与模型》。

上述四个层面的关系符合系统结构层次关系原理。[①] 第一、二两层是基础层次,决定着其余两个层次是否存在。在社会系统中,第一、二两个层次作为基础层次永远都具有自己的独立性,它们的变化会从根部影响高层的存在和发展。表现为人们的基本价值判断和价值追求、价值行为的改变会影响到高层价值现象的自然改变。微观改变的力量对高层而言是强大而无形的。第四层是最高层次,其具体内容决定着第一、二、三层的具体活动内容,表现为社会运动的力量对个体运动的强大的影响力和制约力,对人与自然的关系、人与人的关系、人与自身的关系具有强大的影响力。第四层次作为一个社会价值现象的最高层次,决定着一个社会价值现象的本质特征。

[①] 关于系统结构关系原理,请参阅孙志海:《自组织的社会进化理论:方法和模型》,中国社会科学出版社2004年版。本文下面也有具体介绍。

三、价值现象的主体性和主观性

1. **价值现象的主体性**。既然价值现象的存在依赖于人类这一认知、活动主体的存在，没有人类就没有价值现象，所以，价值现象具有主体性，这个主体性是指其属人性。但这并不是说动物界就没有动物的价值现象。在动物界价值现象表现在它们有需要，也表现在它们对食物和生存环境的选择中，这种选择表明它们对自己的生存条件和生存状态是有判断、有追求的，所以才会有选择。即使动物界存在价值现象，人类研究的价值现象也只能是人的价值现象，我们无法真正感受、体验到动物的价值思维，我们只能按照自己的价值思维来理解动物的价值判断、价值追求和价值行动。也许二者真的一样，但我们无法知道。更重要的是：人类会根据自己的价值判断和价值追求决定对动物的态度和行为方式，即使我们知道它们也有自己的价值判断和价值追求也一样。生态保护者、动物保护者之所以要保护生态、保护某种动物，都是基于自己的价值观和价值追求，我们认为这样做对我们是好的，必要的。

2. **价值思维的人类中心主义**。在价值思维中，人类中心主义是无法剔除的。换言之，人的一切价值思考都是为私为我的，为私是指为满足自己的需要，为我是按照自己的观念进行思维和判断。这是我们心智思维在低层运作的本性，无法改变，无论我们怎么想要达到无私无我的境界，做出怎样的努力，怎样标榜自己或某人是无私无我的，都只不过是一种为私为我的愿望罢了。除非我们的心智开发到高级层面，但这也只能是个别个体的行为而无法成为人类群体的行为。所以，动物中心主义只是一个愿望，即使我们把自己也视为动物，也是一个把所有动物都作为消费对象的动物。

当然，这并不排除我们可以以爱心、善意对待动物和其他一切存在者，可以为了我们长久的幸福而关注一下他者的生存境遇，关心一下他者的幸福。他者依然是我们价值判断、追求的对象。

3. **价值现象的主观性和规律性**。既然人的存在和认知是价值现象的核心，那就说明价值现象具有主观性。这个主观性的含义是指价值现象的存在与人的意识活动相关，是人类意识活动的产物。但很长时间，由于人类对自己的意识活动的规律缺乏全面的理解,常常把意识活动看作是虚幻的,把人的意志活动看作是随意的,似乎人想怎么想就可以怎么想,并把这种状况称为主观的,再把主观的理解为随意的、任性的,无规律、无规则地。其实,人的一切意识活动与人的生理活动和所有自然物质一样,都遵循着严格的规律,我们的所有意志活动和观念活动都不是随意的。我们之所以感觉其是随意的,不过是我们对其运作规律缺乏了解罢了。我们随便到一个森林去看,从表面上看,那里的树、草、动物等似乎都是随意的、无规则地长在那里。但如果我们能够跟踪到它们的生长历程,我们就会发现其中的一切都是必然的,只要相关要素、因缘具备,就一定会在那里的,甚至每一片叶子都是必然如此的。当然,这个"必然"的含义不是指"命定",即无论发生什么情况,那棵草一定会在那里、会如此。不是这种必然观,而是一种因果必然观。

但如果从内容上讲,每一个价值观念、价值追求、价值行动也都具有主体的私人特征,代表了主体个人的认识和愿望。同样,这个主观的含义依然不是随意的,而是有其运行规则的。

四、价值现象的客观性和客体性

价值现象的客观性是指这种现象的存在是无可怀疑的,是我们每天都面对的现象,是不以我们的意志、意识为转移的。价值现象的客体性是指价值现象也是我们的研究对象,我们可以对其进行科学研究,研究其来源、形成机制、结构、功能等。还可对其进行价值研究,研究其对人自身的功能、意义、好与坏、善与恶等。

五、价值学与价值现象的关系

价值学很明显是以价值现象为对象的理论体系或学术体系。狭义的价值学对应狭义的价值观念,仅仅研究人的价值判断、价值追求和价值行动。对价值行动的研究就是关于价值判断和价值追求对人们行为选择和行为方式的影响方式、影响力的研究。广义的价值现象包括伦理现象和道德现象,即包括伦理学和道德学的内容。当广义的价值学将伦理现象和道德现象视为研究对象时，实际上就要把各种文化、规范、组织管理、社会舆论和心理模式（德性）等都纳入价值学研究中，由此价值学就要与社会科学的所有学科发生交叉，对所有社会科学产生规范和引领作用。

价值学研究分为两个层面：一是价值哲学研究，在普遍的、抽象的、先验的层面研究价值现象的形成、本质、存在方式、发展规律、对社会的影响及影响机制等普遍性问题。二是价值科学研究，对各种具体的价值现象进行实证研究，研究具体的价值判断、价值追求和价值行动的形成、内容、对他人或社会的影响等。如果从广义价值现象概念出发，还可以研究伦理规范的形成、内容、特征、功能、影响社会的机制，研究道德判断和德性等相关的一系列问题。

第二节 经济学价值概念体系的逻辑混乱

前文对价值观念体系及其内在结构的分析，已经将价值理论的概念体系基本呈现出来，但还不够完整，因为，这个价值观念体系还没有充分地反映经济学的价值思维。而从学术研究的路径看，价值问题最初是经济学的研究对象，然后延伸到伦理学和哲学领域，而且经济学的价值理论对伦理学和哲学的价值理论一直影响甚深，所以，我们必须系统探讨经济学的价值思维。何况人类社会生产生活的基础是经济生活。同时，当我们把价值观念的所有形态和价值思维的所有分支路径都探讨清楚之后，就可以回过头来探讨长期困扰学术界的所谓的"价值的本质"问题，并给出一个明确的回答。

一、经济学中"价值"使用乱象

经济学的价值理论主要有两大流派，即劳动价值理论和边际效用价值理论。劳动价值论经过马克思的发展，已经成为是最有影响价值理论之一，经过一个半世纪的理论争论和实践检验，其合理性无可怀疑。边际效用价值论,在日常生活,尤其是经济生活中的解释力是有目共睹的。因此,胡义成①、许有伦②、白暴力、张栋③等都想调和二者之间的关系,将二者统一综合起来。各种综合统一方案虽各有其合理性,但问题并没有解决。

通过语言逻辑分析和对价值理论内容的研究,我们发现:如果纯粹从理论内容看,马克思的劳动价值论和边际效用价值论都是正确的,二者的研究视角和思想是互补的,可以合并在一起构成一个完整的价值理论体系。但二者皆因概念使用不严谨在给自己带来许多理论问题、引来许多误解的同时,也使双方长期处于冲突状态,阻碍了价值理论的发展。

价值理论有一个概念体系,从学术研究的严谨性和科学性来要求,这个概念体系中的每一个概念都应该得到清晰的界定并在使用中保持同一性。但这两种价值理论都没有做到这一点。比如,当大家都在言说"价值"时,所说的含义并不相同,并且同一作者在同一文本中的含义也经常不同。这个问题不解决,价值理论就难以获得突破,各种价值理论所面临的问题也难以解决。这里就尝试对"价值"概念使用的各种语境及含义进行澄清,给"价值"做出一个新的界定,为重建价值理论的概念体系提供理论基础。这一研究将在保持双方理论内容的完整性、真理性的同时,为马克思主义的价值理论吸收边际效用价值论的理论成果提供理论基础,从而更有利于社会主义市场经济建设的要求,也有利于社会主义核心价值体系建设的要求。

为了方便,我们从对马克思的劳动价值论的分析入手,因为,劳动价值论对价值问题的研究要比效用价值论更深入,其涉及的问题更多。

邹升平④指出在马克思主义劳动价值论研究中存在的误区之一就是价值、使用价值和交换价值的混淆,非常正确。人们除了用价值表示凝结在商品上

---

① 胡义成:《"劳动价值论"与"效用价值论"的互补——马恩有关论述的本义》,载《攀枝花大学学报》,1995 年第 6 期。

② 许有伦:《劳动价值论与效用价值论的辩证关系——与卫兴华、晏智杰教授交流》,载《经济评论》,2006 年第 3 期。

③ 白暴力、张栋:《边际效用价值论与劳动价值论的统一——兼论边际效用价值论 100 年的弯路》,载《财经科学》,2006 年第 8 期。

④ 邹升平:《深化对马克思主义劳动价值论认识的八大误区》,载《甘肃社会科学》,2008 年第 3 期。

的无差别劳动（以下简称为劳动价值）外，还经常用作使用价值或交换价值，还常常指商品、资源、财富等，在没有做任何交代的情况下，必然给劳动价值论带来诸多困境，也给整个价值研究带来严重混乱。

1. **把劳动价值误用为使用价值和商品**。比如，人们常说的"劳动创造价值"之中的"价值"就不是"劳动凝结的"那个劳动价值，而是使用价值或商品，但人们的本意却是指劳动价值。因为，"价值"本身就是劳动时间，怎么还可能被劳动所创造？"劳动创造价值"这个命题想表达的意思有三种可能：一是"劳动创造使用价值"。二是"劳动创造商品或财富"，这才是人们在这个命题中真正要表达的意思。三是"劳动凝结为价值"，这个价值才是马克思所说的那个价值。再比如，"价值享受"中的"价值"是指使用价值或商品，价值作为劳动的凝结不可能被享受。还有，人们在把商品生产说成价值生产时，把资源分配、产品分配说成是价值分配时，所说的价值都不是劳动价值。

2. **把使用价值混同为商品或物**。马克思将使用价值作为商品二重性之一，按正常语言逻辑，"使用价值"就是商品（物）的一种属性，而不是物本身。比如，当他谈论"劳动力的使用价值"时，所指的就是劳动力的有用性，而不是劳动力本身。像这样的例子在《资本论》中很多，我们的教科书、人们的日常生活和大多数经济学家都是这样理解使用价值的。但马克思却又明确把使用价值定义为物或商品，他说："商品体本身，例如铁、小麦、金刚石等等，就是使用价值，或财物。"① 就语言逻辑而言，物的有用性和物本身肯定不是一个概念，且不是同等级概念。物的概念等级高于有用性，物是实体性概念，有用性是属性类概念，物的有用性是说明物的。这个定义表明马克思没有将物与物的属性区分开来。② 这个区分并不是偶然失误，就在上述引言前面，马克思还说"物的有用性使物成为使用价值"③，这就明确地把使用价值

---

① 《马克思恩格斯文集》（第5卷），人民出版社2009年版，第48页。
② 这种混乱在下面这句话中充分体现出来："由自己产品的使用价值或者由自己产品是使用价值来表示自己的有用性劳动，我们简称为有用劳动。"他将"自己产品的使用价值"与"自己产品是使用价值"这两个说法完全等同起来。《马克思恩格斯文集》（第5卷），人民出版社2009年版，第55页。
③ 《马克思恩格斯文集》（第5卷），人民出版社2009年版，第48页。

与物的有用性当作两个东西。

3. **把交换价值误用为价值**。马克思的劳动价值论一直面临两大挑战,即所谓的超额价值问题和艺术品价值问题。这两个问题都是由于将交换价值误解为劳动价值造成的。超额价值理论要解释的是这种经济现象:在自动化程度很高的企业,劳动投入很少,企业却获得巨额的交换价值(货币)。这种现象在效用价值论中根本不是问题。因为,该企业为社会提供了巨额的使用价值或效用。这个问题是典型的劳动价值论的问题,其中的逻辑是这样的:(1)商品的新增价值是由活劳动时间决定的,当每件商品所花费的活劳动时间很少的情况下,其新增价值就很低,因此全自动化企业所生产的单个商品的新增价值就几乎为零。(2)按与劳动价值论相关的价值规律:一个商品的价格是由价值决定的,如果一个商品的新增价值几乎为零,那么它的价格也应该接近转移价值,价格就会比较低。实际上,它们的价格远超转移价值。人们就把此种情况下交换价值(价格)与劳动价值(劳动时间的货币表现)之间的差额称为超额价值或超额剩余价值。人们认为如果这个差额不能从劳动时间的角度得到合理的解释,劳动价值论就会崩溃,因为,其中存在"价值决定悖论"。即,如果我们承认那个巨大的差额是劳动创造的,很明显是不合理的;如果不是劳动创造的,那就说明价值还有其他来源,说明劳动价值论是有问题的。① 所谓的艺术品价值问题也如此。一个艺术品如果卖出极高的价格,比如一幅画卖出上亿美元的天价,人们就说该艺术品具有极高的价值,远远超过其创作时付出的劳动量。人们就问:其巨额的价值从何而来?这不是说明劳动价值论是错误的吗?

对于超额价值的获得,人们从不同的角度进行了解释,其中代表性观点有两类,一类以卫兴华②为代表,受马克思本人的误导,将超额价值的获得归功于复杂劳动。因为,马克思在谈到这一现象时,就提到这句话:"生产力特别高的劳动起了自乘的劳动的作用,或者说,在同样的时间内,它所创造的

---

① 崔战利:《我为劳动价值论辩护》,东南大学出版社 2005 年版,第 23 页。
② 卫兴华:《马克思关于劳动生产力同价值关系的三个原理和社会主义经济实践》,载《教学与研究》,1983 年第 2 期。

价值比同种社会平均劳动要多。"① 但如果在这里所说的"价值"是指劳动时间凝结的那个价值，问题就出来了。因为，在这段引文的前面，马克思也明确指出在生产力更高的企业，相同时间所创造的价值是不变的，只是单个商品所包含的价值减少了，即商品的个别价值降低了，因为它所凝结的劳动减少了②。这就是那个著名的劳动生产率与价值成反比的理论。因此，生产力特别高的企业在同样的时间内也不会创造出比同种社会平均劳动更多的价值，而是一样多的价值。所以，当马克思说生产力特别高的企业"创造的价值比同种社会平均劳动更多"时，其中的价值只可能是使用价值或交换价值。考虑到在这段话前后，他都是在市场交换的环境下讨论价值问题，且都涉及价值计量问题，比如反复说是多少先令，所以，我们可以肯定这个价值是交换价值。因为，使用价值不能这样计量。比如，在上述引文前面一段，马克思明确地说："如果采用新方法的资本家按1先令这个社会价值（1先令是劳动时间的货币表现——笔者注）出售自己的商品，那么他的商品就是超出它的个别价值3便士出售，这样，他就实现了3便士的超额剩余价值。"③ 当然，资本家为了占领市场，会以低于其社会价值的价格出售，比如以9便士的价格出售，则也获得2便士的超额剩余价值。无论是3便士还是2便士的超额剩余价值都是交换价值与价值（的货币表现）的差额，当然属于交换价值范畴。所以，超额价值来源于交换价值与个别价值之间的差额，即价格与价值的货币表现的差额。所以，当人们试图用劳动时间来解释这个超额价值的获得时，就把交换价值误读为价值了。但这并不是说马克思所说的剩余价值中的价值都是交换价值，而只是说在所谓的超额价值或超额剩余价值问题中所说的价值是交换价值。下段崔战利所说的超额价值中的价值就是劳动凝结的那个价值。

第二类以崔战利为代表，认为超额价值来自低生产力企业的超额劳动的转移。即低生产力企业单个商品的劳动时间要大于高生产力的企业的单个商品的劳动时间，其中的差额崔战利称之为超额劳动时间，这个超额劳动时间

---

① 《马克思恩格斯文集》（第5卷），人民出版社2009年版，第370页。
② 《马克思恩格斯文集》（第5卷），人民出版社2009年版，第368页。
③ 《马克思恩格斯文集》（第5卷），人民出版社2009年版，第369页。

就会转移到高生产力企业的商品身上[①]。这个解释坚持了价值是凝结在商品中的无差别的人类劳动和商品的价值量是由社会平均劳动时间决定的理论，更符合马克思主义劳动价值论的理论逻辑。但这个解释如上所述，是不符合马克思在此处的原意的。超额价值来源于交换价值与个别价值之间的差额，即价格与价值的货币表现的差额，而不是来自低生产力企业的超额劳动的转移。

所谓的艺术品价值问题也是如此，这个价值也是指价格，即交换价值。交换价值是在市场交换中形成的，马克思在价值规律中对价格围绕价值波动的范围并没有限定，尤其是没有限定价格向上波动的范围，即使向上波动再大也不影响价值规律和劳动价值论。因为，交换价值高于价值是正常现象。

其实，马克思的价值规律更像是一个价格底线规律，即商品交换的价格不能低于价值（劳动时间）的一定范围，一旦到达某一底线值该商品的供给就会自动减少，甚至会退出市场。同时，马克思并不认为价值是价格的唯一决定因素，价格还受供需关系影响。如果竞争充分、资金供给充足，自动化企业产品的价格也会有一天降低到与其转移价值相近甚至更低的水平。因此，全自动化企业获得高额利润根本没有违反劳动价值论和价值规律，只是其价格向上波动范围更大一些而已。在艺术品交易中，人们只看到那些名家的作品被卖到极高的价格而看不到还有无数艺术工作者的作品根本就卖不掉，连成本都收不回的现象。艺术品市场的价格波动之所以远远大于一般大宗商品的价格波动，是因为人们对所谓的名家作品需求量极大而供给极小造成的。如果那些被卖到极高价格的作品也能得到充足的市场供应，其价格也将回归到其价值（社会必要劳动时间）的水平。所以，艺术品交易也没有违背劳动价值论，只是价格波动范围更大罢了。

因此，所谓的劳动价值论危机基本上都是由于将交换价值混同为劳动价值所致，所谓的危机不过是虚惊一场。而之所以会出现此种现象，是因为交换价值与劳动价值都是量的概念，马克思也经常都用货币（价格）表示，所以，就很容易被混淆。所以，我们认为劳动价值论的内容是合理的，

[①] 崔战利：《我为劳动价值论辩护》，东南大学出版社2005年版，第48—55页。

但概念体系是混乱的，必须加以整顿，否则影响劳动价值论的传播和运用。在整顿前，我们还需要了解这些混乱是如何发生的，然后才能找到解决问题的办法。

二、经济学价值概念体系的逻辑分析

语言逻辑对一个学术概念的基本要求就是含义明确、边界清晰。所谓含义明确就是其内涵和外延都是确定的，没有模糊的地方。所谓边界清晰就是指相关概念之间的关系是清晰的，不存在被混用、误用的可能。马克思的劳动价值论中的"价值"之所以在使用中经常会与交换价值、使用价值、商品或财富等混淆，原因主要有：

1. **不合构词逻辑，违反同一律**。从纯粹形式上看，价值（德文 Wert，英文 Value）是使用价值（德文 Verwenden Wert，英文 Use Value）和交换价值（德文 Tauschwert，英文 Exchange Value）的词根和中心词，使用和交换都是修辞价值的，所以，价值应该是使用价值和交换价值的母概念。但当价值被定义为凝结在商品中的无差别的人类劳动时，商品的使用价值就是商品中"使用"的无差别的人类劳动，交换价值就是"交换"劳动。这完全不通。因为，使用价值、交换价值中的价值绝非劳动。所以，马克思所说的"价值"不是使用价值和交换价值的母概念，与它们所说的价值不是一个东西，违反了同一律。

2. **不合日常语言习惯**。在人们的日常使用中，"价值"与"劳动时间"之间的关系也很远。Wert、Value 和价值都有评价之义，而劳动时间却无评价之义，只是评价的根据。在日常用语中，"价值"要么指价格，要么指用处，都不包含劳动时间在内。如果一个理论研究一个社会现象，所使用的概念是人们常用的，但所赋予的含义与日常用法差异甚大，甚至没有关系，就必然会引发一系列混乱。这就违背了学术研究的初衷，是非常不可取的。所以，马克思将价值定义为劳动时间的凝结是一个很不恰当的做法，必须加以修正。

3. **与其他学派的用法不一致**。马克思主义之外的其他经济学派基本上都把价值理解为价格或效用。当马克思主义在与其他学派进行对话时，如果自己所说的价值与别人理解完全不同，这种对话就失去了意义。为了推进学科的理论进步，我们也应该就基本概念达成共识。

4. 日常用语和其他经济学中价值概念使用得也很混乱。我们说马克思的价值定义与日常用法和其他经济学派不一致并不是说它们就是正确的。它们的问题也很大。因为它们所说的价值也都包括用处、价格和边际效用等多种含义，这些含义之间也差异极大。用处和价格完全是两种不同的意思。用处指某物对一个人的影响力。只有当一个物能够影响到人们的生存状态（包括感受、体验）时，我们才说它是有用的，因此用处与物的功能相关，涉及物的特性和物与人的关系。而价格是指人们在市场交换中就某物所达成的交换媒介物值，比如1杯水的价格是3元人民币，就是指买卖双方所达成的一个交换协议，交换媒介物是人民币，交换值是3元。所以，价格与用处根本就是完全不同的两个东西。这两个东西用同一个概念表达，且没有说明，怎么会不在使用中造成极大混乱呢？比如，一杯水对一个饥渴的人用处极大，我们就说"这杯水价值极大"；但其价格可能很低，甚至没有价格，我们就说"这杯水价值极低"。这就使我们面对同一杯水做出在形式和内容上完全相反的两个价值判断。边际效用与用处有关，但也不相同，边际效用更强调人们在购买和消费某物时的身心感受。当人们把这三个互不相同的概念用同一个"价值"来表示时，其引发思维混乱的潜在能力就可想而知了。更严重的问题在于，所有人在谈到"价值"这个概念时都可能随时指这三种含义中的一个，却都没有做任何交代。在学术研究中，还有比这更不严肃的事情吗？社会科学研究应该像自然科学那样，所有的学科和理论都应该使自己所使用的基本概念含义明确、边界清晰，并努力达成一致意见，这样才有利于协同推进学术进步。如果连基本概念的使用都各自为政，必然使所谓的对话流于形式，不利于学术问题的解决，并造成更多的混乱。当然，任何一个学科或理论的基本概念要达成一致都是一个艰难的过程，因为要寻找到更高的理论思维平台，由此为澄清一个概念的各种用法及其相互关系提供理论工具。

第三节 经济学价值概念体系的自然含义和延伸含义

一、经济学价值概念的自然含义

价值这个词之所以含义多、使用乱就是因为人们在不同语境下都使用了这个词汇，在对各种含义和语境之间关系做出明确认知前，混乱必然发生。为了厘清价值概念的各种含义及其与不同语境的关系，我们首先要厘清在自然语言中价值概念的不同含义和其语境的关系，其次厘清在学术研究中的不同含义与语境的关系。

1. **价值在自然语言中的原生含义**。在人们的日常思维和自然语言中，当人们面对一个事物时，很自然地进行价值判断，首先判断它有什么用，其次判断用处有多大。有什么用是质的判断，有多大用是量的判断。这两个判断合在一起就是价值判断的最初内容，即后来人们所谓的价值的最基本内容、原生含义。因此，价值实际上是价值判断的简称。用处和用处大小都属于一种判断、评价，所以，价值概念的理论属性是评价这种认知活动的认识结果，离开评价认识活动，它就不存在。

2. **价值在自然语言中的次生含义**。当交换和交换媒介物出现后，就出现了对物品的价格或价钱的判断问题。所谓对物品的价格或价钱的判断就是对交换物要获得的交换媒介物的值的判断。交换媒介物就是介，介与价通用。价格或价钱就是交换媒介物的数量。所以，价格也是一种判断，价格的全称是价格判断，也是一种认识结果，是价值判断的另一种形态，但与价值判断的原生含义没有直接关系，即价格与用处和用处大小没有直接的关系。所以，价格是价格判断的简称，当它也被称为价值时，就是价值的次生含义，是在交换中自然形成的。从斯密开始，为了区分，人们就把价格称为交换价值，而把用处称为使用价值。完整的说法应该是交换价值判断和使用价值判断。

3. **自然思维下的价值的本质**。在人类自然的价值思维中，人们对某物的价值判断有三个部分或三种形态：有何用、有多大用和值多少钱（价格）。这三种判断虽然不同,但有一点是相通的,即都是一种思维评价活动(价值判断活动)的结果或结论。即价值的三个自然含义的核心都是评价结果,都含有"评价"之义。这就表明价值本质上或其理论属性是一个认识论概念,而不是本体论概念,所表达的仅仅是人们对某物的一种评价性的认知、判断,是价值判断的简称。所谓认识论概念是指那些记录认识结果的概念,比如,经验、属性、善、美、对等,它不同于那些标识存在者的本体论概念,比如事物、食物、床等,因为后者都指向现实中的某种或某类实际事物。以往,人们在寻找价值的定义时,所犯的最大错误是方向性错误,该错误来自对价值这个概念理论属性和含义的误认,把价值视为一种存在、实体,认为在价值判断之外或价值这个概念之外,有一个叫价值的东西存在着才会有价值这个概念。人们不知道价值实际上是价值判断的简称,根本不存在一个叫价值的东西,正由于这个误认,才导致价值定义问题成为所谓的经济学界的"哥德巴赫猜想"[①]。

当马克思将价值定义为凝结在商品上的无差别人类劳动时,就是将价值视为一个实体性概念,与价值的上述三个含义相去甚远。那么,马克思为什么要如此界定和使用"价值"呢?除没有理解价值概念的理论属性和含义外,还与人们对价值现象的学术研究思维路径的延伸途径有关。

二、经济学价值研究思维路径的延伸与"价值"学术含义的演变

1. 价值研究的最初问题和核心问题是价格决定问题。价值现象作为一个客观的社会现象进入学术研究范围的首要原因是市场经济的形成。因为人们想知道一个商品在市场上的价格是由什么决定的,这有利于找到提高商品价格的方法,即商品生产者提高自己利润的方法。此时人们所说的价值都是指价格。配第和斯密都是最早研究价值问题的经济学家,他们研究价值问题的初衷都是研究价格决定问题。当配第说"在爱尔兰,一片土地的价值仅仅相当于其6—7年的地租,然而在海洋彼岸的英格兰,一片土地的价值却要相当于其20年的地租。在没有想到办法解决这个问题以前,让爱尔兰人知道价格

[①] 王峰明:《马克思劳动价值论与当代社会发展》,社会科学文献出版社2008年版,第3页。

存在差异的原因还是有好处的"① 时，其所说的价值就是价格，其研究价格问题的目的就是为了研究不同地方土地地租价格差异的原因。斯密说得更明白："为要探讨支配商品交换价值的原则，我将努力阐明以下三点：第一，……构成一切商品真实价格的，究竟是什么？第二，构成真实价格的各部分，究竟是什么？第三，……使商品市场价格或实际价格，有时不能与其自然价格恰相一致的原因何在？"② 因此，价值研究最初问题就是价格决定问题。这个问题也一直是价值研究的核心问题，马克思的劳动价值论的一个重要目标就是要确定劳动时间是商品价格的决定因素，而其他的价值理论，比如边际效用价值理论就直接是价格决定理论了。所以，整个价值研究的起点和核心都是价格决定问题，这就决定了在价值研究中价值的最基本含义、首要的含义就是价格。这与自然状态下价值的首要含义是不一致的。自然状态下，价值的首要含义是用处。

2. 价值研究思维路径的延伸。当人们开始思考商品的价格决定问题时，真正的价值研究就开始了。因为理论研究的主要目标就是揭示一个现象产生的原因，价格是一个人人可见且日日面对的社会现象，而价格决定问题就是对这个现象的揭示。随着科学思维和哲学思维的延伸，这个问题被不断深化。

（1）从价格决定问题出发人们首先找到的是商品的用处，用处就被称为价值。斯密首先称其为使用价值，将其与交换价值一起视为价值的两种含义。但斯密对二者之间的关系没有进行肯定。斯密是从工资、利润和地租三个方面研究价格决定的。李嘉图确认了使用价值是商品获得交换价值的基础，即用处是价格的基础。其中的思维过程是：从价格到用处，或从交换价值到使用价值。

（2）人们在探讨商品价格决定的时候，很快就找到了劳动，提出了劳动价值论，因此把劳动也称为价值。这里有两条思维延伸路径。一条是从价格直接过渡到劳动。配第就直接将劳动量的大小作为商品价格高低的决定因素。他在研究地租的价格时就提出了地租和谷物的价格是由什么决定的问题，在

---

① 〔英〕威廉·配第：《赋税论》，陈冬野、马清槐、周锦如译，商务印书馆1981年版，第13页。
② 〔英〕亚当·斯密：《国民财富的性质和原因的研究》上卷，郭大力、王亚南译，商务印书馆1972年版，第25页。

假设货币制造者得到充足的食物的条件下，他认为铸币制造者制造的白银和谷物种植者种植的谷物两者的价值一定是相等的：假定铸币制造者制造的白银为二十盎司，谷物种植者种植的谷物为二十蒲式耳，那么一蒲式耳谷物的价格就等于一盎司白银。① 其中的价值就与马克思所说的价值（劳动时间的凝结）的含义很相近了。斯密明确提出"劳动是衡量一切商品交换价值的真实尺度"②，他把一个商品中所含的劳动量称为商品的真实价格，即马克思所说的价值。他说："任何一个物品的真实价格，即要取得这物品实际上所付出的代价，乃是获得它的辛苦和麻烦。"③ 其中的辛苦和麻烦就是指劳动。第二条是李嘉图通过使用价值概念将价格决定因素推到劳动。他说："如果一种商品毫无用处——或者说，如果它无法对我们的需求满足有所贡献——那么不管它怎么稀缺，或者获取时所需要多少劳动，这种商品都不具有交换价值。"④ 而具有使用价值的商品是劳动创造的。

（3）实际上从使用价值过渡到劳动的思维线索依然是不完整的，因为使用价值是依附于物品或商品的，没有物品就不会有使用价值。也许是为了弥补这个缺陷环节，马克思将商品本身称为使用价值，虽然犯了把商品和其属性混同的逻辑错误，但对构造完整的价值理论有一定的积极意义，因为他把商品引入价值研究的概念链条中。价值思维的完整路径就是：从价格到用处到商品最后到劳动。劳动是创造商品的活动。

（4）随着对价格决定问题研究的深入，边际效用价值论者将"效用"概念升级为"边际效用"，将使用价值或效用价值升级为边际效用价值。配第、斯密等都使用了效用一词，与用处是同等含义的，是人们常说的使用价值，即实际用处，指某物对人们物质生活实际发生的影响。那时的经济发展还没有使人们充分地认识到消费者的心理感受对商品价格判断的强大的影响力。只有当商品供给极其丰富，或某人的实用需要得到充分满足之后，消费就开

---

① 〔英〕威廉·配第：《赋税论》，陈冬野、马清槐、周锦如译，商务印书馆1981年版，第48页。
② 〔英〕亚当·斯密：《国民财富的性质和原因的研究》上卷，郭大力、王亚南译，商务印书馆1972年版，第26页。
③ 〔英〕亚当·斯密：《国民财富的性质和原因的研究》上卷，郭大力、王亚南译，商务印书馆1972年版，第26页。
④ 李嘉图：《政治经济学及赋税原理》，周洁译，华夏出版社2005年版，第1页。

始超越实用阶段进入心理消费、符号消费、象征消费阶段，此时消费者的消费体验对价格判断的独特含义才会凸显出来。相对于用处或效用，边际效用强调的是人们在消费（包括购买，购买本身成为消费的一种形式）一种商品时所获得的心理体验或感受。注意：此时人们的感受受两个因素影响，或包括两个来源：一是商品本身的用处带来的，即使用价值这个概念所表达的实用价值带来的，比如，衣服带给人的温暖感和美感。二是占有和消费活动带来的，这是边际效用价值论所强调而劳动价值论所没有的内容，也是边际效用价值这个概念高于使用价值这个概念的地方。边际效用价值全称应该是边际效用价值判断，就是人们对某物所能够给人们带来的满足程度、体验效果的评价、判断，然后人们根据这个评价、判断决定愿意付出的价格。

而影响人们消费体验感受的重要因素是商品的供给和需求。供给既指商品本身，还包括商品所承载的使用价值和象征符号。需求除身体需求，更指心理需求。人们发现一个商品的稀缺程度、得到时的困难程度与人们购买时和消费时所得到的快乐成正比，为了区分，我们把这种体验称为情境消费体验或纯粹消费体验——因特定情境而产生，以区别于商品的实际功能给人们的身体和心理带来的实际感受。我们把商品的实际功能给人们的身体和心理带来的实际感受称为实际消费体验或商品消费体验。实际消费体验或商品消费体验由生产商品的劳动所决定，是由商品的使用价值决定的。但这个使用价值并不完全是指商品对人们生理活动的影响，还包括对心理活动的影响。所以，超出了传统的使用价值概念的外延。而商品的纯粹消费体验是人们在消费某商品时所获得的商品消费体验之外的体验。比如，一件漂亮的衣服其质材、款式给人们的身体和心理能够带来的实际感受就是实际消费体验。而同一件衣服如果被自己崇拜的名人穿过，或者被赋予某种社会意义，比如高端、显贵等，人们往往会获得更强烈、更多的心理体验，那些多出来的体验即叠加在实际消费体验之上的感受就是纯粹消费体验或情境消费感受，因为这种感受与衣服本身已经没有关系了。

人们从一个商品身上所获得的纯粹消费体验除来自社会所赋予的某种意义外，还受市场供需关系影响。对消费者来说，当他购买某种商品时，发现越稀缺他所获得的纯粹消费体验就越高。即稀缺度越高、得到时越困难，人们得到和消费时的快乐程度就越高，人们愿意支付的价格就越高。反之，供给越充分、获得的情境消费体验就越少，需求越小，人们所获得的纯粹消费体验就越低，人们愿意支付的价格就越低。等到人人都能很容易得到时，人们得到时的消费体验就仅仅为实际消费体验了，此时人们就只愿支付与其生产成本相应的价格了。而商品的生产成本价格就是该商品上所凝结的劳动量的价格，此时的价格就与马克思所说的价值（劳动时间）一致了。我们把商品的这个价格称为劳动时间价格。同时，一个商品因社会所赋予的意义而获得的纯粹消费体验也会随着供求关系的改变而改变，当供需平衡时也归于零。我们把由消费者的纯粹消费体验所决定的价格称为消费体验价格。这样商品的实际价格就是劳动时间价格和消费体验价格的总和。

因此，从商品价格波动的全程来看，一个商品的价格是由人们对其边际效用价值判断决定的。而人们在判断一个商品的边际效用价值时受实际消费体验和情境消费体验共同决定。实际消费体验由使用价值或实际消费体验决定，情境消费体验由供需关系决定。情境消费体验这种现象不仅存在于符号消费中，也存在于日常生活的各种消费活动中，只是在一般消费中表现不是非常明显。所以，边际效用价值论更准确地反映了商品的价格变动，尤其是发达市场中商品的价格变动情况，是消费社会、体验经济的价值理论。

所以，边际效用是用处的升级版，完整的说法是：边际效用价值判断是使用价值判断的升级版。建立在使用价值判断基础上的价值理论，我们可称之为使用价值理论或效用价值理论。建立在边际效用价值判断基础上的价值理论，我们可称之为边际效用价值理论。哲学上所谓的效用价值理论根据其对效用的理解不同，有的属于使用价值理论，有的属于边际效用价值理论。从认识论上看，使用价值理论是从客体出发的，站在商品一边，重点强调的是商品对人的影响。而边际效用价值理论则是从主体出发的，站在主体的一边，强调人对商品的感觉和判断。使用价值理论是在静态的立场上确定某物对主体的影响关系，认为商品对主体的影响、主体对商品的判断都是不变的，因此人们对一个商品的使用价值判断是不变的。而边际效用价值理论则是一种动态的价值理论，认为商品的供给、主体的需要、商品对主体的影响、主体对商品的感受和判断都是变动的，因此人们对一个商品的边际效用价值判断是不断变动的。

边际效用价值论与马克思的劳动价值论对价格决定问题理解有一致的地方，也有不一致的地方。一致的地方是：（1）当商品的供给与需求平衡时，边际效用为零，消费体验价格为零，价格就由生产成本决定，即由劳动时间决定。即劳动价值论是边际效用价值论的一个解。（2）当商品的供给越小于需求时，人们对其边际效用价值判断就越大，价格就越高于生产成本。（3）当商品供给大于需要时，边际效用变成负值，消费体验价格为负值。这个负值是从消费体验上来说，是由商品生产者的痛苦体验所弥补的。即消费者赚的是商品生产者亏的。当商品价格低于生产成本，商品供给就减少，直至退出市场。为了方便，我们把商品供需平衡时的价格用 P^0 表示，商品供大于求时的价格用 P^- 表示，商品供小于求时的价格用 P^+ 表示。考虑到当供大于求价格为 P^- 时，供给减少，价格回归 P^0，或退出市场，我们可以判定：P^0 实际为商品的底线价格。即马克思所说的劳动价值实际为商品的底线价格，即成本价格，为凝结在商品上的劳动时间所决定。上述三种现象我们可以在每一款手机从刚出品到退市的过程中观察到。不一致的地方在于二者所突出和遮蔽的要素不同。在马克思这里，消费者的心理需求和情境消费体验对价格的影响力被遮蔽了，而在边际效用价值论那里，劳动时间对价格的影响力也被遮蔽了。这是由观察、描述角度不同所造成的，与我们观看同一个人从不同的侧面看其形象不一样是同样的道理，二者之间是不冲突的，都是对事物的片面反映，真相应该是二者的合题。

因此，如果我们从经济学出发看整个价值理论或价值学包括两大层面：（1）价格现象学。对社会的价格现象进行描述，进行价格数据的收集、分析、整理等现象性研究。（2）价格决定学，研究价格决定的影响因素或根据、机制等。这是经济学价值理论研究的主要内容。而从整个社会生活的普遍立场研究价值现象的产生、运行机制及其对人类生活的影响则是哲学价值理论的主要内容。

这三大层面的研究都属于价值研究，以往每个层面的研究具体对象都被称为价值，混乱也就自然发生了。问题是人们为什么要把价值研究的所有具体对象都称为价值呢？这里面还有人们用词习惯的原因。

3. **价值使用混乱的用词习惯原因**。在现实生活中，人们都有占用"好词"的习惯。一个概念一旦被认为是好的，就很容易被滥用。人们占用好词的动机一般是为分享该词的荣耀，借助该词尽快获得认同。比如，在现代社会中，科学是个好词，所以，各种文化产品都想把自己称为科学。学术界最先研究的价值（Value）是指价格（Price），完全符合人们的日常使用习惯。人们发现一个商品一旦获得了一定价格，就会给所有者带来货币，而通过货币又能买来商品或服务，所以，人们就很自然地将货币也称为价值，把得到货币称为价值实现。然后，人们又把商品也称为价值（Value）。由于人们认识到某物之所以能够获得一个价格（Price），是因为它有用，所以，物的有用性也被称为价值，这也很自然，因为它也符合人们的用词习惯。再后来，人们就把创造商品的劳动也称为价值，叫劳动价值。但当人们将货币、商品、劳动都称为价值时，距离价值的原生含义和次生含义都很远了。但为了占有价值这个好词，占据价值研究的制高点，便于人们接受，也就顾不了啦。这种用法的唯一意义就是让人们知道这些概念都属于价值现象的一部分。

第四节　经济学价值理论概念体系的整改建议

一、整改的基本原则

为了给价值研究提供一个确定、清晰的概念体系，我们建议重新界定相关概念。重新界定的基本原则，除要严格遵循语言逻辑原则外，还必须遵循如下两条。

1. **尊重日常使用习惯的原则**。这样便于使理论与人们的生活实际相一致。因为，学术研究的目的就是为了帮助人们解释生活现象，如果学术研究所确定的概念的内涵和外延与人们的日常习惯差别太大，不仅影响人们的理解，而且也很难得到普遍认同，尤其是使用中会很容易受到日常习惯的影响。马克思的价值概念经常被误用为使用价值和交换价值，由此给其价值理论的传播和发展都造成很大的影响，就是一个典型的教训。

2. **便于相互区分的原则**。鉴于日常生活中的价值概念的含义具有多样性，我们应该根据学术研究的需要将其区分开来，分别给予不同的词语形式来表达，即使用不同的概念来表达，使每一个概念都有准确的含义。这样才便于理解和交流，也有利于推动学术研究的发展。

3. **逻辑一致原则**。即一组相互关联的概念不仅要求各个概念内涵和外延清晰，能够相互区别，还要求同样的概念含义要保持一致，相关概念之间的逻辑关系要清晰。比如，在价值研究中，诸多概念都是以价值这个概念为词根的，在这诸多概念中，价值的内涵和外延要保持一致，价值与其他相关概念的区别和联系要清晰。

二、整改建议

1. **将价值判断确定为整个价值理论的第一级概念**。因为所有的价值现象和价值研究都是从人类能够和不断做出价值判断开始的。如果人类不能进行价值判断，整个价值研究都不存在，其他相关概念也不可能产生。所以，将价值判断作为价值理论的起点是非常合理的。价值判断被人们习惯地简称为价值。这个简化是错误的，因为它把中心词"判断"简化掉了。概念简化的基本原则是不能将中心词简化掉的。正是这个错误简化，将整个价值研究带入混乱，造成对"价值"的种种误认。面对"价值判断"，人们很容易认识到它是一个认知、一个判断，一个认知判断结果。而面对"价值"，人们则很容易将其作为一个实体概念对待。为了避免这个误认，我们建议不要再简化价值判断。将价值判断作为整个价值研究的起始概念，确认价值判断就是人们过去所说的价值，将是整个价值理论概念体系的关键，也是解析整个价值现象的关键。

价值判断包括使用价值判断和交换价值判断两种形态。使用和交换都是限定价值判断的，使用价值判断就是对某物用处的判断，断言某物有何用和有多大用。交换价值判断就是对某物价格的判断，断言某物在交换中获得多少媒介物（货币）。使用价值判断和交换价值判断这两个概念就将人们自然思维中所表达的价值判断的基本含义都包括进来了，且这两个概念都保留了

"价值判断"这个概念的含义和性质不变。同样，如果将使用价值判断简化为使用价值、将交换价值判断简化为交换价值，也是不得当的，它们都把中心词简化掉了。使用价值也常被称为效用价值。

当然，学术研究严谨性的压力往往挡不住人们日常生活中方便性的诱惑，所以，如果人们要继续用价值、使用价值、交换价值这三个概念，也希望大家能记住它们的完整形式，记住它们的理论性质，并将其明确指出。这些概念的完整形式是价值判断、使用价值判断、交换价值判断，理论性质是认识论概念，而不是本体论概念，表达的是认识结果，而不是认识之外的实体。

在我们确定了价值判断的含义、类型和理论性质之后，剩下的所有价值理论都是在探讨价值判断是如何形成的这一理论问题了，为此我们就要研究影响价值判断的因素及这些因素是如何影响价值判断的这一问题。所以影响价值判断的诸因素就是价值判断的下一级概念。

2. **将价值追求确定为价值理论的第二级概念**。价值追求，是指人们在进行价值判断时所包含的意向，即人们常说的需要、欲望、理想、志趣等。人类之所以会形成价值判断就是因为人们能够形成价值追求，价值判断就是人们对某物与自己的价值追求的关系的判断，能够帮助人们实现价值追求的，比如满足人们需要的，就会被判断为有用、有价值，否则就会判断为无用、无价值。由价值追求出发，我们就找到了价值判断的主体和价值判断的客体。

3. **价值理论的第三级概念是价值判断的客体和价值判断的主体**。价值判断的客体是商品，货币是一种特殊商品。过去人们将价值判断客体简称为价值，犯了双重简化错误，因为，它将判断和客体这两个中心词都简化掉了，从而严重误导了人们的思维。价值判断的主体是人。只有人才能形成价值追求、做出价值判断。由于价值判断主要体现为一种对象性思维，所以，人们通常会忽视我们自己也是价值判断客体。

人作为价值判断客体有两种情况：（1）作为他人价值判断的客体，即他人会将我们作为客体判断我们有何用，从而获得一个价格。企业招聘员工时就是这样。这种情况下的主体可以归结到价值判断客体中去。人们在社会交往中，常常也自觉或不自觉地对对方的用处和用处大小进行判断，被判断为有用、有大用的，就多交往，甚至巴结。被判断为无用的，或用处小的，就疏远。(2) 一个人以自身为对象进行价值判断，形成自我价值判断。也包括两种情况，一是将自己作为服务他人的客体对自己进行价值判断，判断一下自己能够对对方有什么用，有多大用，对方能支付给自己什么价格，能跟自己建立什么水平的交往。这个也可归到价值判断的客体中去。人将自身做价值判断客体所进行的价值判断属于自我价值认知的一种形态。第二种情况是一个人对自己满足自身需要的能力的判断。一个对自己的需要和目的有明确意识的人，在思考自己如何满足自己需要、实现自己价值追求的时候，他的价值思维就会指向自己：我自己有何能力、条件来满足我自己的需要、实现自己的价值追求，即我对我自己有何用处。这是人对自我价值判断的另一种形态。自我价值判断决定一个人的信心，它不仅对一个人的社会交往、工作具有极为重要的影响，还对自我教育、自我发展、自我提升、自我完善等诸方面具有重要的意义。

  4. 价值研究的第四级概念是价值判断客体的创造活动——劳动。市场经济社会本质是创造商品的劳动，劳动力属特殊商品。创造商品的活动包括人的体力劳动和智力劳动两种形式。所有商品都是人类劳动的成果，具体劳动生产出商品，劳动时间（抽象劳动）是商品的交换价值或价格的决定因素之一。在供需平衡条件下，劳动时间是唯一决定因素，此时商品的价格 P^0 是由凝结在商品中的劳动时间（活劳动+死劳动）决定，即价格等于马克思所说的劳动价值，即商品的成本。这句话有两种含义。(1) 供需平衡时商品价格 P^0 等于劳动价值的货币表现量，即 P^0 =劳动时间的货币表现量，也是成本价格。(2) 劳动价值就是供需平衡时商品的价格 P^0，是商品价格的一个值。即劳动价值论意义上的"价值"的真正含义是价格的一个值，其价值量是 P^0。因此马克思的劳动价值理论最终也是一个价格决定理论，其所说的价值即凝结在商品上的无差别的劳动时间，在市场交换中，其货币表现就是 P^0，在非市场交换中就是劳动时间量。所以，马克思的劳动价值论所说的价值就是供需平衡状态下的价格 P^0，是生产成本或成本价格，是一个固定值，不增不减，不会随市场供求关系的变化而变化，单个商品的价值量随生产效率的提高而减少，与生产效率成反比。由此，马克思的价值规律可以表述为：一个商品的生产成本价是凝结在商品中的无差别人类劳动量的货币表现，记为 P^0，那么，商品的价格就是围绕 P^0 随供需变化上下波动。供小于求时为 P^+，供大于求时为 P^-。P^0 为成本价，也即底线价格，因为如果一个商品的价格低于 P^0 时，记为 P^-，该商品供给就会减少，直至退市。资本家不到万不得已，是不会以这个价格出售商品的。如果价格高于 P^0，记为 P^+，供给就会增多，价格就会逐步降低，向 P^0 逐步接近。

所以，马克思的劳动价值理论和边际效用价值理论都是价格决定理论，但前者高于后者。因为，马克思也同样关注到供需关系对价格的决定作用，但边际效用价值论忽视了价格变动过程中有一个支撑因素或底线价格即价格 P^0（由劳动时间决定）的存在。因此，马克思的劳动价值理论就揭示了商品价格的波动并不是完全由供需关系决定的，其中有一个底线价格 P^0。

生产劳动不再仅仅是对客观世界的改造，更是主体世界的再现和再造，以艺术创造、生命体验为主要内容的创意活动、体验活动成为创造价值判断客体的新型劳动，是新经济的灵魂。但是，边际效用价值判断这个概念虽然蕴含了价值判断、价值追求、价值判断主体、价值判断客体这三个层面的内容，却将创造价值客体的活动（劳动）这一极端重要的要素遮蔽了。这是由认知视角造成的遮蔽，也正是劳动价值论高于边际效用价值论的地方，也是劳动价值论能够统合边际效用价值论的资本。如果我们要用劳动价值论来统合边际效用价值论，该如何处理被马克思所忽视的消费体验呢？我认为这个可以通过深入阐释"供需关系"这个概念来解决。而在边际效用价值理论中，消费体验对价格的影响也是通过供需关系实现的。如果人们要将边际效用价值判断简化为边际效用或边际效用价值，也请一定要记住其完整形态和理论属性。

所以，无论是经济学还是哲学，价值研究之所以长期陷入混乱和停滞，首要的原因是概念命名、界定和使用的混乱，除占用好词的语言习惯外，造成混乱的主要原因是没有对价值理论的概念体系进行严密系统的语言逻辑分析，没有将价值思维的延伸路径梳理清楚，从而没有阐明同一"价值"名相下实际含义的差异。根据对价值概念的语言逻辑分析、含义的延伸和不同语境下真实含义的确定，根据基本的语言逻辑规则和学术思路路径，我们重新规划和界定了价值理论的概念体系。首先，明确了价值是价值判断的简称，确认了价值概念的理论属性是认识论概念而不是本体论概念，所表达的是一种认识结果，而不是一个实体，由此彻底否定了寻找所谓价值"本体"行为的合理性。价值判断包括使用价值判断和交换价值判断两种形态。价值研究的核心问题是研究价值判断的形成根据，在市场经济下就是价格决定问题。根据对价值判断形成根据的研究，我们提出了价值追求、价值判断主体、价值判断客体、价值判断客体的创造活动（劳动）、边际效用价值判断等一系列概念，它们共同构成价值理论的基本概念体系。当人们的基本物质需要得到全面满足后，以使用价值判断为核心的价值论就要升级到以边际效用价值判断为核心的价值论，此时人的精神追求和身心体验主导了人们对商品价格的判断。劳动价值论和边际效用价值论都是价格决定理论，劳动价值论中的价值也是指价格（交换价值），但仅指供需平衡时的价格 P^0，由劳动时间决定，既是成本价格，也是底线价格；当一个商品的价格低于 P^0 时，供给就会减少直至退市。价格随供需变化围绕 P^0 上下波动。边际效用价值论正确描述了商品价格变化之现象，但没有看到其中存在一个底线价格 P^0，因此就忽视了劳动时间在价格决定机制中的作用。

5. **价值研究的第五级概念是边际效用价值判断**。这个概念反映了市场供需关系和消费体验对价格判断的影响力，是"自由交换过程中"[①] 价格决定的最后一个影响因素。马克思的劳动价值理论和边际效用价值理论都认同市场供需关系是影响价格判断的重要因素。而边际效用价值理论则强调了消费体验对价格判断的影响。如前所说，边际效用价值理论是消费经济、体验经济的理论反映。在边际效用价值理论中，符号、象征物成为商品即价值判断客体的重要形态，主体精神因素对价格的决定性影响。如果我们通过对供需关系的进一步阐释来吸纳消费体验对价格判断的影响，那么，劳动价值论就可以统合边际效用价值论了。对这两种价值理论来说，它们所说的价值都是指价格。只不过马克思的价值定义中所表达的价格是成本价格或底线价格，对每一个具体的商品来说都是一个固定值，不会增加也不会减少，而边际效

---

① 我们之所以强调是"自由交换过程中"，是因为世界上的交换有许多并不是在完全自由的条件下进行的，而是受到许多外部因素的干扰，比如国家的干预、各种暴力集团的影响等，都使交换价格受到影响。

用价值理论中所表达的价格是变动中的价格，随供需关系和消费体验而改变。通过上述概念界定，我们不仅将劳动价值论与边际效用价值论整合起来，还将经济学的价值理论与哲学的价值理论整合起来，形成了一个新的具有完全包容性的价值理论概念体系和新的价值理论。

这个新的经济学价值理论的内容是：（1）商品的价格由生产商品的社会必要劳动时间和消费体验共同决定。（2）社会必要劳动时间即劳动价值决定商品的成本价格或底线价格 P^0，是一个固定值。（3）消费体验是商品消费体验和纯粹消费体验之和。商品消费体验由使用价值决定，一个商品一旦完成即已形成且不会改变。纯粹消费体验由供需关系决定。纯粹消费体验决定边际效用价值判断。（4）在商品消费体验一定的情况下，商品价格由 P^0 和边际效用判断共同决定，围绕 P^0（劳动价值）上下波动；供给越小于需求，边际效用越大，价格越高于 P^0；供给等于需求时，边际效用为 0，价格等于 P^0；当价格低于 P^0 时，边际效用价格为负值，商品供给减少直至退市。

这个理论体系的意义包括三个方面。（1）这个理论属于劳动价值论范畴，是劳动价值理论的完成版。因为它把价格决定因素推到劳动这个层面，强调劳动时间在价格决定中的中流砥柱作用。（2）这个理论在劳动价值论基础上完整地吸纳了边际效用价值理论的成果。（3）它把两个价格决定理论都忽视的因素也补齐了，比如双方都忽视了使用价值和商品消费感受在价格判断中的影响。

第六章 价值的本质和价值哲学的概念体系

对经济学的价值理论概念体系的探讨启发了我们，人们长期所致力于探讨的价值本质问题实际上是一个虚假的问题，价值就是价值判断的简称，而且还是一个错误简称，一个把价值研究引向歧途的简称，误导人们犯下无数理论错误的简称。而人们之所以会犯下这个错误，则是基于一个错误的思维习惯，错误的理解概念的方式。

第一节 "价值"和价值哲学的本质

一、价值的"本质"

我们在前面反思价值哲学的概念体系和讨论经济学的价值理论概念体系时，"价值"都没有被作为一个独立概念进行讨论，甚至没有单独使用这个概念。其结果是价值理论反而清晰明白，逻辑通畅。这表明如果我们不把"价值"作为一个独立概念，整个价值理论的概念体系没有任何损失。这说明什么呢？它表明如果我们要在价值哲学和经济学的概念体系之外再造一个独立的"价值"概念，去寻找一个价值的本质或定义，纯属多余。因为，价值是一个认识论概念而不是本体论概念，它表达的就是我们关于某物的价值的判断。事情就是这样。过去人们关于"价值本质"的种种努力，皆出于误解。误解的原因我们在前面也已阐释清楚，其中的根本原因是由于人们对价值判断的错误简化。

当我们把价值理解为价值判断的简称之后，就可以看到，这个价值就是与科学对立的那个价值。当人们将价值与科学分立的时候，科学就是指科学观念，价值就是价值观念。科学观念是一套事实判断（其中包括功能判断，而功能判断既是事实判断也是价值判断），而价值观念就是一套价值判断（其中也包括功能判断，而功能判断既是事实判断也是价值判断）和价值追求。

大家知道在以往人们对科学的定义中，人们一直很自觉地将科学理解为一套观念体系或知识体系，所以，就没有人想在科学知识之外寻找科学的本质，从而使我们科学哲学没有出现价值哲学这样恼人的问题，没有陷入价值哲学这样无尽的麻烦和困境之中。这也说明那种想去寻找价值观念背后的本体、实体的努力是错误的。即"价值的本质"是什么本身就是一个错误的问题，是人们基于错误的思维习惯而导致的错误问题。我们希望通过本书的努力能够在学术思维和日常思维中终结这个问题。

二、价值哲学的本质

价值哲学本质上与科学哲学一样，都是以人类的观念为研究对象的。科学哲学是以科学观念为对象，价值哲学是以价值观念为对象，二者首先都属于认识论范畴。科学哲学要研究科学观念的形成机制、内容来源、真假判断和功能，价值哲学则研究价值观念的形成机制、内容来源、真假判断和功能。随着研究的深入，科学哲学研究深入科学观念生产的实践活动过程，价值哲学的研究同样可以深入价值观念生产的实践活动过程。这是从认识论立场讨论价值哲学的。如果从本体论立场讨论就是这样的：价值哲学是以价值现象为研究对象的，是对价值现象的元理论研究；研究价值现象的产生、本质和功能，更具体地说，是研究价值的本质、生产和功能。但如果这样陈述，又很容易将人们引导到寻找价值现象或价值的本质上。所以，我们不建议这样陈述价值哲学的本质。

第二节　价值哲学的概念体系

根据前面的研究，我们把价值哲学的概念体系再重新整理一下，以方便大家理解。价值哲学的概念体系可以分为两种：一是狭义的价值哲学概念体系，是以狭义的价值现象为对象。二是广义的价值哲学的概念体系，是以广义的价值现象为对象。每一种概念体系都可以用两种陈述方式：本体论的陈述方式和认识论的陈述方式。

一、价值哲学概念体系的本体论陈述方式

1. **狭义的价值哲学概念体系**。根据上述研究，如果我们仅把价值观念理解为价值判断和价值追求，如果我们按照本体论的陈述方式来理解，则价值哲学的概念体系就是：包括价值判断主体、价值判断客体、价值实践活动（主体与客体的相互作用）、价值认识活动、价值判断和价值追求这五大概念构成的一个概念体系。其中，第一级概念是价值判断主体、价值判断客体、价值实践活动、价值认识活动。第二级概念是价值判断、价值追求。第一级是本体论，第二级是认识论，第二级概念是第一级概念的附属物。

2. **广义的价值哲学的概念体系**。除狭义的价值哲学的概念体系外，还包括实现价值追求的活动、伦理规范、伦理判断和道德判断。我们对伦理规范持宽泛态度，所有对人们的思想、言语和行为具有约束功能的规则、制度、礼仪等都视为伦理规范。把道德判断理解对人的道德性判断和德性判断两种形式。这一系列活动都构成价值哲学的实践论。这样，整个价值哲学体系的概念体系就是：

价值判断主体+价值判断客体→价值实践活动（主体与客体的相互作用）→价值认识活动→价值观念（价值判断和价值追求）→实现价值追求的活动→伦理规范→伦理判断→道德判断。

二、价值哲学概念体系的认识论陈述方式

1. **狭义的价值哲学概念体系**。按照认识论陈述方式，价值哲学的研究是

从价值观念开始的，价值观念包括价值判断和价值追求。当人们去研究价值观念的形成机制时，首先找到的是价值主体（价值判断和价值追求的主体）和价值客体（价值判断和价值追求的客体），然后由主体又找到价值实践活动（主客体的相互作用）和价值认识活动（感觉经验和思维活动）。即这个过程是：主客体的相互作用和价值认识活动←价值主体和客体←价值观念（价值判断+价值追求）。注意这个思路是倒叙的。

2. **广义的价值哲学概念体系**。除上述狭义的概念体系外，然后，人们又从价值观念出发，进入实现价值追求的活动领域，由此进入伦理领域和道德领域。即整个思维进程是：价值实践活动（主客体相互作用）+价值认识活动←价值主体（价值判断和价值追求的主体）和价值客体（价值判断和价值追求的客体）←价值观念（价值判断+价值追求）→实现价值追求的活动→伦理规范→伦理判断→道德判断（道德性判断→德性判断）。注意这个思路是以价值观念为起点向两个方向延伸的。

第三节 价值定义之乱象及原因分析

一、各种价值定义的差异和集体缺陷

李德顺教授认为："从概念的历史起源和现实含义可以看到，各种各样价值现象的共同特征，各种形式价值表达的共同含义，都是指一定的对象（事物、行为、过程、结果等）对于人来说所具有的现实的或可能的意义。简言之，价值就是事物对于人（更确切地说，是客体对于主体）的'意义'。在这一结论上，各种价值学说的观点大体相同。但是，如何进一步理解'意义'的存在和实质，却在不同的哲学体系中有不同的基本回答。"[①] 即李德顺认为，关于价值的定义以往人们是有共识的，这个共识就是认为价值是客体对于主体的意义。而差异则在于对"意义"的存在和实质的理解不同，即意义从何而来、意义到底是什么的理解不同，也即对价值判断的来源或根据的理解不

[①] 李德顺：《价值论——一种主体性的研究》，中国人民大学出版社2013年第3版，第27页。

同。比如，面对本书，人们会做出不同的价值判断，即人们对本书的用处、功能或意义做出不同的判断。用处、功能、意义都是抽象概念，具体地说就是人们对本书现在或将来对人们的思想、认知、利益、情绪、情感的影响或可能影响的判断。即前面我们所说的功能性价值判断。所以，李德顺对不同的价值定义共同点的分析是正确的，问题仅在于他没有将意义一词的含义讲清，从而使"意义"一词有可能陷入空泛的境地。

那么人们是根据哪些因素对本书的功能做出某种判断呢？书的内容、写作方式、与其他理论的关系、读者的需要和期望、读者自身已有的立场、读者的知识背景和生活阅历、社会的现实生活情境等都会影响到一个读者对本书的价值判断。对一个价值研究者来说，他需要关注到主体和客体的许多方面才能完整地理解一个人对一个事物的价值判断，由此理解他们之间差异产生的原因。按李德顺的思路，人们之所以在价值的定义上没有达成共识，是因为人们对价值判断根据的认识没有达到一致。李教授概括出了以往人们定义价值的五种思路，与之相应的是五种价值定义。我们认为这些定义所定义的都不是"价值"，而是价值判断的根据，或影响价值判断的因素。

1. **观念说或精神存在说**。这种观点把价值归根到底看作人类的一种精神现象，是属于人的旨趣、情感、意向态度或观念方面的感受状态，即认为价值只存在于人的评价意识之中。李德顺批评这种价值定义夸大了主观随意性，颠倒了人类生活实践中主观意向与客观过程的关系，导致价值相对主义[①]。这个定义就是从价值判断根据的立场进行批评的。因此，如果从价值的定义立场看，李德顺的这个批评也是错误的，因为他也与他的批判对象一样，将价值与价值判断的根据混淆在一起了，将价值理解为价值判断的根据。我们认为，这个价值定义强调了人们进行价值判断时主体的评价活动、感受活动、意向、需要等的重要性，即强调了价值思维和价值追求在价值判断形成中的重要性。这个观点本身没有错误，错误的是它将价值判断的根据误读为价值本身了。

2. **实体说**。这种观点认为价值是一种独立存在的实体或现象体系，人们

---

① 李德顺：《价值论——一种主体性的研究》，中国人民大学出版社 2013 年第 3 版，第 27—28 页。

最终可以在世界的某个地方或某种状态中找到它的终极存在。实体说有两种形态。(1) 第一种形态与宗教信仰有关,持这种价值观的人通常有一定的宗教信仰背景。他们实际上所说的价值是指自己信仰的某种宗教体系或神秘存在(比如上帝)。这种理论的目的就在于强调自己信仰的宗教体系在人生中的终极地位。之所以会发生这种现象,是因为每一个宗教体系中都包含了大量的价值判断、价值追求和伦理规范,他们希望这些价值判断、价值追求和伦理规范能够绝对化、凌驾于人们的现实生活之上,凌驾于人们日常的价值判断、价值追求和伦理规范之上。价值实体说的第二种形态是将价值与价值客体等同。把被判断为有价值的物当作价值本身。这种理论思维的逻辑错误在于:将认知结果与认知的对象混同,价值判断是对某物的价值的判断结果,如果将价值判断的对象也称为价值,那么认识对象与认识结果就没有区别了。这种错误的理论思维有两个方面的根源,第一个原因也是将价值判断和价值判断的根据混同。没有厘清价值判断对象的存在是价值判断形成的根据。第二个原因是受概念的实体化思维倾向的影响将所有的概念都理解为一个实体,典型的是柏拉图的理念论。① 他们认为既然我们谈价值,那它就一定是某种实体。

3. **属性说**。这种观点认为价值虽非特殊实体,却是某些实体所固有的或在某种情况下产生的特殊属性。属性说包括两种形态:客体属性说和主体属性说。

(1) 客体属性说认为,"美"是花的属性,"有用"是产品的属性,客体的价值是由客体本身所决定的,只要客体存在,价值就是确定的,不会因主体不同而不同。这种观点导致价值判断的绝对主义、独断主义。这种理论主要是想寻找稳定不变的价值判断、伦理规范,建立永久不变的价值真理,建立拥有永恒价值真理的社会体系。这只是一厢情愿,是不符合现实的。这种理论思路的逻辑错误也在于将价值判断与价值判断的根据混淆了。客体的属性也是价值判断的根据。这种理论没有正确理解"属性"这个概念,不知属性具有主客体间性,没有主体就不会有客体的属性。

(2) 主体属性说或人的本性说。这种观点认为,价值就是作为主体的人

---

① 孙志海:《论抽象的人性理论何以可能和为何必要》,载《哲学研究》,2013年第7期。

自身所固有的本性、意识、意志等本身，人性就是价值，甚至人本身即是价值。这种理论主张有两个方面的合理性。一是强调人自身的价值意识对价值判断的重要性，如果人没有价值思维和价值思维先验程序（即固有的本性），就不会存在价值现象。二是要突出人自身的存在在价值研究中的中心地位。这个要求本身是合理的。因为，人的一切价值判断最终都是人的判断，也是为了人更好地生存，人必须把自己置于中心地位。人们之所以提出这种要求，是因为流行的各种价值定义中人本身的地位没有得到体现，所以才以这种方式提出。李德顺正确地指出了这种思路的错误："这种思维方式，就像是因为要用尺子来衡量对象的长短，就把'长短'当成尺子本身的属性一样，混淆了作为价值标准的主体与作为评价的结果的价值。"① 更具体地说，还是把价值与价值判断的根据混同在一起。人当然是价值判断形成的根据，没有人就不会有价值判断和价值现象。

4. **关系说**。它认为所谓的"意义"本身是一个关系范畴，指主体与客体相互联系和相互作用产生的效果和影响。价值既不是某种独立的实体，也不是任何实体的固有属性，而是人所特有的对象性关系的产物。李德顺认为关系说克服了传统的价值主观主义和客观主义局限，充分强调了主客体关系的情境在价值形成上的作用。这种说法显然更加合理并贴近实际。但是，当它的理论基础和背景没有达到对人和人的特殊存在方式更全面彻底的理解时，也仍未能进一步指出情境的意义和实质②。从主客体关系的角度理解价值依然是将影响价值判断的因素理解为价值。李德顺的批评也表明了他是沿着同样的思路来理解价值的。他只是责备关系说没有将价值判断的根据充分地呈现出来。所以，他提出了自己的价值定义。这就是他所说的价值的第五种定义。

5. **实践说**。李德顺认为实践说是在吸收关系说的成果基础上形成的。他"首先承认价值是一种关系现象，指出价值是作为一种特定的'关系态'或'关系质'而产生和存在的"。这段话就表明李德顺首先是将价值理解为一个存在论概念或本体论概念，因为，他把价值理解为一种关系态或关系质。其

---

① 李德顺：《价值论——一种主体性的研究》，中国人民大学出版社2013年第3版，第28页。
② 李德顺：《价值论——一种主体性的研究》，中国人民大学出版社2013年第3版，第29页。

次是把价值产生的根据视为价值,因为他要探讨的是价值是以何种方式产生和存在的。正是在这个思维背景上,他进一步指出"价值的客观基础,是人类生活活动即社会实践所特有的对象性关系——主客体关系,价值是这种关系的基本内容和要素;价值产生于人按照自己的尺度去认识世界改造世界的现实活动;价值的本质,是客体属性同人的主体尺度之间的一种统一,是'世界对人的意义'"①。从这段话可以看出,李德顺所要定义的是价值产生的基础,即影响人们进行价值判断的根据。最后,李德顺给价值所下的定义是:"价值"是对主客体相互关系的一种主体性描述,它代表着客体主体化过程的性质和程度,即客体的存在、属性和合乎规律的变化与主体尺度相一致、相符合或相接近的性质和程度②。这个定义应该是传统的价值哲学所给出的关于价值的最完善的一个定义了,但也把传统的价值定义的弊端充分地体现出来了。它有两大弊端:一是把价值的产生根据或人们判断某物价值的根据作为价值这个概念的本质,即价值的定义。而影响价值判断的因素实际上很多,主客体关系仅仅是其中的一个基本要素。二是它企图在一个定义中将一种现象的全部内容都给呈现出来,这就使这个定义的负担太重。这两个错误就是人们长期无法准确定义价值,将价值问题引入混乱的重要原因之一。

我们定义"价值"这个概念的方法是在确定这个概念的本质是认识论概念之后,进行分层描述,将价值与价值判断形成的根据分开。这种定义方式克服了过去人们眉毛胡子一把抓的毛病,并使整个价值理论的研究思路清晰起来。

按照我们的看法,价值就是价值判断的简称。而在人类的价值思维中,狭义的价值判断主要形式有四种:功能性价值判断、对身心感受的分别判断(包括身体感受、心智感受、审美感受)、对具体事物的分别判断、对价值追求合理性的判断。如果是在广义上理解价值判断就需要加上对伦理规范合理性的判断、伦理判断、道德判断,就有七种。

---

① 李德顺:《价值论——一种主体性的研究》,中国人民大学出版社2013年第3版,第29页。
② 李德顺:《价值论——一种主体性的研究》,中国人民大学出版社2013年第3版,第53页。

二、各种价值定义方式差异的重要原因是研究样本选择的不同

以往，人们对价值的定义及定义方式之所以不同，其中的一个重要原因就是人们研究价值问题时所关注的焦点、方向不同。之所以造成这种不同的原因之一就是人们在研究价值问题时心中所选择的价值判断的标准样本不同。以功能性价值判断为研究样本的价值研究者，就会从主客体之间的效用关系的立场来定义价值，这是主流。以感受的分别价值判断为研究样本的人，就会从主体的主观感受、情绪情感的立场来定义价值。以具体事物的分别价值判断为研究样本的人，就会从善或意义等立场来定义价值。而强调价值的超越性的人，则多是从伦理判断、道德判断的立场来定义价值，并强调人的自我完善、自我超越价值追求的核心地位。虽然人们一直将伦理规范作为价值研究的核心对象，但很少有人从伦理规范的角度定义价值。这也表明人们还是很清楚规范和判断之间的差异的，在内心虽然把伦理规范视为价值研究的主要对象，视为价值判断，但还没有糊涂到将伦理规范作为价值定义的标准样本。在科学研究中，研究样本是决定性的，决定着思路和方法。

其他的价值定义方式往往都是为了强调形成价值判断根据中的某一点，比如，提出将人自身作为价值的，就是强调人自身的最终价值在价值思维中的重要地位。而这一点则是由于强调价值思维的主体的重要性而提出的。

第四节 阻碍人们接受"价值就是价值判断"的原因

当我们提出"价值就是价值判断的简称"之后，一定会在价值学界引起轩然大波。许多人会不假思索地否定，拒绝接受。在前文的研究中，我们已经将人们拒绝接受这一观点的所有潜在理由都统统解构了，人们只要仔细阅读就能够发现。为了便于读者理解，我们这里再重新申述一下，希望大家能够仔细体会。

当我们说价值就是价值判断时，表明我们认为价值仅仅是一个判断、认

知、观念，即价值的理论属性属于认识论概念而不是本体论概念或存在论概念。这将使人们过去树立的关于"价值"这个概念的各种幻象立即破灭，并触动了人们思维中的种种错误的积习，因而将给人们带来痛苦。为了帮助人们减轻痛苦，接受这个结论，我们这里将他们维护错误见解的主要理由再陈述一遍，以便于他们能够尽快理智地对待这个问题。

一、实体化思维习惯

这是人在自然思维和自然语言状态下形成的一种认知习惯，它认为每一个概念都代表一个实体或存在体。这种习惯在西方表现为柏拉图的理念论和唯实论传统，在中国表现为日常生活中的每一个重要概念都有一个神，一个概念背后往往隐藏着一个神。比如财富后面有财神、疾病后面有瘟神、风后面有风神等。

由于实体性思维习惯，人们就认为"价值"这个概念一定存在着一个实体与之对应。当人们发现没有这样的实体之后，就又找到了关系，这个关系就是价值背后的依靠、靠山。如果找不到这个对象，人们内心就不安稳。在人类的概念系统中，有两类概念，一类概念是本体论概念，此类概念背后有一个相应的对象存在，这个对象可以是一个相对独立的存在体，也可以是存在体之间的关系（所以有关系本体说），概念是这个对象的标记或命名。一类是认识论概念，这类概念仅仅是人们表达认识过程或认识成果的。因为人类认识是一个非常复杂的过程，在认识的不同阶段所获得的结果也不一样，为了便于交流，人们创造了许多概念来表达自己的认识成果。比如，事实、属性、经验、理论、美、善、系统、有机性、机械性、价值、人格、特性、功能等都是这类概念，人们创造这些概念的目的是为了表达自己对事物的认识成果，以便于自己和他人更好地理解认识对象。所以，这些概念都具有实际含义，包括实际信息，其中主要是人们的经验、感受及对经验感受（现象）之间关系的解释。而本体论概念本身并不包含经验、感受及解释。

与这两类概念相应的是两种思维方式和陈述方式。这个我们前面已经讨论过。两种思维方式是本体论思维方式和认识论思维方式，这两种思维方式的差别是本体论思维方式认为自己的认识是认识对象在自己心中的反映，自己的认识是客观的。这种思维方式是建立在朴素的经验论基础上的，强调外部对象对认识的决定作用，忽视自身的存在在认识中的主导作用。这种思维方式往往自称为唯物主义（认识论上的），是很准确的。但为了跟认识论思维方式相称，称为"对象决定论"更得当。而认识论思维方式则认为自己的认识仅仅是自己的认识，它很清楚人的认识活动不仅仅由对象所决定，自己的存在方式、认知方式对认识活动和认识结果都有巨大影响力，它牢牢地记得自己所思维、言说的一切都在自己的思维中，并不是对象的直接反映。这种思维方式是建立在更高级的经验论基础上的，对认识者的存在方式和认知方式对认识的影响有非常深刻和正确的理解，常常被人称为唯心主义，康德自称是主观唯心主义，准确地说是先验决定论和物质决定论的合体，即它认为人的认识活动、认识结果是主客体双方共同决定的，具有主客体间性。这种理论的典型代表就是我们所说的经验的主客体间性理论。

而这两种思维方式的差异表现为两种陈述方式，即本体论陈述方式和认识论陈述方式。本体论陈述方式就是把外部对象直接作为命题的主词，把陈述视为对主词的陈述，比如，这个人是好人，这个东西很有价值。认识论陈述方式是把陈述者作为主词，告诉人们这个陈述是自己的认识成果，比如，我感觉这个人是好的，我认为这个东西很有价值。每一个通达人际交流和科学表达的人都知道哪一种陈述方式更为准确和得当。

正是在认识论思维方式和陈述方式中，人们才认识到所有的名词、实体性概念都仅仅是一个标签或命名，本身不包含信息。一个实体概念的信息内容都靠属性类概念来填补，而属性类概念都是认识论概念。所谓的价值也是属性类概念。

二、对观念的主观性的误解

人们一直认为观念都是主观的，而主观的又被理解为随意的、任性的，可以任意编造的。如果我们把价值仅视为价值判断的简称，也就仅仅是一个观念，那么，许多人就立即会想到价值判断就是随意的，人们想怎么说就怎么说。比如，面对一个事物，人们想说它有价值它就有价值，想说它无价值就无价值了，这还有什么客观性？还有价值真理吗？这个认识是错误的。

1. 观念的形成都是有规则的，都不是随意的。不仅科学理论（真理）的形成是有规则的，即使那些看起来不怎么科学的观念、错误的观念的形成也是有规则的。就像我们的生产活动一样，即使某一产品达不到设计标准、不合格，其形成过程依然是有规则的。错误的认识也不是随意犯的，也是有规则的，所以，我们可以准确地修正我们的错误。因此，不能把主观性理解为随意性。观念在我们大脑中形成是有确定的生理和心理基础的，是受心智系统的运作规则支配的，这些规则像一般的自然法则支配自然万物的生存、消灭一样支配着我们观念的形成和消灭。只是我们对心智系统的运作规则的了解还很不完善，才感觉观念的生产是随意的。我们后面对价值观念形成的先验程序研究就充分地说明了这个问题。

2. 当我们说价值观念、价值或价值判断是主观的时候，这个"主观"的准确含义是主体性，即一个观念的内容是受主体的存在方式、认知方式的影响。

三、对价值判断统一性的追求

以往，人们在研究的价值观念时所关注的仅仅是价值判断，而忽视价值追求在价值观念中的重要地位。人们强调价值的客观性，真正的目的是想使人们对各种客体的价值判断达成一致意见，即建立统一的价值观念。这不过是一个愿望、一个价值追求，是心智系统运作规则对立统一规律的统一性要求的表现。只不过人们是用"客观性"这个概念来表达这种统一性和一致性要求罢了。它认为关于某物的价值，人类应该有一致的判断，这个一致的判断才是该事物价值的正确反映（这也说明价值就是一种判断）。心智或理性对所有观念都有这种统一性要求，其功能除了使人们之间实现统一性外，另一个重要功能就是使心智在处理信息和同类交流时更省事、更节能。我们的心智有很强的节能倾向。本体论思维方式和陈述方式的盛行都是这种节能倾向的表现，这种节能倾向过去被人们称为思维的经济原则。这个原则是客观的，在所有人心智中都存在。对我们来说，越简单、越规则的东西，我们就越喜欢。当然，由于对立统一规律的作用，当人们长期面对简单的东西就会产生麻木感，即出现所谓审美疲劳，此时人们需要新的刺激，复杂性的东西就会变得讨人喜欢。

与统一性要求同在的是心智运作的另一面：区分、对立，因为只有在区分、对立基础上，心智的认识才能向前推进，否则人类的认识就会停留在某种统一性上。对立性和统一性的辩证互动是人类认知不断前进的动力。本书的目的就是通过对价值认知的进一步区分进行一次新的统一性建构。我们对价值研究的统一性建构之所以能够完成，就是建立在对价值思维、价值观念、价值判断的进一步区分基础上的。这就是心智辩证运动的表现。

人们对价值观念的统一性要求，还受自然科学理论的客观性、统一性特征的启发，希望我们在价值判断上也能实现客观性、统一性，即人们能够建立统一的价值判断、价值追求、伦理规范和道德判断。这里的客观性指与主体无关性和可重复性，统一性指对所有的人都是适用的。因此，才有人强烈要求给价值一个充分体现其客观性的定义，目的就是想使所有的人都建立统一的价值观念。

事实上，科学理论的客观性、统一性也是一个假象。（1）所有的科学理论都是在一定范围内的科学理论，超出了其运用范围，就成谬误。面对同一对象，不同的认识工具、认识途径带给我们的认识结果或科学理论也并不一样。（2）人类对事物的认知最终都受到人的存在方式、认识方式的限制，所有的认识都只能是人的认识，真正的客观的、与人无关的理论是不存在的，即所有的科学理论都具有主体性、主观性。（3）科学理论也是多元、多样的，在事物的不同层次我们可能建构完全不同的科学理论体系，比如现代医学和中医就是两套不同的关于生命和医疗的科学理论，它们的理论体系是很难通约的。（4）当前，西方现代科学被主流意识形态视为科学的唯一标准，这就使这个科学和科学观已经严重影响了人类生活方式的多样性、丰富性，表现为科技文明对各种文明的侵蚀和毁灭，使我们的生活方式在表面的丰富性下呈现出越来越单一的局面。这种单一性就表现为物欲的满足和快感的追求。无限丰富的快感形式在给人生带来短暂的丰富性和满足感之后，很快就是乏味感和虚幻感，这种感觉使人们的精神世界枯萎，各种心理、精神疾病广泛暴发。因为，这种生活方式使心智发展和完善的需要被忽视，心智发展陷入停滞、萎缩的境地。同时，这种科学由于对人的生命理解的片面性，和给人们所带来的生活方式的混乱性，从而使人的生理疾病的病种越来越多、越来越严重，并难以治愈。如果我们在价值判断上再走上这样的统一之路，一定会大大增强人类生活的单调感和贫乏感，人类一定会加快疯狂的进程，直至走向毁灭。所以，那种对价值观念客观性和统一性的追求不仅是不可能的，如果实现了也一定是有害的。

价值观念本来就是建立在人的身心感受基础上的，所以，如果一个人能够真的忠实于自己的价值判断和价值追求，就使我们能够去关注自己的身体需要和心智需要，从而使我们有可能更好地去照顾身体和心智的发展要求，使我们走上自我实现、自我发展、自我完善、自我超越的道路。由于每个人的身体的实际存在状态是高度个体化的，每个人的心智的实际存在状态也是高度个体化的，所以，我们必须学会体察、倾听自己的身体感受和心智感受，即倾听自己的身体语言和心智语言，来安排自己的生活，使每个人真正过上自己应该过的生活，真正地活出自己。而如果我们一旦放弃倾听自己的身心感受（另一种语言），我们就会被社会文化所控制，就会被各种意识形态所操控，从而失去认识真正的自我的机会。这对所有的人来说，都是一场人生悲剧。

实际上，我们对价值观念的研究也是形式化的，即客观的和统一的。但我们在价值观念的内容上保持着绝对的开放性，承认所有形态的价值观念的存在性。我们研究价值观的目标是给人们理解自己的价值观提供一种形式化的理论指导，为人们选择合乎自己需要的价值追求、生活方式提供帮助。就像自然科学只负责发现规则，至于如何利用规则、开发什么技术，就是大家的自由，是科学家所不再关心的。人们可以根据这些规则发明出无穷无尽的技术供人们使用，这些技术既可能造福于人，也可能危害于人。在这里对立统一规律同样是起作用的。同样，我们研究价值观念的形成规则、运动规则，人们依然可以据此开发出各种各样具体的价值判断、价值追求、伦理规范等，帮助人们更好地规划自己的生活。所以，规则的客观性和统一性与具体观念的差异性和丰富性不是矛盾的，是统一的。

所以，在价值研究中，我们想获得的是价值观念形成规则，这个规则是客观的，是存在于所有的个体身上的，即具有统一性。我们想获得的不是各个具体的价值观念内容的客观性和统一性。以往人们所追求的是价值观念内容的客观性和统一性，犯了方向性错误，严重影响了人们对"价值"的"本质"的理解。

四、对价值追求的误解

人们之所以不能接受价值就是价值判断，还可能是因为：如果价值就是价值判断的简称，那么人们所说的价值就仅仅是一种认识结果、一个观念。如果这样，如果我们说追求价值、生产价值不就是追求一个观念、生产一种观念吗？而观念都是虚幻的，不实在，人们不能接受自己所追求的东西不实在这种想法。这种误解是建立在对价值的错误理解基础上的。其实，人类所追求的并不是价值判断，而是价值判断的客体。这个客体既可能是我们可以感知的具体事物，也可以是一个观念，比如理论科学、真理，还可以是一种感受，比如快乐等。这些也都是我们日常追求的对象。它们丝毫不虚幻，它们每日每时都在影响着我们的生活。只是这些人受唯物主义哲学的影响，认为只有追求那些可感知的具体事物（物质实体），才是合理的或可靠的，追求不实在的东西是不对的。

如果大家能够正确地理解上述观点，那么他就能够比较容易地接受价值就是价值判断的简称这一观点了，就不会再去到价值判断外面寻找价值的本质了。关于价值的本质或定义问题就此极其简单地解决了。对价值研究而言，剩下的真正复杂的问题是研究影响价值判断的因素，每种因素影响价值判断的机制、规律，价值判断的形式和功能，然后是价值判断的延伸规则，从价值判断出发所形成的各种形态的价值观念，其命题形式、功能。这些问题本书已经做了大量研究，但还远远不够。这些研究都还仅仅是前提性研究，真正重要的是要研究每一个具体的价值观念是如何形成的，如何影响人们生活的，尤其是那些以系统的形式出现的价值观念系统，它们在深刻地影响着我们的生活，但我们对它们的形成机制、内在结构、影响方式等都还缺乏真正的理解。价值学未来的真正任务就应该是研究这些价值观念系统，对其进行科学的澄清，然后将它们完善起来，从而使其更好地服务于人类的生活。在这个研究过程中，我们也将建构许许多多新的价值观念系统，为人类开辟新的生存空间和生存道路。

下篇
价值观念形成的先验程序和先验结构

第七章　价值观念形成的先验程序的研究方法

通过上篇对价值哲学概念体系的反思和重构，我们达到了两个目的。一是明确了研究对象，确定我们所研究的价值观念就是指价值判断和价值追求。二是我们找到了价值研究的出发点，就是从经验出发，从原生态的经验出发，并将原生态的价值经验还原到原子性的价值经验，从此开展我们的研究，即阐明价值观念形成的先验程序。因此，本篇内容主要是一个经验研究，试图通过经验研究系统阐明价值观念形成的心理机制。只是我们认为这个机制是先验的，即先于经验而存在的。我们是通过经验的方式，而非逻辑思辨的方式，阐释价值观念形成的先验的心理机制的。这样历来被视为对立的经验研究和先验研究就走到一起了。本篇的写作方式是以经验的直接陈述和逻辑分析为主，通过逻辑分析直接提出新概念和理论假设，完成理论建构。在这个过程中，我们对传统哲学也有所回应，但主要是批评。我们对传统哲学批判性研究都是建立在正面的陈述和逻辑分析基础上的，而没有进入哲学史讨论的频道，以免延误主题的论述和引发读者思维的混乱。所以，这部分内容的思辨性不高。但其中依然有一些概念辨析工作，目的是为了更好地解释经验，为此我们创造了一系列新概念、新理论。这些新概念、新理论都是一种解释模型。对于本篇所述的经验和理论的可靠性，我希望每位读者都通过自我的内省和体验来验证，而不要引经据典来判断。我相信，经验永远高于理论，自己的经验更高于他人的理论。当然，我这样说不是否定经典、理论。经典、理论只有参考价值，没有决定他人经验和理论真理性的价值。

第一节　从经验出发

一、从经验出发就是从现实生活出发

前文我们一再强调，本课题最根本的方法论原则是语言概念的逻辑分析与现实生活的逻辑分析相结合的原则。对现实生活的逻辑分析本质上就是对经验的逻辑分析。因为，现实生活是通过经验进入我们的理性思维过程中的。所以，对经验的逻辑分析就是对现实生活的逻辑分析。本篇内容都是建立在经验分析基础上的，而较少涉及对文本和理论的语言概念分析。因为，我们的研究已经大大超出了传统价值哲学和认识论的研究范围，是过去人们无法想象的，因此，传统的文本对本部分的参考价值就很有限。

二、新经验必然导致新发现

本书之所以能够提出一系列原创性观点，除了我们通过对传统价值理论的一系列概念的语言逻辑分析找出传统研究的弊端外，还在于我们大大扩展了经验范围。即我们获得了新的研究材料。新材料导致新发现，是理所当然的。

1. 我们对传统认识论所研究的感官经验进行了重新分析，从中发掘出"价值经验"的存在，并阐明了价值经验与科学经验的关系，从而为将价值科学与一般科学的关系阐释清楚提供了经验论基础。价值经验的发现才使整个价值理论有望升级为真正的经验科学或理性科学，真正的价值科学才有可能，价值认识论也才能真正从普通认识论中独立出来。虽然周农建最早提出价值经验一词（后来再没有人响应），但他没有把价值经验准确地提炼出来，没有把价值经验与科学经验的关系阐释清楚。[①]

2. 扩大了经验研究范围，当把大量新经验引入认识论研究中。这些所谓的新经验都来自我们的现实生活，在我们身上每天都大量发生。比如身体内

[①] 周农建：《论价值经验》，载《东岳论坛》，1987年第4期。

部感受经验、美感、情绪感受、情感体验、心智意识感受经验等，在认识论研究中一直没有获得足够的重视。本书不仅把它们引入认识论研究中，还把它们作为核心样本，从它们出发阐明价值认识的发生过程。

3. 我还因自己的特殊经历获得了一些特殊经验，这些经验具有极高的科学研究价值。我在静观过程获得了大量心智和身体的感受体验，通过中医实践获得大量身体感受经验。这些经验之所以具有极高的科学研究价值，是因为这些经验不是随机的无意识中发生的，也不是简单重复的，而是在有意识地静观过程中，使人们的心智意识的运作方式改变的过程中获得的，或者在改变身体内部的物质能量状态过程中获得的。大家知道，自然科学所研究的经验都是通过有组织的规划收集的，这些经验的发生是有序的，且随观察对象的有序变化而不断变化，都不是随机的。科学家是在实验中根据这些经验的变化与观察对象的变化之间的对应关系来解释经验的变化规则，即观察对象的运动规律的。

第二节 静观体验法及其带来的新经验和新发现

一、内省或内观体验法

1. **西方式内省法**。静观是我发现的一种静心方法、心理技术。但它并非凭空出现的，它是在继承东西方内省或内观心理技术的基础上开发出来的。我本人从年轻时即开始每日不断地内省，但最初的内省是西方式的内省。在学术界，大家所熟知的内省法也主要是西方式的内省。西方式内省最早出现在基督教教父哲学家奥古斯丁的著作中，在近代的认识论哲学传统中和现代心理学传统中也都一直存在，对人类的自我认知起到非常重要的作用。西方式内省法的主要操作方式是心智意识向内觉察自己的思想观念活动，借此达到对自我思想观念及其活动方式的认知。由此获得的是一种经验感受。然后，理性可以通过对这种经验感受的分析建构理论系统。比如，笛卡尔正是通过这种内省方法，提出"我思故我在"这一重要理论观点。在这里"内省"中的"内"指心智觉知的方向是向内，而不是日常的向外观察、觉知外部世界。"省"是省察之意，有观察之意。所以，这种内省法与认识论关系非常密切，后来被心理学用来研究人的心理的各种活动，除观念活动外，还研究情绪活动、身体感受活动等。我本人通过这种方法获得大量心理经验，在学习各种认识论时也都会通过内省来验证其基本观点。我之所以称这种内省是西方式内省是因为西方人所说的内省主要就是这种内省方法，同时，也是为了区分东方人的内省方法。

2. **东方式内省法**。内省法在东方文化传统中也普遍存在，更是影响深远。在儒释道三家传统中，都有内省方法。但东方儒家、道家、佛家的内省的主要目的并不在于达到对个人或人类的观念活动、心理活动的了解，而是指向人们对自己的思想观念、行为与伦理、道德、戒律要求之间的关系的认知，即人们通过内省发现自己的思想的偏差（相对于自己想达到的伦理道德要求或宗教戒律要求的差距），以便能不断修正自己的思想观念，完善自己的言行和德行[①②]。为了区分，我们把这种内省或内观称为修正式内观或修正性内省，因为其目标是修正自己的思想观念和言行。而把西方式的内省或内观称为认知性内省或内观，因为其目标是获得知识。即东方人主要用来进行道德修养和宗教修行，所要获得的不是认知，而是身心实践活动方式的改变、提高和完善，即心性或德性的提高和完善。也就是说，东西方虽然都有内省，但二者被用在人生不同的方面，西方人用在对认知、心理的科学认知上，即西方人重在知；而中国人则用在个人的思想、道德修养上，成为德性修养的重要方法，即东方人重在行。日本学者吉本伊信就将其宗教外衣剥去后，改造成一套心理疗法——内观疗法，在世界产生广泛的影响。[③]

---

① 刘春蕾、冯大彪：《儒家内省对当代心理学的启示》，载《吉林师范大学学报（人文社会科学版）》，2008年第5期。

② 关于这种内省具有调节情绪、改善思想和行为的功能，Gardner 称之为内省智力，其所说的内省实际是儒家所采用的这种内省方法，而不是西方人所采用的方法。请参阅熊承清、许远理：《内省情绪智力量表的编制》，载《信阳师范学院学报（哲学社会科学版）》，2013年第3期。

③ 张莹波、陈俊、王祖承：《内观疗法的应用与发展》，载《临床精神医学杂志》，2010年第1期。

二、各种内省或内观方法之异同

佛学传统中，内观的方法很多，不同的观法所运成的身心效果并不相同，因此，有高低之分。各种内观方法的共同点都是使心智意识向内觉知、觉察自己的心理活动，差别有四点：觉知什么、如何觉知、如何处理觉知到的东西、内观的目的。

西方式内省法觉知的是思想观念的活动，目的是获得关于认知的经验，在觉知到这些经验后，进入思维分析频道，通过理性分析建立理论，目的是认知人类自身的心理活动、获得理性认知。而东方式的内省或内观所关注的重点都不是人的认识活动，这一点是共同的，其他的就不同了。比如，禅宗所讲的内观，仅仅关注大脑中的念头活动，对出现在大脑中的念头活动仅仅是看着它，除此之外，什么都不做。既不判断对错，也不尝试做任何修改，因此，对任何观念或念头都不排除也不欢迎，不迎不拒，静静地等待那些观念离开大脑。这种内观方法在禅宗中一直在传承，目的是希望借此清空大脑中的思想观念活动，达到心灵清净的状态。这种内观与上述所说的那些不断判断自己思想、言行是否得当，然后修正自己的思想和言行，达到提升德性的内观方法就明显不同。为了区别，我们把这种内观称为清理式内观，因为，其目的是清除大脑中的观念活动。这种内观方法中虽然没有认知过程，却能够达到更深刻的认知结果，人的心智会很快超越低级层次而进入高级层次，认识到心智、观念更深刻的认识规律，对生命产生更深刻的领悟，并能够破除对一切观念的执着。同时，在这种内观中没有直接的道德要求，却能使人们的道德水平得到较快的提升，是那种修正式内观所无法理解的。比如，通过这种内观人的善心、爱意会不断增长，心胸会越来越宽阔，待人会越来越真诚，各种美德都会得到比较快的提升，所以，是提高德性的比较好的方法。

在佛教中，还有一些其他的内观方法，各有各的效果。我再介绍近年来在世界各地非常流行的一种内观方法。它是由印度裔缅甸商人葛印卡从缅甸传到欧美，然后传到全世界的。为了区分，我称之为葛印卡的内观。这种内观方法并非葛印卡的原创，它在东南亚也一直在僧人中流传，只是修习者不多。这种方法来自佛陀的《大念住经》。据我所知，这是佛陀所传下来的最高级的内观方法。目前葛印卡和其弟子在世界各地办培训班，吸引无数人参与，僧人和普通大众都有。在中国的许多地方也出现了这种内观培训班。葛印卡的内观法中宗教色彩很淡。这种方法也已经被心理治疗师彻底洗清宗教成分后运用到心理治疗中，疗效非常显著，正在心理治疗界快速传播。同时，这种内观方法还具有明显的身体疗效。葛印卡当年正是被其身体疾病的治疗效果所震惊、折服，进而热情传播的。这种内观方法实际上包括了前面所述的各种内省、内观方法的内涵和功效，整体功效当然更加强大。

在葛印卡内观操作方法过程中，首先，其所观的对象既有大脑中的观念，也有身体的感受。这是葛式内观不同于以上内观的主要区别之一。观身体感受就具有身体治愈和保健的功效。其次，对所观内容的处理方法与前面所讲的清理式内观方法一样，对所有的观念仅仅是看着它，除此之外，什么都不做，不迎不拒，等那些观念和感受自己消失。再次，目的是使这些观念和感受不再控制自己。与认知式内观相比，这种内观虽然也没有认知活动或认知过程，事实上它能够像清理式内观一样，达到更加深刻的认知效果，尤其是对人的身体方面的了解会更深刻。在德性提升方面也具有清理式内观一样的效果。葛式内观还具有良好的身体调整效果，会使人变得更健康，是超出清理式内观方法的。当然，这不是说清理式内观方法没有健身效果。由于葛式内观扩大了清理式内观的观察、觉察范围，除观察大脑中的所有观念外，还观察身体的所有感受。对身体的感受的观察、觉知使其具有更好的身体治疗效果。方法是每天从头到脚静静地觉察身体的各种感受，如果发现有疼痛等不舒服的感觉，就静静地觉察它，直到这些不良感受慢慢消失。如果病痛不是很严重的话，很快就会消失，相关的病患就会得到舒缓乃至痊愈。[①] 如果疾病较重的话，需要时间长一些。当然，不是所有疾病都能治好的。这些都是非亲身经历者难以理解的。

人类生命的基本特征是：当我们对大脑中的观念能够保持纯粹的觉知，不迎不拒，不做判断之后，这些观念很快就会从大脑中消失，如果该观念当时伴随着情绪活动，则情绪活动很快就会消失，身心归于宁静。此后，这个

---

① 〔美〕威廉·哈特：《内观》，台湾内观禅修基金会翻译小组译，海南出版社2009年版。

观念对人的控制力通常就会降低，甚至消失。所以，这种方法对心理疾病治疗效果很好。对正常人来说，对改善其心理运作模式，即改善和提升德性具有很好的效果。他的德性提高的效果之所以比修正式内观更明显、快捷，是因为，在修正式内观方法中，人们事实上对自己的思想观念和情绪采取的是压制的方法，不良的思想观念往往被强行压下去，对许多人造成很深的痛苦，效果往往不扎实，不良思想观念会经常反复，在许多人身上无效。更重要的是情绪是被压下去的，所以，会在未来成为疾病的种子。而清理式内观和葛式内观，使情绪得到顺利的疏泄，对情绪压抑力很弱，所以不会成为未来生病的种子。同时，把思想观念较为轻松地压入潜意识中，不会有反复，在这个过程中也不会造成痛苦。我本人认为它是佛陀所留下的最高级的修心（修理心理、心灵）的方法或技术手段。

大家请注意，我称内观为技术，就像工业的技术、农业的技术手段一样。因为，它们同样有自己的操作程序，并且无论什么人、因什么目的使用它，都会产生同样的效果，与宗教的理论、观念、组织、仪式或仪规等没有任何关系，与信仰不信仰的态度也没有关系。它与宗教的关系仅仅是最初由佛陀发现和讲出来的。我经过长期观察各式内观者，发现不同内观者的差别主要在于：那些有宗教目的的人，即修炼目的人，或希望彻底解决人生痛苦的人，或者想解脱轮回之苦的人，操作这类内观技术会很勤奋，甚至每天花很长时间进行这种内观，而没有这种目标的人，则仅仅是偶然内观。就像想做画家的人，每天都会画画，而业余爱好者，仅仅偶尔来两笔，差距就在这里。也就是说，一个人是否具有修炼目标仅仅会影响到人们练习内观的频率，其他的方面就没有影响。当然，实际所享受到的效果是不一样的，练习得越多的人，得到的福利就越多。

为什么会如此呢？那些宗教组织、仪式等等到底是怎么回事呢？我个人的理解是：佛陀在世时代，哲学、科学都不发达，理性化的语言概念也不发达，像佛陀这种人发现了这样的解除痛苦、提升境界的方法后，没有办法像我们今天这样用大家都熟悉的语言概念来描述它，就只能采取他那个时代流行的理论体系或意识形态的概念、话语方式来表达自己的认知；同时，也为了让人们能够高度重视这些方法，更充分享受这些方法的成效，所以，就采取了带有神秘色彩、语言概念也较为模糊的方法来描述它。所谓神秘是指大家在日常生活中经验不到的。这种描述方式为后来这些方法的宗教化提供了基础。而今天，我们完全可以把所有神秘的色彩都给剥离掉，只谈技术。我相信，这样做会使这种方法在将来流传更广，为更多人服务。近些年内观方法在世界范围内的兴起也有力地说明了这一点。

三、静观体验法

静观[①]是我本人在初中读书时无意识之中发现的，一开始对它完全不了解，只是在情绪痛苦时、考试紧张时使用一下，感觉效果很好。后来因各种机缘开始经常使用，体会到自己的境界快速提高的乐趣。由于这种方法要求在心静的条件下操作，且有观察自己的思想观念的动作，所以，我就给它起个名字叫静观，静静地观察之意。此时我对佛教的各种内观方法都还一无所知。后来，我在向朋友们介绍自己的静观方法过程中，接触佛学的各种内观方法，并且也都反复体验过他们的操作方式和效果，然后就有意识地将其与佛学的内观进行比较，发现了二者之间的许多共同点，也发现了二者之间的差别。差别就是静观的操作更简单、效果更显著。许多学习佛学各种内观方法的人在学会静观后，也有同样的发现。由此，我就将静观定义为佛学内观的升级版。在传播静观的过程中，我仅仅将其作为一个心理技术来传播，至多偶然采用修炼这样的概念来包装一下，目的是希望人们能够更加重视它，经常实践它，使静观发挥更好的功效。当然，为了解释静观的操作程序和实践效果，我也提出一系列基本的理论假设，构造了一个解释性的理论系统。后来我接触到许多王阳明心学爱好者和实践者，研究了阳明心学之后，我发现我所提出的静观的基本理论与阳明心学完全是一致的，如果把静观方法融入心学中，会大大提升人们实践的水平，即很快就可以使人们真切体会到知行合一的境界，真正找到那个良知，体会到良知的良能。这个也已经得到很多心学爱好者的证明。所以，我在多个心学微信群给心学爱好者介绍静观时，提出静观助心学腾飞，静观是心学的现代升级版，得到了大家的认可。

通过对比分析，我发现静观与佛学内观方法的关系大概是：静观是在葛

[①] 参见孙志海：《静观的艺术》，中央编译出版社 2014 年版。

式内观基础上再提升了一步，它可以解决葛氏内观能够解决的所有问题，但操作更简洁、更高效。二者的差别仅有一点：葛式内观和前面讲的所有内省和内观都是在大脑中完成操作的，都是大脑的思维意识在操作；而静观却是用心脏在操作的，真的是用"心"来解决观念问题和情绪问题。我在静观的操作要领中明确地告诉大家：要放松大脑，放掉思维意识。在实际操作中，如果一个人是用大脑心智进行内观，解决情绪和思想观念问题的进程会慢性，效果也不够彻底。所谓慢性就是需要时间长些。一次成功的静观往往只需3秒—5秒，有时1秒都不用，就可以把一个很大的情绪问题解决掉，立即体验到身体完全放松、宁静、愉悦的感受；而且，从此之后，那个观念再也不能控制我们的大脑和情绪了。用它帮助别人做心理治疗的效果非常快，对方往往感觉还没开始问题就解决了。我教了几个心理咨询师用静观给来访者做治疗，效果都出奇地快速而彻底。一个长期内观的人，由于长期使用心智思维在观，所以，思维意识很强，人的面色中就会给人一些僵硬的感觉，而静观一直在使人放掉思维意识、彻底放松，所以，人的面色会变得越来越柔和，没有僵硬感。与葛式内观一样，经过一段时间静观的人，会从心底生发出一股淡淡的愉悦之情，并呈现出一种很深层的定感，幸福感很强。同时，中国儒道两家所说的圣人之性会在身上逐渐体现出来，即使还没有完全达到，但您会明确地感知到自己距那个境界越来越近，自我实现感、自我完善感、自我超越感会非常清晰而明确。

　　静观操作要领就一句话：当我们发现自己情绪起来后，先闭上眼，放松肩膀，放掉心智或大脑活动，然后用心（心脏的心）或身体去静静地感受那个情绪感受。这样那个情绪感受很快就会消失。这是静观的第一步，我们的85%的情绪和思想问题都能解决，还有15%的问题需要用到第二步、第三步。如果第一步在几秒钟后还没有解决问题，就用第二步：感受大脑里的感受。此时大脑里会有僵硬的感觉。当我们能够静静地感受那个僵硬的感受时，僵硬感就会消失，进而身上的情绪消失，心灵恢复宁静、愉悦。如果这样做几秒钟之后，还是不能解决问题，就去观察大脑里的观念，观察的方式同清理式内观一样，只是这个观察或觉知是从心脏发出的，而不是大脑的心智意识在观察。

4. 静观体验法带给我们的新经验和新发现。通过静观这种心理体验法，我们获得了关于心智的一系列新的经验感受，构成本课题研究的最重要的经验基础。（1）通过静观，使我体验到身体意识和心智意识的差异，并将二者区分开来，构成本书生命存在论的基本内容。（2）通过静观，我首先体验到心智意识的各种非常细微的活动，这些活动首先是物质能量活动，其次这些能量活动中带有意向，在引导和控制着人们的思维、言语和行为。由此，我认为它们是人类心智自身的客观需要，是先验的，是心智系统自带的程序，与我们的后天的经历、学习没有关系。后天的训练可以强化它们的功能，即强化其对人的生命活动的控制力，但不能决定其有无。所以，我称之为心智意识的客观需要。我发现，正是这个系列的客观需要的推动人类才能形成外向型的那个系列的价值追求和价值判断。这个发现极为重要，它深化了人类对心智意识的活动方式和规律的认识，开辟了研究心智活动的另一条道路。从此使我们面对心智不再像面对一个黑箱那样进行研究，对心智运作规律的研究，也不再完全依赖逻辑思辨或哲学反思的方法来进行了。（3）在静观中，我发现人类可以通过静观活动来改变这些程序的活动方式，比如意向的强度，控制心智活动的能力，对外界刺激的反应方式等。

通过静观，我们可以完全解除自己的观念活动、欲望对我们的思维、言语和行为的控制。这样做的结果就是自己的欲望越来越低、越来越少，同时，体验到身心内在那无所不在、极其美妙的内在宁静感，体验到心灵的不同的宁静状态与人生命体验之间复杂的规则性的关系，体验到心灵的内在宁静与人们在现实世界的生活方式、交往方式之间超越机械性思维所理解的那种奇妙而规律性的关系。比如，一个人心越静，智慧越大，对事物的理解越清晰、透彻，对他人的爱意越真诚，包容性越大，各种美德体现得就越多，存在感就越踏实和幸福感就越充沛。即我们发现了一个人价值观念的减少、价值追求强度的降低与减少与其生命体验之间的规律性关系、与生活方式之间的规律性关系、与智慧和德性之间的规律性关系。我教会很多人静观的方法，大家在实践过程中获得了与我基本一致的经验。我的下一本书将详细介绍和研究此类经验，因为这类经验与德性的塑造之间存在极大关联。本书限于主题，我们仅介绍了与心智意识的纯粹需要和自我实现、自我超越需要有关的内容。

正是在这些经验基础上,我阅读了大量的宗教典籍,发现了宗教的奥秘和流行宗教的种种缺陷。同时,还阅读了中国古代儒道两家哲学的典籍,发现了它们的奥秘和缺陷。

同时,在静观体验中,我发现心智意识的层次性。因为,随着观念、欲望的减少,情绪情感强度的降低,人自然会表现出不同的心理活动方式,包括与社会的交往方式。在现实生活中,我们就发现人的心智活动方式、情绪情感活动方式、社会交往方式是有差异的,但我们往往归于性格、家庭教育等的不同,很少意识到其实是其心智开发或发展层次的不同。据我的观察,心智开发层次越低的人的欲望越重,尤其是食欲和性欲越重。而心智开发较高的人的食欲和性欲都会比较低,人生的关注点不在性欲和食欲上,而在开发智力,体验智力的快乐上,甚至体现在获得真理、提高德性上。这种人在生活中还表现为对社会交往,尤其是物质功利性的交往本能的反感、不适应,渴望简单生活,以便自己专注于智力发展,专注于探求人生和宇宙的奥秘。心智发展再高的人对真理、认知也不再感兴趣,因为,他们彻悟了观念的本质,然后把人生的关注点聚焦到内心的宁静上,由此又呈现出一种全新的社会交往方式、生活方式。这些生活方式都是现实的,而不是理论的。由于这些生活方式的差异根源于心智的开发程度,所以,心智开发层次较低的人不能理解心智开发层次较高的人的生活方式、趣味、志向,会感觉对方奇怪,不合群。而心智开发层次比较高的人有两种情况。一是如果有些人天生的心智开发层次很高,他们没有体验过心智开发层次比较低的人的生存体验,就很难理解他们,对他们的生活方式、情趣、志向没有兴趣,不屑一顾。二是通过某种修心方法从低层次提升上来的人,则能完全地理解低境界的人的一切,并由此对还在低境界的人生发出一种深深的同情感,希望他们也能提升上来。因此,儒释道三家对人都有品性、资质或天分之说,是有道理的,人们之间的差异我认为就是心智开发的层次的差异。下面我还会借用佛学的三界说来进一步阐释心智的层次性,以便说明人的自我完善和自我超越的需要。

第三节 气功和中医带来的新经验和新发现

在身体感受经验方面我有两个方面的经验,也是许多人不具备的。这两方面的经验使我对身体意识、身体感受与生命存在状态之间的关系、身体感受与价值观念形成的关系有了丰富的感性经验。

一、太极拳和气功给我带来的超常体验

我因早年身体素质很差,在二十多岁时开始练习太极拳并接触气功,所以,有长期练习太极拳和气功的实践经验。通过太极拳和气功,我获得了中国道家和中医所说的元气、经络、穴位等相关的大量经验,其中还包括身体状态改变的经验。我之所以说这些经验是超常的,仅指这些经验是人们在日常生活的正常状态下很难获得的,只有通过太极拳、气功或瑜伽练习这样的途径才能获得。但这类经验本身并不神秘,虽然不是每一个太极拳、气功练习者或瑜伽练习者都能获得的,但获得的人并不罕见,实际上是很多的。在我的交往圈子中这类人就很多。只是许多人因为怕麻烦而不愿意跟别人说罢了。通过这些经验我知道现代科学对人类生命的了解是极其贫乏的,从方法到理论到技术都停留在生命的表层。这表现在医学上就是西医的整个治疗手段效果都很差,治疗手段对身体的破坏性很大,而且这些破坏性无法修复。

二、中医带来的体验

太极拳和气功经历使我对中医充满好奇,就很自然地走上学习中医的道路。中医的学习和实践又使我获得了大量的中医实践经验,使我更深入地了解人类生命的运动规律、体验规律,理解了价值思维的身体存在论基础。我能够很快掌握中医的精髓并获得极好的疗效,就与我的太极拳和气功经历有关。因为这些经历使我在接受中医的基本概念和基本理论方面没有任何障碍,能够完全地接受和理解,即没有任何怀疑或迟疑地接受和理解。这种经历目前在中医界得到许多人的认同,许多中医生都希望通过气功练习来增强对中

下篇 价值观念形成的先验程序和先验结构

医基本概念和理论的理解力。历史上的许多名医也都有道家修行经历，或气功练习经历，比如经常静坐，华佗还发明了自己的养生气功"五禽戏"。

我学习中医的成就主要表现在治病的疗效上。我不仅运用中医知识和技术给自己调理身体，使自己的体质发生根本性的改变；也给自己的亲朋好友调理身体，几乎可以治愈我所遇见的各种疾病。而我除了治感冒类疾病（太阳病）用《伤寒论》的方子，其他各类疾病都是我自己原创的方子。而我开方子的依据仅仅是《黄帝内经》对生病原理的解释和古人对各种药物的药性的记录。我的经历证明（经验证实）中国道家和中医对人类生命活动规律的理解是正确的，中医理论完全是正确的，并不是像有些人谬传的"中医是经验医学，中医的理论是错误的或没有价值的。中医的实践效果很好是因为有几千年的实践经验积累"。

静观的体验和中医实践经验使我知道人体内所发生的种种体验感受都是有规则的，与人们的生命存在状态之间存在着规律性的关联，与人们的思想观念活动之间也存在规律性关系，由此，可以成为我们研究人类生命活动状态和价值认知（价值判断和价值追求）的基本材料。这些经验过去从未进入学术研究领域，更没有进入价值研究领域，它们既是科学经验，可以作为研究生命运动规律的经验材料；也是价值经验，可以作为解释人类价值思维活动的经验材料，所以对价值认识论研究具有重要的理论意义。我正是在这些经验基础上，将人类认知过程中的先验论问题转化为经验论问题，以经验的方式阐释人类认知的先验程序。

我的上述静观经验几乎是所有人都可以重复的，虽然在静观过程中大家具体体验到身心体验不同，但其中的变化规则是一样的。对我的经验陈述有疑问的读者可以按照我所说的操作程序亲自去验证这些经验陈述。就像自然科学家进行重复实验一样。大家可以放心体验，因为静观方法非常安全，不会对练习者造成任何不良后果。但对大多数读者来说，想重复中医实践体验就困难得多，因为您得找到好的中医医生。所以，我希望读者对我的经验陈述持信任态度，如果不能信任也不要陷入抽象的怀疑状态，而是积极地采取实验的方式来证伪它们。

第四节　再论语言逻辑分析与现实生活分析相结合

我是一个经验主义者，也是一个逻辑中心主义者。作为经验主义者我坚持所有的理论、观点都要有经验基础，这使我的所有研究保持科学和理性的品格。作为逻辑中心主义者我深信所有的理论问题都可以通过精细的逻辑分析得到解决，深信在逻辑上成立的（假设逻辑推理没有问题），在现实生活中也一定是成立的。如果一个理论存在逻辑问题，这个理论一定是存在问题，也一定可以通过逻辑分析得到解决。我的许多理论发现都是通过逻辑分析完成的，然后在现实生活中找到相应的经验基础，将二者结合起来。比如，我自认为我的一个极其重要的理论发现"系统结构层次关系原理"，也是本书建构理论体系的理论基础，最初就是我在写本科毕业论文时通过逻辑推理发现的，后来在做博士论文的时候在自组织理论中找到了其经验根据。本书也处处体现出二者的内在结合。这种研究方法使我们在理论上获得了一种前所未有的彻底性。

一、创造新概念解释新经验

1. **新经验需要新概念，新概念改变传统概念格局**。面对新经验，传统的概念已经容纳不了，我们就要根据新经验与旧经验的关系重新界定旧概念、创造新概念来标识新经验的同时，阐明新旧经验的关系。比如，我根据自己在内省、静观中所获得的极其丰富的经验创造了心智感受这样的概念，以区分传统认识论所研究的感官经验（属于身体感受）。同时将情绪感受、情感体验称为身心感受，因为，它是身体感受和心智感受的混合体。由此，我就把人类的感受经验区分为三大类，传统科学及其认识论所研究的经验仅仅是其中一小类。

2. **新方法产生新经验**。我们通过对普通感官经验的重新分析，发现当一个感官经验发生时，实际上我们获得了两类经验，根据两类经验所导致的认知结果不同，我将其分别命名为科学经验和价值经验，由此我们发现了"价值经验"这种新经验,也创造了这个新概念,再由此创造了一个不同于普通经验论的价值经验论,不同于普通认识论的价值认识论。再比如,我在反复的静观过程中,不断反复觉知到心智的觉知活动和身体的反应活动之间的差异,由此引导我展开对普通感觉经验发生过程的再分析,从而将人的意识活动区分为身体意识和心智意识两个部分,从此出发我们解决了人类心理活动中的许多难题。同样,在反复的心智感受基础上,尤其是静观体验基础上,真正感受到情绪感受与情感体验的不同,从而把情绪与情感真正区分开来,阐明了二者发生的机制和关系。这样的概念分析和概念创造在本书中到处都是。这些都是建立在精细的经验分析和语言逻辑分析的基础上的。

这些新概念、新理论的创立都是经验分析和语言逻辑分析紧密结合的产物,即现实生活的逻辑分析与语言概念的逻辑分析内在结合的产物。

二、合理分层,科学阐释价值观念不同层级之间的关系

我一直坚信这个世界上的一切都具有规则性,人类思维也一样。我坚信各种认知活动、观念形态和观念内容都具有高度的相关性和逻辑一致性。这使我一直将寻找各种认知活动、观念形态、观念内容之间的规则作为研究的核心目标。但这种一致性不是线性的一致性,而是非线性的一致性,是建立在严格的等级层次基础上的一致性。所以,如何阐明认识活动、观念形态、观念内容之间的层次性及其相互关系,进行分层研究就是极为关键的问题。自组织的进化理论和自组织的社会进化理论就为我们建构这样的统一的理论系统提供了一个有效的理论平台,其核心理论是系统结构层次关系原理,[①] 为我们准备好了最核心的处理不同层次之间关系和同一层次关系的逻辑规则,为阐释价值观念的内在结构层次及其相互关系提供了逻辑支撑。正是在这个方法论原则和逻辑规则基础上,我们将整个价值观念的形成过程先区分为身体意识和心智意识两大宏观层面,为阐明价值思维的全部活动过程提供了生命本体论框架。然后将心智意识的价值观念体系区分为四大基本层次,其中三、四两层还有自己的层次,从而使我们可以从身体活动到心智活动,从简单的价值观念到复杂的价值观念,进行分层阐释,克服了传统的将价值意识

[①] 孙志海:《自组织的社会进化理论:方法与模型》,中国社会科学出版社 2004 年版。

的不同层次、价值观念的不同层次混同在一起的研究方法,为人们提供了一个清晰的可把握的认知路径。

三、坚持认识论研究方式,不忘本体世界的存在

虽然在思维方式和陈述方式上,我们确认认识论思维方式和陈述方式是真正科学的思维方式,但这绝不意味着我们否定本体世界的存在,否定本体论思维方式和陈述方式的理论价值。这表现在我们在研究价值现象时,一直牢牢抓住生命本体的存在,没有片刻脱离生命本体的活动进行玄想。人的生命本体活动包括身体活动和心智活动两个部分,这两个部分相互配合才构成一个完整的生命体。无论对价值思维的研究还是对科学思维的研究都离不开对人的生命活动的研究,由此我们才能使人类的认知活动一直服务于人,真正地使认知活动,尤其是价值认知活动做到以人为本,以生命的延续、健康、和谐、完善为本。只是我们在阐释生命本体活动时牢牢抓住经验这个关键,并时时告诉自己:我们的经验是来自这个生命本体的,但我们基于这些经验对生命本体的假设或陈述只是一个解释模型;生命本体也许就是如此,也许不是,也许我们现在所经验和陈述的仅仅是生命的一个侧面、层面,也许是生命的全部;但到底是怎么样的,我不能确定,只能保持一种开放的态度。这就为自己和他人未来的新经验、新理论留下足够的空间,以免陷入独断论和教条主义;同时,也使我们能够不断推进对生命本体的认识。

四、坚定科学信念,践行求真务实精神

我所理解的科学信念就是学术研究是以追求真理为己任,为唯一目标。所谓真理就是解释和解决问题的有效的观念体系(命题体系)和方法(技术)。科学研究是为了解决人的问题的,而不是为了其他任何目的。而人的问题包括实践问题和理论问题两个方面。实践问题就是如何解决我们的生活问题。理论问题就是心智在解释世界时所引发的逻辑问题,是为了建立统一的观念体系而产生的逻辑问题。实践问题是来自经验问题,是生活给我们带来了理论所不能解释的新经验,这些新经验给我们带来痛苦和麻烦。老的理论问题往往需要新的实践来解决;而新的实践问题则往往依赖新的理论来解决。

所以，我们的学术思维一定要坚持问题导向，以解决学术的逻辑问题为核心，以解决现实问题为落脚点。所谓求真务实精神就是这种寻找真理的精神，解决问题的精神。没有这种精神本书是不可能完成的。但是本书的写作虽然在宏观上解决了许多重大的理论问题，但给学术界带来的问题更多。我希望大家能够本着求真务实态度进行批评，把所批评的问题落实到具体的经验问题和逻辑问题上，而不是落在抽象的原则或毫无价值的学术惯例上。

五、本部分的写作方式

本部分的研究是从经验出发，即从新经验的发现和逻辑分析出发进行研究和写作的方法，在当今的哲学界不是很常见。从根本上说，本部分的研究属于科学研究，但又不完全属于科学研究，因为我们是根据经验出发的，却没有提供相关的数据，所以是介于哲学和科学之间的研究。由于我们研究的经验性质和原创性质，使我们的写作方式就不能采取哲学界流行的文本研究和文本批判的方式进行，而必须采取以经验主体的直接陈述的形式来写作。这种写作方式使我们很少转述别人的理论成果，即使转述也是以批判为主。这种写作方式或许将引发一些读者的不满，他们或者认为我对价值哲学学术传统完全无知，或者认为我过于傲慢，无视学界前辈的工作。我想大家如果认真领会了我所写作的内容与传统哲学的关系，也许会赦免我的这个罪过。因为，我们所研究的范围大大超出了传统的价值哲学的研究范围，不仅将自然科学与社会科学、心理学、哲学融为一体，还将科学、哲学与传统宗教、气功、中医等融为一体。所以，站在本书的层面看传统的价值哲学和价值认识论研究都只是零散的意见，完全不具有系统性，对本书的参考价值也很有限。我们在实际研究的过程中很少参考这些文献。

由于我们大大扩展了经验研究范围，从而也就大大扩展了价值哲学研究视野，实际上大大扩展了人类对认识的研究视野。这种经验范围的扩展直接提升了我们的思维层次，使我们能够以全新的方式来分析、思考人类的生命存在和生命活动方式、经验方式，由此对人类的认识过程和认识结果做出新的认知，从而在建构一个价值认识论的同时，对传统的科学认识论做出更深刻的反思。由此我们克服了以往各家各派那种分散的、各自为政的研究方法，从根基处将这些方法统一在一个理论体系中。这一研究特征首先就表现在我们对经验的分类和阐释上。大家在这里会感受到心理学与生理学、科学认知与价值认知、现代科学与中国古代科学（比如中医和气功）之间的内在差异性和一致性。这种研究方式在传统学术视野中是不可能做到的。因此，我在写作这部分内容时，首先是将传统的学术研究搁置在一旁，不做任何学术史的讨论，而是直接从经验的描述和分析进入，这样不仅要保证我们的所有论点都有坚实的经验基础，更保证思维的连续性。因此，阅读本部分内容几乎不需要有任何学术背景，您只要能根据我的陈述不断反思和体验自己的身心体验，做必要的经验确认即可。对那些超出了您以往经验范围的经验陈述，比如我对自己中医实践经验的陈述，您要相信我。当然，您也可以选择不相信。因为，我没有办法让您也立即经验到这些。但这不影响您对本书基本内容的理解。因此，我希望读者在阅读这部分文字时，能够把以往的各家理论观点先放置在一边，仅仅根据自己的经验和逻辑分析来理解我们的陈述。在您完整地理解了我们的观点之后，您对人类认知的理解就会超越现有各家各派的观点，此时您再将本书的观点与其他学派进行比较，一定会有许多有意义的发现。

第八章　经验的种类

理性科学和哲学之所以不同于宗教，主要是因为其所有理论观点都是建立在经验基础上并通过逻辑思维形成的，遵循经验—逻辑（理性1）认知规则。所以，如何理解经验，对理性科学和哲学就具有生死攸关的意义。价值哲学和价值科学的研究之所以长期难以推进的根本原因是人们对经验的理解是片面的，对价值观念所赖以生成的经验基础缺乏明确的认知，由此也就无法对价值判断和价值追求形成的逻辑思维过程有所认知。正如一座大厦缺乏坚实的地基，无论看起来多么雄伟、豪华，在现实生活面前就会一无所成，在理性的批判和质疑面前都会立即轰然倒塌。之所以如此，是因为长期以来，认识论哲学的研究和认知心理学的研究都被置于科学认识论和科学哲学的统治之下，而无法满足价值哲学和价值科学研究的需要。所以，我们的研究必须从经验出发，通过对经验的重新梳理，为价值哲学和价值科学研究开辟新的道路，完善人类对理性科学的认知，将人类理性科学推进到一个新的阶段。

第一节　经验的第一级分类

经过深入、细致、系统地研究，我们发现人类的经验的形式、种类是非常丰富的，传统哲学和科学所研究的经验是很有限的，还有几类经验被人们普遍忽视，从而使我们对人类理性和理性知识的认识存在严重的问题。我们也发现如果要想对经验进行分类，仅根据一个标准是不够的，也就是仅一次分类是不够的，需要多次分类，提出多种分类标准，才能完成。

根据生产经验的内在根据是身体还是心智，我们首先将经验分为三大类：身体感受、心智感受和身心感受。所有的感受都是经验。

一、身体感受

身体感受即我们的身体获得的感受，经验即是感受。比如因光线对眼睛的刺激而获得的视觉经验就是视觉感受，因声音对耳朵的刺激获得的听觉经验就是听觉感受，因食物对胃的压力而形成的饱的感受就是触觉感受，因气体刺激鼻子而获得的嗅觉经验就是嗅觉感受等。

二、心智感受

心智感受就是因心智活动而获得的感受。这个心智可以先简单地理解为心理，具体含义下面再深入讨论。人类为什么会知道自己有经验能力、能获得经验？知道自己有思维能力、能进行思维活动、具有知识建构能力？知道能够获得各种知识？是因为我们能够感觉到、感受到自己在经验、在感受、在思维、在建构、在获得知识。我现在在写作的时候，当我有意识地去关注、感受我的大脑活动时，我就能感受到一个个观念在大脑中升起，感受到我在对自己的观念进行各种组合，感受到每一个推理演绎过程。大家也都能做到这些。这些都是感受，也是经验、感觉。这是人类自我意识能力的重要途径和表现。这种能力人人皆有，也基本上是人人都经常获得的。人与人的差别仅在于感受的深浅不同。那些从未对自己的心智活动进行过深入、系统地自我体验、自我认知的人，大多不会对本书的内容感兴趣。本书的内容都是建立在这种心智感受的基础上的。我希望读者在阅读的时候，能够跟随我的语言进行现场的自我体验，从而获得相关经验，为理解本书提供经验基础。心智系统对自身经验能力、思维能力、经验活动和观念活动的自我感受，是人类自我认知的一个极重要的方面。

三、身心感受

身心感受就是身体感受和心理感受同在的感受，二者共同起作用的感受。

这样的感受包括情绪感受和情感感受两大类。至今人们没有将其分开,大多混为一谈。我们尝试将其分开。我们之所以将情绪感受、情感感受视为身心感受,是因为情绪感受、情感感受实际上横跨生理和心理两个领域,是将身心连接在一起的一种活动。

1. 情绪感受和情感感受都是心理感受,即心理经验。

(1) 大家之所以都认为情绪是心理的,这是因为人们发现情绪与一般的感觉经验不同,与客观的事物之间没有必然联系,因为面对同一情境,不同的人所引发的情绪不同。比如,同样面对一个死人,有人悲伤欲绝,有人笑逐颜开。一个病人身体疼痛,也依然可以有高兴的情绪,一个穷人生活很穷、忍饥挨饿,依然可以过得开开心心,所谓"一箪食,一瓢饮,在陋巷,人不堪其忧,回也不改其乐"。所以,情绪与视觉、听觉不同,与身体里的饱暖等感受也不同,似乎与身体状态和生活状态等物质层面的东西都没有直接关系,因此人们认为情绪属于一种心理现象,与人们的思想意识关系比较直接,而与人们的身体状态、生活的实际情境关系不是很直接。所以,确定情绪是一种心理现象、心理感受是没有任何问题的,大家过去也都是直接将情绪视为心理现象或精神现象的,没有人感觉有任何不妥。

(2) 情感发生时我们也会体验到身体内部存在一种感受。比如,当我们对某人表现出爱意时,如果此时去体验心脏部位的感受,就能感受到里面是暖暖的、温柔的。如果我们对某人表现出恨意,心脏里面的感受就是僵硬的、冷冷的。这种感受我们也能清晰地体验到,所以,也属于经验。情感与客观事物间也没有必然联系,面对同一对象,人们的情感是不同的,有人爱、有人恨。比如,面对一个贪官,可能我们大多数无关的群众或受害群众会恨,而贪官的亲人朋友,或受过其好处的人,则会爱。所以,情感也是心理的。

2. 情绪情感也是生理感受、生理经验,是物质过程。

我们为什么说情绪也是一种身体现象、生理现象呢?这是从情绪发生时身体内部所实际发生的生理过程、物质过程而言的。首先,当情绪发生时,我们的身体和大脑会产生复杂的生理反应,即物质反应。其中就包括分泌出多种物质,比如众所周知的多巴胺等。[①] 应该是这些物质刺激了身体感觉细

---

① 孟昭兰:《情绪心理学》,北京大学出版社2005年版,第71—72页。

胞，才使我们感受到某种情绪。其次，每一种情绪活动都会消耗能量，也表明情绪活动过程是一个物质能量消耗过程。喜怒哀乐等各种情绪过后，我们都会有疲劳的感觉。再次，情绪会导致疾病。中医认为如果情绪发生后没有得到完全的疏泄，即情绪物质没有被顺利清空，就会郁积在身体的相应部分，从而引发疾病。中医还认为不同的脏腑对应不同的情绪，因此不同的情绪物质会伤害不同的脏器。这也表明中国古人早就认识到情绪是物质的。第四，如果人们用心智向内觉察、体验自己的情绪活动时，注意是用心智而不是眼睛，会发现不同的情绪活动在身体内的不同地方，但以在心脏部位为多，而且都是有形状的，大多数是团状，还有带状的、扁平状的、玻璃状的、钢板状的。这些都表明情绪是物质的。这些感受在内观和静观中都能感受到。情感感受发生时，总是伴随情绪活动的，所以，也很自然的是物质活动。比如，当我们见到某人心中升起爱意时，就会感受到那里有股暖流，如果我们此时去静观，就会发现那个地方也是一团物质。如果是恨意，那个地方就会有一块让我们感觉堵塞感的物质。这些情感都是能量活动，它们推动着人们采取各种行动。

第二节　经验的第二级分类

一、身体感受的分类

根据引发身体感受的刺激源是来自身体外部还是身体内部，将身体感受分为外部感官经验和内部感官经验两类。外部感官经验是身外事物刺激感官所形成的感官经验。比如，看到他人、观察到自己的外形的高矮胖瘦等。内部感官经验就是对身体内部存在状态的感受。比如，肚子疼、胃寒等。

二、心智感受的分类

根据心智感受的对象是自身还是外部事物，可以将心智感受分为心智的情境直觉感受、心智体验自身观念运作感受和纯粹心智感受三类。

下篇 价值观念形成的先验程序和先验结构

1. 心智的情境直觉感受。

（1）所谓心智的情境直觉感受就是人们过去常讲的五识之外的第六识（注意，不是佛学所说的第六识"意"识）。这种识是一种感受，而不是一种观念认知，所以属于经验范畴。我们根据这种经验也可以形成理论。它是心智在特定情境下面临特定对象时所产生的一种感受，这种感受携带某种信息，却不是来自任何一个感官。比如，我们在第一次见到一个人时，感受到不安，心里有排斥感，但并非来自对方的相貌、言行的刺激。这种感受是非公共的，即是其他人所没有的，是特定个体所获得的感受。这种感受也被称为直觉。

（2）关于直觉的来源，有两种主要解释：一是认为直觉是来自过去经验的积淀，二是认为直觉来自心智的第六识。我认为在实际生活中这两种情况可能都存在。但第一种情况不属于直觉，而属于经验的模式匹配，是人们依据过去经验对现实情境的一种解释，只是这种解释过程非常快，以至于人们感觉不到其中的匹配过程。所以，有些人用熟能生巧这种现象来解释。第二种情况才属于真正的直觉，是心智意识对环境或对象信息的一种非感官的直接把握。在生活中我遇到过不少这种情况，比如，如果我要做一件事情，这件事可能很平常，仔细用理性分析没有任何不妥，但心里感觉就是不舒服，有点忐忑。如果我要坚持做下去，效果往往都不怎么好。同样，如果我心里直觉要做一件事，而我由于受自己的一些观念、习惯的影响而不想做，后来也没做，效果也不好。通常，如果我感觉应该做就直接做了，效果就会很好，虽然做后理性的分析不一定好，有些后悔，但时间长了以后看，那件事做得很好。我研究过许多研究直觉的著作，主流观点都提到直觉是一种感受，当人们忽视这种感受采取行动后，效果就不好；而如果尊重这种直觉往往效果会很好，甚至可以避免一些灾难。

（3）所以，直觉通常是带有身体感受的。当直觉出现时，我们的身体某些部分会有异常的反应、感受，我认为是心智用这种反应提醒人要做或不要做某种事情。注意这里是反应，而不是反映。比如，我一个朋友，是个商人，他说，当他按约定去跟某个人谈一笔生意时，如果在出发前感受到小腿有些痛，那么这件生意怎么都谈不成。他是经过了很多次之后才发现这个现象的。等他发现这个现象之后，自己又观察了许多次，结果每次都是如此。哪怕这件事按正常情况看起来是十拿九稳的事情，最终也肯定不成。我还有一个经验，如果我做某件事时，心里很静，往往就会很好。这就从正反面说明了我们的心智存在一种与感官经验无关的认知、判断能力。

（4）所以，直觉是一种判断力。从上面的论述可以看出，直觉不仅给我们提供信息，实际上给我们提供的是判断，使我们知道那个事物、情境对我们是有利还是有害。如果有利感觉就会很好，如果有害感觉就会不好。

所以，直觉首先是一种感受，其次才给我们提供一种信息，这种信息本质上是一种判断。即直觉是一种包含信息的感受，包含判断的信息。好的感受往往包含肯定性的信息，坏的感受往往包含否定性的信息。许多有创造力的人往往都是能够尊重自己直觉的人，尊重直觉的人会有更好的判断力。由于直觉是一种感受，所以，我将其归入经验范畴。对这种经验我们可以进行理论解释，成为理论加工的对象。

（5）根据与许多人的交流，我发现直觉经验大多数人都有，只是人们对待它的方式不同，结果也不同。如果一个人能够经常尊重自己的直觉、按直觉办事，那么他的直觉感就会比较强烈，人生和事业不一定有多大成就，但会顺利些，少些挫折和痛苦。而如果一个人经常忽视自己的直觉，那么，他的直觉感就会变弱，直至消失，即我们的态度与我们的直觉能力之间是存在某种互动关系的。直觉作为一种认识方式和认识能力也是可以培养、训练的。①

（6）直觉不同于灵感、顿悟。灵感属于突然间大脑中产生一个念头，这个念头是带有信息的，有时表现为一个完整的观念或图像。灵感产生时往往没有身体感受，但当人们认识到灵感的价值后，会产生愉悦、兴奋的情绪感受，这是后发的，也属于情绪感受。顿悟是我们对某一观念的内容或事件的含义的理解突然从原来的理解状态中突破出来，认识升华到一个更高的新的境界。顿悟往往是理论性的。顿悟发生时，主体本身也一定是身心宁静的，但当人们认识到顿悟的内容的价值时，也会产生激动、兴奋，甚至极度兴奋等情绪感受。这也是后发的，且属于情绪感受。

---

① 〔美〕法朗西斯·沃恩：《唤醒直觉——一种超越理性的认知方式》，罗爽译，新华出版社2000年版。

（7）有许多研究直觉的著作把梦境、心灵感应也称为直觉，我认为这些方式虽然也能给我们提供信息来源，包括意象、图景、观念，是人类认知的一个补充来源；但由于其并不是面对具体情境发生的，所以，我认为不能算经验。当然，如果我们以这种认知现象作为研究对象时，此类认知发生的过程也就转化为认识的材料——经验。

2. 心智体验自身观念运作过程的感受。 所谓心智体验自身观念运作过程的感受是指我们在反观、省察、觉察自己的心智活动时，能够感受到大脑中的一个个观念的升起和落下，能够观察到观念在逻辑思维过程中的推演。历史上所有能够对人的认知、心灵有深刻而系统的理解的人，一定是经常进行这种内在觉察活动的人。这种活动过去人们用不同的名词称呼它，都可以。比如返观内照、内观、内省、省察、觉察、觉知[①]等，这种活动是心智本身的活动，虽然有观、察之类的概念，却与我们的眼睛没有任何关系。当我们把我们的意识活动转向自己的大脑时，即转向内在时，我们就开启了这个过程。之所以人们用观、察这样代表视觉动作的词汇，一个很重要的原因是人们在此过程中是能够清晰地感受到观念的运作的，就像能看到一样，甚至有些人真的能看到观念的升起和降低。我在几个特殊时刻就曾清晰地看到一个句子、一个概念在脑海中从一边升起，从一边消失，整个大脑就像一个屏幕。当然，这种时刻很少，不是经常出现的。

人的心智活动最自然的行为是向外观察、感受，向外抓取信息，这是人人在清醒的时候每时每刻都在进行的，过去我们的认识论都是以这种方式所获得的信息、经验为研究样本的，所认识的是这个世界及其万事万物。人的心智同样可以向内观察、向内感受或觉知，向内获得信息。向内观察和向内感受是两种不同的方式。

（1）向内观察是一种类似眼睛的看的活动，它获得的也是一种类似于视觉信息的信息。只是这种观察所观察到的不是像我们的眼睛在解剖大脑时所

[①] 这些方法除可以用作心智的自我认识之外，还是很好的心理治疗方法。自从超个人心理学出现后，这种方法就被引入心理治疗行业，曾经被普遍认为有可能取代传统的心理治疗方法。具体内容请参阅〔美〕布兰特·宠特莱特：《超个人心理学》，易之新译，上海社会科学院出版社2014年版，第122—132页。

看到的组织、细胞等景象,而是一种类似于 X 光透视片或 CT 拍片一样的空意境,不同的人看到的颜色是不一样的,比较多的是黑的、灰白的,也有其他颜色的。当我们在向内觉察时,如果此时大脑内有堵塞的地方,堵塞的地方我们看到的通常都是黑的。只是当人们看到漆黑一片时,不认为自己看到了什么。当我们在向内观察时,我们可以观察到观念的推演,或观念的对话等,即使你什么都看不到,但绝对可以感受到观念的活动。这种感受是人人都可以有的,只要你去尝试。这是心智系统自身的一种活动。一个经常进行这种内观活动的人,会对自己的认知活动、观念活动有更深的理解,经常观察到大脑进行内部对话的人思维会更加严密,会更有创新能力。简单地说,经常进行这种观察活动的人的思维会更敏感,思维能力会更强大,更能有意识地进行创新。

(2)向内感受就是体验自己大脑内的感受。大脑里的感受主要有三种:空的感受、静的感受、紧张或堵塞的感受。这些感受也是心智系统的感受,是向内感受时获得的感受,也是心智系统自身的感受。通常在向内觉察时也能感受到。它是与观念活动直接相关的。如果我们大脑里没有观念活动,此时你去体察大脑,就会感受到里面是空的、静的,很舒服。而一旦当大脑里有观念时,就会有地方是紧张的、堵塞的感受。尤其是当我们心脏部分有很强的情绪活动时,大脑里的紧张感、堵塞感就会很强,而且可以清晰地观察到大脑里观念活动很强烈。经常进行这种向内观察、体验的人就会发现大脑内的感受与观念活动、情绪活动具有直接关系,借此就会对人的心智和生命活动有更深的理解。心智感受与大脑的生理性感受是完全不同的。大脑的生理性感受属于身体内部感受的一种形式,是由于生理状态(比如疾病)引起的,比如头疼等,与观念活动的存在与否没有关系。历史上很少有人记载心智意识的这种感受。释迦牟尼在《大念住经》中讲过要人们体察身体各处的感受时,也包括大脑里面的这种感受。我本人发明的静观的第二步就是感受大脑里面的感受。当我们大脑里有这种心智感受时,通常在我们心脏部位也会有情绪感受,静观方法的目的就是消除这种情绪感受和大脑里的感受,使人心回归宁静。我教会了许多人这种心理调节技术,几乎所有的人都会有这种心智感受,我也因此在社会上拥有一大批粉丝,其中绝大多数都是受过高等教育的人，尤其是理工科人士。

3. 纯粹心智感受。我们心智的感受还有一种独特形式，就是大脑中没有任何思维活动时候的感受。这个感受也是人人都能获得，只是很少人注意到它的存在及其价值。在历史上只有佛道两家处于修炼的高级阶段的修行者才能发现这种感受。现代许多新型灵修理论也认识到这种感受的存在，并认识到这种感受对调节身心的巨大功效。

当大脑中没有任何观念活动时，如果我们去观察、感受大脑里面，就会发现此时大脑里很静，空荡荡的，感受到有一个意识在意识着，这个意识使你知道你自己在这里，在觉知。此时你会发现你的意识在大脑中间的上方，像一盏灯悬在那里，俯视全身。如果把我们的大脑和身体比喻为一间房子，那个纯粹意识就像一个灯泡悬在那里，能觉察到你大脑中的一切活动。这就叫"一灵独照"。这是人生最重要的经验形式和意识的活动能力，只是许多人从未有意识地去感受过这种感受，因此，也就不知道这种感受的存在和心智活动形式的存在，更不知道其价值。由于此时大脑里没有任何观念活动，只有这种纯粹的意识，所以，我称之为心智系统的纯粹意识，此时的感受为纯粹心智感受。我也是根据这种意识状态和感受状态的存在，认识到我们人类存在着一个独立于身体意识的心智意识。在此种情形下，人们所看到的东西也会像 X 光照片或 CT 片一样，看到的不是真实的内脏，有人看到的是漆黑一片，但也能感受到大脑内部的那种宁静感和空感。比较多的人看到的是灰白色，其他的还可能看到红色、黄色等景象，人与人是不一样的。一个长期进行这种观照的人，在不同的阶段所看到的颜色也不一样。

心智意识在这种状态下具有一种非常强大的功能，就是当人们有意识保持心智的这种状态时，可以有效而快速地清除大脑里不断升起的各种观念，从而保持大脑清净。这个过程就是佛教所说的一种非常高级的禅修活动、修炼活动，而这种清净状态正是各种超越性宗教和现代各种灵修活动所追求的生存状态。换言之，当我们的心智系统的纯粹意识升起来的时候，所有的观念都会立即被清空，大脑中就只剩下那个觉察的意识，或观照的意识；如果在这个过程中有观念升起，一旦当那个观照的意识去观照那个观念的时候，那个观念也很快被清空了。这些现象过去被称为止观、内观等。这种修炼的功效有两方面，一是使我们的大脑能够顺利地摆脱各种观念的控制，从而使人能操控自己的思维，使大脑和心静下来。而普通人很容易被自己的各种观念控制，在观念的控制下采取各种不理性的行动。比如，一个人在被发财的观念控制下，就可能不择手段地去捞钱，在复仇观念的控制下就会不择手段地复仇，等等。而一个掌握这种用心智的纯粹意识觉知方法的人在他进行这种觉知时就很容易将发财的观念、复仇的观念压入潜意识，从而使这些观念控制思想和行为的能力大大降低。一个经常进行这种觉知的人，往往会变得越来越静，生活会变得越来越简单。因为，大脑里的观念变少了，随之欲望就变少了，也会变轻。这是这种方法对心理、思想的影响。

除此之外，由于它能让人变静，所以对身体也有很积极的影响。当人们通过这种方法使大脑变清净之后，思想观念就不再主宰、干扰自己的身体活动，从而让身体也静下来，由此使身体内的气血有机会按自身的规律调节身体，恢复被人的思维活动、情绪活动所破坏了的自我运行机制，实现自我调节、自我疗愈。因此，这种修炼方法对身心健康皆有益处，相对而言简洁且高效。①

这种向内觉察、观照的方法是哲学家们所说的反思、内省方法的基础和核心，其中的心智系统的纯粹意识的觉察、观照是心智意识的最高级的方法。事实上哲学家们所说的反思就是以此种体验为基础进行的。所谓反思就是心智系统以自身为对象的意识，或者说思维以自身为对象的思维，也就是人的自我意识。笛卡尔之所以可以说"我思故我在"，就是因为当他在怀疑的时候他能够清晰地感觉到自己在怀疑。对我们来说，当我们在思维的时候，我们能感觉到自己在思维；当我们在感觉的时候，我们能感觉到自己在感觉。哲学家（包括一部分心理学家）对人的认知过程和结构、心理过程和结构的认识的经验起点就是这种心智系统对自身运作过程的体验。历史上所有关于人的心理、认识、思维、情绪、情感等的认识都是在这种体验的基础上逻辑加工的结果，差别主要在经验层次的深浅、数量的多寡和逻辑分析的深浅。反思的第二个含义是对自己已经形成的经验和理论的检查，看看经验是否真实、可靠，理论的建构过程、推理过程是否正确。

---

① 有意学习者，请参阅〔美〕威廉·哈特：《内观》，台湾内观禅修基金会翻译小组译，海南出版社2009年版。

三、身心感受的分类

1. 情绪感受的分类。根据人类的喜好,将情绪感受分为积极的情绪感受和消极的情绪感受。积极的情绪感受即我们期望继续得到的感受,也是给我们的生命和生命方式带来肯定感受的感受,比如喜悦、激动、兴奋、陶醉。如果一个人经常获得此类感受,其生命感、生存感就会比较强烈。消极的情绪感受即我们希望远离的感受,也是给我们的生命和生存方式带来否定感受的感受,比如愤怒、悲哀、忧愁、惊吓、恐惧、焦虑、郁闷、纠结、担心、心酸、心碎、心塞或心堵、寂寞、孤独、压抑、麻木、无奈等。如果一个人经常获得此类感受,其生命感、生存感就会比较差。所以,情绪的种类远多于古人所说的七种。从上述分类也可看出,人类积极的情绪比较少,而消极的情绪则比较多。所以,释迦牟尼说人生是苦多乐少。

2. 情感感受的分类。根据情感感受的不同,我们也可以将情感分为积极的情感或正向的情感与消极的情感或负向的情感。喜爱与仇恨、信任与怀疑、希求与嫌弃(或贪求与厌恶)、尊重与蔑视、崇拜(崇敬)与怨恨、傲慢与轻贱、崇高与渺小、自信与自卑、自爱与自怨等属于情感,其中每一对前者是积极的情感,代表着对对方的肯定,后者是消极的情感,代表着对对方的否定。从上述分类可以看出,人的情感是对称的,有一种积极的情感就有一种消极的情感。同时,情感有对他人的,还有对自己的。我们可以爱别人,也可以爱自己。

第三节 经验的第三级分类

经验的第三级分类主要是对身体感受的进一步分类。

一、身体外部感官经验

根据感官经验获得途径的不同,可以把身体外部感官经验分为听觉、视觉、嗅觉、味觉、触觉等五大类。通过眼睛获得的视觉经验,通过耳朵获得的听觉经验，通过舌头获得的味觉经验，通过鼻子获得的嗅觉经验，通过身体皮肤获得的触觉经验。这些经验有两大特点：一是都是通过人的感官感觉器官获得的，所以，我们可称之为感官经验。二是经验的发生都有一个外部刺激源，比如光线、声音、气体、压力等，即来自我们身体的外部对象。所以，我们称之为外部经验或外部感官经验。传统的认识论和现代认知心理学基本上都是以此类经验为研究对象的。但这只是人类众多经验中的一个小类，由此可见它们视野的狭隘，建立在这种认识论基础上的科学理论怎么能充分反映人类的生活现实？

二、身体内部感官经验

身体内部的感官经验主要是我们身体内部的感官细胞对身体内部物质能量状态的一种反应。比如，身体内部的舒服感、身体内部的温暖感和寒冷感、饥饿感、饱胀感、肚子疼、腰酸背痛、胸闷气短、身体各处的酸麻胀痛等，都属于身体内部的感官经验，都是身体内部存在状态的反应。这些感受也都是我们认识自己身体、生命存在状态的途径，是我们生命自我意识的另一个途径，带给我们生命活动状态的信息。这些经验、信息在传统的认识论和经验论研究中也没有得到应有的尊重。由于这些经验完全是以感受的方式呈现出来的，所以，是一种身体感受。

比如，我们人类要继续生存下去，就必须保持身体内部的物质、能量的平衡，而身体内部的感受就是我们能够保持身体内部物质、能量平衡的一种机制。当我们感受到饥饿的时候，我们就知道自己需要进食了，否则人就会因能量缺乏而死亡。当我们感受到渴的时候，我们就知道自己需要饮水。当我们有饱了的感觉，就知道吃饱了、喝好了，就会停止进食、饮水。否则我们有撑死、胀死的可能。我们的身体内面还有痛、麻、胀、酸、冷（内冷）等各种感受，由此我们了解到我们身体内部某些部分或全身是否出现了问题，是否需要去见医生，医生则可以根据这些状态来判断我们的身体是否生病了，哪个地方生病了。因此，这些感受也都是经验，是我们认识我们自己生命存在状态的主要途径。这些经验也一直没有成为哲学认识论研究的对象。

再比如，音乐家在练习发声、唱歌的时候，他的身体内部会有一般人没有或忽视的感受，也能够根据这些感受来判断自己的发音是否正确、唱得如何等，即获得自己唱歌的相关信息。这也是经验，对音乐家们是很重要的经验。

武术练习者在练习、搏击的时候，身体内也会有独特的感受，他也可以根据这些感受判断自己练习、攻击得是否正确。因为如果正确就会有舒服、流畅的感受。气功练习者在练气功的时候，身体内也会获得一般人所没有的感觉经验，他会根据这些经验来判断自己练习得是否正确，或练习到什么程度。

从上面的介绍可知，人的身体内部的感觉经验也可分为好的和不好的两类，好的感受就是使人感觉舒服的感受，人们希望继续得到的感受；不好的感受就是人们感觉不舒服的感受，希望远离的感受。

上述这些传统的哲学认识论所忽视的经验对我们生命的重要性丝毫不比人们过去所关注的听觉、视觉等感官经验小，甚至更重要。大家想想，如果我们人类没有饥饿的感觉能力、没有饱的感觉能力，我们会怎么样？如果没有身体内的各种感觉，我们将如何来了解和调节我们的生命活动？简单地说，如果人类没有这些经验能力和经验，人类还能是人类吗？可以绝对地说，没有这些感觉能力就不可能有人类。因此，我们就可以肯定地说，没有包含这些经验在内的认识论是残缺的认识论，是半拉子认识论，没有包含这些经验在内的科学知识体系，也就是一个残缺的科学知识体系。

第四节 经验的第四级分类：科学经验和价值经验

这次分类主要是针对身体外部感官经验。当我们因外部事物的刺激获得一个感官经验之后，实际上我们获得了两类不同的信息，而传统的认识论研究只关注到其中的一类信息。我们把传统认识论所研究的经验，即科学思维所研究的经验，称为科学经验。而另一类经验就是本书要特别研究的价值经验。我们之所以称它们为价值经验，是因为我们的价值判断和价值追求都是根据这类经验形成的。

"价值经验"这个概念周农建曾用过一次,后来就没人再用过。周农建基本研究过了我们所说的价值经验的许多类型,但遗憾的是他没有把人的身体感受、情绪感受、美感等视为价值经验本身,而是视为价值经验所引发的结果,当然,他也没有研究价值经验的形成机制。也就是说,周农建发现了价值观念与此类经验相关,但还缺乏更为深入系统的研究。他说:"人们的经验有两类:一类是事实经验,一类是价值经验。两类经验都要通过感官而达于我们的心灵,但在性质、特点上有所不同:首先,事实经验的对象是客观事实,价值经验的对象则是客体对主体的满足关系;其次,事实经验给人展示的是客体本身的现象、联系、构成等,价值经验给人展示的则是客体对主体的意义;第三,事实经验是中性的,它并不会导致主体心灵的颤动、情感的激发和行为的取向,价值经验是非中性的,它给人带来快感、美感、幸福感、满足感等等,给人以愉悦或痛苦的体验,使人对事物有所喜厌和取舍。"① 在这里他没有把快感、美感、幸福感等直接视为价值经验,而认为是价值经验带来的,并把价值经验理解为客体对主体的意义。这是受传统的价值定义方式的误导造成的。我们把价值经验、价值经验形成的机制、价值经验对生命的意义作为三个不同的问题分层研究。而周农建的研究方式恰恰代表了以往人们把这三个问题混合在一起的研究状况。我想正是这种错误的研究思路造成了问题的难以解决,周农建本人也无法把这个问题深入研究下去。

本书把价值经验是什么,价值经验是如何形成的,价值经验对人有何用以及在价值经验基础上价值思维是如何延伸的等问题分层论述,从而使我们揭开了价值研究的新的一页。当然,这要归功于我们找到了阐释价值经验的科学方法,由此才能使这些经验都成为阐释价值观念形成的根据,由此深入价值观念形成的先验程序和先验结构的研究中。但是,我们并没有把价值经验和科学经验截然分开,所有的价值经验同时也可视为科学经验,作为科学理论加工的对象,使我们由此形成关于人类生命和心智意识的科学知识。本书正是将此类经验直接转化为科学经验,作为我们提出一系列理论假设的经验根据。另外,在我们看来,价值经验也都是事实。事实经验是一个错误说法,因为,事实本身就是经验。周农建所说的事实经验就是我们所说的科学经验。

① 周农建:《论价值经验》,载《东岳论丛》,1987年第4期。

下篇 价值观念形成的先验程序和先验结构

一、视觉经验的两类信息

当我们看到一束阳光时，除了获得光线的颜色、亮度等信息外，还获得了另一类信息：感觉刺眼，或者感觉眼睛很舒服（养眼），或者感觉光线很美，或者获得温暖或凉爽的感觉。前一类信息是关于光线或客体的，后一类信息是关于客体与我们身体、生命的关系的。我们根据前者知道阳光的存在方式，根据后者知道这束光线与我们的生命存在方式的关系。让我们舒服的光线，我们就愿意留在此光内，让我们感觉很难受的光线，我们就想快点离开。大家想想，对我们来说，后者是否比前者更重要？至少一样重要。视觉艺术的目标都是带给人们美的视觉感受。现代社会视觉艺术大大发展，占据了我们生活的所有方面，为此我们花费了巨大的人力、物力，消费它又花费了无数的时间、精力和金钱。所以，这类经验、信息对我们的实际影响已经无法衡量。

二、听觉经验的两类信息

当我们听到一个声音时，不仅获得了声音的强度、频率等关于声音的信息，还会获得相关的感受，比如噪音带来焦虑、烦躁感，优美的歌声带来愉悦、舒服感，平静的声音带来宁静、安慰感，等等，不同的声音所带给我们的感受是不同的，以至于我们形成了一个庞大的以声音为主体的艺术体系和庞大的产业门类。比如各种音像制品、器材就是为满足我们对各种声音的需求而创造的，深刻地影响着我们的生活，甚至可以说主宰了我们的生活。这些感受表明了不同的声音与我们身体和生命活动的关系。这些感受也是信息，也是经验，能够帮助我们认识声音与我们身体和生命活动的关系，认识到相关事物与我们生活的关系。

三、触觉经验的两类信息

当我们触摸到一个东西时，我们会获得该物表面的硬度、温度、光滑度、形状等信息，像盲人摸象中的盲人就是靠触摸来获得事物的信息。这些信息也是关于客体的。同时，我们的手还会获得一些感受，细腻感、粗糙感、柔软感、刺痛感、压迫感等，这些感受进一步给我们带来舒服、愉悦、痛苦等感受。如果我们获得的是柔软、细腻、光滑、舒服、愉悦等感受，我们就会想继续触摸这个东西，甚至想长期占有这个东西。反之，如果是难过的感受，我们就会立即把手缩回来，远离这个东西。所以，这些感受也告诉了我们一个事物与我们身体和生命活动的关系，在我们的生活中占据了重要的地位。

四、嗅觉经验的两类信息

同样，我们在闻到一股气味的时候，不仅闻到气味是什么、气味的强弱、来源等客体性信息，还会同时感觉到这味道使人兴奋、清醒、昏沉或呕吐、刺鼻等身体感受。后一种感受作为经验使我们认识到这个气味与我们身体和生命的关系，我们会立即远离那些难闻的气味，并想继续留住好闻的气味。通常情况下，那些给人们带来好的感受的味道的气体或物品，对我们的身体也是好的。当然，总有例外。为此，我们也发展出一个庞大的产业，比如香水和各种化妆品产业。

五、味觉经验的两类信息

当我们吃到一种食物时，我们的味觉会感受到其味道是酸辣苦甜等客体性信息，也是传统认识论所关注到的信息。同时，我们还会获得愉悦、爽口、舒心、兴奋、快乐、痛苦、难受等感受。这些感受也表明了该食物与我们身体和生命的关系，决定着我们对待它们的态度。带来好的感受的食物，我们就想继续吃，带来坏的感受的食物，我们就想扔掉。整个食品业的努力目标除了给我们提供营养物质外，就是提供各种美味。

所以，当我们获得一种外部感官感觉经验时，实际上同时获得了两类不同的信息，两类不同的经验。传统认识论只关注到第一类客体性信息、客体性经验，而忽视第二类反应客体及其发散的客体信息物（比如光线、热量、声音等）与我们身体、生命关系的感受性信息。而我们的价值判断和行为恰恰是由这类信息决定的。为了区别，我们把第一类经验称为身体外部客体感官经验，把第二类经验称为身体外部客体感受经验。以往的价值观研究之所以没有根基就是因为人们没有认识到此类经验的存在，也没有正确理解此类经验与我们生命活动的关系。本书对价值观的研究就是从此类经验的阐发开始的，并由此对传统认识论、经验论进行反思，重构经验理论和认识论。

因此，我们人类的经验类型就包括：

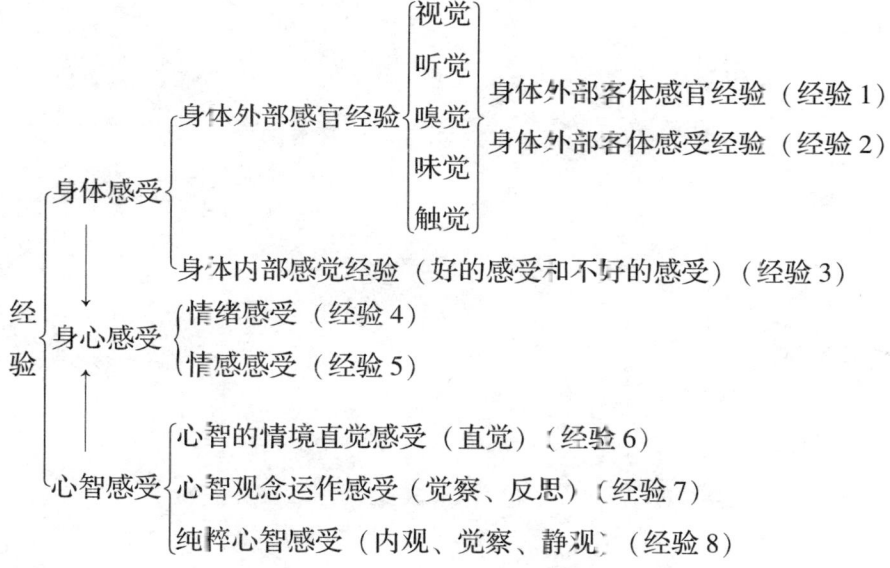

在上图中我们经过四次分类，把经验最终分成八类，这八类经验的形成机制是不同的，对人生的意义是不同的，对人类认知的意义也是不同的。

六、科学经验和价值经验

前面所研究的五类感官经验都属于身体对外部客体信息的反应，每种反应实际上都又包含了两类不同的经验。准确地说，我们每一种原生态的感官经验实际上是两类经验：感官经验和感受经验。以往科学思维所加工的材料都是感官经验，而感受经验一般都被抛弃了。价值研究者、美学研究者虽然许多人也关注到此类感受经验，但由于没有找到正确阐释这些感受经验的方法，从而失去由此阐发价值问题和审美问题的机会。我们之所以说此类感受经验是价值经验，就是因为它们是价值思维的材料，是一切价值观念形成的原点。本书对价值观念形成机制和先验结构的研究就是从此开始的。

当然，价值经验并不仅仅是指身体对外部客体的信息感受经验，还包括身体内部的感受经验、情绪感受、情感体验和美感。

第九章　各类经验形成的机制

本章将对感觉经验做崭新的分析,这些新的分析将给我们带来许多令人惊奇的结论,对传统的生命理论和认识论哲学都具有强大的颠覆作用,使我们看到人类生命活动、意识活动不为人知的一面。这些分析都是建立在我们长期的静观体验和中医实践的基础上的。

第一节　身体外部客体感官经验形成的过程

至今认识论哲学和认识心理学所研究的经验主要是身体外部客体感官经验,之所以如此,是因为此类经验是指向外部客体的,有利于我们认识外部世界,也有利于我们改造和占有外部对象,因此,也是有利于人类在这个世界生存的,是极为重要的一类经验,所以,一直占据人类认识论研究的中心位置。我们之所以称此类经验为外部客体感官经验是因为它的形成依赖于外部客体对感官细胞的刺激。根据我们在内省过程中的反复体验,我发现此类经验的形成实际上包括两个阶段:感官感应阶段和心智觉知阶段。

一、感官感应

感官感应是指我们的身体感觉系统(感觉细胞)接收到客体信息物(刺激)时所产生的物理化学反应。感官指感觉器官,"感"表示我们的感官系统接收到了客体信息物。所谓客体信息物是指感知对象所发散的携带其信息的物质，比如光波、声波、热量、气体、味道、压力等。"应"表示我们的感官感觉系统对接收到的客体信息物有了生理反应，准确地说是物理化学反应。比如眼睛接收到一束光线，该光线就与眼睛的感光细胞发生相互作用，然后被转换为电讯号，这个电讯号又进入中枢神经系统。这就是感官感应过程。这个过程是纯粹自然的物理化学过程。听觉、嗅觉、味觉、触觉的发生皆从感官感应开始。这个过程现代生理学和心理学都已经研究得很清楚了。①

二、心智觉知

但并非有了感官感应，我们就会获得感觉经验。因为，并非所有的感官感应都能成为经验，只有那些被我们的心智意识觉知到的感官感应才能成为经验，即感觉经验。成为感觉经验之后才能成为思维进一步加工的对象。如果我们把感觉经验的获得与思维的信息加工过程视为心智意识活动，那么，我认为感官经验的发生可能包括两个阶段，一个是"感"的阶段，一个是"觉"的阶段，只有感没有觉就不能形成感觉经验，即我们的心智就没有获得信息。感与觉这两个过程在一起才构成完整的感官感觉过程，形成感官感觉经验。

为什么要将感觉经验的形成分为两个阶段呢？我们是通过反复的内省后发现的。通过反复内省我找到了一个新的分析感觉经验发生的方法，对感觉经验进行了一种新的分析。在我们的生活中这些现象每天都在发生：听而不闻、视而不见、食而无味、触而不觉等。比如，在大街上，有无数音波同时进入耳中，但我们只觉知到其中很少的音波。如果我们的经验形成系统就是一套系统，感应与觉知是一个系统支配的，那么，我们就一定在形成感官感应的同时也就能觉知它们，形成感官经验。实际上，不是。这就说明感官感应过程与心智的觉知过程不是由一个系统控制的，不是同一个过程。再比如，我们在忙于工作或专心于任何一项事情时，往往会忘记饥饿，等事情一忙罢，哎呀，感觉好饿呀！从物理学和生理学上讲，饥饿感是由于胃里缺少食物或身体缺乏能量造成的，是身体感官系统对身体的物理状态的一种反应。而当我们在忙某件事情时，很可能我们的心智意识就被该事项完全占据了，就抽

---

① 邵郊：《生理心理学》，人民教育出版社1999年版。

不出空来处理饥饿感应,而等到事情忙罢,心智意识从那件事情转移开后,才有机会觉知到饥饿感应信息。如果这个推测是对的,那么,也说明感官感应与心智觉知不是一个过程。同样,我们在读书的时候,经常会发生这种现象,眼睛在看着文字,大脑里却没有收到任何信息。眼睛看着文字,文字的光信息也就进入了眼睛,视觉的感官感应一定发生了,我们的心智却没有获得信息,表明心智尚未实现对文字引发的感官感应的觉知,因为我们在思考别的问题,心智被其他观念占据了,即走神了。因此,我们可以推定在感官经验形成的过程中,存在着两个阶段,一是客观的物理化学过程,遵循物理化学规律,一旦外部客体信息物进入就必然要发生的,对我们来说,面对感应过程的发生我们是没有选择性的,所以人们称之为感觉的受动性或被动性。另一阶段是心智意识觉知过程,它具有更大的自由度、主观性,受个人意识支配,而不遵循物理、化学规律的必然性,人们称之为感觉的选择性。

这说明,我们的心智意识作为一个信息接收和处理系统,很可能是一个窄频系统,在一个时刻只能处理某一类信息,所以,当心智专注于某项信息处理任务时,其他感官感应信息就不能被接收到,从而形成不了经验。这在生活中也是随时都能印证的。比如,我们在欣赏一朵花时,往往我们在欣赏其颜色的美丽时(即启动了视觉信息处理频道),就会忽视其香味(关闭嗅觉信息处理频道),我们在闻花朵的香味时,也会暂时忽视其色彩和形状。而从感官感应的角度讲,我们在面对一朵花时,其颜色信息和味道信息都会同时刺激我们的感官细胞,同时形成感官感应。所以,由此我们还可以推测出这样的结论:人的心智意识是一个窄频信息处理系统,其虽然有许多信息处理频道,但在一段时间内只能处理某一频道的信息。当然,也有这种人,可以同时处理几个频道的信息。对人类来说,凡事都有例外。但大多数人应该都是如此的。

三、人类意识的两个阶段或层面:身体意识和心智意识

根据对感官经验形成过程中感官感应和心智意识觉知两个阶段的区分,我们推测经验形成的这两个过程很可能不是同一套物质系统运作的两个阶段,而是两套系统所各自主宰的两个过程,如果这样的话,我们就可以推定人的

意识活动实际上存在两套系统，我们分别称之为身体意识和心智意识。这两个过程和两种意识可以电脑为例来说明。我们通过键盘向电脑输入信息的过程就相当于客体信息物刺激感官的过程。我们每按一个键，键盘都会形成一个电讯号，这个过程是由电脑的硬件系统控制的。而键盘所形成的电讯号到底是什么意思，取决于处理这个电讯号的操作系统和具体程序。操作系统和具体程序就是心智意识，我也称之为心智系统。整个电脑就是由硬件系统和软件系统控制，各自具有自己的信息处理程序，二者的配合才可以完成各种信息输入和信息处理活动。所以，感官感应是信息输入，而心智系统则属于信息处理。感官感应系统如果坏了，人类就失去相应感官经验能力，比如聋子失去声音信息感官感应能力。心智系统出了问题，人类就失去相应的信息处理能力。

接受客体信息物形成感官感应的意识我们称之为身体意识，相对于电脑的信息输入系统。而觉知到感官感应形成经验和进行经验加工的意识或系统，我们称之为心智意识或心智系统。即心智意识是能够觉知到感官感应并将之转化为感觉经验的意识，也是那个处理感觉经验、进行逻辑推演的意识。心智意识的活动具有自主性，并且具有自我意识能力。心智意识可以体察、觉知到自己的活动获得感觉经验。而身体意识只被动地形成感官感应，没有自主性，应该与自主神经系统相关。而心智意识则与中枢神经系统，尤其是大脑皮层相关。下面在进一步研究感官感应的形成机制和身心感受的形成机制时，将为这种意识的区分提供更多的论据。将心智系统与感官系统区分开来，是本书的一个重要理论假设。身体意识、心智意识与外部感官感觉经验发生过程可图示如下：

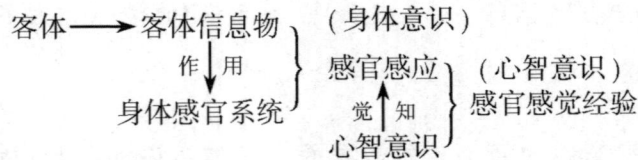

图中客体发散出客体信息物，比如光线、声波、气味、压力等，作用到身体感官系统产生感官感应，感官感应属于身体意识。感官感应被心智系统觉知到后，就形成感官感觉经验，感官感觉经验属于心智系统。

第二节 感官感应的特点和形成机制

一、感官感应的主客体间性

以往，人们总认为感觉经验是纯粹客观的，是完全来自客体的，认为自己的经验就是对事物（对象）的客观反映。这完全是一个错觉、误解。没有任何经验是完全来自外部客体的。因为感觉经验形成的第一步感官感应就不是纯粹客体的，而是主体客体交互作用的产物。因为，人的感官感应是由客体所发射的客观信息物，比如光线、声波，与人的感觉器官这一物质系统相互作用后形成的。比如我们听到的声音，是由声波和我们听觉器官内部的物质系统发生一系列物理化学反应所形成的一个电讯号。因此感官感应就不纯粹是属于客体的，也不是纯粹属于主体的，而是主客体相互作用的产物。这种特性我们称为主客体间性。

二、感官感应的差异性

1. **不同的主体面对同一客体信息物所获得的感官感应不同。**由于感官感应是主客体相互作用的结果，所以感官感应就由主客体双方的存在方式和活动方式决定的，尤其是由主体的感官系统的物理化学特性决定的，所以，不同的主体面对同一个客体信息物所获得的感官感应也不同，相互之间具有巨大的差异。（1）人与动物所获得的感觉经验不一样，比如面对一座山折射的光线，人可以看到五彩缤纷的颜色，各种形状的物体，而蛇却感觉不到这些东西，因为蛇的眼睛的感光细胞不同于人的眼睛的感光细胞。（2）不同的人因身体状况不同，人们所获得的感受也不同，其原因也是由于人的身体状况不同导致人们所获得的感官感应不同。比如，夏天在空调房，有人感觉很舒服，有人感觉很难过。不仅不同的人因身体状态不同导致触觉感受不同，其他的感官经验也是如此。比如听觉、嗅觉、视觉、味觉，人和人之间都具有极大的差异。（3）同一个人在身体状态不同的情况下，遇到同样的客体信息物所获得的感受也不同。一个人年老后对同一事物的身体感受与年轻时是不一样的。我过去身体寒气很大，睡在空调房间感觉很不舒服，现在寒气大减，对空调的承受能力也大增。我早年长期洗冷水澡，造成大椎处寒气堆积，不仅造成那个地方肉很厚形成驼背，而且每次用热水冲澡时都会疼痛，针刺般的疼痛，这是被寒气充满的细胞遇热气时在身体内部的反应，现在我把这个地方的寒气完全清除了，不仅不疼了，而且所谓的驼背也自然消除了。所以，我们每个人面对同一刺激，不同身体状况所产生的感官感应是不同的，所获得的经验也是不同的，随身体状态的变化而变化。这就是感官感应的相对性、可变性、不确定性。

2. **不同的客体信息物带给同一感官所形成的感官感应也是不同的。**不同的客体信息物带给同一感觉细胞的作用是不同的，这是由于感觉细胞的性质决定的。比如光线和风带给眼睛的作用是不同的，二者所引发的眼睛的反应也是不同的，光线使人看到事物，也可能会刺眼，而风则可能让眼流泪，感觉睁不开眼，所以，人们的同一感觉器官从不同客体信息物所获得的信息也是不一样的。过去，人们往往只关注一个感觉器官所对应的客体信息物（比如光线之与眼睛）的作用效果，而忽视非对应信息物的作用效果。非对应信息物也能引发感官感应。

3. **同一客体信息物作用在不同的感官细胞上所引发的感应是不同的。**比如，光线作用于眼睛所引发的感官感应与作用于面部其他部分所引发的感官感应是不同的，眼睛感觉到的是光讯号，面部其他部位感觉到的是热量。这也是由感官细胞自身的结构和功能决定的，每一个感觉器官都能接受不同的客体信息物的作用，都能产生不同的感官感应，带给人们的信息或经验是不同的。

因此，感官感应作为一个物理化学或生理学过程是由主客双方具体的物理化学特性和相互作用关系决定的，不存在普遍一致的感官感应。即面对同一客体，并不存在同样的感觉经验。这适合于所有的感官感应和感觉经验。但由于语言的模糊性，人和人之间感觉的不同如果用概念来描述和记录时，给人们的印象可能差别就不是那么大了。比如，不同的人用手摸一块玻璃，大家都会用"硬、滑、凉"这样的概念来表达自己的感觉，实际上不同的人的实际感受则大不相同。一个手指很细腻敏感的人所感受到的"光滑"与一个手指粗糙麻木的人所感受到的"光滑"是很不一样的。这种区别也许对许多人没有什么意义,但对某些从事手工精细加工工作的人却会有很大意义。感官感应的这一特性,就使我们的经验具有极大的个体性、私人性。所谓公共的经验或共同的经验是不存在的。人们常说的公共的经验、共同的经验只不过是一群人获得了大致相同的感官感应和感觉经验。

三、我们所知道的仅仅是我们的感官所给予的

在正常情况下,人们对外部客观世界的了解都来自这五种感官经验,我们对一个事物的理解也都是来自这五种感官所提供的经验,且受这五种感官的能力的限制。就五种感觉而言,人类都不是最好的。有些动物的视觉能力、听觉能力、嗅觉能力等都远比人强,它们所感知到的世界也一定与人不同。随着科学发展,人类对世界的了解已经超出了正常经验范围,但也主要是超出了普通人的视觉经验和听觉经验的范围。这是因为至今人类仅设计出扩展这两类经验的设备和记录方法。我们通过设计一套测量系统,将光线、声音记录下来并进行计量分析。所以,我们目前所了解到的世界依然在人的感官感觉能力的限度内,主要是听觉和视觉能力的限度内。

即我们所感知到的这个世界,不仅是由这个世界所存在的万事万物决定的,也是由我们的感官系统决定的。我们因具有这样的感官系统、感官能力,就只能感知到这样的世界;如果我们的感官系统不同于此,我们所知道的世界也许就是另外的样子。所以,对人类来说,虽然有一个客观的、与人的意识或感觉无关的世界,但我们知道的则只能是一个主观的、与我们的身体意识,即感官感应能力有关的世界。即我们所知的这个世界是客观的,也是主观的。纯粹客观的世界到底是什么样子是我们不知道的。

这就是康德的自在之物所要表达的意思,也是西方哲学为什么要将本体与现象区分开的原因。我们所知道的永远都是我们感觉感受到的现象。本体就代表了我们未知的东西。所以,本体与现象的关系只是一个区分方法,随着认识的深入,我们所知道的现象越来越多,而留给本体的东西就越来越少,什么时候二者能够完全合一,可能也是我们所不能知道的。即使有一天我们

真的达到了对本体世界的完全的认知，我们也不知道我们已经达到了。因为，我们不知道我们最后所知道的那个现象是不是世界的终极现象。

四、客观世界在普通感官经验之外的可能维度

事实上，一个事物可能向外界发射更多种类的信息物，而人类因感官能力的限制只感知到其中的一部分。这是因为人的感官系统可能并不具备完全的感应能力。比如，科学研究认为这个世界存在暗物质、暗能量。所谓"暗"的含义就是我们人类没有能力观察到它们、感知到它们，即我们的感官系统对其没有感应，即使借助科学仪器也做不到。据科学家计算，我们人类观察到的物质的质量只占整个宇宙质量的 4%，剩下的 96% 都属于暗物质、暗能量。这个暗物质、暗能量在哪里呢？也许就在我们身体里和身边，无所不在，但我们没有能力感应到它。大家试想一下，如果我们对这些所谓的暗物质、暗能量也有感应能力，那么，我们所见到的世界和事物恐怕就完全不是我们今天所知的样子。我想也许暗物质和暗能量也在时时作用于我们，但我们的感官系统却无法对之做出反应，因此也就没有发现。就像你跟一个聋子说话一样，你的声音对聋子来说是不存在的。平行宇宙理论也表明这个宇宙存在着更多的维度，远超我们人类所存在的三个维度。当科学家们希望在别处找到暗物质、暗能量和平行宇宙时，也许犯了一个方向性错误。这些东西和宇宙的其他维度也许不仅存在于别处，还存在于我们身边、身体内。假设我们把显物质和暗物质视为宇宙物质的两个层面，人类感官经验和现代物理学所发现的一切都只是一个大的层面内部的东西，它的另外层面也同样是在此时此地，只是因为我们缺乏相应的感觉能力而感知不到它们而已。因此，我们可以这样推理：这个世界，包括我们的生命，都具有超出我们的普遍感官经验之外的复杂性。我们感官所给我们呈现的世界，只是真实世界的一部分、一个层面。我们需要以更加开放的心态来对待这个世界，不要认为这个世界、我们的生命就如我们的感官所经验到的这样，甚至也不要认为就如现代科学所观察和推测的样子。这是我们通过经验分析所得出的一个存在论结论。这个结论对以后的价值观研究具有重要的基础意义。

五、话语中的世界不是真实世界

我们之所以能够感知事物的存在，有三方面的原因：（1）客体发散信息物和人有神经系统。（2）人的神经系统能够与信息物发生相互作用，生成生物电，即发生感官感应。（3）感官感应被心智系统觉知到、识别出来。所以，所有的感官感知经验都具有主客体间性，都具有主体性，也具有客体性；既反映了客体的存在方式，也反映了主体的存在方式，离开双方的具体存在方式，感官感觉经验都不存在，也就没有思维、意识中的具体事物和这个世界。所以，我们所知的世界、所言说的世界，即话语中的世界，就是一个由人与客体信息物相互作用后建构起来的世界。我们必须承认在人的经验、思维、言语之外，世界万物有独立的存在，但它们到底是什么样，我们是不知道的。比如，我们所看到的光线，并不一定是光线的本来面目，而是那个被称作光线的东西与人的感官细胞相互作用后形成的感官感应所带给人的印象、经验。完全与人的感官感应无关的光线到底是什么，我们是不知道的。现代物理学已经认识到纯粹光线的世界一片漆黑。现代科学也已经把光线视为电磁波的一种类型，但电磁波的本来面目是什么我们依然不知道，我们所知道的依然是人类通过各种仪器所了解到的那些特性而已。

人类认知事物的思维路径，如果按本体论思维方式陈述就是这样的：外部客体发散出客体信息物，客体信息物作用于人的感官系统形成感官感应，心智系统觉知到感官感应所生成的信息，形成经验，这些经验就构成我们所知道的事物和世界。而按照认识论思维方式陈述则是这样的：我们获得的是感官经验，然后根据生活经验、习惯推定外部对象的存在。这就是休谟所说的习惯论。现在我们又根据经验的特征推导出在经验与对象之间还有一个感官感应、客体信息物。当然，这两种陈述路径都假设了认识者的存在。由于我们的经验是来自感官感应的，而感官感应是主客体共同构成的，对人类来说，我们所知道的只是这种感应，除此之外就什么都不知道了。我们只是根据生活经验、习惯推导出在感官感应之外还有一个客体信息物和客体的存在，这些客体，包括主体自身，在一起就构成了这个世界。但关于这个世界我们只知其在，只知其在我们经验中的样子，具体的真实状态是如何，我们则不知道。也许就与我们经验所知的完全一样。这就只有天知道了。所以，建立在经验基础上的科学也不一定就是对客观世界的真实反映，更不是与主体无关的、纯粹客观的，也具有主体性、主观性。客观世界的本来面目对我们人类来说是将永远保持神秘。

同样，我们通过非感官经验途径所了解的自身的存在方式是不是真实的呢？也不一定。我们所了解的也仅仅是一些图像和感受，暗物质、暗能量到底是什么样子？我们也不可能知道。比如，中医和道家所说的气到底是什么样子？经络到底是什么样子？我们也许永远不知道，但我们知道两个概念实际上指向两个存在，并知道如何利用它们来改善我们的生存状态、生存感受，也就够了。更大的企图就超出了我们的能力限制。面对我们的能力限制，我们应该知足。从科学理论的建构角度讲，如果我们建立起来的理论假设能够帮助我们解决生活问题，我们就可以信任这种理论假设，把它视为真理，这会使我们的生活变得更加方便，会增进我们的幸福感。事情也只能到此为止了。

第三节 身体内部感官感应的发生机制

感官感应实际上也分为两类：一类是身体对外部客体作用的感应，一类是身体对自身之内事物和状况的感应。这两类感官感应发生的生理机制是不同的。上文主要阐述的都是外部感官感应，本节阐述身体内部感官感应发生的机制。

一、身体内部的感官感应

我们对身体外部感官感应的分析也同样适用于身体内部感觉的发生。比如，我们在吃饭、喝水时，摄入的食物和水的温度与胃本身的温度差就会造成食物的凉热感，即胃的感觉也是以感官感应的存在为前提的，这是我们都能理解得到的。而其他的内部感觉的发生似乎没有这个过程，其实不是，这是我们的理解思路存在问题造成的。比如，有人身体外面很热，但体内感觉很凉、很冷，这是身体内部聚集的寒气造成的。我从小就是寒湿体质，一年到头手都是凉的，稍一活动手又出凉汗，又凉又湿。直到后来我把寒湿之气清除后，才改变过来，手变得干燥、温热了。因此，人们体内的凉感、冷感是体内的感觉细胞对身体内所存在的寒凉之气的反应。我们有些人可能经常感觉到身体的某些部位是凉的、冷的，也是寒凉之气在那里聚集的结果。过去有一段时间，我一天到晚都感觉到脚踝处发冷，仔细体察发现是胃经的解溪穴处冷，我知道是因为我胃内寒气太重，寒气沿胃经下行到解溪穴造成的。等我把胃内的寒气清除得差不多时，那个地方自然就不冷了。因此，我认为身体内部的感觉是我们的体内感觉细胞对身体内部存在状态的反应，这个反应也是物理化学性的物质过程。当然，与外部刺激一样，内部反应也有可能没有被我们意识到，比如当你很忙时，胃胀的感觉就没有了，我们的心智的注意力转移到别的事物上去了。只有被我们的心智系统觉知到时，我们才会感觉到，使内部的感官感应变成感觉经验。

上面讲到身体内面的寒气、凉气等可能并不是我们身体内可见的物质。因为身体内的热传导不会使身体内各处的温度不一样，如果用温度计测量那个地方的温度，应该与身体其他部分是一样的或者差不多。或者我们感觉寒凉的地方的温度与其他人的温度也许是一样的，但我们就感觉到寒或凉。所以，这种寒凉感可能是中医所说的"气"带给我们的感受，虽然它们存在的空间方位处于我们身体的某一部分，实际上并不在我们所知道的细胞、组织这个层面，而在更微观的我们见不到的层面。

二、身体内部感官感应变化的决定机制——身体意识

1. **身体内部平衡机制决定身体内部感官感应**。前面我们讲到一个人的身体感受会随着一个人身体状态的变化而变化。那么，是什么原因决定着这种变化呢？我根据自己多年反复观察、调整自己身体的变化情况和用中药给人治病调整身体的变化过程，确定人的身体内部有一个平衡机制，它在决定着我们身体内部各种感受的变化。

台湾有位叫吴忠清的企业家在给自己治病调理身体的过程中，通过自学，写了一本中医学畅销书《人体使用手册》，提出了人体气血能量水平理论，认

为人体气血存在不同的能量水平，这个水平的升降与人体的疾病和感觉息息相关。① 他认为人体生病是体内气血在从一个平衡态向另一个平衡态过渡时的反应。假如一个人的身体的气血水平目前是平衡的，他就会感觉很舒服，没有病的感觉，身体没有不舒服的感觉。但因为各种原因使气血消耗而不能及时补充，气血降低到一定程度，轻的会感觉累，严重一点就会有生病的感觉，身体某处疼痛。这是身体打破平衡的表现。如果我们无视打破平衡的这种反应，尽快补足气血，让气血恢复平衡，当气血下降到一定程度并保持稳定后，我们又会在比较低的水平上重新建立平衡，此时感觉身体又好了，不舒服的感受没了，病好了。实际上体质变得更差了。在正常情况下，身体的能量都是在不断地从高水平的平衡向低水平的平衡降低，表现为人的衰老、身体体质降低。但这个过程也可以倒过来，从低水平的平衡提升到高水平的平衡。在这个转换过程中，我们依然会感觉不舒服、有生病的感觉，许多人就去找医生了。过去我在乡下生活时，就发现许多农民在农忙时，啥病都没有了，但一到农闲，休息一段时间之后，身上不是这个地方疼，就是那个地方痒，各种病都出现了。他们还认为自己享不了福。后来吴清忠告诉我们这是身体通过休息开始聚集更多的气血、气血水平向上一级过渡的结果。因为平衡打破就要调整身体内在的能量结构，总是不舒服的。后来我仔细观察、体验我们的心理、社会都是这样，任何一个平衡的打破都会带给人不舒服的感受，带来暂时的混乱和痛苦。

我再举两个例子来进一步说明这种现象。我在学习中医给自己和亲友治病、调整身体的过程中，经常发生这种现象。由于我治病、调整身体都是以补气血为主，所以，一般人在刚服药时都会很舒服，身体状态迅速改善，各种病症消失。一般人到此就停止服药了。一般来说，如果有人问我需要服多长时间，我的回答通常是你感觉好了就可以不服了，多服一段时间会更好。具体时间我不给建议。因为，如果他再继续服一段时间的药后，就会出现变化，身体某处就会痛、痒等，好像又得病了。有人就害怕了，或者感觉这药有问题。如果此时有人问我，我就会告诉他，你用手按摩一下那个痛的地方，痛感很快就会消失，而且这个痛的地方会转移的。所以，这不是病，而是在

---

① 吴清忠：《人体使用手册》，上海复旦大学出版社2013年修订版，第51—68页。

清理身体、通经络的表现，那个地方过去堵死了，现在要清理就会有不舒服的感受。我们的身体是这样的，如果某个地方者死了，或者在低水平达到平衡时，也不会有感觉。许多人在发现自己体内某处生大病或有肿瘤时会回忆到过去那个地方曾经有一段时间疼痛，但没有管它，后来不疼了，就以为好了。我在给人进行脉诊时，从脉象上明显感觉身体某个地方堵塞严重，问对方这个地方有什么感觉，他说没有感觉，但许多人会回想起这个地方以前有一段时间痛过，或者以前这个地方生过病，后来好了。所谓好了都是假象，其实是因为堵死了，或者在低水平实现了平衡，感觉不到疼了。许多内脏性疾病，往往要到身体气血消耗几乎殆尽，连最低限度的能量平衡也不能保持时，也就是身体系统全面走向崩溃时，身体再次发出崩溃警告，许多人才会重新感觉疼痛，往往疾病已到晚期。

当我们开始调理身体或经过一段休息，气血聚集较多要清理其堵塞的垃圾时，就会有痛、酸或麻的感觉，有生病的感觉。这是身体的气血状态往回调的反应，这种"病相"有一个特点，就是当你忙工作、生活中各种事情时，痛感就没了，但只要闲下来，很快又痛了。因为，当你忙时，气血要去工作，没有多余的能量继续清理身体通经络了，所以就不痛了，等到休息时，就又回来继续给你清理身体、通经络，或者修复被破坏的组织，所以就又痛了。这种现象，在调理身体、治病的过程中经常出现。许多人不理解，一旦出现这些现象就害怕了，使身体失去往更高水平调整的机会。

还有一个例子，过去气功热的时候，许多人本来一身病，练气功很快都好了，感觉气功太好了。但许多人发现再继续练，好像各种病又来了，这里不舒服，那里不舒服。有些人就心慌了。其实，这个时候人们只要仔细体察一下这些"病相"的特征很快就会发现：痛感在不断转移，忙的时候就好，一闲下来就痛。这都属于身体在从低水平平衡态向高水平平衡态转化的表现。在身体气血、能量平衡的不同水平，我们身体内汇淀的垃圾量是不同的，经络的通畅程度是不同的。气血水平越高，经络通畅性越好，体内垃圾就越少。垃圾越多，身体就越僵硬。所以，儿童的身体极为柔软，而老人的身体非常僵硬。僵硬的原因就是体内垃圾太多、气血太少造成的。这就是"人之生也柔弱，其死也坚强。万物草木之生也柔脆，其死也枯槁。故坚强者死之徒，柔弱者生之徒"（《道德经·七十六章》）在身体方面的含义。

身体的气血平衡与身体感受的关系还有另外一个特征，这个特征表现在两个方面。（1）当我们的身体在从远离平衡态向平衡态恢复的过程中，如果我们采取有利于恢复平衡的行为，我们会感觉舒服、愉快。比如，我们感觉到饥饿、疲劳时就是身体能量远离了平衡态，此时我们吃饭和休息就会感觉很舒服。（2）当我们的身体从平衡态向远离平衡态过渡时，我们就会感觉不舒服，比如，当我们胃里的食物已经接近平衡态时，再接着吃就失去了快感，如果不停止再继续吃到一定程度时，就会感觉很不舒服。休息过头，使体内聚集过多能量，也会不舒服。这是身体平衡态影响人们身体感受的另一个方面。如果一个人连续服药调理身体，在身体恢复平衡的过程中，人们感觉药不会很难吃，甚至还挺好喝。但当身体恢复平衡后，即身体的各种感觉都好后，如果继续服药，就会使身体能量水平再次远离平衡态，向更高水平的平衡态过渡，就要打破平衡，此时人们就会感觉药很难吃，严重的闻到就受不了，虽然药方还是那个药方，但感受完全不同。这就是打破平衡的结果。所以，身体的平衡机制可以理解为一种惯性机制，就是保持平衡、趋向平衡。它本身没有主观追求，只是反映身体的变化情况。这有点类似于机械运动的惯性，任何物体都倾向于保持自己的运动状态。这种机制本质上也就是身体自身的意识，即身体意识。这是身体意识是一种独立的意识的另一个证据。

我们的认知系统也这样。当我们在同一认知层面读书、思考时，会感觉很愉快，如果要让我们降低认知层面去思维，就会感觉不舒服、憋屈。而如果我们的阅读、学习对象要打破我们已有的知识水平，需要提升思维水平、知识结构，我们也会感觉不舒服，痛苦。社会关系、社会结构的调整都是这样。所以，打破平衡总是痛苦的。但我们不能因此害怕打破平衡，我们需要向上的打破平衡，从而使身体保持健康，心智保持创新活力。

2. 身体平衡机制就是身体意识。正是在不断体察自己的身体状态和感受的变化过程中，慢慢体会到我们身体内的这个平衡系统是真实存在的，并最终认识到这个平衡系统实际上是我们生命体的一种意识。这种意识与自主神经相关，我称之为身体意识，以与中枢神经系统相关的心智意识区分开。为什么我要将身体意识与中枢神经系统的心智意识区分开，并视其为我们生命的一种独立意识呢？主要原因就是这个意识是不受我们的心智控制的，即不受思想、观念、意志的影响，它是独立运作的，纯粹是身体内部物质、能量状态的反应，是气血状态的反应，所以，其运作与人的经验和智慧没有关系。但这不是说心智无法影响我们身体。心智与身体意识都能够操作人的身体，但心智对身体而言，是外部控制，身体意识才是自身控制，属于自动控制。

大家都听说过静坐对身体健康很有利，而静坐的关键是心要静下来，而心静下来的基本标志就是大脑中没有观念活动。为什么心静下来对身体会有利呢？我个人理解是当我们心很静时，大脑中就没有观念活动，即心智停止活动，也就是心智退出对身体的控制，这样就使身体能够自主地掌控自己，利用气血来调整自己的身体。最高级的修炼活动的根本就是终止心智意识对身体运行的干涉，让身体自主运作，这就是所谓的顺其自然、大道自然的一种含义。而心智一旦运作，它不仅要消耗气血，而且还会以各种观念和行为干涉身体的自我调整。

大家都知道，人在自然状态下，即不受观念控制的状态下，我们的身体遇到外部刺激会自动反应。比如，感觉冷了就自动想加衣服，想到暖和的地方，身体遇到外物碰疼了，就自动移开。再比如肚子饱了就自动不想再吃了，酒喝到嘴里胃里不舒服就不想喝了，等等。坐或躺得时间长了就想动动，动的时间长了，就想坐坐。这就是身体意识的自动运行。智慧的人都会尊重自己身体的反应，但当人类的行为受心智系统控制时就改变了身体意识的自动调控进程。由于心智系统会根据有限的经验归纳概括出许多片面的理论，许多人对各种理论的理解更是片面，同时心智系统又会产生出无数愿望，这些理论和愿望常常会来误导人，导致忽视身体向我们发送的各种信息，使我们不能及时地改变自己的行为方式和身体存在状态，从而给自己身体造成危害。比如"我们不要浪费食物""感觉好吃就多吃点"等就会使人在感觉饱了后再继续吃。比如，许多人喝酒时感觉并不舒服，但出于各种观念、欲望的支配而喝下很多酒。再比如，已经感觉到冷了，却想："我要锻炼自己提高自己的抗寒能力"或者"我要表现出坚强、强壮"."我要像什么什么人那样不怕冷"等，强迫他忽视冷的感觉。这样一来，大量的外部寒气就会入体，为各种疾病的发生提供了条件。我从15岁到25岁洗了十年冷水澡，就是由于受一些观念的误导。由于我从小体质就不好，所以对寒气的抵抗能力就比较差，长期洗冷水澡对我身体造成严重的伤害，体内湿气、寒气聚集很多，导致体内淤积了太多的垃圾，全身系统都不好了。后来，我为了把这些垃圾清理出去，花了很长的时间，也服了很多中药。也幸亏我不怕麻烦，并深知其中身体感受的变化原因，才坚持下来，彻底改变了体质，也改变对外物刺激的反映和感受。由此，我也成为中医理论和技术的骨灰级粉丝。

身体意识本身没有主观追求，只是反映身体内部物质能量或气血平衡状态的变化情况，所以是一个客观反应。这个反应也可称为感应，是身体内部的感官感应。

3. **身体内部物质能量状态也会影响身体外部感官感应和外部感官感受。** 身体内部物质能量或气血的平衡状态不仅决定身体内部的感受，也决定身体外部的感觉经验，既包括身体外部感官感应，也包括身体外部感官感受。（1）身体的气血状态决定着感官细胞的机能，也就从根本上决定着我们所获得的感官感应，影响我们对光线、声音、味道、气味、触觉等的反应。一个人身体内部能量水平越高，气血越充足，其感官细胞就越敏感，功能越强大，分辨率越高。因此，面对同一客体信息物，我们所实际发生的感官感应不同，由此心智所获得的感官经验也不同。（2）身体的气血状态也决定着我们外部刺激的感受。比如，同样是身体碰撞，气血越充足的人，其痛感就会相对较低，而气血不足，尤其是经络通畅性不好的人，痛感就会很强。气血越不足的人，越不耐饥，而气血很充足的人，耐饥性就会提高。大家可以体验一下自己年轻时对各种刺激的感受和忍耐力与成年和老年时是不同的。比如，对噪音、寒气等忍耐力都会降低。忍耐力降低是因为我们实际所获得的痛苦感受增强了。这也说明我们人类对外部世界的经验、感受不仅取决于我们的感官系统，也受我们的身体的物质能量水平、气血水平的影响，由此更能说明：我们所知的世界是受我们自身的生命特征的严格限制的，其主体性牢不可拔。

三、身体内部感官经验中的科学经验与价值经验

我们的心智意识在觉知到身体内部的感官感应时，首先意识到的是身体感受。当我们觉知到这些感受时，我们立即就开始做出反应，这种感受是舒

服的，还是不舒服的，是好的，还是坏的，是继续得到，还是赶紧逃离，等等。因此，此时这些经验都属于价值经验，我们的价值判断和价值追求都是由此形成的。实际上，我们知道这些感受经验也是感官经验，是我们身体内部的感官细胞对身体内部状态的一种反应结果。所以，它们事实上也是科学经验，我们可以借此来了解身体内部的物质能量状态，或中医所说的气血状态。此类经验也一直被医生或养生者作为科学研究的经验材料，即科学经验。所以，心智面对身体内部的感官经验与身体外部的感官经验的反应路径是相反的。面对外部感官经验，心智意识首先反应到的是科学经验，然后才认识到也是价值经验；而面对身体内部感官经验，先反应到的是价值经验，然后才是科学经验。

第四节 情绪和情感的形成机制

前文已经阐明，情绪感受属于身心感受，与身体感受是不同类型的感受，因此其形成机制也肯定不同于身体感受。情绪感受虽然也表现为身体感受，但其形成的机制却不在于身体意识，而在于心智意识。这表现在情绪感受的发生是直接与观念相关，而与物质刺激只有间接的关系。所以，长期以来，人们把情绪感受主要视为心理或精神问题。

一、观念诱发情绪

面对同一刺激，无论是视觉刺激、听觉刺激、嗅觉刺激、味觉刺激、触觉刺激，不仅所引发的感官感应、身体感官感受不同，所引发的情绪感受也不同。比如，一个男人送给一个并非妻子或恋人的女人一束玫瑰花，面对此情此景，不同的人所引发的情绪是不同的。有人难过（旁边的也想被此男子送玫瑰的女人，因嫉妒而难过），有人很不爽（认为此女不应该得到该男子的玫瑰，比如认为二人是偷情，因鄙视而心情不爽），有人愤怒（该男子的妻子或女友，认为这种关系伤害了自己），有人愉悦（因看到了一幅恩爱画面），有人完全没有任何反应（对二者及相互关系都不了解）。而该女子也会因对这件事情的认识不同而产生不同的情绪,如果她认为这是对方爱的表现,就会很高兴;但如果想到自己已经有男朋友或丈夫,接受这样的礼物不应该,就会很尴尬;如果认为对方是一个令人讨厌的家伙,送玫瑰是一种纠缠行为,就会愤怒、厌恶,等等。因此,面对此情此景,人们的情绪反应与人们对该事件的认识有直接关系,即与人们大脑中所储存的观念直接相关。因此,对情绪的发生来说,外部物质刺激或客体信息刺激,仅仅是一个诱发物,真正主宰何种情绪发生的是大脑里面的观念。

甚至人们常常无需外物刺激,仅仅凭个人想象就能产生各种情绪。一个人想象到美好的明天,就会心情愉快。想到要见到久别的情人,就激动不已。想到未来可能的凄惨结果,就会悲伤难过。而这些情绪的发生都完全在大脑之内,完全由观念诱发。当然,这些观念与过去的某些经历相关。

所以,美国著名心理学家阿尔伯特·艾利斯(A.Ellis)提出了一个非常著名的 ABC 理论。艾利斯认为,人生来便具有用理性信念对抗非理性信念的潜能,但人常常为非理性信念所干扰。在此理论基础上他创立了理性情绪疗法,简称 ABC 理论,其中 A 代表诱发事件(activating events),可以是当前事件,也可以是对过去经验的有意识或无意识的记忆。C 代表结果(consequences),是 A 所引发的个体的认知、情绪和行为。而 B 指信念(beliefs),指对于 A 的信念、认知、评价或看法,是 A 和 C 之间的中介,即 A 没有直接引起 C,而是 B 直接引发了 C。也就是说,事件本身的刺激情境,并非引起情绪反应的直接原因,个人对刺激情绪的认知解释和评价,才是引起情绪反应的直接原因。由此他提出如果要解决 C 就需要用一个合理的解释或理论来替代 B。这是一个我们在日常生活中经常用到的情绪调节方法。即当我们因为某事产生不良情绪时,如果我们能转变个视角,看到事情的另外一面,往往情绪就消失了。比如,换位思考就是这种方法的运用。

但 ABC 理论有一个错误,就是它认为是错误的理论或信念导致情绪问题,实际上所有的观念(包括愿望)都会导致情绪问题。比如,我们认为人都应该尊老爱幼,这个观念无疑是合理的、正确的。一旦我们接受、认同了这个观念,那么我们的情绪就被它控制了。比如,如果我们见到一个人对老人很尊重,我们就会高兴,并因此对那个人产生认同,甚至喜欢。如果我们见到一个人对老人不尊重，我们就会难过、气愤，甚至产生制止、打人的冲动。这就表明我们的情绪被这个观念控制了。同样，如果我们大脑中有一个观念：我们应该无私无我。一旦我们见到别人自私的行为，就会生气，见到无私的行为就会高兴。再比如，如果我们认为世界上没有神，那么当我们听有人说世界上有神，就会生气，或者疑惑（疑惑也是一种情绪）。再比如，许多人的心理疾病是由于心理狭隘造成的，受到别人伤害、误解等心理放不下，非常执着，反复咀嚼，最后积累的负面情绪达到一定程度时，就会形成心理疾病。此时，如果他能接受"我们应该宽恕他人"这样的观念，对他缓解心理痛苦是有益处的，但这并不意味着他以后不会因这件事有情绪了，只是情绪发生的程度在理性可控制范围内，不会给自己或他人造成太大的伤害。一个人即使完全接受、认同"我们应该宽恕他人"，这个观念也会引发情绪。比如，当他听到别人反对这个观念时，他也会不高兴。看到别人不能宽恕别人时，他就会心里不舒服，甚至会责备对方。看到别人的宽恕言语和行为就会产生高兴的情绪。这都是观念引发情绪的表现。

二、观念和情绪协同作用产生情感

当一个人满足了我们的一个心愿（价值追求，也是观念），或者对我们表示愿意满足我们的愿望，我们在产生高兴、愉快的情绪之后，还会因此对对方产生爱的正向的感情。比如，我们正需要帮助并希望有人帮助时，此时如果有人帮助我们，我们就会非常高兴，并立即对对方产生好感，喜欢对方，这就是爱的情感。注意，这里所说的爱的情绪不仅仅是男女间的爱情，还包括所有的带着爱的善的意向的情感。反之，一个人妨碍了我们愿望的实现，给我们制造麻烦，我们就会很痛苦，并因此而恨他。如果我们虽然知道对方在给我们制造麻烦，却无痛苦的情绪，我们则不会恨他。

如果一个人在许多方面观念和愿望（价值追求）都与我们一致，尤其是在我们与别人发生纷争的时候能够支持我们的观念，我们在产生快乐的情绪之后，还会信任他、尊重他、爱他。这就是所谓的志同道合，所谓的知己。中国人讲：士为知己者死。反之，一个人的认识、愿望与我们发生冲突时，我们在生气、难受之后，还会对他产生愤恨、抱怨等消极的情感。如果对方虽然反对我们，但我们没有痛苦、难过的情绪，我们也不会恨对方。

如果一个人满足了我们最重要、最执着的愿望，或者他能够和愿意满足我们最重要的愿望，我们见到他、听说他时，就会产生高兴、激动的情绪，甚至会崇拜他。如果一个我们崇拜的人没有如我们所愿满足我们的愿望，反而侵犯、戏弄了我们，我们就会非常失望、愤怒，由此深深地怨恨他。

如果一个人虽然与我们没有任何关系，但我们看到他实现自己非常想实现的愿望，言语、行为符合自己的观念，则我们也会因此产生高兴的情绪并因此而喜欢他，甚至崇拜他。年轻人的追星行为和情感就是这样发生的。

如果我们满足了自己的愿望，我们就会很高兴，并随之产生自信，认为自己很行、有本事等；这个愿望我们越认为它重要、越执着，我们就会越高兴、感觉越幸福，随之越自信、越骄傲；当这个愿望没有实现，而别人都实现了，尤其是自己亲近的人实现了、自己看不起的人也实现了时，就会很难过、痛苦，随之产生自卑的情感。如果一个人拥有、做到或得到了他认为非常重要的东西，而别人，尤其是亲近的人，没有或做不到、得不到，那么他就会产生很强烈的快乐感、幸福感，随之对自己产生自爱、自恋之情，他如果处于相反的位置，就会很痛苦，随之对自己产生自怨、自卑之情，尤其是那些可以通过自己的努力得到拥有的东西。自信和自卑、自爱与自怨等都是一个人对自己的感情。

所以，情感的产生不仅与观念和愿望（愿望是观念的一种类型）相关，更与情绪有关。积极的情绪会产生正向的情感，消极的情绪会产生负向的情感。情绪是观念（包括愿望）与情感之间的中介。所以，情感的发生必须具备三个基本条件：一是情绪体验，二是观念（包括价值观和愿望），三是确定的对象。

三、情绪与情感的区别

1. **情绪感受与情感感受的共同点**。情绪是纯粹的感受，而情感则主要是一种心理倾向，情感在某一时刻被激发出来时，就会产生情感感受。情感感受本质上也是情绪感受。比如爱的感受就是一种愉悦的、舒服的、温暖的感受的复合体。而恨的感受则是堵塞的、难过、痛苦的感受。

2. 情感与情绪的不同。（1）情绪有两个特征：第一，情绪作为一种感受，其发生是即时性的。当我们大脑中的某一观念、愿望和意象被外界的刺激激发起来时，或被我们自己通过回忆、想象唤醒时，我们立即就能体会到一种身心体验。一旦那个观念（包括愿望）、意象退出大脑活动，这种情绪体验立马消失。比如当我们想象自己在天上飞翔的时候，就会立即体验到愉快的感觉，而一旦这个观念退出大脑活动，愉快的情绪就立即消失了。第二，情绪的发生也不与特定的外部对象直接相关，只与自己的观念相关。所有的观念都会引发情绪。

（2）情感是稳定的且有针对对象，是我们心智系统对某种特定对象的一种稳定的态度、倾向。第一，情感有一个特定的对象，这个对象可以是外部的任何事物，比如一个人、一种活动或行为，一种生活方式，一种思想观念，一个社会团体，等等。我们可以爱一本书、一种食物、一种亲密的行为、一种工作、一个观念、一个组织、一种生活方式、一种情景等。情感的对象不仅仅是外部对象，也可以是人们自己或自身所拥有的一切，所以，我们可以爱自己（自爱），也可以爱我们自己的身体、身体的某一部分：身材、形象、言语、歌喉等；也可以恨自己、轻视自己及自己所拥有的某一部分。第二，一个人的某种情感一旦形成，在一定时期就是稳定的，在观念或愿望没有发生重大的转变之前，我们对某人某事某物的情感是不会变化的。比如，我们对某个人的爱，不管这个对象在不在我们面前，也不管我们是否想到他，我们对他的感情是不变的。直到有一天我们对他的认识发生逆转，我们在他身上的愿望发生重大改变，过去认为他很好，现在认为他很坏，过去想跟他在一起，现在想远离他，我们对他的情感才会发生变化，很可能由爱转为恨。情感一旦发生变化，在一定时间内也是稳定的。第三，情感中包含对对象的确定的态度或意向，肯定性的就是爱、喜欢、尊重、崇拜等，否定性的就是恨、怨、轻视、鄙视等。

四、情绪和情感的功能

人的生命活动受身体意识和心智意识的双重控制。心智意识控制生命的方式是观念（包括各种形态的信息、意向）和情绪情感。观念对生命活动的控制是信息控制，而情绪情感是能量控制。信息控制的方式是：价值追求提供行动的方向，价值判断提供价值追求的方向，事实判断提供实现价值追求的知识和方法，也为价值判断提供客体信息。价值追求、价值判断和事实判断三者都是心智系统的观念系统的一部分，是观念的不同形态，它们共同实现对人的生命活动的信息控制。但仅有这三种信息控制，人们并不一定采取行动。当然，有些时候，一个价值追求本身也可以控制人的行动；但在大多数情况下，尤其是需要花费比较多的体力、脑力的情况下，或者活动成本可能比较高、危险比较大的情况下，人们还需要情绪和情感的支持。情绪和情感为观念信息系统提供能量支持，属于能量控制。这与电脑中仅仅有信息并不能运作，还需要电提供能量一样。

情感与情绪、价值观念、身体感受等一起推动人类采取行动，保证人类在世间的持续存在，这些因素在人们的行动中各自具有不同的作用。

1. **价值追求提供行动的方向。** 价值追求是心智系统为人类生命活动所提供的意向、方向，告诉人们我们要得到什么，要干什么，不要什么，逃避什么，等等。价值追求来自于人的身体意识和心智意识的趋乐避苦程序和趋利避害程序。趋乐避苦程序表现为快乐的感受、给我们带来快乐感受的东西我们都想得到；痛苦的感受、给我们带来痛苦感受的东西我们都想远离。趋利避害程序表现为：被判断为有利的，就想得到，判断为有害的，就想逃避。人类有了价值追求，就有可能采取行动。

2. **价值判断为价值追求提供方向。** 心智系统对苦乐的判断和追求是心智系统的内置程序，无需通过思维进行。那么，心智系统凭什么判断何物为利、何物为害呢？这个主要是来自价值判断。凡是被判断为有正向价值的东西我们就认为是利，凡是判断为有负向价值的东西我们就认为是害。面对众多被判断为具有正向价值的事物，心智还需要对不同价值物做出具体量的判断，对事物的价值量的判断依然属于价值判断的一部分内容。前文已经阐明，一个完整的价值判断包括三个部分：是否有用、有何用和有多大用。而心智系统在判断某物是否有价值时，常常也是根据价值追求来确定。所以，二者是相互循环的。而心智系统进行价值判断的前提则是身体感受、情绪感受和情感感受。关于三者与价值判断的关系下面还会详细论述。

3. **事实判断提供实现价值追求的基本信息**。当我们决定要实现某一价值追求、得到某物时，我们就需要了解该物的基本信息，由此决定我们将通过何种行为接近、得到或利用该物，或远离、摧毁该物。比如，我们想通过电视机来娱乐自己，那么我们就要了解与电视机有关的各种信息，这些信息大多都是以事实判断的形式提供的，其中有一部分是功能判断。而事实判断和功能判断都属于科学知识，所以，科学知识是为人们实现价值追求提供工具，由此人们认为科学理性是工具理性。在我们看来，功能判断既是事实判断，也是价值判断，是事实判断系统和价值判断系统的连接点，即科学观念和价值观念的连接点。

4. **事实判断也为价值判断提供基本信息**。除功能判断外，其他的事实判断也为我们形成价值判断提供大量的客体信息。比如，我们对一个事物的大小、颜色、运动速度、质量等事实判断对我们形成价值判断也具有重要的意义。

5. **情绪是心智系统控制我们生命活动的中介性物质力量**。观念虽然给我们的行为提供了导向，但在大多数情况下，如果没有情绪提供动力支持，我们还是不会采取行动。比如，许多人都想帮助别人、做好事，但大多数时候，我们都处于想象状态，很少会采取行动。如果我们见到一个人的状况引发了我们的情绪，比如同情、高兴或好奇等情绪，我们就很可能会行动起来。再比如，一个人伤害了我们，人们自然会产生报复的想法。但如果此人此时内心没有什么情绪，只是一种想法，他采取报复行动的可能性就比较低；其所产生的情绪越强烈，采取行动的可能性就越大，情绪大到一定程度可能就立即挥拳过去或拔刀相向。如果没有情绪，有身体感受也行。比如饥饿、寒冷等负面的身体感受会给人产生很大的压力，这些负面的感受越强烈，我们采取行动的力量就越大，大到一定程度就直接采取行动。

所以，价值追求只给我们提供行动的意向，而情绪则直接提供动力或压力。没有情绪支撑的价值追求大多不会转化为行动。所以，情绪是心智系统控制我们生命的一种最重要的中介性力量。那么情感在我们的心智系统中到底有何用处呢？

6. **情感是情绪的固化或稳定化**。经过长期反复地体察、分析自己的情感，观察别人的情感，对于情感，我得出两个基本结论。

（1）情感是心智系统叠加在情绪之上的控制生命的一个调控器、稳定器。情绪是心智系统直接控制生命的一个重要工具。但由于情绪这种反应具有即时性和随意性，从而使人类面对环境刺激变得喜怒无常，由此导致人类的行为缺乏稳定性，这就使人类很难建立起稳定的生活方式，很难建立与具体事物的稳定的关系，也很难建立起与他人稳定的社会关系。情感就是心智系统为解决这个问题而设定的一个情绪调控器，生命应对外界反应的稳定器。中国人有这么一句话特别能反映情感的这一特征：打是亲，骂是爱。就人的正常情绪反应来说，打人、骂人是一个人对另一个人愤怒的反应，是恶的行为，被打者、被骂者也会因痛苦的身体感受而产生愤怒的情绪，并给对方以反击。这是一个人在身体意识和观念的控制之下直接的情绪反应和行为反应。儿童常常就处于这种情况，一会儿好一会儿闹，一会儿哭一会儿笑。在这种情况下，双方很难建立长期的稳定的关系。但当双方产生情感后，尤其是双方互相认为对方是爱自己的，对自己所做的事都是爱的表现的时候，就使这个反应过程发生了变化，一方打另一方不再会被简单地认为是恶意的伤害，而可能是爱自己的表现。

比如，一个妻子跟别的男人较为亲近，丈夫感到生气，因此辱骂、殴打妻子，面对辱骂、殴打，妻子的自然反应是生气、伤心，甚至也会直接对等反击。这种自然的反应行为，在正常状态下，会使双方相互疏远，不再理对方。但作为一对爱人，这种情况发生的概率被大大减低，丈夫因为爱妻子，会原谅妻子的行为，会道歉称自己的过度反应实在是因为自己太爱你了，害怕失去你，是为了保护我们的爱情，而妻子也会认同这个理由，接受这种道歉，常常也主动这样为丈夫辩护。经过双方的自我辩护和被辩护，双方不仅没有因这件事疏远关系，还可能变得更亲密了，双方的关系更稳定了。

不仅在夫妻、恋人之间如此，在所有的人之间都是如此。我们都可以看到，两个关系真正亲密的人之间双方并不是一直都是让对方感到快乐的，而是经常让对方痛苦的，比如批评对方行为不当，指责对方缺点等。这些批评和指责在自然状况下都会使人不快、痛苦，使人们相互攻击，使关系疏远。但由于双方爱的情感的存在，从而使这种自然的情绪反应不会发生，即使发生了也会很快消失,甚至转怒为喜。而正是因为这种不快的事情的偶然发生使双方感受到对方对自己爱意的真诚,从而使双方关系更加牢靠。反之,如果两个人相处一直彬彬有礼,生怕伤到对方,让对方不快,那么这两个人的关系也就总是疏远的,不会很亲密。相反的情况也存在,如果双方之间建立起否定性情感,互相恨对方,或一方恨另一方,那么也会影响双方交往中的情绪反应。比如一方本来是赞赏对方的一句话可能被误解是攻击,使本来应该产生高兴的情绪反应转变成愤怒。我们大家都知道,一个人一旦对对方有了成见,即负面的评价和消极的情感,也就是在情感上对对方是否定的,那么对方无论对自己做什么,哪怕是完全的善意,也会被误解,对方怎么做都会被理解为不善的。

从上述现象我们可以看到,情感可以改变即时性的情绪反应的反应路线,也就是改变人们的行为和言语的方向,改变情绪反应对人际关系的影响方向,甚至可以改变即时性的情绪反应,使情绪向相反的方向发生。所以,情感是情绪的调控器,是情绪的稳定器。情感的发生和变化都是依赖情绪的,没有情绪就绝无情感。情感的出现就是为了帮助心智系统调节情绪,以便更好地控制生命,因此情感就是心智系统叠加在情绪之上的调控生命的稳定器。

(2)情感是心智系统应对环境的省油器、节能器。情绪是人行动的直接动力,人有了情绪就有了采取行动的动力,通常也会直接采取行动。如果我们的所有行动都需要在情绪的推动下才去进行,那么,人类采取行动所消耗的能量就太多了,因为人的所有情绪活动都会消耗能量。而当人有了情感的时候,在情感的作用下即使没有情绪活动也会进行某些行动,这就有利于节省能量。所以,无论情感活动还是心智系统所设计的节约性措施,使心智系统能够更快捷地应对自己面对的环境。比如,一个人喜欢学习,就是对学习这种活动的情感。学习是一种比较辛苦的活,许多人需要在某种情绪激发下才会积极地学习。比如,在父母的激励下,在老师的压力下,或对未来的恐慌情绪下。但如果一个人每次学习都需要调动某种情绪才学,那么他的学习就会经常处于被动状态,因为不可能有人时时调动他的情绪使他好好学习。一般而言,这样的人学习缺乏持续的动力,学习成绩不会很好。而如果其形成了对学习的爱的情感就大大不同了,即使没有人激发他的情绪,他也会自觉地静静地学习，学习主动性大大增强，效率也会大大提高。所以，情感的形成会为人们的持续行为提供动力，且不需消耗大量能量。

总之，我们认为，情感的实质是心智系统对某一特定对象所准备的一种稳定性的倾向性的态度，这种倾向性的态度就像物质的惯性定律一样，有利于我们以稳定的方式处理与对方的关系，调控我们的反应形式，节省反应成本。就像物理学中的惯性一样，它在某种情形下是动力，而在另一种情形下就变成阻力。无论是我们对某一对象形成肯定性情感还是否定性的情感，在情感的作用下，常常靠惯性采取行动，从而不能理智、理性地行动，无意中做出对自己和别人都有伤害的行为，也会延缓对对方真实目的和伤害行为的认识，从而给自己和他人带来难以弥补的损失。人们往往最容易被亲近的人骗和伤害，就是这个原因。这是情感功能的对立统一的表现。

五、情绪感受和情感体验都属于价值经验

当我们的心智觉知到某种情绪感受时，价值思维就会启动，表现为对各种情绪感受进行价值判断，形成价值追求。所以，所有的情绪感受都是价值经验。情感体验也一样，因为情感体验是伴随着情绪感受的，所以，我们也很自然地对所有的情感体验进行价值判断，形成价值追求。所以所有的情感体验也是价值经验。

当然，情绪感受和情感体验也同时可以作为科学经验，进入科学思维加工频道，由此形成关于情绪和情感的科学知识，形成相关科学理论。

第五节　知觉经验

现代心理学和认识论都把感觉和知觉视为感性认识、经验认识，并认为知觉是建立在感觉基础上的；感觉是对事物个别属性的反应，而知觉是对事物整体的反映；感觉依赖于个别感觉器官的活动，而知觉依赖多种感觉器官的联合活动。但很少讨论个别的来自不同感官途径的感觉经验是如何形成整体的知觉经验的。现代生理学从神经运动的角度进行了大量的研究，但还是

下 篇 价值观念形成的先验程序和先验结构

没有从心智的信息加工的立场阐明知觉的形成机制。本节尝试在新的理论背景下从心智的信息加工的立场对知觉的形成机制做一些认识论的探讨。

一、知觉经验就是被意识到的感官感应

过去，人们通常把经验分为感觉经验和知觉经验，强调感觉经验的单一性，知觉经验的整体性或复合性。通过反复地内省、体察自己的经验形成过程，我发现感觉经验和知觉经验的形成过程实际上是一个过程，当一个感官感应被心智意识觉知到形成所谓的感觉经验时，这个感觉经验实际上也就是知觉经验。并不是在形成感觉经验之后，心智再整理单一的感觉经验形成整体性的知觉经验。这是由心智意识的觉知过程的机制决定的。因为，当一个感官感应被意识到时，心智系统立即就对其进行了编码，将其纳入一个整体结构中，形成整体性的感觉经验，即知觉经验。即知觉就是被心智意识到并完成编码的感官感应，被编码后的感官感应就是一个整体性经验，这样的整体性经验我们称之为知觉经验。

但这个说法是不严谨的。因为，受环境的影响，我们在同一时间对于某物所获得的感官感应可能是单一的，比如，我们在一个黑屋子里，什么都看不到，就是碰触到了一个硬物，此时，我所获得的感官感应就是单一的，由此所获得的感官经验也是单一的。但这个单一的感官经验也是知觉经验。在科学实验中，人们经常通过特定仪器获得关于某一对象的单一感官经验，以便更精确地把握对象的某一特性。这样，感觉经验与知觉经验就是同一个东西。心智系统对感官感应的编码是心智思维过程的起点，由此感觉经验的形成过程与逻辑思维过程之间就不是决然对立的，二者都存在信息加工活动，感觉经验形成知觉经验的那一刻就是逻辑思维的开始。

逻辑经验主义者把经验分为原子经验和复合经验，那么，在现实的人的现实的经验中，人们所获得的经验到底是原子经验还是复合经验呢？大家仔细体察一下自己的经验形成就会发现，我们在正常情况下所获得的经验大多是复合性经验，当然也有单一的原子性经验。比如，我们看到一朵花，同时获得该花的形状、颜色、位置、大小等视觉信息，形成一个感觉经验，该经验直接陈述出来就是：这朵花在客厅里，是五瓣、红色的大花朵。这个感觉

经验就是复合性经验。科学研究就要将其还原到形状、颜色、位置、大小等方面的单一的原子经验，分别陈述出来就是：这朵花是在客厅里的，这朵花是五瓣的，这朵花是红色的，这朵花是大的。同样，我们闻到一股香味，是一个原生态经验，但不是原子性经验。在科学研究中，我们要通过概念和逻辑分析将其还原为何种香味，浓度是多少这样的原子经验，然后才能进入科学加工程序。我们听到一个声音，原生态的声音也很难进入科学加工程序，也需要还原到音高、音频的具体属性形成原子经验（原子事实），才能进入科学加工程序。

也就是说，原生态的经验基本上都是复合经验，这些经验也都是知觉经验。即学术研究中人们所说的来自单一感官渠道或者对事物单一属性进行反应的感觉经验实际上都已经不是原生态的经验了，而是被心智加工过的了。那么我们是如何得到原子经验的呢？我认为是人们的语言交流、生活经验和逻辑分析协同作用的结果。表达原子经验的属性类概念都是人们在日常交流中为了区分各种不同的感觉经验而创造的。我们的生活经验一再告诉我们事物有不同的属性，心智针对每一种属性都发明了相关的概念来表达它们。然后人们在日常生活中经常用这些概念来分析自己的原生态经验。比如，我们基于自己的研究向某人形容一朵花的感受，我们会先这样说：哎呀，这朵花好美呀！然后对方问：怎么个美法？我们此时才会说：花的形状、颜色、大小及每个属性带给我们的感受。在现代科学研究中，大量的原子经验已经不是来自原生态的感官经验，而是来自科技手段和逻辑分析。比如，我们可以用数据将感觉经验表达出来，这些数据也都是原子经验。

上述分析表明，在日常生活中我们所获得的原生态的经验实际上都是知觉经验，所谓的单一的感觉经验大多数时候是被心智加工过的。从存在形态上看（一个经验一旦形成在我们的心智意识中就是一个存在），原子经验反而是次生经验。所以，我们可以说知觉就是被意识到的感官感应，感觉经验也同时就是知觉经验。原子经验即原子事实，用语言表达出来就是原子命题。

二、心智对感官感应的加工编码活动

比如，在冬天，你看到一缕光线从窗外射入房间，立即就会将这缕光线附加到太阳身上,意识到这是太阳光,也就是用太阳这个空间性实体概念对这缕光线进行来源编码,将之编入一个叫太阳的实体范畴之中,并同时把冬天这个时间性概念以及在过去经验中所获得的关于冬天阳光经验信息附加在这缕光线身上,比如冬天的光线很温暖,晒在身上很舒服,等等,都编入这缕光线中,使该经验获得了一个完整形态。这个过程即是知觉经验的形成过程,也是逻辑思维过程,但准确地说是概念编码过程。正是通过这些编码,我在看到那缕光线的同时就会有一股温暖的感觉,事实上很可能这缕光线并没有照射到我身上。

在上述心智对感官感应进行加工、编码的过程中,有三类概念参与了经验的编码活动。

1. **实体概念**。在自然状态,我们的感觉经验都来自一个可见的对象,这个对象是一个摸得着看得见的实体。我们给每个实体都有一个命名,比如碗、橙子、天空、太阳等。这个命名就是一个标签,目的是使我们的心智在处理相关信息时能够将它们相互区别开来。这些实体概念除了具有区别功能外,还有信息收集和储存功能。这表现为每一个实体概念都相当于电脑中的一个文件夹。我们的心智有一个自动程序,当它觉知到某种感官感应时,立即就会将其纳入一个实体概念所标注的文件夹中,准确地说是编入一个文件夹中。如果大家觉知到的感官感应不能归入现存的任何一个文件夹中,即不能归于任何一个实体概念,那么大脑就会产生紧张和困惑,智慧的人就会自行创造一个新的文件夹,即创造一个新的概念来储存、收集这些新的感官感应。正是有实体性概念和相关的编码程序的存在,我们才能保持一个特定对象的同一性。比如,就我们对一个叫安琪的人的认识而言,我们在她5岁儿童时期认识的,收集了许多关于她的经验,这些经验都被编入一个被命名为安琪的文件夹中。假设说,中间我们有十年没有见到她,然后在她15岁时又见到她。大家知道,此时我们从她身上所获得的经验与5岁时所获得的经验已经基本上没有多少相同之处。当我们确认她就是10年前的那个安琪时,我们立即就会把此时获得的经验编入那个安琪的文件夹中。然后,我们又过了30年没有见到她,但中间听到了若干次关于她的消息,我们依然会把这些信息编入这个安琪文件夹中。就这样,虽然在几十年中,这个人无论身体、心理还是社会关系等一切都在变化，甚至都面目全非，但那个文件夹的命名一直没有改变，我们依然把所有信息视为这个叫安琪的信息，并可以根据这些信息对安琪做出种种解释和说明，甚至可以建构出种种理论。所以，实体性概念的本质就是一个文件夹的标记，其功能在于收集信息，使对象保持同一性。

许多人意识不到实体概念的本质和功能，就把实体概念和其所对应的实体混同在一起，就像把感官感应、感觉经验与外部刺激对象混同在一起一样，导致对客观现实的种种误解。在这里，我们希望大家记住的是：所有的实体性概念都仅仅是心智系统中对某一文件夹的命名，它自身没有任何意义，而这个文件夹会收入所有与此相关的信息，使之成为一个信息库。但这个说法有些绝对，因为我们在对事物进行命名的过程中，为了便于记忆和区别，会按一定的语言和逻辑规则对事物分类，而命名时会受这种分类规则的影响，从而使一个命名获得分类的意义。比如，鱼有很多种，我们就把不同的鱼称为××鱼，用鱼这个概念做母概念，这个鱼就获得了独特的意义。即实体概念除标记文件夹外，有些概念还具有分类意义。

主体自身也是实体，一般来说，人会将自身标记为"我"或一个名字。当心智觉知因外部客体刺激而产生身体感受，即外部客体感受经验时，它会把相关经验同时编入"我"和以外部对象命名的两个文件夹中。如果觉知到的是内部感受经验，就会将其编入"我"这个文件夹中。我们知道，每个人都是个复杂存在，所以，我们也很自然地在"我"这个文件夹中进行分类，建立"我的+"这种文件夹，将不同的感受经验编入相应的子文件夹中，比如，我的身体、我的工作、我的情感、我的经历等。

2. **属性概念**。所谓属性类概念就是标识我们所获得的事物属性的概念。我们有五种感官，就会获得五类感官经验，这五类经验我们要分别标记，比如听觉所获得的声音、嗅觉所获得的气味、味觉所获得的味道、触觉所获得的体验等。视觉信息比较复杂，涉及事物的颜色、物质的空间分布（广延、形状、位置）和运动等信息。每一类感觉经验都是我们认知事物的一个途径，这些经验综合在一起就构成事物存在的全体。这些经验都被称为事物的属性，即实体的属性。标记这些经验的概念就是属性类概念。每一类属性类概念可包含若干概念。比如声音类的概念包括音高、音频、音色等，这些概念也属于属性类概念。我们描述事物视觉经验的属性类概念特别多，除颜色外，还有亮度，光线的频率、波长等。与空间有关的属性类概念还有广延、形状、姿态、位置、运动等。而其中的每一项又可分为若干种。比如描述运动的属性类概念还有速度、加速度、频率等。在亚里士多德和康德的范畴中，除实体概念外，其他的都是属性概念。但亚氏和康德的属性类概念主要都是与视觉经验有关的概念，而没有与触觉、嗅觉、味觉有关的概念。这也表明在亚氏的认知意识中，与身体感受直接相关的经验还没有进入其认知的范围。

单纯的实体性概念都是一个空集合，除了标签和分类意义外，别无意义。我们对一个实体的认识也就是对其属性的认识，每认识一类属性，就等于在实体概念这个集合内部做了一个分区，这个分区实质上也是一个文件夹。对属性的认识越多，该实体概念内部所进行的分区就越多。当我们认识一类属性，进行一次分区后，下次再觉知到该类经验，就直接将其纳入那一分区中。这个过程都是自动完成的。一个实体概念所获得的属性越多、越细，我们对该事物的认识就越丰富，该实体概念内部的分区就越多，其所包容的信息量就越多。

在现实生活中，有时我们一次经验只获得一类属性的信息。那么，心智就会立即将其编入其中的一个属性文件夹中。如果同时获得几类属性信息，那么就同时被编入几个不同属性文件夹中。

当我们觉知到身体外部客体感受经验时，由于感受经验也是来自五识，所以，不同的感官感受就会被编入外部客体相应的属性文件夹中，同时，也会被编入"我"这个文件夹中，再编入相应的"我的+"文件夹中。当我们觉知到的是身体内部感受经验时，就会编入"我"这个文件夹中和"我的+"某一子文件夹中，作为我的属性之一。

3. **时间概念**。时间并不是事物的一种属性，而是心智系统赋予实体的，是心智系统自身携带的一个程序，其功能就是对觉知到的经验按先后顺序进行编码。因为每一个实体都有一个产生、续存和灭亡的过程，这个过程有一个先后顺序，对这个顺序心智可以用不同的方式来记录，表现为我们可以用不同的方式来记录时间。我们之所以说时间不是实体的一个属性，是因为我们并没有一种特定的感官来感知它，实体也没有特定的客体信息物来刺激我们的感官使我们产生一个叫时间的经验。但我们确实有时间感，但这种感觉是心智自身具有的，所以，我们对时间流逝的感觉会随我们心理状态的改变而改变。时间范畴也是一个文件夹，被嵌入每一个实体概念中，占据着实体概念的一个分区。每当我们觉知到一个经验，该经验被编入某一实体文件夹中的同时，心智也完成了时间编码。这就像我们的电脑每一次处理信息都会自动给相应文件进行时间编码一样，这个编码是系统自带的功能，而不是输入信息的功能。所以，时间编码都是自动完成的。由于时间编码的存在，使我们的心智能够将与某一实体相关的信息形成一个有序的信息链，方便未来提取和加工。时间编码并不一定是几点几分的编码，它是一个事情发生的前后顺序的编码，使我们能将不同时间点所获得的经验区分开来的同时又链接起来。准确地说，时间编码使我们在自己的生命过程中所获得的经验被纳入一个序列中，以便我们将来的提取和加工。这是从主体方面而言的。如果从客体方面说则是：时间编码使我们所获得的一个事物存在过程的不同阶段的信息获得一个序列，以方便心智将来的提取和加工。

这是从时间感的意义上而言的。在现代科学看来，时间是一个客观的东西，与三维空间一起构成世界的第四维。这个意义上的时间是事物存在方式的一个方面，即过程的方面。在现代科学背景下，人们所说的时间基本上都是这个时间了。这个时间是可以用时间装置测量的，是按照事物自身的运动或变化过程来测量的。从这个意义上讲，时间又是客体自身的属性之一。康德、爱因斯坦所说的时间范畴都是这个时间。

心智所觉知到的所有感受经验，在被编入"我"或"我的+"文件夹中的同时，也都会进行时间编码，从而构成我们关于自身的经验序列，以便我们进一步加工。

每一个感官感应在转变为感觉经验的过程中都要完成上述三类范畴的编码过程。这个过程就是心智对信息的初步处理活动，这三类活动几乎是同时发生的。当它们都完成后，一个真实的经验才算形成，才能成为未来逻辑思维加工的合格材料。换言之，我们对每一个经验的完整陈述都是应该包含这三个部分的，实体、属性和时间，其语句格式是：x 在 t 时是 a，即某实体在某时表现出某属性。更完整的陈述还应该包括主体,其语句格式是:S 在 t 时经验到 x 是 a。

第六节 对现代科学经验论的反思和重构

前文对经验的类型和形成机制阐释的内容,已经超出了现代经验论所涉及的范围,但我们的阐释原则和方法却又完全是在现代经验论的范围之内的,我们是严格按照经验—逻辑原则来研究这些经验的。所以,这是一个彻底的理性研究,充分利用了现代科学的研究成果,并将人类内在的身体体验和心智体验都纳入经验论的研究范围,为价值观念的研究提供了理论基础,也为扩展科学的研究范围提供了理论基础。在我们看来,对人的身体体验、心智体验、身心体验都是可以进行科学研究的,它们都是科学研究的合法对象,目前大多数也已经成为科学研究的对象。传统科学认识论所研究的样本经验一直是身体外部感官经验中关于客体的信息,仅仅是人类众多经验中的一个子类的一个子类。因此,以这一小类经验为样本的经验论,一定是一个比较狭隘的经验论。在这种经验论基础上所建立的认识论原则,也一定存在可商榷、修正的地方。本节就试图对现代科学经验论进行一些反思,希望借此能够重建经验论的基本原则,为未来科学的发展奠定理论基础。

一、现代科学经验论形成的意识形态背景

发源于西方的现代科学是建立在经验—逻辑原则基础上的,即建立在理性认识路线的基础上的。当年这个科学并不是在没有任何压力的环境下形成的,而是在与基督教神学和教会的冲突、斗争中逐渐形成的,因此,一直带有强烈的反宗教情结和意识形态属性。在科学从宗教神学和教会意识形态霸权环境下突破出来的过程中,经验主义认识论立下了汗马功劳。

起初,理性科学面对强大的基督教神学和强大的基督教教会,为了避免教会借神学压制科学研究,非常自觉地约束自己的言行,小心翼翼地处理与宗教神学的关系,把自己的思维仅限定在经验范围之内。这个限定原则要求

它在解释事物之间的因果关系时排除任何非自然因素或神秘因素的影响，把这个非自然因素或神秘力量留给神学。所谓非自然因素或神秘因素是指我们的经验不能感知的因素，或我们不能根据经验进行解释的因素。比如，它在解释一个人的生活经历的时候，要求排除任何像上帝、原罪、命运等这些不可见的因素的影响，仅在经验范围之内解释现象。这一限定的政治学意义等于是向宗教界宣布：我只研究经验范围内的东西，经验范围之外的东西还是您的，我不干涉您，您也不要干涉我。它宣布世界上存在两种真理：启示的真理和理性的真理。启示的真理归宗教、理性的真理归科学。这就是著名的双重真理论，是中世纪末期最有影响的认识论，就是这种认识论为理性科学打开了意识形态缺口，为理性科学的发展开辟了道路、争取到了地盘。对理性思维的这种经验论限定就成为现代科学和哲学共同遵守的契约，直到今天，大家依然在恪守这一约定。

但问题并不是这么简单，虽然科学界在表面上一直遵循这个约定，实际上它早就撕毁了这个契约，这表现为双重真理论被否定。因为，随着科学获得了意识形态霸权，科学家和其盟友哲学家一齐宣布这个世界上只有一个真理，这就是科学真理。还有比这更严重的撕毁契约的行为吗？它压根否定了对方的真理权。那么，这个契约是如何被撕毁的呢？这就要从经验论功能的演变说起了。

二、经验论功能的演变

早期经验主义要求一个科学知识应该有其经验来源，这是理性自身的要求。这个要求使科学家们能够集中精力，只在自身经验范围内进行研究，避免了各种玄思对科学研究的干扰，因此，使科学研究在很短时间内就取得了很大的成就，并由此建立了庞大的科学世界和工业体系、医学体系，彻底改变了人们的生活。物质生活对人们意识形态的强大影响力是无人可以阻挡的，随着科学技术力量的展现，科学在与宗教的意识形态霸权争夺战中的获得胜利，经验论慢慢就变了质，获得了新的内涵和意识形态功能。

经验论起初是作为一个划分科学与宗教研究界限理论出现的，从科学这一边讲，如果一个研究超出了经验的范围，那它就不是科学研究了。这个要求随之演变为判定一个理论是否是科学理论的标准：如果一个命题没有相应的经验支持，那么它就不能说是一个科学理论。这使经验论成为衡量一个理论是否是科学理论的资格标准，成为经验论的一个重要功能。就如我们要判断一个人是否是中华人民共和国的公民一样，要有一个标准。这个标准不是排他的，它不否定其他人作为人的资格，而仅否定不具备这个条件的人不是中国人而已，你还可以是其他任何国家的人。所以，这个标准是中立的、无害的。

但随着教会力量的衰落，事情就起了变化。人们开始用科学知识来解释宗教知识，天启作为人类知识、真理的一个来源被否定，科学越过约定的界限进入宗教领域，剥夺了宗教经验和启示的真理来源的资格，经验被设定为人类知识来源的唯一途径。同时，经验被限定为人的五种感官所获得的经验，感官之外的经验被否定，由此过去基督徒所获得的关于上帝的经验的合理性被否定，比如，一个人说他看到了上帝、听到了上帝的声音、感到上帝在他身边等宗教经验不仅不被承认为经验，而且还认为当事人的精神出了毛病。

由此，经验论越过自己原来的只判断某种知识是否属于理性科学的资格认定权，获得了判定所有知识是否具有真理性的资格认定权；更重要的是它把自己的资格认定权从认识论领域跨越到本体论领域，获得判定一个存在者是否存在的资格认定权，在本体论中获得了坚实的地位，并支配了本体论。从此，在人们的思维和言说系统中，一切存在物都丧失了独立存在权，它之存在与否，取决于人们是否已经获得与它有关的经验。经验论成功地从理论的科学资格判定原则转变为存在者存在的判定原则。这个转变后来受到了唯物主义者的坚定反对，斥之为唯心主义。但这个反对只在一部分能保持理性清晰的人那里有效，在许多时候，人们或有意或无意地依然坚持这个原则，表现为无数人依然用经验之有无来判断某物之存在，我们常常能听到人们关于某物不存在之类的断言，大多数唯物主义也会这么干。所有这类断言都是与科学精神不相称的。**经验论只有断定某物存在的能力，而不具有断定某物不存在的能力。**在这种认识论原则下，宗教失去了真理的身份，上帝、灵魂等随之丧失了存在者的地位，科学取代宗教在意识形态结构中获得霸权地位。

在这个过程中,事情还发生了另一个根本性变化。经验论原本判定的是理论的科学资格,而不是真假。在这里科学的含义不是指真理,而是指一种知识类型,是与宗教启示或神学对立的一类知识。随着科学的成功,所有被判断为科学的知识往往就被直接判断为真理,而宗教则被直接判定为谬误。这种认知非常流行,是实证科学获得意识形态霸主地位的突出表现。

实际上,经验论作为一个理论资格的判定原则是个程序原则,而不是结果原则,它关注的是认识事物的方式、程序,它认为只有建立在人的感官经验基础上的理论才是科学理论。因此,这个程序原则我称之为感觉优先原则。它包括三个方面的含义:(1)只有经过感官经验确认的事物才能成为科学研究的合法对象。(2)感官经验在科学理论建构过程中具有完全的否决权:没有感觉经验作为支撑的理论研究就不是科学研究,所获得的理论就不是科学理论。(3)没有得到其他人的感官确认的感觉经验也不能进入科学领域。这就是经验的可重复性要求。因此,感觉优先原则作为一个程序原则,是一个事前而不是事后的资格认定原则,它针对的是知识的来源,而不是结果,也可称为出生优先原则。这是现代科学精神和科学方法的本质性内容之一。正是这一原则的存在才使爱因斯坦相对论出现坎坷命运,中医的科学地位至今不能得到承认。①

20世纪80年代以来,在我国出现了气功和"特异功能热",这种热潮引发人们对现代科学的反思,威胁到实证科学在意识形态领域中的霸权地位。因为,气功及其伴随现象特异功能作为一个经验的存在似乎很难被完全否定,气功的健身、养生、治病效果在现代科学中也得不到合理的说明,这些经验似乎溢出了现代科学所容纳的范围,这就为人们反思和反对科学的意识形态霸权地位提供了根据。许多人基于维持实证科学在意识形态领域霸权地位的要求,对科学理论与经验的关系提出了新的观点,使经验主义走向自己的反面。因为许多人感到无法否认与气功和特异功能相关的众多经验的存在,就转而提出眼见不一定为实,提出要用现有的科学理论判断经验是否真实或某

---

① 孙志海:《论经验主义的内涵和内在矛盾》,载《科学技术与辩证法》,2005年第3期。

种现象是否存在,认为经验应该接受科学理论的筛选和鉴别。[①] 这就表明他们对经验在科学研究中的基础地位和程序上的优先地位提出质疑,颠覆了经验在科学理论和科学研究中的基础地位。我们认为,所有的经验都是真实的,错的永远只能是理论,理论永远要不断接受经验的检验,这个过程不能逆转。[②] 如果我们将理论置于优先于经验的位置,不仅整个现代科学大厦将倾,而且还会从根本上阻碍创新。

感觉优先原则在认识论上表现为客观性原则。客观性,从表面上看,所说的是理论的对象性问题,即经验和理论的内容要来自真实存在者。而从认知过程看,客观性强调的是感官经验的优先地位。因为,人们对经验和理论内容的客观性的判断标准实际上就是要有感官经验根据,否则就会被判定为不具客观性。客观性这个认识论原则被以本体论面目示人,给很多人造成误导。

三、主观经验向客观经验的转换

实证科学强调感觉优先原则,但实证科学并不崇拜直接的感性经验。因为直接的感性经验都是个体的,相互之间存在巨大差异,在这样的经验基础上,普遍的科学理论如何可能呢?所以,实证科学要求的经验必须是客观的。

[①] 何祚庥:《经验不等于实践——纪念"实践是检验真理的唯一标准"的讨论二十周年》,载《真理的追求》,1998年第6期。在这里何祚庥院士要求用科学理论来审查人们所发现的事实是真是假。首先,从科学研究方法看来,当我们面对一个事实陈述,是需要对该事实陈述(经验)进行真假判定的,也就是审查。但这个审查一定是经验的或实践的审查,而不能是根据某些已经存在的理论进行辨别、审查,认为符合该理论的就是真的、不符合的就是假的,这种审查不是科学审查。何院士之所以提出这个审查标准,除了要维护现有科学理论的地位外,他实际上还有一个担忧:如果承认违反这些科学原理的新的事实存在,那就说明原来支持这个科学理论的那些事实是错误的。这个担忧是多余的。因为,事物的存在是多层面的,所有的科学定律都有其适用范围,一些违反现有科学理论的事实也许不在其研究范围之内。如果这些新的事实经验真的通过反复实验、观察证明是真的,也许意味着我们打开了事物存在的一个新的层面。当年相对论的提出不就是基于出现了违反已经发现的科学理论的新现象而揭开了宇宙的新层面吗?

[②] 孙志海:《眼见为实辩:从一道考研试题谈起》,载《科学技术与辩证法》,2001年第3期,第15—18页。

所谓客观的经验就是可公共感知的和与具体主体无关的经验，即客观的经验具有可公共感知性和与具体主体无关性。

1. 所谓可公共感知性是指某一经验必须是所有的人都可能感知到的。它强调的是可能性而不是现实性。有两种情况：（1）如果某经验是某人用身体感官直接感知的，那么其他人用感官也同样能够直接感知到。否则，该经验就不能成为科学研究的材料。比如，关于鬼神的经验历来都仅属于个别人的，是不可公共感知的，所以，它不能被科学承认为合法的研究材料，不能进入科学领域。再比如，对中医理论来说，有人可以清晰地感觉到元气的存在和在体内的运行，但这类经验也是只有个别人获得，这类经验也不能成为科学研究的合法材料。（2）人类在现有感官基础上发明了许多可以扩展人的感觉能力的器具，科学研究通过这种器具获得人们通过肉体感官不可能获得的经验，比如红外世界的景象。这类经验也是所有利用这种器具的人都能获得的。这两类经验都是可公共感知的，成为科学研究的合法材料。只有这样的经验才能满足实证科学研究的可重复性要求。由此，也只有可公共感知的经验所指涉的对象才能被科学承认为真实的存在，即客观的存在。这就是实证科学对经验的第一层限制。

2. 所谓与主体无关的经验是指一个经验的内容是与任何一个现实的认知主体都没有关系的。这就将主体因素排除在经验之外。那么，主体性的经验是如何做到这一点的呢？这是现代科学研究方法中最关键的一招，它通过设置物理性的技术装备将主体性的经验转换为客观性数据，或者说将主体的经验转变为客体的数据，从而保证了科学研究材料的客观性。比如用温度计及相关计量体系来衡量对象或环境的热量分布状态，而不再使用和人体感觉有关的冷和热这类主体性概念；用亮度计来度量一个地方的亮度，而不用自然语言中的视觉经验及词汇来衡量，等等。现代科学研究的每一次重大进步都伴随着此类观测和计量设备的发明。通过这些装备人们所获得的就不再是经验，而成为一组数据，正是这种经验的数据化，才出现我们今天所见到的这个数字化世界。计量设备所获得的数据只取决于人们获取数据的装置及其相关的参照系、计量方法，与任何具体个体无关，而且不同的参照系之间还可以换算。这样的数据才是真正的客观经验。这就使经验及对经验的描述与人的存在、人的生理和心理状态完全脱钩，成为完全与具体主体无关的东西。经验的相对性、个体性或私人性问题被彻底解决。这是客观经验产生的一个途径。但是，这并不是说明这些客体数据完全与认识主体没有关系了，主体的因素依然在根本上决定着这些数据的获取。因为，所有的中介性仪器的发明和使用都是建立在人的共同感知能力的基础上的，是人类感官经验的延伸和外化。即科学仪器所获得的经验虽然与任何一个具体的主体无关，但不能说与人类这个普遍的主体完全无关。对经验的与主体无关性的处理是对经验的第二层限制。

现代科学对经验还有第三层限制，就是忽视极少数感觉特别敏感的人所获得的别人得不到的经验，或人们从非感官感知能力（比如直觉，心智意识的自我体验）所获得的经验。为此，它假设人的感知能力相同，所有经验的来源渠道相同。这一限定实质上是把普通人的感官能力作为衡量一切人的感官能力的尺度。这样主体之间的差别就被抹平了，个体的特殊性被否定了。这也将主体的因素从经验中抽出，使经验成为与具体主体无关的东西。这是实证科学对经验的第三层限制：对经验主体的限制。所以，近现代科学和哲学的主体必然是以普通人为基准的抽象的人，人们之间没有任何差别，成为一个纯粹的符号。这可能是现代民主制度或民主意识的最深层的根据，也是大众在政治、经济、文化各个方面成为主宰者的根据。

实证科学通过对经验和对经验主体的限制，使主观经验转变为客观经验、主体经验转变为客体数据，普通经验论上升为科学经验论：实证科学所研究的经验不再是现实生活中具体的人获得的具体的经验，而是可公共感知的、具有无限可重复性、抽象的数据，与任何个人因素无关。当我们把这种经验视为科学经验，在科学拥有意识形态霸权的条件下，科学终于从一个服务于人的力量转变为压制人、漠视人的力量，如果我们不加反思和限制，将来也许会成为消灭人的力量。其实，科学对人类的毁灭性已经成为当今时代人们的普遍经验了。

四、经验证实原则

现代科学经验论实际上包括两大基本原则。除感觉经验优先原则之外，还有一个原则是经验证实原则。这个原则在马克思主义哲学中被表述为实践是检验真理的唯一标准。

经验证实原则的产生是出于这样一种理论情境：科学研究的内容实际上包括两块，一块是获取客观的经验，然后对经验进行初步的加工，比如解读、归纳、概括等，一块是对经验的形成及经验之间的关系进行解释，目的是寻找将不同的经验连接在一起的背后的感官所不能直接感知到的因素，这个因素或者是一种规则，或者是有一种实体或力量等。在这里就需要提出假设。提出假设、验证假设、根据假设解释经验，就是实证科学理论建构的主要内容。由于人们所假设的东西不是能够直接经验到的，所以，面对同样一个现象或一组经验，人们可能提出不同的假设，形成不同的理论模型。在这个过程中，科学研究者的想象力、逻辑推理能力就起决定作用了。面对同一现象人们提出的诸多理论模型，我们该如何判定哪一个是正确的呢？只能根据经验或实践来检验。比如，根据理论模型所发展出的技术设备的实践效果如果符合人们的预期，就说明理论是正确的，即真的，是真理；或者根据新的理论进行逻辑推理，预测新的现象，如果我们能够在现实生活中发现或通过实验手段制造出这些现象，也表明一个理论模型是正确的。这就是经验证实。一个被认为是正确的理论一定是通过了经验证实的理论。

很明显经验证实原则是一个后果性判断标准，与感觉优先原则的事前的程序性判断相反。这两个原则在大多数时候，是可以和谐相处的，但也经常发生冲突，由此使人类的理性内部产生严重张力。

五、感觉优先原则与经验证实原则的冲突

普通经验论转换为科学经验论之后，科学研究的道路似乎就畅通无阻了。但对立统一规律在这个世界无处不在，每一个理论总是存在对立面，而且对立的双方一定是相互渗透、相互转化的，共同构成一个现实的有机体、一个自组织系统。

大家知道，人类发展理性科学的目的就是要获得真理，通过真理解决人们生活中的问题，给人类造福。培根提出"知识就是力量"就是向教会和人

类宣布理性科学能够解决人类生活问题,给人类带来福利。但当现代科学取得意识形态霸权之后,也不可避免地在无意识中走上了对立面,成为阻碍人们发现真理的新的障碍。这是如何发生的呢?

如前所述,当科学获得意识形态霸权之后,在无意中它很快就从一个判断知识科学资格的程序性标准转变为判断一个知识成果的真理性的标准,此时人们能够认同的真理都必须是科学理论。这一转变带来了严重的理论和实践后果。因为,感官经验并不是人类获得真理的唯一途径,实证科学也不是真理的唯一形式。中医及其针灸学的存在就充分说明了这个问题。

针灸是中医的治疗手段之一,其技术的有效性不比现代医学的任何一种手段差。这一点已经没有人怀疑,西方人也普遍接受了针灸技术。针灸学包括理论和技术两部分。其理论部分,除元气说、阴阳说和五行学说外,还有经络学说。没有经络学说,针灸作为一种治疗技术既无法学习,也无法操作。所以,它一定是个理论系统。从技术上说,针灸师的技术能力不仅是实践经验的积累,更是理论修养的结果。针灸师对元气说、阴阳五行学说和经络学说的理解是他辨证论治的前提。从实践是检验真理的标准看,即从经验证实理论标准看,每一次有效的针灸实践都是对经络学说真理性的证明。当然,与西医一样,并不是每一次治疗都会产生理想的疗效,因为医生个体的理论和实践水平有差异。所以,如果我们坚持经验证实原则,就必须承认针灸学是科学,如果我们把科学理解为正确或真理的话。

但如果我们坚持感觉优先原则,则针灸学的科学地位、真理地位就立即成为泡影。因为,我们至今不知道古人是怎样知道人体的整个经络体系的存在及其与人的生命体征之间的极为复杂的关系的。这套理论和技术既不可能是通过对人体的实验,也不可能通过人人都能操作观察手段形成。历史上也无相关文献记载。不仅元气、经络、五行是无法通过感官经验的方式获得,经络及其穴位也不是普通人能观察到的。不仅古人没有做到,现代科学也没有做到。这是否表明:在实证科学之外还存在其他知识体系也有可能是真理,在人的感官途径之外,人类还应该存在其他认知途径,也有可能获得真理呢?

但鉴于科学所拥有的最高意识形态地位，中医这样的理论和技术，在当前意识形态环境下，难以割舍科学这个名号，因为，这个名号对他获得学术界、政府和公众的认同非常重要。而反对中医的人就坚决拒绝给中医"科学"这个名号。这就产生了激烈的冲突。正是因为这个冲突，中医在中国就两次面临灭顶之灾。实际上，围绕中医是不是科学的问题，冲突双方都各有其道理，因为科学这个词本来就是多义的。

科学，在大多数情况下，都被用作形容词，意为有效的，由此引申为正确的。人们说中医是科学，某工作方式很科学，某寿星生活方式很科学等中的科学都是这个意思。实用主义所说的科学也是这个含义，它是从效果的有无、大小来衡量理论的对错或好坏。这也是日常用语中科学的最主要含义。算命的说算命是科学，气功师说气功是科学，都是这个含义。人们之所以相信实证科学就是因为它是有效的。即有效的、有用的是科学一词的首要含义。那么，大家为什么都要用科学这个词来表明自己是有效的、有用的呢？这是因为在科学获得意识形态霸权后，科学普遍被人们认为是最有效的、有用的理论和技术，为了分享科学的荣光，增加对公众的吸引力，其他理论体系或技术手段都纷纷被迫用科学这个标签来标榜自己。就像革命在成为最高意识形态的时期，所有的人、理论为了获得公众和官方的认可，都标榜自己是革命的，对手是反革命的道理一样。与此同时，这样的有效的理论也被称为正确的、真的理论，即真理。我们说实践是检验真理的唯一标准，所说的真理就是一个有效的理论。经验证实原则所证明的也是一个理论的解释经验和改变生活的有效性。所以，科学的最常用或最广泛的用法就是指有效的，进而是真理。这是针对认识结果的，是一种结果判定。

在学术界，尤其是科学和哲学界，科学的含义则主要是指实证科学。这种科学观不是指有效的，不是一种结果判定，而是程序判定。一个理论如果是按照这个程序建立的，即使被实践证明是错误的，仍然属于科学理论。正是在这个意义上，针灸学才不能被称为科学理论，中医不能被称为科学。这就表明在感觉经验优先原则和经验证实原则之间是有缝隙的，二者并不完全和谐①。面对二者冲突，至今没有人提出一个明确的解决方案，实际上，人们更多的时候选择经验证实原则。

六、经验证实原则优先于感觉优先原则

科学之所以在与宗教的意识形态霸权争夺战中胜出，并不完全是因为其理论是按经验优先原则建构的，而是由于其有效性、实用性。这是人类趋利避害的自然倾向决定的。所以，当一个理论面临感觉优先原则和经验证实原则的冲突时，大多数人会选择经验证实原则。比如，爱因斯坦的相对论就不是建立在可公共感知的经验基础上的。相对论坎坷的命运的根源就在于此。按照感觉优先原则它必然不能被科学所承认，因此它在世界各地遭受攻击，最晚的一次是在中国的"文革"期间。但由于在各个领域实践的成功，学术界和公众逐渐普遍地接受了相对论。这就说明基于感觉优先原则不能承认的理论的科学性，人们基于经验证实原则是可以给予承认的。量子力学的命运也大体相同。目前，依然有人反对量子力学，因为它与人们的日常经验背道而驰。但建立在量子力学基础上的现代高科技已经彻底改变了人们的生活，给人们带来了极大的便利和福利，让人们不承认它的科学性（真理性）也很困难。

实际上，在科学界存在两种实证科学，一是基于感觉优先原则的实证科学。这种科学在反宗教战斗中贡献甚伟，即对科学夺取意识形态霸权贡献巨大。当前，人们往往也是在捍卫科学的意识形态霸主地位时，才会大力强调这种实证科学。一种是基于经验证实原则的实证科学。这种科学能够更好地

---

① 科学的第三个用法是指一个按经验—逻辑原则建构但又不是严格按实证科学的命题形式经过严密的逻辑推理建构起来的理论体系，这种理论体系具有很大的弹性和缝隙，它的理论和命题的含义往往都存在很大的歧义，也缺乏明确的适用条件和边界，所以，虽然达不到实证科学标准，但总对现实生活还是有一定解释力的，所以，有时也被称科学。这种用法在德国和中国比较普遍。当我们说马克思主义是科学、某哲学体系是科学时，所说的科学就是这个意思。对这种科学我们不能教条化理解和运用，因此才强调要完整、系统地理解，每一个命题都存在巨大的解释空间。而一个真正的实证科学理论体系一定是一套形式化规则，即是一套教条。所以，这种科学不是实证科学。但同时也不是第一种意义上的科学，因为，它并不能直接转化为具体的操作技术，其效果难以直接评价。

服务于人们的现实生活,所以,在当今的科学界,实际上主导人们思维的是这种实证科学。

这里我们要问一个问题:为什么面临同样的情境,中医没有相对论和量子力学那样的福气,得到科学界的普遍认同呢?

首先,我们要承认,至今人类还不能获得关于元气、阴阳、五行、经络等理论相关的客体化的经验,肯定不符合感觉优先原则。但为什么在同样存在大量成功的实践经验的情况下,却不能像相对论那样按照经验证实原则给予承认呢?这是因为,相对论和现代科学之间存在极大的相容性,而中医理论和技术与现代科学、技术之间则没有这种相容性。相对论假设的公理光速不变原理是电磁学方程计算的理论结果;它又能把经典力学作为自己的一个特例包容进去,使它与传统科学知识体系之间的冲突得到解决;它所使用的概念、计算公式等都是现代科学所提供的。所以,它和现代科学本是一家。而中医在现代科学看来就像个怪物,除了疗效、药方能够理解,其他的理论性东西都不能被理解,相容性极低。所以,在现代西方科学语境下,它很难获得科学这个名分,分享科学的荣耀。但这是否说,中医就完全没有可能获得科学的身份呢?我认为还是有可能的。只要我们不固执地坚持实证科学这个名号,我们只要安心于"有效的""真的"这个科学含义,问题就解决了。或者科学界能普遍接受经验证实原则下的实证科学标准,问题也能解决。当然,这两个解决方案都不能令人满意,所以,我们有必要进一步拓展科学这个概念的内涵和外延。

七、新型科学是否可能

在人类传统文化中,像中医这样不是按感觉优先原则建立起来但实践效果证明为真理的理论系统还很多。比如中国的气功、印度的瑜伽等。它们的存在说明人类还有其他的认知路径,我们已经知道的就有一些,比如直觉。像超感觉力、洞察力和心灵感应都属于人的直觉功能。在经验方面,前面曾讨论过心智意识的自我体验,身体内部的各种体验,情绪情感体验等也都不是感官经验,也都不能被转换为客体数据或客体化经验。但这些经验对我们认识人类自身都具有极为重要的意义。现代科学在人类自我意识方面成果一直不是很好，对人类生命质量的改善贡献不大，也许就跟它忽视这些内在体验有关，或者说对这些内在体验的研究不够，对其科学意义认识也不够有关。因此，我们可以肯定在实证科学和感官认知方式之外还存在其他认知方式和真理体系，实证科学是知识和真理的一种形式，但不是知识和真理的唯一形式。

就人类的信息和思想来源来说，历来有三条不同的路径。我们分别称之为感官经验—逻辑路径和非感官经验—逻辑路径、无经验—无逻辑路径。

1. **第一条路径是感官经验—逻辑路径**。即现代实证科学所走的路径，其特征是信息是通过感官感知获得的，就是我们所说的感官经验。以往的科学研究，尤其是科学哲学研究，所依据的经验就主要是身体外部感官经验中的客体信息经验。然后通过人的思维将这些经验按照逻辑规则加工为理论。这是西方近现代实证科学的认知路径，也是西方知识论和本体论哲学的认知路径。身体内部的感受经验仅在医学中得到部分尊重，仅仅是医生了解病人身体是否存在病态的一个指示性信息，其内在的认知价值还没有得到开发。因此，仅就第一条认知路径，也还存在着广泛的开发空间，这个空间的开发将有利于我们更好地认识人类自身的生命，即有利于我们人类自身的自我认识。这部分经验之所以以往没有成为认识论研究的样本，我想很可能是因为此类经验的客体化工作做得还不是很好，对人们的物质生活影响也不是很大，由此没有成为资本追求的对象。但此类设备已经出现，且已开始运用于人们对情绪、情感等方面的测试。也许人们还没有找到很好地解读此类经验的方式，所以，对人们的生活还没有形成普遍的影响。

2. **第二条路径是非感官路径**。其基本特征是其信息并不是通过感官获得的，而是通过其他路径获得，比如，情绪体验、心智系统的自我体验，还有特殊人士在特殊状态下获得的特殊体验（比如宗教信仰者、气功练习者等在特殊场合下产生的特殊体验）等，这些也都是经验。由这些经验出发也可通过逻辑思维的方式加工成理论，获得对人类生命自身的认识。所以，是无感官经验而有经验和逻辑。人们通过非感官途径获得的经验是非公共性的、独特的，目前还没有发明相应的技术设备将此类经验客体化，转变为客观经验，因此没有办法成为公共经验。也许将来有一天我们可以发展出相应的技术装备将此类经验客体化，从而也能建立一种全新的科学。

3. 第三条认知路径是完全非经验性的认知路径。比如现代科学所说的灵感，东方哲学所说的顿悟、心灵感应，柏拉图和笛卡尔所说的回忆①，基督教神学所说的启示等都属于这条认知路径的可能形式，它们使人类可以不通过经验直接获得思想、理论。由于这个路径既没有经验获得过程，也没有逻辑思维过程，所以我们称为无感官、无逻辑的认知路径。由于此类信息或理论的获得完全是个体性的，是非大众化的，因而，很容易被神秘化，也因此被称为神秘主义。但它们在人类的生活中，包括科学发现中，常常能起到关键性的、画龙点睛的作用，深刻地影响着人类的生活。即这条认知路径实际上广泛地参与了科学研究和发现中，并使科学研究有时也表现出偶然性和神秘性，而不像人们想象的那样是纯粹的经验—逻辑过程。

第三条认知路径是忽明忽暗的，我们几乎没有办法把握，所以很难成为科学发展的常规路径，但它在人类科学发展史上却常常起到至关重要的作用。但第一条外部感官经验之外的经验路径和第二条认知路径是有可能形成一条新的常规性的科学发展路径，只是我们还有许多工作要做。当我们把这个路径搞清楚之后，也许我们有可能发展出另一种形态的科学来，至少是发现真理的另一条常规途径。这也许对我们匡扶现代科学的弊端，完善人类的生存方式，具有一定的积极意义。

① 柏拉图在《斐多篇》中多次提到苏格拉底说其在遇到疑问和要做决定时会问自己心中的神，并从神那里获得思想和信息。

第十章 价值观念形成的先验程序和延伸过程（上）

价值观念像科学观念一样，都是建立在经验基础上的，只是二者所依据的经验不同。本章主要论述价值观念从价值经验开始到形成各类价值观念的过程。价值观念形成的关键是人类心智系统的分别意识，正是这种意识活动才使人类形成价值判断和价值追求，价值判断和价值追求一起构成人类的价值观念，在价值观念指导下人类从事实践活动（价值实践活动），建构社会关系（社会价值关系），创造一个属人的物质世界（价值财富世界），由此构成一个庞大的价值现象。本章主要从身体感官感受出发，研究人类心智系统的分别意识是如何形成价值判断和价值追求的，第十一章研究人类心智自身的价值追求和价值判断的形成，第十二章再从情绪情感感受出发阐释心智系统的分别意识是如何形成价值判断和价值追求的。本章在阐明价值观念形成的过程中，还将继续反思和阐释科学观念的形成过程，阐明价值观念与科学观念之间的关系。

第一节 心智系统的分别意识

所谓心智系统的分别意识是一种不同于心智系统对感官感应觉知的另一种意识能力、意识活动。前面所讲的经验形成过程中心智系统所用的是心智的觉知能力，这种能力在把身体感官系统所形成的感官感应识别出来的同时转化成经验，以作为心智系统进一步加工的对象。而心智系统的分别意识则是对已经觉知到的经验进行分别判断，比如对来自外部客体的经验进行真假判断、对错判断或美丑判断，对来自身体内部的感受经验进行好坏判断等。这是心智系统的分别意识的第一阶段的判断，然后随着人们认知和行为的延伸还有更多的分别判断，比如对事物的好坏判断，对人的善恶判断，等等。这种意识，佛学称其为分别心。实际上是心智的一种功能，一个运作程序。

一、心智系统的分别意识的第一阶段

心智系统的第一阶段的分别意识，根据经验来源的不同有三种形态，其中第二、三两种的判断程序是一致的，因此可以说有两种形态。

1. **对身体感官经验的真假判断**。这个也包括两种情况，一是对自己亲身获得的经验，二是对来自他人的经验。

（1）自己亲身获得的经验也包括两种情况，一是还处于感觉状态的混沌经验，对这种经验只能进行存在性判断，而不能进行真假判断。即这个经验真的发生了吗？通常只要我们确定经验发生时自己大脑是清晰的就可以判定其真的发生了，即确实存在。所以，这个真假判断是一种存在性判断，一旦确定其存在，真实性就是必然的。二是已经被加工为语言的经验陈述。前面已经阐明，被加工为语言的经验已经不再是原生态的经验，而变成了一个经验陈述，准确地说是事实陈述、事实判断。对这种经验陈述我们的心智往往也会启动真假分别判断程序：这个经验陈述是真实的吗？注意这里实际所判断的对象是经验陈述，但人们往往忽视了其中的陈述性质，还误以为是直接对经验的陈述。面对一个经验陈述，心智会自动地根据大脑中已有的经验陈述为标准进行鉴别（这就是先入为主），又包括两种情况：第一，如与已有经验无大的差异，能与现有经验很好地融合，就很自然地将其纳入相应实体的文件夹中，即放过，也即承认其为真。第二，如发现与已有经验有重大差异，或者在大脑中没有找到相似经验，就会启动审查机制。这个机制是在用已有的经验对新的经验进行模式匹配之后的解释和判断机制。此时，分别判断包括两个方面：一是对该经验陈述的内容是否真的发生了进行判断。如果确认真的发生了就判断为真，实际上是确认真实存在过。如果确认没有发生，就判断为假。注意：这是对经验陈述的判断，而不是对客体对象的判断。比如，我感觉听到了一个声音，或看到了一个景象。有时我们会怀疑是否真的听到了、看到了。社会上有幻觉一词就是因为有人认为自己或别人所获得的经验实际上没有发生，都是假的，即不存在。二是如果确定真的发生之后，就将其纳入相应的实体文件夹中，如果找不到合适的实体文件夹，就创造一个新的实体概念将该经验纳入进去。当我们确认经验陈述确实发生后，我们就会进一步对经验陈述的内容是否准确地反映经验的内容进行真假判断。这个真假判断是一种信息判断，即判断经验陈述所包含的信息与经验自身的信息是否一致，用词是否准确，是否有遗漏、夸大或扭曲。如果没有，就判断为真，如果有就判断为假，然后修正过来。

因此，对自身经验真假的判断有两个特征：一是对经验是否真实发生的判断是对经验的存在性进行判断，如果真的发生过就是真的，如果没有真的发生过就是假的。二是对经验的真假判断实际上是对经验陈述的判断，即对原子命题或原子事实的真假判断。而对原子命题的真假判断则是对经验陈述所包含的信息与经验本身所包含的信息的一致性进行判断。这个判断才是我们通常所说的真假判断。

即真假判断包括两种含义：一是对经验存在性的判断，如果存在过，就是真的，如果没有存在过，就是假的。二是对经验陈述的信息内容的判断，如果经验陈述所表达的信息与经验实际所包含的信息是一致的，就是真的，不一致就是假的。以往，人们经常把这两种判断混为一体，比如，把经验陈述的判断误解为对经验存在的判断。

（2）对他人经验的判断。准确地说是对他人经验陈述的判断。我们对他人经验陈述的判断也包括两个方面：即存在性判断和陈述的信息内容一致性判断。通常情况下，我们也都自然地以自己的经验为标准进行分别判断，与自己经验一致的就直接判断为真，不一致的也启动审查程序。首先判断是否真实发生了，其次判断经验陈述的内容是否真实。

2. 对身体感官感受的好坏判断。这个分别判断包括两个阶段，是身体意识和心智意识共同活动的结果。

（1）身体意识的分别意向。比如，我们看到了一朵花，眼睛会产生一种感受；看到一堆垃圾，眼睛也会产生另一种感受。我们吃一道美食是一种感受，喝苦口的药也是一种感受。听一段美妙的音乐是一种感受，听一段刺耳的噪音也是一种感受。当我们的感官产生这些感受之后，我们的身体意识会做出一种反应，即形成一种意向或身体活动倾向：有些感受身体意识倾向于继续得到，表现为身体意识愿意继续待在这个环境中；有些感受身体意识倾向于远离，表现为身体意识不愿意继续待在这个环境中。比如，在寒冷的冬天，我们来到火堆旁，感觉很温暖、舒服，身体就不愿意离开火堆；而如果在夏天，我们来到火堆旁，感觉就很热、难受，身体就想离开火堆。这是身体的一种自然倾向，无需心智意识的参与。就像我们的手感觉被刺痛了，就自然缩回来离开原来的位置，这是无需心智意识参与的。身体对不同感受的这种倾向我们认为是身体意识的内置程序——趋乐避苦，是身体意识活动的重要形式。趋乐避苦是人类生命最重要、最基本的意识活动，是我们一切生命活动的起始点、推动力。大家想想，如果人类没有趋乐避苦的这种本能，我们人类会主动从事任何活动吗？比如吃饭、喝水，都不可能有。我们之所以想吃饭，是因为感觉饿了。而饿的感觉是不舒服的，我们想逃离，为了逃离这种感受，我们才要进食。同样，当我们开始进食之后，进食的过程中，我们也会获得感受，如果是舒服的感受、好的感受，我们就愿意继续进食，直到感觉饱了，再吃就感觉胀了，而胀的感受也不舒服，为了逃离这种感觉，我们就会停止进食。这个过程也无需思维。

  心智系统在意识到身体对自身感受的自然倾向之后，对这些感受做了一个简单的二分式区分：舒服的感受和不舒服的感受。舒服本身就是一种感受。这是心智对感官感受的一种分类式标识，而不是一种判断，但其中蕴含了一种判断，这种分别是一切价值判断的前提，所以，我称之为前价值判断。

  （2）前价值判断。为什么把心智对感官感受的舒服与不舒服的分别仅视为前价值判断，而不视为真正的价值判断呢？因为，这个区分首先是身体意识以身体反应的方式做出来的，其中没有"判断"这种思维活动。这里所说的"想得到或不想得到"并不是心智的意向，而是身体的意向，这个意向是趋乐避苦程序所设定的，其中没有真正的自主的思考。所以，在心智对身体感受进行舒服或不舒服的命名前，我们的身体意识是以行动做出区分的，这是由身体内部的平衡态决定的，是身体意识的表现。所以，其中没有心智系统的判断活动。思维判断是心智的活动。大家仔细体察一下自己的生活经历就会发现：我们的身体对待各种感受是有倾向的或意向的或态度的。有些感受我们很愿意其延续下去，有些感受我们很想立即逃离，不愿其延续下去。这是身体意识的自然反应，是不受思维和观念控制的。对一个烟民或瘾君子来说，犯瘾的感受是不想延续的，吸烟、吸毒时的感受是想延续的。对他们来说，犯瘾就是不舒服的感受，吸烟、吸毒时所获得的感受就是舒服的感受。这一点不受我们心智的观念的影响，无论别人怎么说吸烟、吸毒时的感受是不舒服的，这些烟民和瘾君子都不会相信你的。即使他自己也这样对自己说，也没有用。他的身体意识是不受思想观念和意志的控制的。所有的生命都具有这种意识能力和意识表现。

当我们的心智觉知到身体的这种意向或态度的差异时，就对其进行了命名，身体愿意延续的感受就被称为舒服的感受，不愿意延续的感受就被称为不舒服的感受，由此也就对各类感受做了分类。即舒服的与不舒服的命名是心智的，但在这个过程中，心智只是根据它所体验到的身体的感受和意向做个命名罢了，并没有自己的主张。所以，心智系统在对感官感受的这个分别意识中并没有"判断"的思维动作，而仅仅是一个命名行为，所以，不能算心智系统的判断。但舒服与不舒服的区分是心智系统对不同感受进行判断的基础，可以说蕴含了判断之义，所以，我们称之为前判断。又由于舒服和不舒服的区分中实际上也包含了主体的意向和态度，并是心智系统一切价值判断的原点，具有价值判断的实际形式和功能，所以，我们称其为前价值判断。

我们的身体意识对身体感受的这种选择倾向就是身体意识的自然程序，也就是人们常说的人的趋乐避苦的本能。正是这种本能或自然程序的存在，才使我们的生命能够很快摆脱不利于自己生存的环境或生存状态，维持身体内部的物质能量或气血平衡，从而保持生命的持续存在。当然，如前所述，这个本能是一个惯性程序，并不是最佳程序，因为它也不利于人们生命状态向更高水平平衡。这也是我们这个世界和生命体遵循对立统一规律的表现，万事总是利弊各半的。

（3）第一级价值判断：心智意识对身体感受的好坏判断。在心智对感受做出舒服与不舒服的命名和区分之后，心智也立即进行了第一次分别判断，这个判断才是真正的价值判断：好与坏判断。舒服的感受即被判断为好的感受，不舒服的感受即被判断为坏的感受或不好的感受。这个分别判断才是我们的心智用语言概念所做的第一级价值判断。好与坏都不再是感受。大家可以通过这种现象观察到好与坏的判断与舒服和不舒服的分别之间的差异。比如，一个儿童可能区分不清楚什么感受是好的或不好的，但他肯定能区分舒服的感受和不舒服的感受。换言之，我们怎样告诉一个儿童某种感受是好的呢？方式很简单，我们会说：舒服的感受就是好的，不舒服的感受就是坏的。有些宗教、哲学根据某些自己确定的原则将某些身体感受说成是不好的、邪恶的，比如性感受。在现实生活中，这样的判断没有一个人会从心里真正认同，即使那些宣扬这种宗教的人自己也知道自己所说的违背人的本性，甚至自己也经不住这些舒服感受的诱惑而去体验这种感受。这就是心智意识与身体意识的区分。身体意识是自然意识，是人的生命活动的自然体验，是由身体的平衡原理决定的。而心智意识是人的思维可以自主操作的意识，人可以按自己设定的标准来形成相关观念，比如把某种舒服的身体感受判断为不好的感受或恶的感受。这是心智运作对人的生命活动能够进行自主控制的表现。

对身体感受经验的好与坏的判断是我们心智系统做出的第一级真正的价值判断，完全是心智系统自身的运作。只是这个运作与身体的意向关系非常近，是身体意识与心智意识的联结点。当心智系统对身体感受做出好与坏的区别之后，我们就可以对具体的身体感受进行价值判断了，比如温暖的感受是好的，凉爽的感受是好的，痛的感受是不好的，苦的感受是不好的，等等。这些具体的价值判断都属于第一级价值判断。

（4）心智意识的第一级价值追求：对身体感受的价值追求。当身体感受的第一级价值判断形成后，我们立即就形成第一级价值追求：如果被判断为好的感受，我们就形成要得到这种感受的愿望，如果被判断为坏的感受，我们就形成逃离这种感受的愿望。这些愿望一部分会以无意识方式运作，但一部分会被我们意识到。对身体感受的价值追求是第一级价值追求，它一旦形成就开始决定着我们的基本生活方式，因为它决定着我们的意志倾向，决定着我们向什么地方努力，为我们心智活动提供基础性向导。这表现为所有的人都在努力得到好的感受，远离坏的感受，没有人做相反的努力。

第一级的价值追求一定是建立在第一级的价值判断基础上的。许多人在成长过程中都很容易受这些价值判断的影响而形成价值追求。比如，当一个人听说某种感受是不好的时候，就会立即形成不要这种感受或以后远离这种感受的愿望，即价值追求。

二、事实判断、价值判断和真假判断

心智意识的第一阶段的分别意识形成两大类判断，第一大类是对感官经验的分别判断的判断，包括对感官经验是否发生的真假判断和经验陈述的真假判断。第二类是对身体感受的判断，包括对感受是否舒服的分类和判断、对身体感受好坏的判断。我们已经直接把第二类判断称为价值判断。

我们知道，在传统的判断分类中，一个判断要么是事实判断，要么是价值判断，那么，第一类关于经验的真假判断是属于价值判断还是属于事实判断呢？如果说属于事实判断，前面我们已经阐明，事实就是经验，一个事实判断就是一个经验陈述，真假判断是对一个经验陈述的判断，即对事实判断的判断。所以，如果将对一个命题的真假判断视为事实判断就有些问题，但也并非完全不行，因为它毕竟是对某一事实是否存在做出了判断。如果说其属于价值判断，也有道理，因为价值判断与事实判断的区别就在于价值判断中包含了人类的身心倾向、态度，我们对一个经验的真假判断中也包含了这种倾向、态度。因为人类有追求真实、真理的固定的心理倾向，其中也包含了行为意向。如果某个经验陈述被判断为假的，一般就会将其丢弃或进入修改、完善程序。而如果判断为真的，我们的思维就会进入进一步加工程序。所以，将对经验陈述真假的判断视为价值判断也有道理。另外，我们面对价值判断也要判断其真假。比如，当有人对我们说"这件棉袄的保暖性能很好"时，我们也要判断一下这个说法是否真实的。

所以，我们建议将人类判断的基本形式分为四类：事实判断、价值判断、真假判断和合理性判断。真假判断既包括对事实判断的真假判断，也包括对价值判断的真假判断，是高于事实判断和价值判断的分别判断形式。真假判断的命题形式是单一的：S是真的或假的。这与伦理判断和道德判断的形式是一样的。由于此类判断的形式单一，所以，没有成为逻辑学研究对象。合理

性判断主要是针对价值追求和伦理规范的。

真假判断与价值判断一样都是心智系统的分别意识的表现形态。人类进行价值判断的思维活动就是价值思维活动，即价值理性。进行事实判断的思维活动就是科学思维活动，即科学理性。真假判断思维活动是对认知活动成果的判断，是对事实判断和价值判断的再判断，所以，我认为真假判断是科学理性的一种形式。

真假判断相对于工厂生产程序的质检程序，只有被检验合格的产品才允许进入下一个程序。但这个程序并不是强制性程序，常常因人的忽视或懒惰而被闲置，就像管理不善的工厂一样，质检工序很容易被荒废。这样的工厂会经常生产出不合格品和废品。如果一个人的真假判断程序执行不严，即一个人不能经常对自己的观念进行真假判断，检验其生产质量，那么，人们也会生产出许多不合格产品，即错误的观念。当然，我们更要对从外部输入的观念进行严格的真假判断，否则，整个思维活动都可能处于危险状态。就像一个工厂如果对自己采购的原材料不进行质量检验，那么，这个工厂的产品质量就会非常糟糕了。

三、心智系统的客体信息获取意识——科学思维

1. 科学思维是对客体信息内容的加工。当心智系统获得一个感觉经验、完成概念编码和语言表达后，除进行分别判断外，还会对经验的内容，即其所包含的具体信息进行研究，并试图由此达到对客体（感官感应的刺激源）的理解，这是一种科学研究。

科学理性对经验的研究有两个发展方向，即客体的方向和主体的方向。因为感官感应实际上是主体和客体共同完成的。在哲学认识论产生前，我们很自然地将自己的经验与客体的存在方式视为相同的，即认为客体的存在方式正如我所经验的那样。这种信念在理论上就表现为反映论。根据这种认识论，我们从经验出发实现对客体的认识。从康德开始，人们开始注意到主体对经验也有贡献。我们今天则进一步阐明了在我们的经验中，主体的贡献不比客体少，主体的存在方式、感知方式也是决定性因素之一。因此，我们可以通过感觉经验反过来实现对主体自身存在方式的认知和了解，实现人对自

下 篇 价值观念形成的先验程序和先验结构

身的自我意识,包括对自身生命存在的意识和人类意识的自我意识。在日常生活中大家都已经知道我们可以根据自己的视觉经验是否清晰、是否舒服,通过与他人的同类经验是否一致的比较,了解我们的眼睛的工作状态,甚至可以由此了解我们的身体状态。也就是说,从经验出发认识主体的路径早已存在,只是没有得到系统阐释而已。根据前文的研究,我们知道,我们从不同类型感觉经验出发可以实现对自己的不同存在方式的不同认识。

因此,心智通过对经验的研究,既可以获得客体存在状态的信息,也可获得主体存在状态的信息,从而形成关于客体的事实判断和关于主体的事实判断,然后由此加工成关于客体的理论和关于主体的理论。

当然,心智仅仅根据一个经验是不可能加工成理论的,理论的形成一定是诸多经验联合使用的结果。比如,通过对若干同类经验的类比、归纳,相反经验的比较等。当一个科学理论形成后,心智就可以根据它进行演绎推理、类比推理等,将相关信息迁移到未知事物身上,这就是逻辑演绎。同时,如果人们发现新建构的理论与心智中已经存在的理论存在冲突时,就会引发心智对所有的相关理论进行反思、批判,并进而引发新的理论建构。这就是心智的理论反思和重构活动。因此,人类的科学思维即科学理性就有四种形态或四大功能:经验编码活动(或功能)、理论建构活动(或功能)、逻辑推理或知识迁移活动(或功能)、理论反思和重构活动(或功能)。

心智系统的上述四大功能,是人人都有的。因为,它们是心智系统的先验程序,基本上都会自动运行。但这并不是说所有的人的科学思维能力都相同。因为,我们每个人的实际运用不同,尤其是积极主动的运用不同,而导致心智能力的开发不同。比如,当我们获得某物的诸多相关经验时,心智自动会去进行归纳、概括。但如果想得到最佳结论,则需反复地比较、排查,反复抽象、概括。而这个过程是需要意志努力的,要消耗大量的能量的,而这种大量消耗能量的过程会给人带来疲劳感,是不舒服的,很多人就不愿意继续了,就使归纳、概括停留在初级阶段,从而不仅使他得不到更好的理论,而且也使他的归纳、概括能力难以发展起来。同样,所有的人都会根据已有观念进行演绎,我们每见到一个事物几乎都会自动进行。但人与人之间还是有很大差距的。因为演绎也存在许多规则,要想正确地、深入地进行演绎,也是需要付出努力和辛苦，还需进行练习，这也是很多人不愿意做的，因为，这也会使自己的大脑和身体感受不舒服。而第四种理性的反思和建构，实际上也是人人都能做的，人人都会做的。问题也在于对这种能力的运用和开发程度，因为它需要付出更大的努力，消耗更多的能量，许多人就只能进行最表面的一些反思和浅层次的理论重构了。所以，从心智的潜能看，科学思维能力人人皆有，但潜能到现实的转变则有所不同，自主运用的程度、熟练的程度、努力的程度等都决定着一个人的科学思维能力的发展程度。

在心智的思维能力开发过程中，人们的趋乐避苦的本能起到了相当重要的作用。由于思考问题需要消耗能量，如果一个人身体能量不是很充足，稍微思考一些问题，尤其是抽象的理论问题时，能量消耗就达到破坏平衡态的程度，人们就会产生疲劳等不舒服的感受，有些人就会停止思考，而有些人则能坚持思考。这取决于人们的意志力，即克服趋乐避苦本能的心力。我发现我们思考不同的问题消耗能量的水平是不同的，思维的抽象程度越高，要处理的信息就越多，似乎越要求大脑运作得更快，消耗的能量就越多，人就越容易疲劳。这点应该与电脑的信息处理过程是一样的。这也证明思维是一个物质过程。

2. **身体内部感受经验的科学加工**。当科学思维以身体内部的感受经验为研究对象时，那么构成身体感受的主客体双方是什么呢？此时，形成身体感受的主体是身体意识，客体是身体，所以，我们可以根据身体感受这种经验实现对身体存在状态的认识和对身体意识的认识。只是许多人可能还没有习惯"身体意识"这个说法，难以将身体意识作为身体感受的主体。这里面的认知障碍是二者在视觉经验或空间分布上是无法区分的。所以，我们对此类经验的研究一直没有获得重要进展。所以，从身体内部感受出发，首先，我们可以了解身体内部的物质能量存在状态或气血状态。前者是现代科学语言，代表现代科学的认知范式，后者是古代中医语言，代表中国古代医学的认知方式。从二者出发都能根据感受经验对我们身体的状态做出解释，这两套解释都是成立的。但我认为中医的解释层面更深，因为在对身体物质能量的平衡的改变上，中医更有效，理论也更简单。所以，中国人养生都知道用中医理论和方法，甚至医院里做康复治疗也以中医为主。其次，从身体内部感受

下 篇 价值观念形成的先验程序和先验结构

出发，我们可以认识身体意识，认识到其独立的存在和功能，及其与身体存在状态的关系，与心智的关系等。

3. **心智感受的科学研究**。前面讲过心智感受有两类，我们可以根据这些感受经验建立关于心智的科学理论。当我们以心智感受为对象进行科学思维时，就发生了一个非常奇妙的事情：心智意识实际上一分为三。首先我们可以很容易地把心智意识分为两个层面：心智程序和信息库。心智程序是生产流水线，获得经验，然后加工整理。信息库就是将已经获得的经验和观念储存在心智中，可以随时调用。心智意识的反思能力是心智系统的程序之一，就是这个程序对自己信息库中所储存的经验和观念的逻辑一致性进行检查，并借此将所有的经验、观念做出一个逻辑上一致理论系统。哲学家们都是在这个层面工作的。但我们的心智系统还有一种纯粹意识，这个意识可以对心智程序进行再意识，它能觉知或体验到自己心智程序在运作及如何运作。我称之为心智系统的纯粹意识。当我们觉知到心智程序的运作后，我们也可以获得关于心智程序的许多经验，这些经验也立即被储存到信息库中，成为心智程序加工的材料。这个意识过程也属于心智系统的自我意识的一种形式。即心智的自我意识包括三种形式：一是心智程序对信息库的反思和重构。二是心智纯粹意识对心智程序的觉知活动，获得心智程序经验。三是心智程序对自身经验的加工，形成心智程序理论。本书就来源于心智的这些自我意识，其中最重要的是心智系统的纯粹意识对心智程序的感受经验和心智程序对自身经验的理论加工。从理性的理论建构的立场看，这应该属于最高层面的理论建构了。

四、科学思维与价值思维的关系

科学思维和价值思维是心智的两套运作程序，是客观存在的，二者不能混淆。但这种区分是一种程序和功能的区分，不是空间组织性的区分。即在我们的大脑中并没有一个独立的科学思维系统和价值思维系统，它们是完全交织在一起的。从身体组织的角度讲，它们很可能像 DNA 的双链一样，完全交织在一起不可分离。从实际思维运作过程来说，二者也是交织在一起，共同构成人类的逻辑思维活动，贯穿到所有理论建构活动中，共同完成理论的建构。这里有两条路径：

1. 从感官经验出发。当我们获得一个感官经验之后，我们的心智立即就开始对其中的信息进行分别判断。这个分别判断是运用大脑中已经储存的经验来辨别，看其属于哪一类实体的经验，与已有经验是否一致。如果一致的就判断为真的，就会继续对其进行加工，加工同样包括两个方面，一是这个经验是否有用，有用就是有价值。二是如果被判断为有用的就继续加工，启动新的科学理论加工过程，形成新的理论。面对新的理论，还需再进行真假判断。对真的判断再进行价值判断。这个过程可以一直循环下去。

2. 从理论出发。当我们从外部学习一个新理论后，也立即对其进行真假判断，同时进行价值判断。当被判断为有价值时，就继续学习和研究。如果被判断为没有价值就停止学习。

在上述两种形态下，科学思维和价值思维是交互进行的，人们不断做出事实判断、价值判断和真假判断，由此不断推进人类认知的不断发展。

第二节 经验永远为真

心智系统分别意识的第一阶段是对经验的判断，其中对经验的真假的判断属于其中的一种形式。经过反复的反思和体验，我们发现，心智系统对经验的真假判断是一个不当的行为。因为，经验不可能有假的，假的只是人们对经验的表述和解释。心智系统对经验的真假判断的本质是一种存在论判断，即只判断其是否真的发生过。对这样一个非常重要的观点，我们要详细论述。

一、经验永远为真，错的是对经验的解释

1. 所有的经验都不可能是假的。这是在存在论意义上而言的。从一个主体的经验发生的角度讲，所有的感觉经验都不可能是假的，因为所有的感觉经验都是对一个感官感应的觉知，而感官感应的发生都是一个物质生理过程，这个过程是客观的，我们不能对一个物质过程进行真假判定。无论是看到的，还是听到的；无论是尝到的，还是闻到的；无论是我们体内的疼痛，还是心

情的激动,等等,作为一个经验只要发生了,就是一个存在,我们不能对其进行真假判断。

我们之所以会认为存在假的经验是因为我们混淆了经验的获得过程和经验的解释过程。所谓假的经验都是由于我们对经验的解释错误造成的,比如,我们看到太阳东升西落,这个经验是真实的。如果我们就此说:太阳之所以东升西落,是因为太阳围绕地球转。这个解释是不正确的,太阳东升西落是因为地球绕太阳转并且地球也自转造成的。由此有人说太阳东升西落是假象,太阳没有升起也没有落下。这个说法是不恰当的。因为,对我们的感觉经验来说,我们看到的就是太阳东升西落,作为一个经验这并没有错,错的是我们的解释,这个解释是假的。再比如,某人生病了,听到了别人没有听到的声音,看到了别人看不到的东西,人们认为这些经验是假的。这个说法也是错误的。因为,对这个人来说,他确实听到了、看到了。这个经验本身是真实的。所以,它成为医学、心理学研究的一个对象,人们要研究这种现象是如何发生的。但这并不是说他听到的是我们这个世界真实发生的。就像梦,作为一个经验也是真实的,否则我们在说到梦时就是胡言乱语了,我们对梦的各种解释都是神经病了。当然,至于梦的内容是否与现实生活一致,则是另外的问题。比如,张三梦到李四要杀他,这个梦的内容在现实生活中并没有发生,不能说梦的内容与现实生活是一致的。所以,我们在前面提到对经验的真假判断包括两个方面,一是对经验是否发生的存在论判断,二是对经验陈述的信息内容是否与真实发生的经验信息一致的判断。

现代科学把这些经验都作为研究对象,也就在存在论意义上肯定了它们是真实存在的,真的发生了。现代科学要研究的是这些经验的内容是怎么来的,与人们的身体和心理有着何种关系。所以,我们也应该在哲学上确认这些经验的真实性,将假象这样的概念踢出哲学。[1]

2. 所谓假的经验实际是我们对经验的陈述和解释为假。我们经常说某一经验是假的,通常是因为我们对该经验的陈述或解释出了问题。比如,我们看到在水里的筷子弯了,这个经验是真实的,我们看到的就是如此,所有人

---

[1] 孙志海:《"眼见为实"辨——从一道考研试题谈起》,载《科学技术与辩证法》,2001年第3期。

看到的都是这样。人们之所以说这个经验是假的，是因为事实上在水里的那根筷子是直的，并没有弯。也就是说，我们的经验与现实生活并不是一致，所以说它是假的。经验本身是真实的，筷子也不是弯的，这二者都对，那么问题出在什么地方呢？

第一，问题出在我们对经验的陈述上。当人们面对自己所观察的现象，这样陈述自己的经验时，就会引发认识论问题：碗里的筷子弯了。这个陈述直接以筷子为主词，是对筷子存在状态的直接判断。这就是属于我们前面讲的本体论陈述方式。而如果我们用认识论陈述方式陈述就没有问题了：我感觉水里的筷子是弯的。这个陈述将经验发生的背景陈述出来了：我的感觉，我感觉的对象在水里。我们就可能将注意力转移到经验发生的背景身上。就像一个高烧过后的病人，吃什么都没有味道，当他吃了一个食物如果这样说，就容易引发问题：这个食物一点味道都没有，很难吃。而如果他这样说，就不会引发问题：我的味觉烧坏了，吃什么都没有味道，这个食物是什么味，我感觉不到。

第二，问题出在人们对经验与认识对象的关系的判断中。人们把经验所包含的信息内容直接视为对象的存在方式，而不知道经验的形成是一个很复杂的过程，对象的存在背景会影响到人们对它的经验，就像前面我们说的主体的生存状态也会影响到我们对某物的经验一样。这个现象告诉我们，我们不能把自己的经验与对象直接等同。而把经验与对象视为一个东西就是人们对经验的一种解释模式，一个习以为常的假设。这也说明，我们的心智是会犯错误的。当然，经过缜密的思考，心智也会改正这些错误。

再比如对所谓的幻听、幻视现象，社会上有不同的解释，其中的每一个解释都是一个比较大的理论系统，其中都有包含一些未经仔细检验过的假设。由此，人们就将经验与现实之间搞得很复杂。对于这些解释，我们还是应该本着经验证实原则来判断其真假。如果一个人提出一个解释，然后又能通过技术手段使人们重复发生这种现象，我们就可以说该解释是成功的，至少解释了一部分幻听、幻视现象。或者一个人通过根据某种理论运用相关的技术手段能够治愈幻听幻视的发生，那么，也可以认为该理论是正确的。因为，幻听、幻视发生的原因可能有多种，当我们发现了多种理论、解释了多种原因之后,也许我们才有机会对所有的幻听、幻视现象给出系统的解释。

确认经验永远为真,对我们更好地认识这个世界和我们自身,都非常重要。因为,这将使我们的心智对经验保持开放性。我们之所以判断某些经验为假,常常是因为它不符合人们过去的经验,不符合现有的理论。如果我们承认这些相异的经验为真,将有利于我们突破过去经验的局限,认识到事物存在的另外一面,或认识到世界存在的另外一层;或者通过这类经验的研究,我们可以发现人的感觉运作过程的另外一些特性,加深对感觉发生过程或心智运作过程的认识,对人类自我认识的发展具有重要意义。比如,如果有一天我们能够正确理解幻听幻视了,也许我们对人类自身的生命的认识就会提升一个台阶。所以,我们还是不要随意判断某一个经验是假的。

面对被判断为假的经验,我们要确信一定是我们对经验的解释是错的,这样会有利于我们重新修正自己对经验的解释,使自己的理论不断获得突破。所以,科学史上那些伟大的科学家往往都是能够接受各种新奇经验的人,而那些教条主义者往往很难接受自己的理论不能容纳的经验,否认这些经验的真实性。

因此,经验的发生是物质过程,经验是不存在错误之说的。但心智系统对经验进行语言加工的时候是有可能犯错的;心智对经验的解释也是可能犯错的。如果我们心智程序的运作不当,比如思维过程不严谨,违反某些逻辑规则;或者某人心智功能发展不健全,缺乏良好的逻辑思维能力;或者我们的心智的习惯性用法存在问题,等等,从而使我们对经验的解释发生错误,这种错误都属于理论错误。

虽然我们说经验永远为真,这并不是说我们完全凭经验就能获得真理。所有的经验都是具体的、片面的,都是依赖于主体的自身状态、主体与客体相互作用的具体条件而变化的,都是对事物某一个方面的感觉,是特定主体在特定时空背景下的感觉和感受。所以,从经验获得的角度讲,面对任何一个客体,我们都与"盲人摸象"中的盲人处于相同的认识地位,都只能看到、摸到大象的一角或一个层面,而无法经验到其全部可能的经验。就连我们亲手创造的东西,我们所能够经验到的、知道的,也仅仅是其所有可能经验的极小一部分。所以,理论思维永远需要,但理论构造永远存在错误的可能。

对感觉经验的信息内容进行辨别、判断是我们人类心智系统的核心程序，如何对待一个被初步辨别和判断为假的经验是一个人的认知和思维能力高低的主要标志之一。一个真正具有开放性思维的人，永远不会判定任何经验为假，他只是去了解这个新的经验是如何发生的？然后创造出新的理论来解释它。不同的经验就是新的经验。而对经验的解释都是一个理论系统，这种系统化的理论才会有错，因为理论系统中包含许多非经验性的假设，或错误的假设。所以，一个具有良好创新能力的人不会怀疑经验，一个教条主义者，也就是缺乏创新能力的人，才会经常怀疑经验。诸位切记：经验是不可能为假的，假的永远是我们的解释（理论）。

二、经验都是肯定性的，否定性经验不存在

1. **经验都是肯定性的，是一种存在。** 因为经验的发生是一个物质过程，它是一个存在，所以都是肯定性的。比如，我刚才看到了张三，这是一个经验，因为在我的生命活动时确实发生了这个感官经验，这当然是肯定性的。如果我刚才没有看到张三，这就不是一个经验，因为我的生命活动没有发生这样的一个感官感应过程。虽然我们可以说：我刚才没有看到张三。但这只是一个语言陈述、判断，而不是一个经验。如果这样的陈述、判断被称为经验的话，那么我们随时随地都可以编造出无数这样的所谓经验，我们没有看到的东西无限多。

2. **否定性经验不存在，而仅是一个陈述。** 所谓否定性经验，实际上是关于经验的否定性陈述，包括两种形态。

（1）对某一具体经验的否定性陈述，实际上是告诉人们某一经验没有发生。比如，我刚才没有看到张三。我今天早晨没有吃饭。这两个陈述都告诉人们这两个经验没有发生，而不是陈述了两个经验。而"我刚才看到张三""我今天早晨吃饭了"都陈述了一个经验。所以，一个对具体经验的否定性陈述本身不是经验。

（2）对某类存在或经验的普遍的否定性陈述。比如，"鬼是不存在的"，这个陈述是对一类存在者（鬼）是否存在的否定性陈述，是一个全称命题，指一类存在者不存在。"没有人见过鬼"，是对一类具体经验（见过鬼）的否

定性陈述。这是两个陈述，都是对经验没有发生的陈述，所以，其本身不是经验。

在逻辑学上，所有的否定性命题都被看作复合命题，都不是原子命题。这是非常正确的。也就是说，所有的否定性命题都是在某一原子命题基础上进行演绎的结果。因此，如果有人说"事实证明某类存在者不存在"，都是一个假命题，它一定是一个错误推理的结果。

从认识发生的角度看，一个人要想根据经验来证明某物不存在就必须把所有可能的世界的所有可能地方都调查遍，并假定你的调查手段能够获悉这个世界上的所有信息物。而这一要求在逻辑上和事实上都是不可能完成的。如果要想证明某物的某一性质不存在，也必须把该物所有可能遇到的情况、所有可能的变化都经验过，而在逻辑上和事实上也都是不可能的。因为，一个事物的属性是开放的，它与不同的事物发生不同的关系，就表现出不同的属性，所以，我们人类对任何事物的性质的认识都是不断增加的，其增加量是无限的。

我们确认否定性经验不存在具有重大的理论意义。它有助于人们保持心智的开放性，不要根据自己狭隘的经验或人类现有的经验就断言某类经验不会发生，某类存在者不存在，从而为我们突破现有经验的限制、现有认知的限制提供理论根据。也有利于我们接受新事物、接受新经验。简单地说，有利于我们解放思想、实事求是、与时俱进。

之所以经常有人做出否定性的经验判断，第一个原因就是因为许多人人生经验非常狭隘，不知道这个世界无奇不有，世界有无限的存在方式和存在样态，甚至人自身也有无数可能的存在状态。从整体上说，无论是个人还是整个人类实际所经验到的都是极其有限的，真的是沧海一粟，微不足道。第二个原因是日常语言习惯的误导。在日常语言中，我们习惯于这样表达一个没有发生的经验，后来就把这种表达方式延伸到对一类存在者和经验的否定性表达了。第三个原因则是有人出于某种信念或信仰，不愿承认与他的信念、信仰不一致的事物和经验的存在。前两类人通过讲道理都是能说通的，第三类人是很难说通的。就像人们常说的"你无法唤醒一个装睡的人"。

三、完整陈述经验的方法

经验是人类认识的一种成果，是身体意识和心智意识协同作用的成果，所以，既是一个存在，也是认识的一种成果。作为认识成果，它就属于认识论概念，应该采取认识论陈述方式来陈述。我们说所有的经验都是真的，并不是说所有的经验陈述都是正确的或恰当的。这里有两种情况，都属于语不达意现象。

（1）选词不当。比如，我看到的是蓝色的光，但说成是绿色的，就不准确了。我们对所有感觉经验的陈述都存在这个问题。这是由语言本身的社会性和使用、理解的个体性之间的差异造成的。这类问题比较容易解决。

（2）陈述方式不当。即以本体论方式陈述自己的经验。当某物给我们带来某种感觉时，我们习惯于就以客体为主词来描述自己的感觉，这一点尤其在陈述身体感受类经验时是经常发生的，由此给人类带来许多争吵。比如，一个人听到某人唱一首歌，感觉很舒服，然后他就说了：这个人的歌声真美呀！或这首歌太美了！第一个判断是对唱歌者的嗓音的判断，他隐藏了"我的感觉"这个主体条件，直接对引发我感觉的客体进行判断。第二个判断是对歌的判断，把主体条件和客体条件都隐藏起来了。所以，就有可能发生这种情况：同样是这段歌声，另一个人可能感到很不舒服，就会说：这个人的歌声真难听！或这首歌太难听了。这两个判断也犯了同样的错误，第一个判断把"我感觉"这个主体条件给隐藏掉了，第二个判断把"这个人的歌声"这个客体条件也隐藏起来了，直接对那首歌进行判断。当这两个人都把自己的判断告诉对方时，双方就很可能要吵架了。双方的完整的陈述方式是：我个人感觉这个人的歌声听起来很舒服，或我个人感觉这个人的歌声听起来很不舒服。这才是对个体感受的直接的完整的陈述，如果双方都这样陈述，那么就不会吵架了。不仅不会吵架，而且会引发双方思考：为什么我们听同一段歌的感受不一样呢？这就会把人们的注意力转移到对主体自身的研究中。因为，这种陈述方式就把感受的主体和客体都给明确提出了，所陈述的是主体对特定客体的感受，也就是以主体和主体的感受为主语来陈述特定客体带给自己的感觉。这就是我们前面所说的认识论陈述方式。而前两种陈述方式

下 篇 价值观念形成的先验程序和先验结构

则隐去了主体和直接客体（歌声），直接对另一个间接客体（歌）进行判断，所以是错误的陈述方式。这就是我们前面所说的本体论陈述方式。但这种本体论陈述方式比较简洁，所以就非常流行，符合人类的行为的经济原则，尽量减少劳动和能量消耗。但这种简化在方便的同时，也留下了很大的误解的隐患。这也再次说明流行的东西并不都是正确的，万事万物都是利弊同在的。

第三节 价值判断和价值追求延伸的先验程序

当第一阶段的价值判断形成后，人类的价值思维并没有终止，而是不断向前延伸。价值判断向前延伸的重要中介是价值追求的形成和不断延伸。可以说，没有价值追求的形成就不会有真正的价值判断。

一、第一级价值追求和价值判断的形成

1. **价值追求**。价值追求就是我们的心智对某种对象的态度倾向：是得到还是远离。价值追求在不同的语境下被以不同的方式表达出来，比如需要、愿望、意愿、欲望、理想、希望、志向、兴趣、追求、嗜好等。这些概念都是价值追求的肯定性表达。价值追求本身也是一个肯定性表达。由于心智遵循对立统一规律，所以，价值追求也一定存在否定性表达。比如恐惧、害怕、厌恶、逃离。这个恐惧、害怕不是指情绪，而是指一种行为意向，不想得到某种东西，比如疾病、灾难、伤害等。当然，价值追求这个词也可用来表达否定性心理倾向，比如，我们希望远离灾难、疾病、伤痛等。我们把这类希望远离某物的意向称为负向的价值追求。价值追求的语言形式是：我想要××，我渴望××；或我不想要××，我害怕××，等等。

2. **第一级价值判断和价值追求形成的先验程序**。前价值判断形成之后，我们的心智随即做出了第一级的价值判断：舒服的感受就是好的，不舒服的感受就是不好的或坏的。因此，第一级价值判断的形式和内容都是单一的。可以说是心智系统价值思维的第一步或起始点。比一种形式包含了两个点：正向的价值判断和负向的价值判断。这就是价值思维的"道生一，一生二"。

这里的"道"就是心智系统或心智意识。

当我们的心智做出这种价值判断之后，心智随即又启动了另一个程序，就是趋利避害程序。根据这个程序，被判断为好的，我就要得到，就是利益、福利；判断为不好的或坏的，我就要逃离，就是害处、祸害。要得到、要逃离的心理倾向都是价值追求，想得到就是正向的价值追求，想逃离就是负向的价值追求。这是价值思维的另一个起始点，它与第一级价值判断是同步的，都是心智系统先验设置的，没有人可以例外。

即我们这里将第一级的价值判断与价值追求分开，主要是一种逻辑思维的运作，在实际运作中二者应该是分不开的，或者说是相互启动的。价值判断诱发价值追求，价值追求也诱发价值判断，二者相互生成。

所以，第一级价值追求形成的先验程序包括五个环节：身体感受、身体意识的趋乐避苦程序、心智意识的前价值判断、心智意识的第一级价值判断、心智系统的趋利避害程序。价值追求的本质就是趋利避害的心智程序运作的结果。

第一级的价值追求的对象是身体感受，而不是外部对象。这个价值追求可以称为获得某种体验的愿望，或者体验某种体验的愿望，或者称体验追求。这是人类其他级别的价值追求的起点，以后所有的价值追求都可最终归结或还原到此点。从愿望的角度看就是人的起点愿望。对体验的追求的最抽象的概括是追求幸福。对各种体验的追求在现实生活中是在本能层面起作用的，因此容易被心智忽视。人们往往很容易专注于对某种具体事物的追求，因为这些追求对象是有形的，看得见、摸得着的。

3. **第一级价值判断和价值追求是身体意识和心智意识协同作用的结果。** 由于我们对身体感受的陈述、对身体感受的前价值判断和愿望的形成都是在无意识中完成的，是身体意识和心智意识的先验程序，所以，人们对此心理过程长期没有明确的意识。只有当我们对自己的价值判断进行反思到一定层面时，才会意识到这些感受的存在和对感受的陈述、分别判断和愿望的存在，才会意识到它们的基础性意义。

从身体意识的发生来说，所有的身体感受都是身体自然程序运行的结果，没有任何一种感受是不道德的或不正当的，就像面对大自然，你不能说哪种

下篇 价值观念形成的先验程序和先验结构

植物是不道德的,哪种动物是不正当的。这些都是我们生命运作的自然结果,是我们生命自我保护机制运行的表现,缺一个恐怕都不行。即使那些我们想逃离的、被我们判断为不好的身体感受,与那些好的感受一样,都是我们生命的重要机能。试想,人类如果没有痛苦感、没有饥饿感,我们一个人能活多久?人类能延续多长?

前价值判断和趋乐避苦的身体倾向,属于身体意识。第一级价值判断、趋乐避苦的心智程序和第一级价值追求等都属于心智意识,这些意识活动所涉及的都是身体感受,还没有涉及外部对象。这些身体感受都是身体意识自身运作的结果,所以,都是客观的,是不受心智意识的操作系统和应用程序影响的。但随着心智系统的价值观念和价值追求的延伸,我们对身体感受的态度会发生改变,人们为了实现后面的价值追求而改变对身体感受的价值判断和态度,将某些舒服的身体感受视为负面的,或将某些不舒服的感受视为正面的,从而违背了心智最初的程序设置。心智的这种运行结果常常会造成人们心智内部的冲突,引发心理障碍。世界上有许多禁欲主义宗教、道德、哲学或政治等都曾经对人类对某种正向感受的追求持否定态度,其中最典型的是否定人们对性感受追求的正当性。弗洛伊德和许多精神分析学家都已经深刻揭示了对性感受追求正当性的否定是人类心理和精神疾病的重要原因之一。因为,对一个健康的人来说,性感受是极其强烈而舒服的,人们一旦体验到它,就想持续地得到它,这是身体意识和心智系统的先验程序共同的倾向,是不受理论观点的影响的,所以,对这种体验追求的否定导致人们的思想和行为的紊乱。但奇怪的是世界上没有任何一种理论、宗教否定人们逃离那些不好的负面感受的正当性,并且还常会用这些感受和逃离这些感受的心理倾向来恐吓人们,假如谁如果违反了它们的规则,就会受到惩罚,而惩罚的途径就是使人们得到那些不好的身体感受。当然,还有不好的情绪感受。但更多的是身体感受。

我们虽然主张所有感受是平等的,主张顺应身体意识和心智意识去趋乐避苦、趋利避害,但我们也主张对各种感受的追求,即各种娱乐活动,要节制。因为,这些感受的发生都与身体的存在状态直接相关,与身体的物质能量状态、气血状态相关,过分的享受将影响身体健康,危害生命存在。实际上是心智意识干扰了身体意识的自动平衡机制。这都是心智意识惹的祸，是心智意识被观念控制的结果。比如，一个人如果身体健康状态不好，性感受就不会很舒服，此时其进行性活动的愿望就不会强烈，甚至不愿意进行性活动。但有些人由于受社会舆论的影响，害怕别人看不起自己，或影响夫妻关系，就采取各种方式使自己强行进行性活动，从而给自己的身体和心理造成更大的伤害。这些都是由于心智系统的更高层次的价值追求干扰了身体意识和第一层次的价值追求造成的恶果。

当许多人听说第一级价值追求是对身体感受的追求或对身体体验的追求，往往就感觉这个需要算什么？对我们的生命活动有多大实质意义呢？这不是把人类活动建立在经验和心理基础上吗？这是由于他们对身体感受对人类生命的意义缺乏真实的体验和理解，也不理解身体感受的形成机制造成的。这里有两点大的理由。

（1）身体感受是人类行为的第一动力。比如，我们对饥饿的恐惧就是一个负向的价值追求，就是这个价值追求促进我们去寻找食物，去努力工作，拼命赚钱，占有财物。如果人没有饥饿感，没有对饥饿感的恐惧和逃离心，那么人们还会像我们见到的这样努力工作、赚钱、占有物质财富吗？过去我就经常想人若不需吃饭、不穿衣就能活着，没有饥饿、寒冷的痛苦，该多好啊！这样人生的这些琐事就都省了，庞大的生产体系也就不会存在。对我们的心智的认知能力和认知过程来说，它首先知道的就是我们的身体感受，它的所有的有意识的行为都是在身体感受、身体意识的趋乐避苦程序和心智意识的趋乐避苦程序控制下进行的。所以，对身体感受的价值追求是我们所有物质生产活动、社会活动、精神活动的动力起点。

（2）身体感受是一个客观的物质过程，而不是任意的、随便的。所以，我们坚持对身体感受的追求或逃离对人生的第一意义是彻底的唯物主义的，丝毫没有唯心主义的味道。

所以，我们关心一个人、关心一个群体，最根本的关心就是关心他们的身体感受。如果你希望别人幸福，首要的也是让对方获得积极的感受，远离消极的感受。而当我们能够给别人带来积极感受的时候，就能自然打动人心，建立友谊，否则，给别人带来痛苦的感受就自然结怨。有些人不懂得这些人性的基本道理，把对物质财富的占有和消费看作是第一重要的事情，而忽视了如果人没有这些身体感受，物质财富对人类就没有任何意义或价值。

二、第二级价值追求和价值判断的形成

1. **第二级价值追求**。当第一级关于身体感受的价值追求形成后，心智系统根据经验随之把注意力转向引发感受的那个刺激对象，即引发感官经验的客体，认为是那个客体引发了自己的感受；为了继续得到该感受就要得到该客体，从而形成新的肯定性的价值追求；或者为了远离那个负面的感受就要远离该客体，也形成新的否定性的价值追求。比如，当我们在冬天穿上棉袄后感受很暖和、很舒服，我们就想继续得到暖和感和舒服感。由于我们发现这个棉袄能带给我们暖和舒服的感受，因此，我就要继续持有该棉袄，获得、占有棉袄。这就形成第二级的价值追求，即对身体外部客体对象的追求。我们把价值追求的对象、客体称为价值客体。价值客体也是价值判断的对象、客体。反之，如果我们所形成的价值追求是负向的，就要求远离某种东西，比如肿瘤、病菌、冬天的寒风、夏日的火焰等。为了区别下面的几类价值客体，我们把这类价值客体称为具体事物。人类所追求的具体事物从根本上说包括三大类：物质生活资料、他人、良好的自然环境（生态环境）。人对人的追求和占有是人们获得许多身体体验的重要手段，比如人们从两性关系、朋友关系获得大量的身体感受。

第一级的价值追求的形成是完全自动的，而第二级的价值追求一开始依然是自动形成的，一个人在价值客体能够顺利获得的情况下，也意识不到自己对价值客体的追求。但由于价值客体的稀缺性，我们并不是总能得到自己想得到的价值客体，当我们的物质需要得不到满足时，我们对物质财富的追求意识才会完整地浮现出来，从而被我们真正地意识到，形成自觉意识和自觉的价值追求。所以，出生、成长在富裕之家且得到非常好物质生活照料的孩子对财物的追求意识往往会很淡，而出生、成长在贫穷之家的孩子，物质供应常常欠缺的孩子对物质财富的追求意识会形成得更早更强。这就是由于缺乏所造成的痛苦，它会促进追求意识的成长。

2. **第二级价值判断**。当我们想获得一个身体外部客体的时候，即当我们对一个客体形成价值追求的时候，我们就会随即形成对于该客体的价值判断：这个东西是好的、是有用的、是有价值的等。这就是对外部客体的价值判断，也是第二级的价值判断。过去人们所研究的价值判断主要是针对外部客体的价值判断。

当我们确定了要追求、得到一个客体，做出了该客体是好的、有用的等价值判断之后，随即又引发了我们进一步去探讨的兴趣。我们要探讨是什么原因使该客体能够成为价值追求的对象。这就使人们去研究该客体的功能等，由此形成新的功能性价值判断。所谓功能就是某物影响人的存在方式、生活方式、身体感受、心理感受的方式和影响力，而这与事物的存在方式相关，即特性相关。简单地说，功能就是某物对人们生活状态的影响方式和影响力。由于我们的任何存在方式、生活方式的改变都会体现在身体感受和心理感受的变化上，所以，我们也可以说功能就是对人的身体体验的影响方式和影响力。比如，通过研究，人们认识到棉袄之所以能让人在冬天穿着感觉暖和、舒服，是因为棉花具有保暖功能，能阻止身体能量的散发，也比较柔软。当我们吃到一个水果感觉很好，想继续得到该水果后，就想去了解、研究该水果，对水果的功能进行探讨。这些都属于功能性价值判断，也属于第二级的价值判断。

3. **功能判断既是价值判断也是事实判断**。功能性价值判断在传统的逻辑学研究中也被认为是事实判断，也一直是被作为事实判断研究的，表现为此类命题也是命题逻辑的处理对象。比如，所有的衣服都是可以保暖的，这是一件衣服，所以，它也可以保暖。这就是一个以功能性价值判断为大前提的推理过程。因此，这些判断既是事实判断也是价值判断。这与我们前面论述的打破所谓的事实判断与价值判断的对立，认为价值判断是事实判断的一种类型是一致的。传统哲学将事实判断与价值判断对立的原因是将价值判断视为伦理规范，而我们也已经确认伦理规范绝不是价值判断。对一个事物的功能的判断一直是科学研究的内容，我们的科学研究的每一次前进都必然建立在对研究对象的功能判断的基础上的。

而我们判断一个事物是否具有某种功能的最终标准就是其是否能够影响

到人的身心体验。不能影响到人的身心体验的东西对人类来说就是没有用的，没有用的就是我们不知道其有什么功能可以满足人们的需求。当然，这不是说一个事物一定要能够直接影响到人的身心感受，现代工业生产的大多数中间产品都不能直接影响到人的身心感受，比如电容器，但它们一定会通过汇集到某个产品（比如电视机）中而间接影响到人们的身心感受。当然，在科学研究中和在商业贸易中，我们也会判断那些中间产品的功能，此时的功能是指对与之相关的另一个东西的功能，这样所有产品的功能通过一系列中介环节都能与人的身心体验建立起联系。

也许同样会有人责备我们：你把身心体验作为一个事物是否具有某种功能的最终标准，在价值判断标准上不是彻底的唯心主义吗？我的回答是：是的，你说对了。但同时我也要告诉你：我们也是彻底的唯物主义。因为，我们把一切身心感受都归结到身体内部的物质运动，归结到身体内部的物质能量平衡。在我们看来，非物质的心理、精神、思想、感受、经验等是不存在的，这一切都是人类生命体这种物质存在形态的一部分，也必然是物质的。所以，我们以极端的唯物主义成就了极端的唯心主义，也以极端的唯心主义成就了极端的唯物主义。所谓极端的唯物主义就是认为人们以往所说的一切所谓的心理的、精神的东西都是物质的。所谓极端的唯心主义就是把身心感受、体验作为人类一切活动的动力，一切思维活动、精神活动的起点，似乎见不到物质的决定作用了。这就是中国人所说的：物极必反，相反者相生，相生者相克，对立的两极相互转化在理论建构上的表现。这就在存在论上解决和超越了长期主宰人们思维的唯物主义和唯心主义的二元对立。

4. **价值判断的两种形态、两个层面**。第二级的价值判断和后面的第三、四级价值判断一样，都包括两个层面，一是判断某客体是有用的、好的、有价值的。这是我们常讨论的价值判断形式。这是基于二分法做出的，是心智意识的分别功能的结果。其意义是便于人们进行选择。二是判断某客体的功能。这是科学思维的研究结果，属于对客体的事实判断。一个客体是因为有某些功能才会影响到人的身心体验，进而成为价值追求的对象和分别性价值判断的对象，才使心智判断其有用、有价值，是好的。就一个人价值思维的延伸路径来说，这两个层面是相互促进的。有时是因为一个事物给人们带来了好的感觉之后，人们认为其是好的之后，再去研究它的功能。有时则相反，是因为人们听说了它的功能之后，才认为它是好的、有用的、有价值的。

第二级价值追求和价值判断的生成是必然的，但其具体指向的对象则是偶然的。比如，我们需要食物是必然的，但我们所需要、想得到的具体食物则是偶然的，由我们的生产生活方式所决定，由生活和社会环境所决定。

第二级价值判断和价值追求走出了人自身，走向外部世界、外部对象，由此进入一个价值客体世界，人类随之也创造了一个价值客体世界。这个层面的价值客体都是指具体事物，可以称为物质客体，与下面三、四两级的价值判断客体是不同的。从价值思维的角度看，下面三、四两级的价值判断、价值追求的对象也都是价值客体。但这些价值客体都不再直接指向物质世界的一个具体事物，而都是为了使人们获得物质世界的具体事物而形成的价值客体。可以称为非物质客体。

5. 价值思维与趋利避害。当价值思维对象转移向外部客体的时候，身体意识和心智意识的趋乐避苦程序就转换为趋利避害程序。所谓趋利避害就是希望得到利远离害，得到福远离祸。那么什么是利呢？所有被判断为好的东西，心智想得到的东西就是利。所有被判断为坏的东西，心智系统想逃离的对象就是害。比如，食物是人人都想得到的东西就是利，得到了就是得利了、得福了。疾病是人人都想远离的东西，得到了就是祸、就是害。借此，舒服的感受也被判断为好的，得到了就是利、就是福；不舒服的感受就是坏的，得到了就是害、就是祸。当然，后面所论述到的所有的价值判断客体也都随之被判断为利或害。趋利避害这一程序就将所有的价值客体分为利和害两个对立的方面了。

三、第三级价值追求和价值判断的形成

从这一级开始，价值思维开始超出个人本能层面，进入社会层面。在这个层面，人的价值思维就开始分化为微观和宏观、个体与群体两个层面，由此同时形成两个层面的价值判断和价值追求。但这两个层面的区分又仅仅是思维的区分，而不是真正有两个东西。因为，个体与社会是相互融合在一起的，在个体之外并不存在一个社会，在社会之外也没有个体。个体可以类比

为电子，社会可类比为电磁场，二者完全是相互依存的关系。二者的区分首先是心智为把握人类生存方式的方便用二分法进行区分的结果。但这个区分又不仅仅是一种纯粹的心智运作，还有存在方式方面的根据，即二者既是一分为二，一个存在者的存在方式区分为两个方面；又是合二为一，感觉上是两个东西，实际上是人的生存方式这一个东西的两个方面。就价值思维而言，在这一层微观上人们所追求、判断的客体是人的行为方式、技能、知识观念、技术。因行动技能与技术是一个东西，所以我们就总称为行为、知识和技能。宏观上就是职业分工、生活方式。职业分工和生活方式又都与社会团体或组织有关。

1. **行为、知识和技能成为价值追求的客体**。当第二级价值追求和价值判断形成要得到某物之后，我们的心智就继续运行，它要思考这样的问题：我怎样才能得到这个好东西，或远离那个坏东西。为此，我们就要开展两类行为：

（1）行动和技能。即获取价值客体的行为，包括行为、行为能力或技能。为此我们开始从事各种形态的生产劳动、社会交往活动，培养各种行为能力、技术。我们从事生产劳动就是直接获得价值客体的活动，所谓生产活动就是获得价值客体的活动。所有能够生产价值客体的活动也就被视为生产活动，所以，生产活动就包括物质生产活动、社会生产活动、精神生产活动、人自身的生产活动等。我们从事社会交往活动是为了通过与他人的合作以集体的力量获得价值客体。这是因为单个人的生产能力有限，为了获得更多更好的价值客体，或者为了以更高的效率获得价值客体，即以最小的体力和脑力的消耗（总之能量消耗）获得最多最好的价值客体，我们需要跟他人合作。因为合作能够形成合力，大大增强行为效率。

同时，人天生是社会的产物，我们既是一对男女身体合作的产物，我们的成长也是一个社会共同体共同抚育、教养的结果。所以，一个人从基因到肉体成长从来都不是真正的个体的，而是群体的产物。即人的社会性对人来说是内生的，而不是外部赋予的，也不仅是谋生的手段。所以，从生成论的角度讲人就是他所处的共同体。只是这个共同体随着社会分工的发展而不断变化。所以，社会合作是人类最重要的生产方式，不是基于选择，而是自然赋予。实际上，社会是自然系统的一种形态，而不是自然系统之外的独立系统。就像一个猴群是自然系统的组成部分一样。近代以来，人们将人、社会与自然系统分离开来，所导致的对生态环境、个人心灵、社会发展等各方面的危害还在继续威胁着人类。

所以，行动或实践是获得价值客体的根本途径之一，为了提高行动效率，除参与社会活动外，还必须培养锻炼自己的行为能力，即实践能力。这种能力也就是技术、技能。无论是行为还是技能都与知识和认知活动相关。

（2）知识和技术。包括认知能力、学习能力、科学知识、价值知识和技术。为了更有效地行动，我们需要了解客体的存在方式和活动规律；同时，还要了解自身的存在方式和活动规律。我们获得知识的途径包括从社会上学习和自己独立获得。从社会获得知识需要有学习能力，自己要独立获得知识就需要认知能力。因此，随之学习能力、认知能力也成为价值追求的对象。知识和认知能力有利于我们重新设计、调整自身的行为方式（实践方式），设计各种实用工具、设备，以提高活动的效率。而这些都属于传统的科学研究、技术研究范畴，属于科学知识和技术，也属于科学学习范畴。因此，各种经验、知识、认知和行为能力、技术等就都成为我们价值追求的对象、客体。这也是我们在学校、工厂、农田所需要学习的知识、能力和技术。同时，我们也需要学习、获得各种价值知识，知道自己要什么、为什么要那个东西。价值知识给我们提供方向，科学知识给我们提供工具，帮助我们实现自己的价值追求。所以，科学理性是工具理性，而价值理性是主宰理性。

相应的无知无能就是负向价值追求的客体。在行为能力和知识能力方面，人类的价值追求也基本是一致的。常言道：艺不压身，知识和技术、智慧和能力多多益善，就是指我们对知识和能力（包括行为能力）的追求是无限的。但这不是说每一个人都在追求所有的知识和能力，人们一般只追求与自己想获得的价值客体有关的知识和能力。只有少数生命的重心不在物质世界的人，才会把纯粹知识和能力的成长作为追求目标，这种人往往就是纯粹的真理追求者，或者说求道者。

2. **行为、知识和技能成为价值判断的客体。**按心智运行程序，当我们想获得某一价值客体的时候，我们也就自然做出相应的价值判断，某东西是好

下 篇 价值观念形成的先验程序和先验结构

的、有用的、有价值的。如果我们想远离某一价值客体,即对某事物形成负向的价值追求,我们就会判断其为不好、无用的、没有价值的。因此,当我们形成对行为、知识、技能有关的价值追求之后,我们也就开始对所有相关的客体进行价值判断,从而不断生产出大量的价值判断。比如实践是好的,读书是好的,知识是好的,技术是好的。还有无数针对具体行为、知识和技术的价值判断。在这个基础上,我们就会研究相关的价值客体的功能,即对人们有什么意义,有什么具体影响,由此又形成无数的功能性价值判断。

3. **行为和知识在价值思维中的关系**。在价值思维中,人的行动和知识这两个方面是相互循环、相互促进,这就是我们常说的理论和实践是相互促进的。由于二者的相互促进,人类获得价值客体的能力不断提升。由于第三级的价值追求和价值判断的客体是人类自身的行为和知识,所以此一层价值追求使我们从事各种实践活动,积累各种经验,学习各种理论知识,使我们的行为和知识、技能不断提升,借此提升行为效率,获得价值客体。

4. **第三级价值观念与第二级价值观念的关系**。大家一定要记住,人类之所以形成此类价值追求,是为了得到第二级的价值客体,是为实现第二级价值追求服务的。当第三级的价值追求形成后,所有与之相关的对象就都成为价值判断的对象,人们由此又形成了无数价值判断。

这个层面的价值判断同样有两种形态:(1)某种行为和知识是好的、有用的、有价值的。(2)某种行为和知识具有某种功能,使其成为好的、有用的、有价值的。比如,为了得到更多的粮食,我们要生产,为了组织农业生产,为此我们就要学习农业生产知识,掌握农业生产技能和动作。由于分工的发展,有人为了得到粮食并不一定要亲自种田,他可以帮助别人计算换取粮食,为此他就要掌握计算方面的知识和技术。再比如,我们需要得到一个异性伴侣,为此我们就要了解异性,学会与异性交往的手段、方法。所以,我们可以看到这种社会现象,那些完全不需要自己劳动就能得到价值客体的人是不愿意劳动和进行相关学习的,对如何通过劳动和知识获得价值客体就没有兴趣。这并不意味着他们的价值思维进程到此结束,由于心智自身的程序,他一定要找到某一类对象使其愿意去劳动和学习,只是这些对象可能对整个社会不具生产性,而只是消费性的,比如如何玩好一种游戏。如果一个人找不到这样的可以耗费自己的体力和脑力的活动，那么他的人生就将陷入空虚、无聊之状态，随之感觉人生失去意义。这是心智系统自身受到压抑，无法施展其能力和智慧造成的心智自身的反应。所以，劳动与学习是我们命定的课业，是心智程序的内置程序，不可荒废。

5. **社会成为价值追求和价值判断的客体**。由于价值思维都是个体心智完成的，世界上并不存在所谓的集体思维。所谓的集体思维不过是一个社会共同体的成员就某一问题达到了认识结果或态度的一致。当然，在一个集体中，人们的思想观念是相互影响的，持有共同观念的人越多，越容易影响其他人。所以，在心智看来，社会就是一个外在的对象，是其科学认知和价值认知的对象，因此，也就成为价值思维进行价值判断和价值追求的对象。同时，由于人的各种能力、知识都是从社会中获得的，所以，我们就会对社会本身形成若干肯定性的价值判断。但对立统一规律无处不在。社会给我们提供的价值客体并不都是有益的，也不是都能带给我们积极的感受，也有给人们带来无数的有害的价值客体和消极体验，所以，我们也会形成对社会的各种否定性价值判断，许多人形成逃离社会的价值追求。人生的绝大部分身体的痛苦和情绪痛苦都来自社会。

6. **职业和生活方式作为价值追求和价值判断的客体**。随着社会群体的扩大、分工的发展，人类出现了职业分化和社会阶层分化，由此形成不同的生活方式，不同的生活方式带给人们不同的身体感受和情绪感受，由此价值思维延伸到生活方式上面。即由于职业分化和社会阶层分化，当不同形态的生活方式出现以后，人们价值追求和价值判断就逐渐聚焦到生活方式上，生活方式成为价值追求和价值判断的对象、客体。不同的生活方式，主要是不同的职业，给人们带来不同形态的价值客体，要求人们具有不同的行为能力和知识观念，要求以不同的方式参与社会交往，从而带给人不同的身体感受和情绪体验。由此，人们就开始形成对各种具体生活方式的价值判断。这个价值判断包括两个层面：一是好与不好的判断。二是功能判断，即判断某种行为、知识、技能对我们获得价值客体、生活方式具有何种影响、何种功能。

在分工高度发达的社会，人们逐渐将第二级价值追求实现的手段聚焦于某种生活方式，其中主要是职业的价值追求上。一个人是想过富裕的生活，还是想过高贵的生活；是想过繁华的生活，还是想过清静的生活；是想过悠闲的生活，还是想过紧张有趣的生活，等等，都是生活方式的选择。由此形成追求目标，有人喜欢经商，有人喜欢当官，有人喜欢学术，有人喜欢做农民，有人喜欢做工人，有人喜欢做个道士或和尚，等等，都是对生活方式的追求。这个层面的价值追求属于人们常说的人生理想层面。比如，一个人想当公务员就是对他所了解的公务员的生活方式的选择。在当前的中国要想成为一个公务员就必须获得一个学历，并通过一场考试。而为了获得这个学历，他就要考大学，学习考公务员所需要的知识、技能等。这些都属于第三级的价值客体。

很明显，对生活方式的追求是一个宏观的整体性追求，当人们确定要过某种生活的时候，通常所关注的不仅是该种生活方式所能够给人们带来的具体的价值客体，人们还会关注该种生活方式所带给人们的生命体验。比如，喜欢繁华、热闹和各种激情体验的人，一般不会自主选择做学术研究或做教师、厨师之类的职业作为自己的生活方式，他们更愿意选择去做官、经商、文艺等。即使这种人因各种社会原因当了教师、学者，也会想办法在这个领域获得那些感受、体验，成为学术界的管理者、支配者。但由于人的价值追求的多样性，甚至相互冲突，所以，人们生活方式的追求也是多样的，很少有人能够坚定地只追求一种生活方式。我们总希望能够在不同生活方式之间自由切换。

第三级的价值追求和价值判断是我们在社会生活条件下心智自动运作的结果，是一定要如此的，是任何人都无法阻止的，所以也是心智系统的先验程序。因为，社会生活方式对人类来说也是必然的、先验的。每个人在生下来时，它就已经在那里了，无法逃脱。逃脱就意味着死亡。它像第二级价值判断和价值追求一样，其形成是心智程序的必然，但具体指向的内容则是偶然的，是由人们的生活环境、生活方式、机遇所决定。我们的行为方式和知识观念都是随社会环境的变化而不断变化的。

7. **生存状态成为价值客体**。不同的生活方式给人们带来不同的身体感受和情绪感受，也带来不同的情感体验，由此人们获得了不同的整体性生存体验，这些体验是人们对自己生存状态的整体感受，在这个整体感受基础上人们形成对自己的生活方式的整体判断。面对不同体验，心智系统同样根据分别意识的二分法将其分为两类，以表达人类生存状态、生存体验的不同。这些生存体验包括：幸福与痛苦，幸运与不幸，富裕与贫穷，高贵与低贱，高尚与卑微，自由与不自由，强大与弱小，悠闲与紧张，等等。这些对立的概念都表达了我们对自己的生存状态的一种整体性评价，包括肯定和否定两个方面，肯定的方面就是好的，就是我们想得到的，或者我们基于某种更高的价值追求而希望大家都得到的；否定的方面就是坏的，就是我们想逃离的，或者我们基于某种更高的价值追求而希望大家不要得到的。大家需要注意的是，这些表达生存状态的概念的核心是人的生存体验，而不是客观事实。比如，幸福与痛苦就是一种生存体验，高贵与低贱也是一种生存体验，富裕与贫穷也是一种生存体验。对立的双方不存在绝对的界限，关键是人们在其中的体验如何。一个人的经济状态在一个人看来是很贫穷的，但在另一个人看来则不一定。自由与不自由也是如此。

四、第四级价值追求和价值判断的形成

1. 社会文化和个体心理素质成为价值追求的客体。当人们形成了对生活方式、职业的价值追求之后，在社会生活条件下，为了更好地适应某种生活方式和职业的要求，心智又引导人们形成第四级的价值追求。这级价值追求也包括两个方面：宏观的社会文化，尤其是社会规范，微观的个体心理特征。

（1）学习、适应特定社会共同体的各种风俗习惯、行为规范，以便更好地参与社会合作、实现人生理想。在社会交往比较发达的时代，还要学习其他与自己有交往的社会共同体的习俗、行为规范。风俗习惯和行为规范具体表现为各种伦理规范、社会制度。一个人进入社会后就开始学习这些东西，但一开始是被动的、灌输式的学习和适应，只有到确立了职业和生活方式理想之后，才会开始有意识地关注这些东西，并主动地去学习、适应，甚至参与创造新的伦理规范、规章制度。所以，伦理规范、规章制度作为价值追求的对象是一个人自主的价值观念建构的高级层次的活动。

（2）提升个体心理素质，以便更好地参加社会交往，实现社会合作。个体心理素质包括心理特征、人格特征，这些都与德性（或道德品质）相关。

这三个概念是交叉的,以适应不同语境的使用。如前所述,个人的心理素质从根本上决定着一个人的行为特征、性格特征,决定其遵守社会规范、伦理规范的情况,决定着一个人的善与恶、好与坏。

关注个体心理成长不同于第三级的关注行为和认知能力,对行为和认知能力的关注依然是向外的,此时还谈不上向内的探索和发展。比如,一个人成为公务员后,为了胜任这份工作,他就学习、了解自己的工作岗位所必需的行为规范,自己服务社区的风俗习惯、伦理规范。同时,为了更好地服务好公众,他还必须关注自己的心理特征、性格、道德品质等。否则,他就难以很好地胜任工作并很可能失去这份工作和由此带来的一种他希望的生活方式。同时,也只有这样,他才能真正成为一名好的公务人员,才有可能很好地为社会服务。当然我们从小在受教育的过程中,也已经得到了这些方面的教育,只是没有达到自觉意识的程度而已。所以,一个刚工作的年轻人,在工作时已经形成了自己的个人心理素质,这些心理素质常常也能够满足他的工作需要。只有当自己的心理素质不能满足工作职责要求或工作理想要求,不能适应自己生活方式的要求时,一部分人才会开启向内发展道路,开始关注自己的个体心理素质,并有意培养、塑造之。所以,并不是所有的公务员都会关注自己的心理素质。即使那些开始关注自己心理素质的人,有些人更多地关注与行为规范相关的东西,比如文明礼貌,言语举止,这是相对表面的。当人们开始关注自己的德性、品质的时候,才真正开始重塑自我的道路。这种人往往才会成为真正的好的公务员,即德才兼备的公务员。中国传统的儒家文化在培养官员时就存在着两种情况,大多数人停留在儒家的"礼"的层面,礼本属于行为规范,但要很好地践行这些行为规范,还需要养成一些基本的心理素质才行。比如,要想做到彬彬有礼、温文尔雅,就必须克服急躁心理。只有小部分人能够深入"德"的层面,这才是儒家教育的内核。

一般来说,大多数人重视自己的个人心理素质的时间都比较晚,一般要等第三层价值追求、价值判断形成之后才开始。因为,我们的心智一开始都是向外关注的,关注外部客体和社会关系,就像人们要到很晚才会体验到对体验的追求是人类最基础的价值追求一样,我们对自身心理素质的关注也是很晚的。这需要人们学会调转心智活动的方向:从对外转向对内。许多人一生都转变不过来，也有人在很年轻时候就转变过来。这个是有差异的。但大多数人都需要等要开始关注职业、生活方式时，当他开始认真思考如何使自己的职业、生活方式能够获得完美的成果时才会关注自己的内在素质，并有意培养之。当一个人开始关注自己内在的心理素质时，真正自觉的自我完善事业才开始，从此一个人开始走上向内发展道路，而不单纯是向外追求。我发现许多人要到 30 岁之后，才能开始这个过程，而很多人在到 80 岁时还没有开始。

2. **社会文化和心理素质成为价值判断的客体**。当我们要学习各种社会文化、行为规范时，相关的文化也就成为价值判断的客体，我们会说某某习俗是好的，某某规范是好的。还会说某某规范因何原因是好的，即对习俗、文化、规范进行功能性价值判断。同样，我们也会对人的各项心理素质、人格特性、品性或德性等形成价值判断，判断其好坏，阐明其功能。

3. **社会文化和个体心理素质的建构和塑造**。当一个人选择了自己的职业和生活方式时，还需要一个有意识地自我教育、自我驯化过程，使自己的言行能够更好地满足自己所选择的生活方式的要求。但对大多数人来说，这个过程都没有进行。同时，由于现实生活总是在变化中的，尤其是物质生产方式、物质产品的不断变化，导致社会交往方式不断变化，所以，一个社会的习俗和各种行为规范都在不断变化，我们要不断地对现有的习俗、规范进行反思、调整、再造，以便使我们能够更好地实现自己的生活方式，获得自己所需要的价值客体，得到想得到的身心体验。

在我们不断适应社会变化，学习、再造我们的习俗和规范的同时，我们还需要不断调整自己的心理特征，尤其是与自己的性格、品行有关的心理特征，以便使我们能够更好地适应社会合作的需要，使我们的生活方式更容易实现，获得希望获得的生命体验。此时，我们就应该把心理素质的重塑或再造作为我们人生的主要的价值追求，由此又会形成一系列新的关于心理特征的价值判断。

第四层的价值追求和价值判断的形成是心智为适应社会生活条件的要求而形成的，只要社会存在就一定会形成，因此也是**必然的、先验的**。而只要人存在，社会也就一定存在。但同样其内容则是随社会环境的变化而变化，

下　篇　价值观念形成的先验程序和先验结构

即随社会共同体的生产方式和生活方式的变化而变化。这个层面的价值客体也一直是传统的价值研究、价值追求、价值判断的主要对象，也是传统的社会教育所关注的主要内容。

因此，就人对自己的价值观念形成自觉意识而言，人们很容易意识到第二级的价值判断和价值追求，这个在儿童时代就有了。而第三级的价值判断和价值追求的形成就稍晚些，一般要到一个人开始思考如何独立生存的时候，才会有意识地形成。只有很小一部分人因纯粹心智的兴趣会主动学习各种行为技巧和知识能力。第四层的价值追求的形成更要靠后，一般要到成年期才会形成明确的意识，开始有意为之。而重塑心理特征的价值追求往往也要到此时甚至更晚才能形成自觉意识。而人们最后所意识到的价值追求和价值判断则是第一级的价值追求和价值判断——对体验的追求，虽然人们一直这样做却缺乏自觉意识，也是因为人的心智很容易忘记初衷，沉溺于工具。这是人类经常犯的错误。我想这可能是因为工具都是很实际的东西，便于心智把玩、展示自己，从中获得乐趣。比如，我们都是为了获得快乐而努力工作，但后来很容易变成为了工作而忽视快乐，在工作中积累许许多多痛苦和烦恼。这一点往往需要一个人对自己的人生有很深的反思时才能发现，在此之前，我们总是以为自己在为那些具体的东西在努力、奋斗，把所有的时间、精力都投入那些具体的价值判断和价值追求的客体上。这一点反映在理论思维中，就是直到今天我们才在理论上将其反映出来。当然，早就有许多人发现了生命体验在价值观念中的重要地位，甚至人们已经提出体验经济、体验哲学这样的概念，但在认识论上将其完整地阐述出来的，很可能本书还是第一次。

第十一章 价值观念形成的先验程序和延伸过程（中）

前面我们多次讲到心智意识自动推动人们的价值追求不断向前延伸，那么，心智系统为什么会具有此种功能呢？我们认为这是由心智系统的客观程序决定的，这些客观程序使心智系统自身也有一系列客观需要，这些需要也是先验的、必然的，是不以人的意志为转移的。即，心智意识也有自身的价值追求与价值判断，是这些需要推动着人们的科学思维和价值思维不断向前延伸。这些需要在过去都被视为精神需要范畴。与心智意识自身的客观需要相一致，心智意识也形成一系列相应的价值判断。

换言之，人类心智的价值思维实际上有两条延伸路径，第一条路径是从身体意识、身体感受、身体需要出发的，是为满足身体意识对身体感受的需要而形成的，需要的核心对象是物质客体，对其他价值客体的需要也都是为获得物质客体服务的。第三、四层的价值客体虽然已经不再是物质客体，但人们对这些价值客体的追求最终目的是为获得具体事物服务的，与那些具体事物没有关系的知识、技能、职业、规范等不能进入这条价值思维路径。从心智意识自身的存在看，这条路径是一个外向型的思维路径，针对的主要是外部对象。第二条路径就是内向型路径，是指向心智系统自身的，是心智意识自身的需要，外部对象仅仅是心智意识实现自己需要的中介、载体。

我们对心智意识的纯粹需要的理解来自前面所讲的关于心智意识的感受经验，是我们在持续的静观过程中所反复体验到的，所以，这些需要虽然是先验的，但我们认识的途径和方法是经验的。

下篇 价值观念形成的先验程序和先验结构

第一节 心智系统的客观需要与价值判断

心智系统作为一个开放的自组织系统，为了维持自己的信息平衡，为了不断获得信息，也有许多需要。这些需要是由心智系统自身的程序设定的，在每个人那里都在无意识层面起作用，即使心智系统通过自我反省意识到这些需要，那些程序依然会自动继续运行。这些程序表现为给心智系统提供一种意向性和反应形式。这些需要主要包括如下几方面。

一、获取信息的需要

人们只要一睁开眼，就想获得信息，一旦与外界失去信息交流，就会产生莫名的焦虑。由此还产生一种刑罚：单独监禁，切断一切信息交流。心智系统具有强烈的获取新的信息的需要，从儿童的好奇心，到成人的不断探索，渴望新鲜事物等都是心智系统获取信息的需要的表现。获得信息的需要与前面所讲的获得知识、技术、文化的需要在内容上是重合的，但出发点不同。心智系统对信息的需要是心智自身的需要，不为别的目的。而前面所讲的人对知识、技术和文化的需要是为了实现自己其他的价值追求。当这两种需求结合在一起的时候，就会形成更大的学习动力。

二、分别判断的需要

我们对所获得的任何感受、所获得的所有信息、所认识和得到的所有事物都想做出分别判断，包括真假判断、价值判断、合理性判断等，将其纳入特定的观念系统体系中。如果做不到，就会感到焦虑。这种焦虑就是心智系统由于没有实现目标而产生的紧张感。正是心智系统的这一需要才使我们对所有的经验、观念进行分别判断，形成各种分别性判断。这些分别性判断在我们的观念体系建构过程中主要起到鉴定、分类的功能，决定我们是否将相关经验、信息、理论纳入特定信息库或理论系统中。心智系统的这个程序和需要是心智意识保持每个观念系统内容具有一致性的重要设置，具有极为重要的意义。

三、解释的需要

所谓解释就是将自己所获得的信息整合到某一稳定的信息模块中，即将其概念化的同时纳入一个理论系统中。如果做不到，也会产生内在焦虑。当我们获得一个新的信息，见到一种事物或现象，心智系统立即就会启动解释程序，此时我们可以体察到大脑在努力运作，它迅速查阅自己的信息储备（信息模块，由已有知识经验、观念和理论构成），试图按照某信息模块对新信息给出一个解释，这个过程中大脑和心脏也都会产生紧张感。如果这个解释给不出，我们会产生更大的紧张感、压力感。是这种解释的需要使人类产生了系统性知识，并能够不断地对已有经验、观念系统进行反思和批判，推动人类知识系统不断升级、进化。

四、分享信息的需要

人有了什么新的信息或新的想法总想讲出去，与人分享，如果没有人可讲也会感到不爽。这一现象在内观或静观过程中会体察得很清晰。这一需要是人类的经验和知识能够快速传播出去的动力，使人类能够共享每个人的认知成果，从而推动人类知识的积累；这也是人类社会共同体不断扩大的重要原因。也是因为这个动因，使保密对许多人来说是一件困难的事情。

五、合理性需要

我们都是在价值追求推动下去做事情，但并不是有了需要、目标就会立即采取行动，除了需要情绪的推动外，往往还需要获得一种合理性证明。这就是人的行为的合理化要求。这种合理性要求的本质是与已有观念系统和价值观系统获得逻辑上的一致性证明，如果没有获得这种证明，我们就会感到心慌、底气不足。如果获得证明，我们就会很高兴，变得坦然、自信。人们常说"心安理得"，是一个很好的说法，却不是一个准确的说法。准确的说法是"理得而心安"：当我们在做某件事时，如果能够得到已有观念（道理）的有力支持，我们做起来就会很有底气，就会感觉踏实，心就安。如果得不到已有观念的有力支持，就会有心虚感，就害怕出差错。这也表现在我们做任何事，都希望获得别人的支持，尤其是观念的支持，对给我们观念支持的人，心怀感激。合理性需要使人们能够克制即时性的情绪和欲望冲动，有利于人们保持行为的一致性和理智对情绪和欲望的调节，是我们建立稳定、和谐社会的重要条件。

六、趋乐避苦和趋利避害的需要

除身体意识具有趋乐避苦的程序外，心智意识也具有趋乐避苦的先验程序。当人们得到快乐积极的感受（觉知到的身体感受、情绪感受、情感体验）时想继续得到该感受的心理倾向是需要，远离恐惧、痛苦等消极感受的心理倾向也是需要。这两种需要都属于心理需要或精神需要，是心智系统的内在程序所决定的。人的理智可以干扰这种需要对人的行为的支配能力，但不能消除这种意向。这种意向只有在内观或静观中才能被消除。同时，由于心智意识的分别判断功能，面对具体事物，趋乐避苦的需要就转化为趋利避害的需要。大家可以体验一下自己的思维过程，一个东西一旦被判断为好的，即被判断为有利的，心智立即就会升起得到的愿望；一个东西一旦被判断为坏的，即被判断为有害的，心智立即就会升起逃离、扔掉、破坏的愿望。上面所讲的四级价值追求从根本上说都源于趋乐避苦的需要，而第二、三、四级价值追求还源于趋利避害的需要。在上面的价值观念延伸的序列中，我们是把心智系统的这两个需要作为一个中介性概念陈述的，而在这里是作为心智系统的独立需要论述的。趋乐避苦的需要也就是大家常说的对情的需要。即情的需要不仅指体验积极情绪的需要、体验肯定性情感的需要，还包括肯定性的身体感受的需要。当然，也包括与之相关的远离负面的情绪情感和身体感受的需要。

七、尊重的需要或名的需要

这个需要是由观念的特征所决定的。心智系统是由一套程序和信息库（其中储存所有的经验和观念）共同构成的，与电脑很相似。心智系统中所存在的每一个观念都具有一些共同特征，这些特征也使人产生了一些客观的需要，即客观的价值追求。观念的一个基本特征是所有的观念都希望被肯定、害怕被否定，表现为一旦被肯定就产生快乐的情绪体验，被否定就会产生痛苦的体验，因此，每一个观念都希望得到肯定，害怕否定。由于趋乐避苦需要的影响，这一特征首先使人形成这种心理特征：希望自己的每一个观念都能够被肯定。人们往往就把他人对自己观念的肯定理解为对自己的肯定，然后把这种肯定理解为对自己的尊重。而人们常说的虚荣心或荣誉心本质上就是希望自己的每一个观念、想法、价值追求都能够得到尊重。这表现为所有的人都喜欢听认同自己观念的话，听顺耳的话，不喜欢听反对自己观念的话。即使一个人认为应该多听批评自己观点的话，他在听到人们对他的某一观念的批评时，也会自然地产生不悦的情绪。只是由于受"要听批判意见"这个观念的制约，才使自己的情绪容易平复，并不被这种负面情绪控制。这就使所有的人表现出自我维护的特征，同时表现出党同伐异的特征。我们喜欢跟自己观点一致的人在一起活动，而不喜欢跟自己观点对立的人在一起活动。这是观念的活动规律所决定的，是不以我们的意志为转移的。[①] 即使理性思维能够认识到这种特性不好，但也只能在一定程度上抑制它，而不能真正改变它。

实际上，人对尊重的需要和自尊的需要是观念运作规律的客观表现，是无数观念运作产生的一个整体性心理倾向，这种倾向由于是观念运作的必然表现或结果，所以也可称为心智系统的客观需要。

所以，尊重和自尊的需要的真正主体不是身体意识，也不是心智系统的纯粹意识，而是心智系统中的观念。其中的那个"我"就是那个观念。因此，每个观念都通过占有"我"的位置而得到我们积极主动的维护，我们也很自然地将每个观念都认同为"我"。所以，如果一个人的观念经常被肯定，这个人就会感觉到自己很重要、很正确、很智慧、很伟大等，由此产生自我尊重、自我庄重的感觉，也就是自爱的感受，我们爱自己。这种自爱的本质不是自我爱护，而是自我肯定。一个人的幸福感的根基就是这种自爱感。一个人无论得到多少爱，如果他不能产生这种自爱感，虽然可能得到很多快乐，但不会感觉幸福。如果一个人的观念经常被人否定，并不能组织有效的反击或自我维护，那么他就会产生自己很差劲、比较笨、不聪明、不重要等负面的感

[①] 孙志海：《静观的艺术》，中央编译出版社2014年版，第181页。

觉,这样就会产生自卑。一个自卑的人,就从根本上失去了体验幸福的机会。也就是说,我们的心智系统对自己的肯定对我们的幸福生活是极为重要的。而这种自爱的重要来源是自己的观念不断被肯定、支持。当然,真正有智慧的人,也即能坚持独立思维的人,其思维完全由自己控制而不受他人影响,就不需要自己的观念得到别人的肯定(但如果得到肯定也一样高兴),他具有足够的自我肯定能力,这种人即使面对无数人的批评,也不会改变对自我的肯定,即自爱。这种人才拥有幸福的能力,其幸福不依赖于外物和他者的肯定。我们在内观和静观的过程中,由于在不断地摆脱观念的控制,从而使人们对名的需要或尊重的需要程度逐渐降低,由此使其自爱的能力受到外界舆论的影响逐渐降低,即独立保持自爱的能力不断增长,由此使自己幸福的能力不断提高。

所以,自尊虽然是以"整体"人格的形式运作的,似乎是我们的生命体的需要,实质却是每一个观念运作的结果,是一个个观念以我们整体人格的形式而产生的一种需要或心理追求。

与自尊有关的另一个概念就是"名",名誉的名。人类对名的追求与对利和情的追求一样,都是极其强烈的,就是那些号称不在乎名的人,也是如此。对许多具有超越性价值追求的人来说,让他放弃利并不是很困难,但让他放弃名就难得多,因为,利是可以看见的,而名看不见摸不着,无影无踪,很难放弃,即使想放也不知道如何放。名不是一个名字或名称,人们追求名的本质是追求被肯定的感觉。被肯定的方式有很多,除了直接的肯定、认同外,还有表扬、羡慕、追求、追捧、恭维、帮助、尊敬、爱护等,这些都是一个人被肯定的表现。人们求名还有一个相反的表现,就是害怕被否定,害怕被人抛弃、谴责、批评、嘲笑、挖苦、鄙视、轻视、损害等。如上所述,当我们被肯定的时候,我们就会获得高兴、愉快的情绪,当我们被否定的时候,我们就会获得郁闷、难过、压抑等情绪。由于这两方面的感觉的存在和趋乐避苦的心智程序,所以,我们就会一直渴望被肯定,害怕被否定。这种心理就是求名的心理,虽然它的表现非常复杂,并与各种利益和社会条件结合在一起,但最终都是与情绪感受、情感相关。

因此,所谓的名就不过是自身观念运作的结果,并不存在一个叫"名"

的东西，名不过是自尊的另一种表达形式。在"名"中，那个被尊重、被否定的对象并不是人们自己，而是那些观念。

对尊重和名的追求使人们努力与他人保持一致，获得大家的认同，这是我们建立各种社会秩序的重要心理力量，是伦理判断、道德判断这些社会舆论能够发挥监督力量的心理基础。如果一个人真的不在乎名，不要求被尊重，社会舆论对他就没有用了。但这种人在社会上在自然状态下几乎是不存在的，除非经历过很艰苦的自我修炼，比如通过内观、静观等方法把所有的观念都清除或压入潜意识。

八、对心智系统客观需要的价值判断

与心智系统的上述需要相一致的，就是人们也建立了相应的价值判断。比如人们对信息的功能或意义做出了描述，形成了关于信息的各种功能判断，并在此基础上形成了有用无用、有价值无价值等分别判断。同样，人们对分别判断的功能也可以进行功能判断，进而对分别判断也做出有用无用、好坏等分别判断。人们对合理性需要、解释的需要、交流的需要、对尊重和名的需要及相关对象都形成了价值判断，由此形成一系列与精神需要相关的价值判断。

第二节 心智系统的自我实现需要及其价值判断

一、自我实现的需要

这里所说的自我实现的需要与马斯洛所说的自我实现的人格特征不同，它仅指一种心理意向，而后者指一种稳定的心理模式或反应模式，属于我们所说的德性范畴。我所说的自我实现的需要是指一个人实现自己价值追求的一种意向。人和人之间的价值追求类型大致相同，差别在关注点不同，或者说最想实现的价值追求不同。比如，人人都想发财，都想获得美满爱情，但并非人人都把它们作为自己人生最重要的价值追求。因此，人和人之间能够

相互理解，但又互不相同。同时，在一个人人生的不同时期，其核心价值追求并不相同，一个具有自我实现人格特征的人的一个共同点就是他们对自己的核心价值追求具有明确的自觉意识，并能牢牢抓住它，不为其他价值追求所干扰。

1. **价值思维的两条路径之间的关系**。我们在前面讲到人的价值追求时，实际上论述了人类价值追求的两个序列。第一个序列是从对积极的身体体验的追求开始到对文化规范和个人德性的追求，在这个序列中，心智系统在不断地生产出价值判断和价值追求。而心智系统之所以能够不断生成价值判断和价值追求的根源在第二序列，即心智系统有自己的需要。所以，这两个序列是交叉在一起的。其中对体验的追求是两个序列的交汇点，通过这个交汇点，第一序列的所有价值判断、价值追求和价值实践活动都会归结到第二个序列中，成为心智系统实现自己的价值追求、满足自己需要的手段、工具。由此，使第一序列的第二、三、四级价值观念和价值实践成为心智系统自我实现的工具。或者说，心智系统借第一序列的价值判断、价值追求和价值实践实现了自己的价值追求，成为心智系统自我实现的中介、载体。

2. **自我实现需要是心智系统的需要，而不是身体的需要**。因为，身体需要是即时性的，一旦满足随即消失。但心智系统会将对身体的操纵、训练、塑造作为其自我实现的一个环节。这表现在人们的心智在努力掌握身体，开发身体潜能，使身体发挥最大的效能。这就是人类在各种游戏活动、娱乐活动、体育活动、武术活动、气功活动、修炼活动中所追求的目标。这种目标使人超越现实生活中的各种具体诉求而专注于身体潜能的开发。即，我们在从事上述身体活动时有两类价值追求：（1）通过这些活动获得各种现实利益。（2）从具体的得失中升华为人体潜能的开发。如果一个人仅专注于第一个目标，则这种活动的动力就是非常功利的，很容易受实际得失的干扰，患得患失，如果价值目标能够顺利实现就能继续下去，如果发现价值目标不能顺利实现，就会失去动力。而如果一个人专注于第二个目标，则功利心就会降低，其活动会更有持续性，甚至会持续一生，它使人把价值追求的目标从对外界奖赏的关注转移到对自身身体内在潜能的开发，即，使人把关注点投向自己。早年我通过练习太极拳发现了身体和生命的神奇，从此就把探讨生命的奥秘、开发生命潜能作为自己的价值追求，这么多年从未动摇，并成为我克服各种外部诱惑的心理支柱之一。

心智系统的自我实现需要可以借助各种外部性价值追求活动和社会活动实现自己，但其目标却不在各种价值活动的客体身上，而在于心智系统自身的需求是否得到满足或实现。比如，许多人得到了金钱、地位、职业、生活方式、社会关系、性等各种价值客体，却不认为自己成功或幸福，还会感觉到自己人生的价值追求没有实现。因为人们所得到的所有具体的东西对我们心智自身的需要来说，都只是中介性、工具性的东西，而不是其真正要得到的东西。如果一个人得到这些具体的价值客体就是真正地实现了自己，那么富豪、权贵、名人等就都是真正的自我实现者。事实上，这些人都知道自己不是，至少自己不是因为得到了这些东西而认为自己是自我实现者。否则，马云不会说"成为马云你会很痛苦，今天要我重新选择，我一定不会再做马云"①。而一个自我实现者则会说：人生是如此美好，如果有来生，我还愿如此。或者说：这一辈子，我值了，现在就死，也没遗憾了。为什么会如此呢？

因为人的心智的真正需要不是得到任何外在的东西，外在的东西都只是一个中介，而是得到自己想得到的生命体验。即自我实现的需要实际上就是心智系统体验自己想体验的体验的需要，而这些体验就是身体感受、心智感受、情绪感受和情感体验，其中最主要的是心智感受、情感体验。所以，马斯洛所提出的具有自我实现人格特征的人的第一个条件和表现都是"充分地、活跃地、无我地体验生活，全神贯注，忘怀一切。⋯⋯在体验时，个体完全成为一个人。这就是自我实现的时刻。这就是自我实现时的一刹那"②。根据我的经验，当一个人开始把自己的生活内容从具体事物转移到自身体验之后，才更容易成为马斯洛所说的自我实现者。所以，他认为一个人迈向自我实现的第一步就是不要受他人干扰，而要面向自己的内心，亲身体验事物之所是，倾听自己内在的声音和冲动。③当一个人的生活重心转向内在体验之后，他才会对外部事物更具开放性和创造性，也更容易表现出善良、宽容、

---

① http://tech.ifeng.com/internet/detail_2013_03/04/22722646_0.shtml.
② 〔美〕马斯洛：《人性能达到的境界》，曹晓慧等译，世界图书出版公司2014年版，第42页。
③ 〔美〕马斯洛：《人性能达到的境界》，曹晓慧等译，世界图书出版公司2014年版，第43页。

勤劳、勇敢等心理特性，更容易得到"高峰体验"。马斯洛通过与80名个人谈话、190份问卷、50人的报告概括出高峰体验的一些表现①，这些表现的内容很多，最简单概括地说就是与他人和世界的一体感，这种感觉超越对立成为完全的统一，超越否定成为全面的肯定，也就是我们下面所讲的是完全的爱的体验。也因此，我们生命的真正主人、主宰可能就是这个心智意识，而身体只是它存在于世、在世上实现自己体验愿望的工具。所以，世上有无数的人，会为获得某种心智体验沉溺于各种游戏而忘记关注身体，做出种种危害身体的事情。当前，男性身体健康状态大幅度下降，就是很多人沉溺于电子游戏造成的。而电子游戏完全是心智的游戏，是为满足心智的各种需要而设计的。

许多人之所以会把得到某种具体客体视为自身价值的实现，是因为他认为自己如果得到了那些东西就会得到某种相应的生命体验。比如，大家都拼命挣钱，许多人就是认为自己得到了钱就能得到各种自己想得到的体验，比如，可以得到自己亲人、爱人的爱，可以吃到自己想吃的美食（关键在对美食的"味道"的想象），住自己想住的房子（对住好房子的感受的想象），等等，然后就幸福了。再比如，某人爱上一个异性，拼命追求，甚至不择手段地追求。因为他或她认为自己如果得到了对方就会享受到美好的爱情体验，或自己幻想的对方带来的其他的感受、体验。但结果可能与他想象的完全不同，他或她虽然得到了对方的身体和关系（婚姻关系、性关系），但丝毫没有得到被爱的体验或他或她想象的各种好的体验，由此会非常失落，认为自己的婚姻很失败，自己的人生很失败。

二、自我实现需要的内核是体验爱

人类在社会上虽然表面上在从事着不同的活动，希望得到的东西很多，比如上述第二、三、四级价值追求的对象非常多，但归根到底都是为了获得那些肯定性体验，其中最重要的是肯定性的情感体验，即爱的体验。

1. **肯定与否定**。人类的所有感受（体验）和思维都是围绕着肯定与否定展开的，这就是心智系统的分别意识的核心程序和核心功能。这表现为心智

---

① 〔美〕马斯洛：《存在心理学探索》，李文湉译，云南人民出版社1987年版，第63—105页。

系统在对所有的感受、思维进行分别判断的同时又强烈要求得到肯定的体验、感受，并由此渴望自己的行为、认知、感受得到他人肯定。

（1）身体意识对肯定感的追求。从身体需要看，肯定就意味着身体物质能量平衡的维持、生命的持续，或被呵护；而否定就意味着衰老、疾病和死亡，或被伤害。从身体感受看，肯定性的感受就是舒服的感受，否定性的感受就是不舒服的感受。当某人使我们得到身体肯定性的感受时，我们自然就将其行为理解为爱，给我们的是爱，其心是善的、好的，并从中读出对方对我们是肯定的。当我们对某人心生爱意的时候，我们也就会采取行为使对方的身体获得肯定性的感受，比如请对方吃饭，给对方送与健康有关的礼品，等等。对方也自然能从中理解到我们的爱和善意来，知道我们对他或她是肯定的。如果我们感觉到有人的行为会给我们带来否定性体验，我们就立即读出对方对我们的恶意、坏心。

（2）心智意识对肯定感的追求。对心智来说，所有好的、积极的情绪和情感都代表着自己的观念、愿望得到了肯定，因此也都是一种肯定性体验，即肯定感。我们也正是从自己的积极的情绪和情感中读出对方（引发我们情绪情感者）对我们的肯定，从消极情绪情感中读出对方对我们的否定①。同样，当我们心怀积极的情绪和情感与对方交往时，我们也能把肯定性的态度带给对方，即把爱心、善意施于对方。

因此，爱的本质就是肯定，表现为肯定性的感受、肯定性的思维和肯定性的意向。当我们爱别人时，就是对对方的肯定，当别人爱我们时，就是对我们的肯定。肯定的感受和肯定性思维、肯定性观念是相互影响、相互转化的。当我们对某人、某物有肯定性思维时，就很容易引发我们内心肯定性感受，并由此愿意给对方带来肯定性感受，使对方舒服、喜悦；当某人引发了

---

① 所以，我认为人的情绪、情感并不仅仅是种感受、体验，即存在，其中也包含认知、判断。即人的情绪、情感具有认知功能。当然，这种认知功能是来自于引发情绪、情感的观念，是这些观念对相关事物的判断，肯定性的判断引发积极的情绪情感，积极的情绪情感代表对事物的肯定性认知和判断，否定性判断引发消极的情绪情感，消极的情绪情感代表对事物的否定性认知和判断。比如，一个人认为某种发型是美的，所以，当他见到某人是这种发型时，就会高兴，由这种高兴他就会做出这个判断：这个人是好的，或有趣的，或与我是一致的等认知判断。这是情绪对认知的引导。但不是说我们可以借此获得真理，人们获得的仅仅是一种认知、一些观念。

我们肯定性感受时，我们也很容易形成肯定性思维，认为对方是好的，我们自己是好的，并因此也愿意肯定对方，向对方表达肯定的意向。因此，爱是一种身心合一的生命存在状态。这里所说的爱不仅是男女之间的爱情，包括人与人之间所有肯定性的感受和思维。

2. 爱的形态。爱有三种：被别人爱、爱别人和爱自己。只有当一个人体验到这三种爱时，他才会获得完整的自我实现感、自我成就感。

（1）被爱，即获得爱。大家都知道我们都渴望被爱，当我们意识到自己被爱时，我们就是快乐的。当我们获得被爱的体验时，即感觉被肯定时，我们的内心就会感受到快乐、踏实、温暖。注意这是一种体验，而不是认知。仅仅认识到别人爱我们是不够的，只有体验到这种爱的感受，才算数。当我们体验到被爱的体验时，我们就会认为的自我价值实现了，自己的努力、奋斗是有意义的，并获得自信。自信是自爱的开始。如果没有得到，我们就会感觉失落，好像自己什么都不是，并体验到自卑。因为，我们正是通过被爱来确证自己的存在和存在的价值的。

由于受社会舆论的误导，许多人会将自己得到某一个人或一种关系或某种价值客体（比如工作、金钱等），视为自我实现。但当有一天他意识到这个世界并没有人爱他，大家对他都是虚情假意时，他就立马崩溃，感觉自己什么都不是。比如，有人得到了自己爱的人，跟对方建立了婚姻关系或恋爱关系，一开始感觉自己很成功，实现了自己的价值。但如果有一天他发现对方并不爱他，只是因为某种客观原因或迫于压力或为了利用而跟自己结婚或恋爱，他就会非常愤怒、悲伤，他的自尊和自信立即就会崩溃，自我实现感荡然无存。这也是当前许多成功的富裕人士难以结婚的原因，因为他或她不知道人们是爱他或她的钱、权，还是爱他自己。

（2）爱，即给予爱。同样，我们也渴望获得爱的体验，即将爱给出的体验。注意，爱是一种情感，当这种情感发生时，我们心中就会有一种体验：温暖、柔软、愉悦、阳光、踏实。所以，爱是一种体验。当我们付出爱时，我们的感觉是充实的，存在感是满满的，因此，也是幸福的。当我们爱一个人时，尤其是我们为爱付出时，我们就会感觉到自己的价值，感觉自己的努力奋斗是有意义的，也会产生强烈的自信心，这也是一种肯定感，自我肯定。

这种感觉也是自我实现感的一种形式。如果我们没有爱的对象，或自己的爱送不出去，就会感觉孤独寂寞，感觉自己没有价值，什么都不是，严重的也会产生深深的否定感、自卑感、无意义感。

（3）自爱。在上述两种爱的形式中，人们都可以建立自信，由此产生自爱：自己爱自己。对人的幸福来说，自爱比爱与被爱更重要。一个自爱的人，也就有了建立幸福生活的基础能力。一个自爱的人，才可以从容地自然地爱别人，并坦然地接受别人的爱，由此并在爱与被爱中强化对自己的爱。一个爱自己的人即使生活中有许多不幸、痛苦，也是幸福的，至少具备了幸福的基础。而一个人是否自爱与他所得到的外部价值客体没有必然联系，而在于是否经常得到肯定性的体验，其中最主要的就是爱与被爱的体验。

3. 爱的辩证法。爱、被爱和自爱三者的关系不是相互排斥的，而是辩证的、相互影响。包括两个方面：（1）被他人爱和爱他人的辩证法，或得到爱与给出爱的辩证法。（2）爱自己与爱他人的辩证法。

（1）爱与被爱的辩证法。人们通常都知道如果一个人得不到爱，即不被爱，会很痛苦，存在感会降低，而大多数人意识不到如果我们没有将自己的爱送出去，也会很痛苦，存在感也会降低。有些人得到很多人的关爱，但由于不会关心人，不懂得如何去表达爱、送出爱，从而使自己的爱心无法实现，由此使自己产生孤独寂寞之感，存在感很低。此时，如果谁能够给他表达爱心的机会，接受他的爱，他就会很高兴，就会很爱这个人。许多人感受到今天的人很冷漠，似乎我们都缺乏爱心。其实不是，很多人是没有学会正确表达爱的方式，有些人是没有找到爱的对象，有些人是送出了爱但没有得到及时的正确的回应从而因失望把爱心隐藏起来，还有些人害怕受到伤害而把爱心隐藏起来。大家知道今天许多人宁愿与宠物待在一起，而不愿意与人待在一起，是因为像猫和狗这样的宠物都能以正确的方式及时回应主人的爱。因此，现代人没有失去爱心，而是失去同类之间的爱的能力。

既然爱与被爱都能使人产生自我实现感，那么，到底哪一个更重要呢？对立的双方一定是同等重要的。当一个人得到的爱的体验与被爱的体验之间失衡时，他的自我实现感、幸福感都会降低，如果严重失衡，自我实现感和幸福感就会丧失，从而产生心理疾病。爱与被爱失衡有两种表现：①指一个人得到很多爱，但没有把爱送出，即自己没有爱的对象，或自己爱的对象拒绝了自己的爱。这种人的痛苦是一种表面热闹下面孤独的痛苦，他感觉到没有人理解他，没有人需要他，自己活得没有价值。这是一种暗苦，他自己也不知道为什么。这是因为过去的舆论宣传都把爱他人作为一种道德要求（实际是伦理要求），认为爱他人是一种奉献，而没有意识到爱他人是每个生命的自然体现，是生命存在的证据，爱他人是我们生命的内在需要，无关伦理。表达爱的能力和正确表达爱的方式是一个人最基本的心理素质，属于德性范畴，而不属于社会关系范畴。但它会严重地影响社会关系，因此，人们才会将爱作为一种伦理规范或道德要求提出来。②一个人感觉付出许多爱，却没有体验到相应的回报，没有感受到别人的爱。这和付出到一定程度，心智就会产生欠缺感，需要他人的爱回报填补（准确地说，需要使他体验到爱）。许多人可能都遇到过这种情况，一个人帮你做了很多事，也对你说了许多包含爱意的话，如果你没有感受到对方的爱，你的被爱的需要就没有得到满足，你就感觉不到自己的价值实现了。实际上我们每个人每天都在得到别人的服务，但有些人却感觉不到别人在为他服务，他只是感觉自己在服务他人，而没有被人服务。他会想我整天都在帮别人，为什么就没有人帮我呢？当他产生这种感觉和想法时，就会产生严重的挫折感、沮丧感，进而产生对社会的不满感、不公平感。如果被爱的欠缺感达到某个极限，爱就会转化为失落、痛苦，直至转化为恨。这是由对立统一规律决定的，物极必反。只有当因某件事他真切地感受到别人在为他服务、在帮他时，即他感受到被爱时，他才会变得高兴，感到满足，感觉到心理平衡了，即公平了。之所以会发生这种情况，是因为某些人特别执着于某种特定的体验，他因某种情景、经历和观念的诱导，赋予某种特定的体验以最高的价值，如果他得到了，就感觉特别幸福，如果没有得到，就感觉特别失败。有些人会因很简单的事情自杀，很可能是因为那件事情使他得出结论：自己想得到的感受得不到了，或自己将得到自己特别恐惧的体验。这种判断会给他瞬间带来强烈的痛苦的情绪体验，由此产生严重的自我挫败感、幻灭感，在这些感受中，他的自我受到严重否定，产生自我放弃冲动。而有些人经历极大的磨难却依然坚强、幸福地活着，很可能是他得到了他特别渴望得到的某些体验。在这种体验中他实现了自我，对自己产生强烈的信心和自爱感。这两种情况也说明，人的自我实现需要实际上就是得到爱或被肯定的感受。

人生的最佳状态是爱与被爱得到统一，且爱与被爱大致相当。所谓爱与被爱统一就是爱的对象也是爱自己的，双方都将爱意顺利送出，没有错位，这样爱与被爱就完全融合在一起，相亲相爱，双方都会感觉到自己很幸福，感受自己有能力、有魅力、有价值、很幸运，由此产生强烈的自信心，体验到强烈的自我实现感和存在感。在这种感觉基础上，人们就会产生深深的自爱，自己爱自己。

（2）爱他人和自爱的辩证法。自我实现的感觉不仅来自爱和被爱的需要的满足和平衡，还与自爱有直接的关系，体验到自爱与爱他的平衡。我们会看到有这样一种人，他什么东西都拥有，但就是感觉人生不幸，体验不到生活的幸福，抑郁、失落，甚至突然自杀。这种人之所以自杀，表面的理由可能有很多，但根本点可能只有一个：他不爱自己。他之所以不爱自己则可能是因为自己的爱没有送出或没有体验到被爱的感受。电影《港囧》就表达了主人公徐来的这种心理，他因一直没有体验到与前女友接吻的感受，即爱没有送出或被爱的感受没有得到，而一直耿耿于怀，以至于结婚多年无法体验到自己老婆及其家人对他的爱，也无法表达出对自己老婆和家人的爱，所以工作虽然成功，但没有成就感，生活虽然富裕，但没有幸福感，总之，整个人存在感不高，渴望改变生活，无法实现自爱，获得幸福。直到有一天他历经艰险再次见到前女友即将实现接吻的心愿时，他意识到了自己的问题，立即感受到自己的老婆和家人对自己的爱一直存在，生存感、幸福感立即提高，即获得了自爱的能力。

我们讲到自爱在人类情感生活、幸福生活、自我实现感中的重要地位，可能会引发某些人的担心，担心这会助长自私自利行为。这个担心是缺乏辩证思维方式，不懂人类心智体验运作的辩证规律造成的。辩证法的最重要点就是两极相通，相反者相生、相生者相克。在自然状态下，一个自爱的人，一定会很容易学会爱他人，并对他人释放出充足的爱；一个爱他人的人，也一定会很容易地学会爱自己，给予自己足够的爱。换言之，在自然状态下，自利者一定会利他，利他者也一定会利己。比如，自利者很容易认识到，如果自己不付出、不去爱别人，是不可能得到真正的爱和利益的。利他者也很容易认识到自己把自己照顾好了，才能更好地照顾别人、爱别人。只是过去的社会舆论搞错了，认为利他者一定是牺牲自己、经常做危害自己的事情的人，误导人们将害己作为利他的前提；认为自利者不会利他，自利的人是会把所有好处留给自己、坏处留给别人的人，误导利己者不能很好地利他。这两种人都确实有，通常都是由于受某种意识形态或家庭教化的蛊惑，迷失了正常心智，痴迷地做危害自己或他人的事情，从而使自爱和爱他、自利和利己的辩证法不能自然实现相互贯通。这种人由于痴迷于得到或给予，强力干扰自己的内心冲动，从而使相反的两端不能沟通。这实际上是一种心理疾患，必定会影响其幸福感、肯定感。比如，一个自爱、自利的人，在从别人那里得到爱或利益时，其心智会自然地对对方产生爱的冲动、形成善意，这是心智的本能程序。但有些人在某种观念控制下以顽强的意志力阻止自己去做表达爱和善意的行为。这种人在行为上常常显得不通情达理，并表现出偏执的性格，违背了人性的自然运作。这种情况通常发生在具有特定信念的社会集团或人群中，而在自然成长状态下，很少有这种人存在。比如，我们在一个自然的山村中，人人都过着质朴的生活，这种人是很少的；而在那些受过特定教育或驯化的人群中，才会有这种偏执型人格的出现。在所谓的高峰体验中，自爱和爱人是完全统一为一个整体，人们体验到充足的存在感，空旷宁静，坦然愉悦，他者作为一种对立的认知和体验完全消失，人们体验到他者与自我完全是一体的，因此，自我作为一种认知和体验也完全消失。即他者感和自我感都消失，体验到完全的整体性、统一性。这是一个追求自我实现的人最终可达到的生命体验，纯粹的爱的肯定性的体验。此时，跟他在一起的人，从他身上都能体验到完整的爱，人们会感到无限的宁静和愉悦。当人们达到这种体验时，也就是我们下面要讲的自我完善和自我超越的需要的最终实现。

三、与自我实现有关的价值判断

一个人意识到自己有自我实现的价值追求后，所有被他判断对自我实现有关的对象就都会成为价值判断客体，对自我实现有肯定作用的客体就会被判断为有价值，对自我实现有否定作用的价值客体就会被判断为负价值或无价值。对一个对自我实现需要形成自觉意识的人来说，这个需要往往很快就会形成其人生的最重要的价值追求，相应地他对各种具体价值客体的追求的心理强度就会随之降低，或者说他对那些具体价值客体的价值判断和追求强度都会逐渐调整到与自我实现相一致的频道。此时，他的价值思维才开始获得聚焦点，获得灵魂。而在此之前，人们的价值思维不过是适应环境的结果，像浮萍一样随风飘荡，漫无边际。这种状态对基本生理需要还没有满足的人来说，问题还不严重，而对那些基本生理需要已经满足的人来说，问题就逐渐显得严重了。这些人由于找不到新的人生方向，从而使心理陷入混乱状态。就像有些人说的"我现在穷得只剩下钱了！"所以，人生的基本需要得到满足时，就应该升级自己的价值追求，价值思维的重心就应该向内转，转向自己的心智，即精神。

对爱的体验的追求呈现在我们所有生命活动之中，不会被任何东西遮蔽，至多受到压抑，但也必然会以种种异化的方式表现出来，由此引发种种心理疾病。对爱的体验的追求如果得到合理的引导将很容易升级为自我完善和自我超越，即升级到自我实现的高级阶段。

第三节　心智系统自我完善、自我超越的需要及其价值判断

一、自我完善和自我超越的需要

1. **自我完善、自我超越的含义**。这里所说的自我完善和自我超越二者的含义相同。人因感觉到自己的生存状态（包括生存方式、生存境界、生存体验）存在缺点、局限、不足时会产生改变、完善的冲动。这种冲动的本质就是希望自己能够超越自己现有的生存状态，走向更好的生存状态。其中核心是人们不满足于自己所得到的生命体验，希望获得更好、更高级的生命体验。人们认为自己现有的生命体验是来自现有的生存方式、生存境界，因此希望通过改善、完善、超越现有的生存方式、生存境界以获得更好、更高级的生

命体验。所以，这个价值追求或需要就是自我完善、自我超越的需要。

2. 自我完善、自我超越的道路和方法。 当一个人意识到自己的生存状态不完美、不完善时，人们的应对态度是不一样的。消极的人就会在承认现实后安于现状，使自己处于无可奈何的状态。而积极的人则会探索超越现状的道路和方法。人们会在两种条件下产生自我完善和自我超越的需要。

（1）在意识到具体的价值追求不能实现的原因在于自己的知识、能力、行为方式和德性时，产生积极发展自己、完善自我的心理需要。我们每个人在实现价值追求的过程中都会遇到困境、难题。有人找外因，有人找内因。找外因是指找外部的环境、条件，通过改变外因解决问题。找内因是找自己的知识、能力、行为方式、德性等方面的不足，然后通过改变、完善自己来解决问题。找外因的人会积极地改造社会，这是推动社会发展的道路。找内因的人会积极地改造自己、完善自己、超越自己，这是推动自身发展的道路。二者都很好，并且也会相互转化。但从个人的发展、幸福和生活的和谐来讲，找内因更直接、更好些。因为找外因、改变别人往往会引发激烈的社会冲突，给自己带来更大的危害。而改变自己就不会影响到别人，也不会与别人发生冲突。

（2）在意识到人作为一个类存在的缺陷时，想寻找解决人类生存困境的道路和方法。比如释迦牟尼出家修道的原因就是想解决人生的生老病死之苦这四大难题。许多人认为佛教消极，完全是一种误解。这是一种大积极，直面人生最艰巨的困难、问题。认为佛教消极的人的根本原因是认为人生这四大问题不可能解决，即在这四大问题面前认命了，这是最根本的宿命论。历史上那些超越性宗教所要解决的问题都不是对现实世界的认知和改造问题，而是如何超越人类现有的生存方式，从而使自己达到更高的生存方式的问题。所以，这些宗教对人类的生存方式基本上都持否定态度。

因此，人的自我完善、自我超越的需要就有两种：①在适应生活环境中形成的，针对自己知识、能力、行为方式、品德等方面的不足而提出来的，这些自我完善、自我超越的内容都属于前面我们所讲的第三、四两级价值追求的内容。这些方面的提升和完善对我们获得自己想获得的价值客体、实现人生理想都很重要，属于自我实现的途径和方法。这属于现实生活之内的自我完善、自我超越。②人生的第二种自我完善和自我超越的目标不再是如何获得价值客体、满足自己在现实世界的需要和欲望，而是想将自己的人生从现实世界的需要和欲望中解脱出来，从受限的人生状态中超越出来，提升自己的生存境界，实现人生的圆满，这是自我实现的更高境界。这是对现实生活本身或人类生存方式本身的自我完善、自我超越。下面我们所讨论的自我实现、自我超越主要是这种形式。

在西方，一直有这种哲学传统：认为一个人如果满足于物质生活或物欲，主要是食欲和性欲，就与动物没有差别①，人生处处受必然律的限制，没有自由，经常体验到痛苦和无奈，希望人类能从物欲中突破出来，不受这些欲望的主宰，能够完全按理性生活，获得理性的自由或理智的自由。在中国，这种哲学体现在儒释道三家的圣人文化中。在中国哲学看来，圣人就是超越物欲的人，即摆脱物欲支配或控制的人，因此，也是超越现实社会关系控制而实现自由的人。世界各地的智者，当他们在人世间体验到物欲所带来的诸多痛苦、不便或麻烦之后，很容易地就发现我们这个世界是残缺的、不完满的，生命是受限的；认为那种局限于物欲的生活是动物性的，就会想超越这种生存方式。由此，许多智者就创造出要求超越物质生活，回归简单、宁静的生活方式的哲学，或具有同样目标的超越性宗教。这些超越性宗教的创教者往往以自身的实践突破了人生的局限，就想引导更多的人实现这种超越，给人们留下了一条道路和方法。

自我完善、自我超越的需要与自我实现的需要之间存在内在的关联，在高级层面是一致的，都是要体验更高的生命体验，达到更高的生存境界。我们之所以将其分开是因为这两种需要产生的起点有所不同。世界上有一种人，天生对现实的各种价值客体（日常的生活条件和生命体验）、物欲没有多大兴趣而一直专注于自己的内在体验，这种人就很容易使自己的价值追求提升到

---

① 我不赞同因人有物欲、性欲就把人的存在方式与动物并列。应该承认这是人与动物的共同点。但我们也要看到人是高于动物的存在，人高于动物的存在并不仅仅在社会组织上，还在于人有自我意识能力、自我反思能力、自我建构能力，使其能够形成高尚的情感追求，有使自己超越物欲、性欲的牺牲精神。所谓"一半是天使，一半是魔鬼"，正是对人性的两个层面的形象说明。通过正确的内观和静观，物欲和性欲都将成为生命自我实现、自我超越的阶梯，在超越物欲和性欲过程中，提升自己的心智层次，获得更高的生命体验。

更高的境界。首先是精神境界，渴望认识真理，了解宇宙和人生，寻找提高人生境界的方法和道路。这种人就是马斯洛所说的自我实现的人。我本人大概就属于这种人。除童年时因常食物不足而有些在意食物外，成年工作后，似乎就没有再把物质欲望的满足当作人生追求的目标，而一直把心智的发展、把自己的志趣（追求真理、认知和体验生命的奥秘）作为生活的最高原则。但世界上更多的人则是在现实世界遇到各种挫折、体验各种痛苦后，才会对人类日常的生活方式和体验产生不满，从而将生活的关注点从外部世界转向自己的内在体验，积极寻找超越现有生命体验的方式，即产生自我完善、自我超越的价值追求。所以，自我完善、自我超越者所希望体验到的生命体验很可能与自我实现者所希望体验到的东西是一致的，因此，二者可以合流。

二、自我实现、自我超越的存在论基础和境界表现

因此，马斯洛所说的自我实现者和我们所说的自我超越者所追求的都是内在的生命体验，甚至都追求超越物欲获得更高生命体验。对大众来说，问题就是：这种超越物欲的人生是否可能，更高级的生命体验是否存在？这可能是人生中至极至大的问题了，也就是所谓的终极关怀了。我们认为这种生存方式是可能的、存在的，但它不存在于物质生活方式中，而是存在于精神生活中，存在于心智系统中，我们可以在心智中体验到它，并表现在社会关系中。要想理解这个问题，就必须理解心智系统的层次性，在心智系统的不同层次我们可以得到不同的生命体验，进而在社会关系中呈现出不同的生命表现形式和社会生活形式。一个人对心智系统的更高层次生命体验的追求就是人的自我完善和自我超越的内核或本质。当我们不断获得更高层次的心智体验时，我们就会深深感受到自己正走在自我实现的道路上，获得真切的自我完善感、自我超越感。

1. **心智意识及其体验的层次性**。为了便于大家理解心智系统的层次性，我们借用佛学的三界理论来说明。因为，我发现佛学所说的三界与人的心智系统的不同层次的体验之间存在一定的对应关系，并且我们确实可以借助某种方法（比如内观、静观）使自己真实地体验到人生的不同境界。

佛学所说的三界是指欲界、色界、无色界。每一界又分许多层天，每一

层天都有不同的生命体验形式，越往高层越简单，到最后就是心智系统的纯粹意识，纯粹的空境。佛学用不同层次天这种形象的方式表达了生命在不同层次的不同体验，我们甚至可以从不同层天的名称来理解人生的不同感受、体验。

欲界的关键在"欲"这个词。按佛学的说法，处于这个境界的众生有最丰富的感官和身体体验，有六识产生的各种体验或觉受，眼受（与色有关各种美感）、耳受（音乐）、鼻受（香味、臭味）、舌受（各种口味、美食）、身受（各种身体感觉，暖、冷、舒服等）、意受（喜受、舍受）。喜受就是有喜欢、得到的感受，舍受就是舍弃、厌恶的感受，二者合在一起就是人的趋乐避苦的心智程序。人对这些感受的追求和逃避就是欲望。

人们通常会认为人生的欲望首先体现在生存的欲望上，即保存肉体存在的愿望，害怕死亡的愿望。把求生欲看作人类最基础的价值追求。但对一个人来说，如果仅仅是活着，恐怕许多人就会失去活下去的动力或心情，就会有许多人积极地走向死亡。所以，自我保存，继续活下去，本身并不构成人们基本的价值追求。换言之，我们活着总有所求，为了得到某些东西而活着。我们认为这个追求首先就是各种生命体验。而对人类来说，最基本的最低级的生命体验就是与饮食和性有关的体验。所谓"食色，性也"。注意：我们所求的并不是食物和异性或性活动本身，而是二者所带给我们的生命体验，以及在二者基础上所产生的情绪感受和情感体验。大家可以仔细体察一下自己的人生，或者观察一下周围的人，大多数人的日常生活、思维活动、社会活动最终都是围绕着食物和性展开的。对这些人来说，一旦没有了食物、性以及相关的需求，或者食物、性及相关的需求能够得到无限制的满足，人们就会立即失去方向，心智（精神）陷入空虚。所谓与食物和性相关的需求是指与获得这两样东西相关的需求，前面所说的第三、四级的价值追求大多都属于此类，第二级的其他价值需要大多也与此相关。比如，对衣服的需求，对房屋的需求，等等。换言之，一个人如果没有超越物欲的精神追求，如果他们的食物和性的需求得到了充分的满足，基本上就会失去人生理想，剩下的人生除了继续享乐外，就是想如何打发多余的时间，对这类人来说，时间实际上成为一个负担。

下篇 价值观念形成的先验程序和先验结构

从历史唯物主义的立场看，人类的一切活动都是为了满足物质生活需要，政治活动和各种意识形态活动都是如此。所有的物质生活最终指向的依然是食物和性，而对性的争夺就是对人本身的争夺。人和人之间的差别主要是为谁争和如何争。为自己争、强调个人奋斗就是资本主义的意识形态体系，为大家争、强调社会合作就是社会主义和共产主义的意识形态体系。

如果一个人不是因为食欲和性欲完全能够得到满足而失去对食欲和性的追逐，而是由于天性或者自觉意识，后者指他自己通过自觉的努力事实上放下了对食物和性的追逐，即不再追逐食欲和性欲满足所带来的快感，或者说，心智不再被这些快感所控制或诱惑，那么他的心也就立即变得清净起来，就会体验到另一种人生。而当我们被食欲和性欲控制时，我们的心就不能安静，总是在各种情绪中颠簸，体味着人生的快乐和痛苦，并害怕安静。在这个境界生活的人，心时时在向外求，希望得到别人的肯定，希望广泛参与社会关系，以便为自己获得更多更好的物质财富和性对象提供更多更好的机会。所以，东西方所有具有超越性的宗教和哲学的基本观点都认为当人被这些欲望控制时，就是动物性的低级的生活形态。他们所主张的超越性的生活的基本特征就是不受食欲和性欲的控制。而那些天性对食物和性没有多大兴趣的人，往往所追逐的就不会是物质财富和对他人的控制。由此第一个系列的外向型的价值追求对他都失去意义，此时他的心里就会只有心智意识的纯粹需要，即那些精神需要。比如，探讨宇宙和生命的奥秘，获得智力的成长、人格的完善或德性的提升。此时他对德性的追求没有物质功利目的，仅仅是为了德性本身。

摆脱了食欲、性欲控制的人的生存境界，在佛学看来，就是色界众生的基本生存方式。色界众生就已经没有食欲和淫欲，并且随着境界的提升连五种感官感受都没有了，到色界的最高层面连喜受和舍受也没有了（即趋乐避苦的程序被关闭了），人就会活得非常清净。大家可以想象一下，如果没有了这些感受（注意：不同于没有客体信息。比如，能看得见，但失去了美感，也不会想得到美感，就不会被色所控制），对好的感受不再追逐，坏的感受不再害怕，即这些身体感受、心智感受都不能控制我们了，我们在心理上是否就获得了完全的自由？如果我们真的达到此种境界，可以说也就不再有任何价值追求。此时自然就进入道家所说的无欲无求、清静无为的境界。在这个境界，我们前面所讲的价值追求和价值判断都失去意义。也就是说，我们前面所讲的价值思维、价值认知都属于欲界和色界低层次的众生的心智运作方式。换言之，价值理性是人类心智较低层次的运作方式，心智系统还有超越价值思维的运作层次。心智系统的高级层次就已经与这些身体感受、心智体验没有关系了。

色界的高层境界就达到了各种超越性哲学和宗教对人生的超越性理解的最高层面。这个境界过去和现在都曾激励无数人投入修炼、修心的行列中，在东方投入了哲学研究和实践[①]行列。如果真的学有所得、修炼有成，是真的可以使其超越与物欲有关的生命体验，从相应的快乐、痛苦和烦恼中超越出来，至少大大增强了忍受这些负面体验的能力。比如佛教等超越性宗教，道家、儒家等超越性哲学中都有很多人希望达此境界，也有一部分人真的曾经达此境界。当然，并非所有这些宗教和哲学的实践者都有此价值追求，具有这种价值追求的人往往只是少数，并只有更小的一部分会去努力，实际达到的则是极小的一部分。大部分学者、信徒都停留在哲学文化或宗教生活的表面，在今天尤其如此。令人惊奇的是当前希望达到这个境界的人群正在快速扩展。

对生命超越性追求中，佛学还提出了一个更高的境界，这个境界被称之为无色界。无色界分空无边处天、识无边处天、无所有处天、非想非非想处天四重天。从这四层天的名称我们可以看出，这四层天代表心智系统的纯粹意识状态，一层比一层意识活动更少，最后只归于一种最纯粹的意识点，而这个意识点的存在就表现为非想而又非非想。所谓非想非非想，就是在我们的大脑中没有任何观念活动，没有任何意向活动时的那种感受。此时，人们的心智在向内观照、体验，只有那个观照、体验的感觉在，除此之外就没有任何观念活动和意向活动，故称非想；但那个觉知依然在，故又是非非想。当一个人体验到这种生存境界时，除了体验到无限的宁静、舒服之外，还体

[①] 东方儒道两家哲学并非是纯粹思辨的知识体系，更是一个实践体系，内面所描述的生存境界和各种体验，都是作者自身的经历、经验，所以其理论的内核需要在亲身实践中体验、证悟，仅仅学习理论没有多大价值。有人在内面做各种语言概念或逻辑分析，实在是搞错了方向。

验到生命的无限空旷（体验到身体没有边界），体验到自身的生命与周围环境和所有生命的融为一体，获得一种日常生活中无法体验到的生命体验。有人用"极乐"来表达，给无数人造成误导，以为此时非常快乐、极度快乐。其实，恰恰相反，身心绝对宁静，没有任何波澜，没有人们日常体验到的快乐感，但就在这种定静中，却散发出一种淡淡的愉悦感、舒服感。人们在现实世界中找不到一个相应的概念来表达它，就创造出了"极乐"或"高峰体验"这样的概念。其本意是说：这种体验在日常生活中是没有的，即大家是没有体验过的。我认为这就是心智系统的纯粹意识所有的生命体验，当我们的心智活动的所有低级层次活动都停止的时候，这种体验才会呈现出来。所以，可以说这是心智系统所可能具有的最高层面的体验，也是最简单的体验。当一个人获得这种体验后，他就经历了人的心智可能具有的所有体验。即从最底层的各种身体感受、情绪感受，到最高层的纯粹心智感受，从而使其体验到生命的全部体验，就对体验的追求而言，达到了圆满无缺的境界。这种境界所呈现出的生存状态和生命体验，马斯洛称其为高峰体验。但对许多人来说，偶然得到这种状态并不是很难的，难在持久地处于这种状态，除极少数人外，绝大多数人都需要持久的自我修炼才能达到。

我们前面是借用佛学的三界说来表示人类心智存在的不同境界和不同境界感受的差异，人们生存体验的差异。这就说明我们的超越性追求是分为不同境界的，可以一层层超越。但希望大家不要就此认为在人的这个世界外真的存在那么多天国世界，我们可以把这视为一个比喻，释迦牟尼是借此来表达自己对人的心智不同境界的一种说法。这是释迦牟尼常用的讲课方式。根据我个人的经验和我的观察、研究，我认为通过正确的心理操作方法，我们是可以使自己的生命获得不同的更高境界的体验的。这些更高的境界并不是一个实体的空间，而是一种心理状态。

所谓境界的高低主要表现为欲望减少的程度和心静的程度。一般来说，人的欲望越多，妄念就越多，心就越不静，就越容易产生各种情绪；而人的欲望越少，妄念就越少，心就越容易静，情绪就越少。而人在宁静中就能体验到生命自身的美好体验：舒适、愉悦、安然、自在。所谓生命自身的美好体验是指人们获得这些体验是不需要借助外部物质信息的刺激的，是生命本身所具有的。即对人类来说这些体验是完全可以自给自足，无需外求的。当一个人大脑中没有任何欲望和观念活动时，即仅剩下心智系统的纯粹意识时，人就会获得这种全面的宁静、空旷感，并体验到所有生命一体的感受、安全感。所以，我们认为这种美好体验是属于心智系统的，而与身体没有多大关系。身体只是提供了一个舞台。

三、走向自我超越、自我实现的道路

历史上，各大宗教中，中国的儒道两家哲学中，都有人达到静心的不同层次，体验到心智系统的不同的更高境界的感受。可以肯定那些超越性宗教和哲学都具有这种功能，使人们体验到心智意识的更高层次的生命体验。当人们真实地体验到这些体验时，人们对物欲满足所带来的快感就会感觉乏味，从而使自己能够自觉地超越物欲对自己心灵的控制，并由此表现出超越同时代人的智慧。佛学的修炼体系就是"戒定慧"三个字，通过戒除各种欲望，使人心安定下来，即静下来，由此产生更高的智慧，主要是看破现实世界的智慧，明白心智系统的更高境界的存在和生命体验的可贵。道家要求修炼者放下一切欲望，做到恬淡虚无、身心归于宁静，也是这个意思。儒家也有相同的方法。《大学》云："知止而后有定；定而后能静；静而后能安；安而后能虑；虑而后能得。"也是要求通过修"止"（相对于佛教的持戒）使心静下来而产生智慧，明明德。明德可以理解为心智系统更高层次所表现出来的圣人品格，明明德就是明白圣人品格的存在，立下成就圣人品格的志向，最终成就圣人品格。《中庸》所讲的中庸之道或中和之道，也是指人的心处宁静状态时的表现，即圣人之德或品格表现出来的状态。"喜怒哀乐之未发，谓之中；发而皆中节，谓之和。中也者，天下之大本也；和也者，天下之达道也。致中和，天地位焉，万物育焉。"根据我个人的静心体验，我对这段话的理解是：当一个人没有情绪时，即喜怒哀乐未发之时，即心处于宁静状态时，就是中。此时，一个人做事才能恰到好处，即达到"中节"或"和"的状态。这就是静能生慧。现代人都知道冲动是魔鬼，人处于情绪状态智慧就自然降低，做事必然不会很恰当，无法实现和谐、中和。所谓"和"的状态就是万物和谐的状态。这样的状态就是中庸、中和。庸乃不变之义，中庸就是一个

人一直处于"中"这种状态而不变,也就是处于持久的"和"的状态。当一个人的心常处宁静状态时,就能达到中庸状态,即持久的和谐状态。这是儒家对圣人心理状态或生存状态的最简单描述。所以,儒释道三家所说的圣人境界都是指心智系统处于更高境界无欲无求时所获得的体验,所体现出来的生存境界。我想,这也许就是超越性宗教和哲学具有超越时空的无限魅力之所在,虽然在各个时代体验到这种境界的人很少,但它像一盏明灯在召唤着生活在物质欲望中的人们去超越物质欲望的控制,走向心智意识的更高层面,获得更美妙的生命体验。

近三十年来,在东西方都出现了一个庞大的新型精神修炼运动,人物众多,这些运动所追求的都是超越性精神生活,而且他们都走上了非组织化道路,即反宗教的道路。他们都不再认同任何形式的社会组织,个体间的交流也大多通过网络进行。其中影响最广泛的是尼尔·唐纳德·沃什(著有《与神对话》系列①)、埃克哈特·托利(著有《当下的力量》系列②)。围绕这些书籍,已经形成一些文化群体,并在继续扩大中。同时,在精神分析和治疗学界,也出现了一些人物将佛学、现代精神修炼运动的修心之术转化为心理治疗技术,尤其强调自我疗愈,其宗旨都是帮助人们摆脱情绪情感的控制、摆脱欲望控制,使人身心归于宁静,走向自由,实现对现实生活的超越。参与到这个实践活动中的人越来越多,只是这些人在整个社会的意识形态结构中还处于边缘地区,他们也甘心处于边缘区而避免与人争长论短。以超越性的心态对待超越性的实践,正是这个群体追求自我实现、自我超越的实践表现。

在现实生活中,许多人听到圣人的这种生存状态可能会心生畏惧,惊呼:这个样子还怎么活?还有什么活头?这是由于这些人对这种生存状态缺乏真实地体验所致。当有一天你真的体验到这种境界时,你也会惊呼:人生还有如此美妙的境界。历史和现在都有一些人在体验到此种境界后,对人世间的各种感受就再也提不起兴趣了,人生的情趣、追求从此彻底改变。当你真正地体验到这种境界之后,你就能够理解《道德经》《金刚经》这样的经典了,

---

① 〔美〕尼尔·唐纳德·沃尔什:《与神对话》,李继宏译,上海书店出版社2009年版。
② 〔德〕埃克哈特·托利:《当下的力量》,曹植译,中信出版社2013年版。

也就自然相信这些经典并不是胡思乱想、瞎诌骗人的把戏，而是一个生命可以到达的境界的体现。只是由于这些经典在过去都被包裹一层宗教外衣，被披上某种组织色彩和神秘色彩，从而使许多人难以相信和敬而远之；同时还使另一些人痴迷于此。今天，我们完全可以脱离宗教色彩、剥去宗教外衣，仅仅通过自己的心理操作，就有可能体验到自己生命的这些美好的境界。

面对这些更高的生命体验，许多人也由于受传统宗教的误导，还担心自己不能很好地在现实世界生活了。实际上，当我们掌握了正确的心理操作方法后，我们的物质欲望会逐步降低、减少，不仅会获得更好的生命体验，还可以更好地在这个世界生活，只是生存体验会大大改变。此时，你与人交往，由于无欲无求，所以就非常放松，能全身心地为他人服务，并且具有更大的智慧、耐心、包容度，对他人展现出更大的爱心和善意，从而建立更和谐的社会关系。马斯洛晚年就是被这种人的生存境界所吸引，提出自我实现者人格理论，创造了超个人心理学。[①] 超个人心理学所研究的主要对象并不是普通大众，还是那些开悟的人或觉悟者，即体验到心智系统高层境界体验的人，尤其是体验到心智系统纯粹意识体验的人。马斯洛称其为心理学的第四种势力。这种人并非仅仅在宗教界有，实际上社会各界都存在，只是这种人大多与世无争，没有引起世人关注罢了。当然，其中许多人对这种生命存在状态也缺乏自觉意识，不知道其意义。往往是宗教界的人士对此会有自觉意识，经常会讲述这种生存境界，从而使这种境界获得了宗教色彩。

心智系统的上述体验是我们每个人都有可能获得的，只是真正想达到这种境界的人很少，达到的就更少。由于真正体验到这种生存境界的人不多，能够真正理解的人也就很少。因此，就显得珍贵而神秘。物以稀为贵这种现象，在人的自我完善、自我超越这种现象上也是适用的。当我们能够向内去体察我们的大脑活动和身心感受时，比如在内观、静观过程中，我们就开启了向心智系统更高层次的自我体验之旅。如果你有足够的耐心，方法正确，通过一定时间的练习，就会体验到自己的生存境界在不断提升。这种境界的提升不是认知的进步，不是观念的更新，而是生命体验的改善，你会感觉自己越来越好：越来越体验到生命自身的美好，然后你会获得越来越坚实的存

---

① 郭永玉：《超个人心理学的形成与发展》，载《国外社会科学》，2001年第3期。

在感、心平气和、身体愉悦，同时，越来越智慧、宽容、简单、诚恳、善良、富于爱心。当达到最高境界时，你将体验到万事万物的一体感，这是一种完全的肯定感，是最高级的自我实现感。这个过程实际上就是中国人所说的修炼过程。我们认为用自我超越、自我实现这两个概念更好，不仅将其内核、目标真正表达清楚了，也更能被大众所理解和接受，同时也很容易将修炼的宗教外衣剥离。

当我们体验到自己超越了物欲时，即我们的生命活动不再受食欲、性欲控制时，也就基本上实现了对人生的动物式生存状态的超越。当你达到心智的最高层次时，也就实现了对所有身体感受和情绪感受、情感体验的超越，对所有对立性存在方式、体验方式的超越。你的心智的自我完善达到最高境界。此时，你将进入身心高度宁静的状态，同时你对自己在这个世间的生活方式则达到自由自觉的状态：清清楚楚、无欲无求、无拘无束、清静自在，对这个世界拥有更高的智慧，达到"应无所住而生其心的状态"（《金刚经》）、"圣人无常心、以百姓心为心"、"无为而无不为"（《道德经》）、"从心所欲而不逾矩"（《论语》）的状态。这些状态是我们在物欲控制下的生存方式中无法理解和体验的，即我们在对立性的生存方式中无法体验的，所以才是超越性的，儒道两家称之为圣人的生存状态，佛学称其为觉者（"佛"的本义）的生存状态。

我们肯定了儒释道三家可以帮助人们体验到生命的更高境界，但绝不是说我们赞同大家去过那种宗教化的生活或学派性的生活，更不赞同加入宗教性组织。原因有两个方面：（1）经过两千多年的流传，宗教生活方式或学派性的生活方式都已经发生很大的改变，已经不再有创教者或理论创始人所希望的那种效果。因为，这些生活方式在当初都仅仅是一种帮助人们体验到那些境界的辅助手段，并不是根本道路。根本的道路是在心智上下功夫、使心静下来。本书所讲的内观、静观都是静心的技术方法，通过这些方法在心智上不断努力才能使大家真正体验到生命的不同境界的体验。（2）现代人的生活方式发生了极大的改变，人们的欲望也被提升到前所未有的强度，观念极其繁盛，传统的那些生活方式已经基本不管用了，这一点实践过的人都会有亲身体会，非常痛苦，基本不能解决问题。这种现实也迫使人们不得不直接面对本心，直接在自己的心上下功夫。当然，儒释道三家都有自己制心、静心的方法，这是可以采用的，也是现代人非常需要的。

随着社会发展，许多人物质欲望得到满足，尤其是那些物欲已经得到充分满足的人，由于心智找不到新的努力方向，陷入极度的空虚状态，心智找不到新的努力方向，人们称之为灵魂没有着落。面对这种空虚状态，人们找不到存在感，不知如何对待，就很容易走向寻找更强烈的刺激的道路，比如吸毒、淫乱、从事高风险运动等。这些人特别需要掌握一些静心方法，将其引导到开发心智意识的更高层面的道路，这样就会使其免做害人害己的事情，对社会和谐具有积极的意义。

四、与自我完善、自我超越有关的价值判断

当人们意识到自我完善、自我超越的需要之后，他也会建立相应的价值判断，自我实现是好的，自我完善是好的，并将与之正相关的事物、方法、观念都判断为好的、善的、对的，而把与之负相关的事物、方法、观念判断为坏的、恶的、错的。由此建立一个庞大的价值判断体系。

与自我完善、自我超越有关的价值判断和价值追求在价值哲学和伦理学中一直占据着重要的位置，是因为它们的存在，价值哲学家和伦理学家们才执拗地认为我们可以超越动物性，超越纯粹物质生活的限制，真正活出"人"的样子，活出高于现状的样子，从而为当代人精神发展，即心智开发，留下了一个巨大的生长空间。

五、自我实现、自我完善、自我超越需要的客观性、先验性

心智系统的上述前七种需要的客观性、必然性、先验性比较容易理解。因为，每一个心智健全的人都是必然如此的，一开始都是以无意识的方式起作用，很少有人能够意识到这些需要的存在。但当我们在这里提出来时，大家也就能立即意识到它们作为我们的客观需要的存在。比如，我们对新信息的需要、对理解的需要都一直存在，并主宰着我们的行为和感受。我想一个稍有自我意识能力的人理解这些客观需要的存在都不会有问题。

但我们如果说自我实现、自我完善、自我超越的需要也都是心智系统自

身设定的客观需要,恐怕许多人就不能理解和认同了。这是因为即使我们这样讲出来之后,有些人也不一定能意识到自己的这种需要的存在,但我相信大多数人都能够意识到这些需要的存在。之所以有少数人意识不到这些需要的存在,我认为是由于其心智已经被低级的动物式生存方式和生存体验完全控制,不能超越动物式的反应方式来对待自己的心智感受、感受不到这种需要的存在。就像人人都有直觉能力,只是许多人意识不到,或意识到也不相信罢了。

我们有几种证据可以证明所有的人心中都有这种超越性需要的存在。首先,大家在痛苦时都曾经想到过人如果没有这个身体该多好啊!没有情感该多好啊!因为我们为了应付这个身体和情绪情感花费了太多的时间、精力,承受了太多的痛苦。其次,我们所有人都不甘心过动物式的生活,都想过更高级的精神生活,我们所有的人都自然知道那种生活是好的,即使一个儿童也不例外。以至于我们把一个人与动物等同视为骂人的话,比如:"你这个畜生。"没有人把这个话当作赞美。① 这不正是说明这种价值追求是先验的吗?是已经存在于我们的大脑或心智中的吗?这种现象也表现为当我们看到、听到那些表达超越性生活方式、德性的概念、名词、故事时都自然会心生敬意、心向往之,听到各种相关的神话故事也都会浮想联翩、心向往之,真的想成神成仙成佛啊!我想如果有人能够立即带大家进入传说中的神仙世界(这些概念都以肯定的方式表达了人们对人世间生存状态的否定),脱离人间生活,不知道有谁会拒绝。我们平常之所以不想这种生活,只是因为我们认为这是不可能的,我们死心了。而当一个人真的认为这种生活方式是可能的,而且自认为找到了实现的道路和方法后,世俗的物质生活、情感生活对他的吸引力立即就会降低。这也是宗教信仰对人们精神和生活具有强大引导力和塑造力的原因之所在。所以,这些价值追求虽常被遮蔽,也常被压制,但不可被消灭。

---

① 虽然也有人常常把动物来比喻人,但此时是用动物与人相同的方面来表达对人性的肯定,比如用狗的忠诚来表达某人有忠诚的品格,用猫的可爱来表达人的可爱,等等。

第四节 超越性价值追求与宗教、哲学的关系

一、正确认识宗教的建议

1. 相信超越性宗教的合理内涵的价值。在传统社会，人生的超越性追求，除少数地方是通过哲学表达的外，大多是通过宗教表达的。所以，超越性生活这种人生追求在历史上在许多地方都被披上宗教外衣，这给我们今天阐释这种价值追求和生活造成了一定的困难，也给人们理解和实现这种价值追求造成一定的困难。比如，许多人很自然地到宗教中寻找这种价值追求实现的途径和方法，但大多数人最终感觉会很失望。因为传统宗教在历史的传播中，在被不断阉割的同时，还被附加太多的内容，已经从初创时的那种简单的教学组织完全变质了，几乎没有例外。各种所谓的原教旨主义的出现就是各个宗教内部对现实的宗教生活的最有力的批判。但这些所谓的原教旨主义本身也不过是一种幻想，宗教生活不可能回到原初的状态了。因为，人的思想观念系统、社会交往系统已经完全不同于早期人类了，当代人类的思想对这些宗教来说太复杂了。所以，我们这里提出这种境界的存在，不是希望大家去追逐宗教。关于各种宗教还能否引领人们进入那种超越性生命状态，大家看看现实就知道了。但宗教的变质不能成为否定这种生命存在状态的理由，就像某种宗教被人利用为政治手段，乃至骗人的工具，不能作为否定宗教的超越性追求及其所提出的那种道路的存在性的理由。

2. 正确认识宗教现象要正确认识的几个问题。因此，面对宗教现象和社会上流行的关于宗教的各种认知，我们需要做一些必要的反思和澄清。当然，可反思和澄清的内容很多，这里仅做几个区分，供大家参考。

（1）要将超越性宗教与其他宗教区分开来。超越性宗教所要解决的问题是对现实生活的超越问题，而不是要解决现实生活中的社会问题。许多人总是想用超越性宗教帮助自己解决现实生活问题，这是宗教异化的根本原因。当一个人实现了对现实生活的超越之后，实际上能很好地解决其个体在现实

生活中的各种痛苦和烦恼。但这种解决是个体的而非群体的。而非超越性宗教所解决的往往也正是人们现实生活中的问题。我个人认为，所有曾经、正在或试图利用超越性宗教解决现实问题，尤其是政治、经济问题的，都是对这种宗教的最大伤害，都是宗教的异化和堕落，使其异化和堕落成世俗世界政治力量的一部分。当然，有些宗教一开始就在这样做，这只能说这样的宗教本身就不是超越性宗教。简单地说，要以超越性的心态和思维对待超越性宗教。

（2）要将宗教的生活内容与宗教组织和个人区分开来。即不要根据宗教组织或其中个人（包括教团领袖）的言行、生活方式来理解宗教生活的内容。因为，任何一个组织都是由无数个体构成的，个体间差异极大，组织和个人在适应社会生活中会形成种种生活方式，这些生活方式很可能与宗教自身的内容没有关系。就像我们不能将科学的内容与科学家个人或组织等同起来一样，科学是很单纯的，而科学家是很复杂的，科学组织更复杂。做到这点很困难。因为，普通人对宗教的真正内核是没有经验的，只能从个人和组织的行为层面理解。所以，我们提出这个区分，对大家来说，只有提醒的意义，缺乏实际的操作价值。但它也暗示：如果你想理解一个宗教，就去实践它，然后根据自己的体验来理解它。这也很有风险，因为，一个人的宗教体验除受自己对宗教内容的理解影响外，还与其个人的心理特征、知识背景、实践方式等多种因素相关，很难有相同的经验。所以，我本人倾向于将宗教生活内容归结为一套改变、提升个人生存境界（即静心）的方法与技术，把其他内容完全剔除。

（3）要把宗教团体的教学活动与其他活动区分开来。早期的宗教团体都没有严格的组织形式，更像是一个松散的、临时性的学习小组，导师帮助学生进行初步的教导、驯化，帮助其掌握静心的方法。到后来形成严格的宗教组织大多与创教者无关，是后来延伸出来的东西。后来的宗教组织往往获得了更多的世俗功能，其生活方式也衍生出各种非教学形态，直至异化为一般的文化组织、政治组织。所以，我建议：一个宗教信仰者应该把心思花在理解经典、实践经典上，并且把理解和实践看作个人活动，而不要看作组织活动，更不要把教团的各种组织活动看作宗教本身的活动。这样不仅有利于自己实现宗教信仰的超越性目标，还有利于防止被人误导和利用。

（4）要把宗教的本质功能与衍生功能区分开来。这条建议与上一条建议相关。宗教的本质功能就是带领人们实现对现实生活的超越，对心智意识低层次运作方式的超越，其他功能都是衍生功能或异化而来的功能。这些衍生功能的获得主要是因为宗教作为现实社会团体的一种形式，或者成为社会文化生活的一种方式，必然会受到现实的各种文化和心智意识的低层次运作方式的影响而不可避免地发生的。所以，佛教有末法说，意其教法有失效的一天。我认为其失效的原因除人的思想越来越复杂外，另一个重要原因是教团组织功能的异化。所以，大家要谨慎地体察自己所处的教团活动的各种社会功能与宗教的本质功能之间是否具有直接关系，没有直接关系的活动最好不要参加，或以普通社会成员的身份和心态参加，不要将其误读为是宗教本身的活动。

（5）要把宗教观念与宗教的修心方法区分开来。许多人进入宗教是从接受一套宗教观念开始的，使其对人生、社会产生不同的认识，从而帮助其化解世俗生活中的各种烦恼、痛苦和纠葛，其实际价值相当于我们的思想教育工作、心理调适工作，通过换个想法和认识达到换一种心情的效果。这种效果是普遍的，在大多数初入教的人身上都会体现出来，当然是指真诚地相信的那一部分人。但宗教的核心并不在这里，它还有更好的解决问题的技术和方法，即有其修心方法。这部分就是个人实践部分，是宗教的核心内容。这部分内容不仅与组织化的宗教生活没有任何关系，与那套宗教观念关系也不大。那套宗教观念目的仅是为帮助大家突破世俗生活观念的限制，带领大家进入修心行列服务的，其本身只是满足心智理解的需要，并不具有更多的价值。真正有价值的是那套静心技术、修心方法。比如基督教中的忏悔、佛教中的内观等都是这样的方法。这才是关键之处。当一个人真正掌握了静心方法，通过一段时间的个人修持，多少都会体验到生存境界和生命体验的改善和提升，真正品尝到宗教本身的福利。而那些专注于宗教活动、宗教观念的人，则很少品尝到宗教的真正福利。

（6）要把宗教与修心区分开来。所有超越性宗教的形式虽然不同，但追求对现实生活的超越则是一样的；同时，超越性生活的实现与宗教形式没有直接关系,是在纯粹的个人内心层面完成的。许多宗教生活形式仅仅是一种教学手段而已,但后来被视为宗教本身,这是宗教生活组织化的结果,是宗教的异化。作为一个组织需要一些标志性东西,以诱导人们实现对其组织的认同,但这就将自己与他人分离起来,从而使宗教成为社会对立的制造者。现代新型精神修炼运动的主要特征就是去组织化、去标志化,不制造、不参与任何形式的社会对立。这也可视为是当代人对传统宗教组织化弊端的反省和修正。所以,希望大家不要用传统的宗教思维来理解现代新型精神修炼运动。简单地说,传统宗教在精神修炼界已经 OUT 了,在不久的将来就有可能退出历史舞台。一个人想修心、想超越现实生活,并不需要进入宗教,成为某种宗教的一员了。现在这样的资料很多,大家随便找一家书店都能发现很多。

二、如何正确对待宗教和科学

本书对宗教观念、宗教团体和科学观念、科学团体都采取中立态度,即理性的、科学的态度。面对本书上面的内容,宗教团体和科学团体双方都有可能会认为是对自己的冒犯。正如许多宗教徒没有超越性追求一样,许多科学信仰者也没有对真理的追求,他们都仅仅执着于要人们承认自己所信仰的宗教或科学的伟大与辉煌,并借此获得自己的生活资料。这种态度对科学和宗教都具有严重的伤害。这也是对立统一规律在人们思想领域的自然反映,对此我们无能为力。但世上各个领域都有一些理智之士,所以,正确的述说也一定能引发适宜人士的正确的思考。我们希望大家能够以科学的态度对待科学与宗教。所谓科学的态度就是理性的、客观的、中立的态度,即实事求是的态度。

我们这个时代意识形态领域的最大冲突依然是科学和宗教的冲突,虽然科学获得了意识形态霸权,但并没有取得全胜。这表现在科学最发达的西方社会,宗教的影响依然很强大,只是它不再拥有霸主地位,即在日常生活中不再是判断对错、真假的基本标准,基本上回归个人内心,仅对个人起作用。我认为这种状态应该是宗教所应具有的合理状态。因为,宗教所要解决的本来就是个人的生命体验问题,不应该成为人们解决社会问题的手段,在意识形态领域不应该占据主导地位。但宗教对意识形态的影响力依然很大，对宗教的任何负面评价依然存在意识形态风险。尤其是近年来，随着科学所带来的问题越来越多且难以解决，宗教正在快速复兴，科学与宗教的冲突有重新升级的可能。

科学与宗教的冲突在中国问题更复杂一些。在中国，宗教虽然受到科学的压制较西方更甚，但宗教被扭曲得也更甚，许多人把生命体验的超越性追求扭曲为对超自然力量和超自然现象的追求，以至于各种"神功大师"此起彼伏，把人们引导到偏离宗教本位的斜路上，也激发了人们利用科学反对宗教的信心、增强了人们利用科学反宗教的力量。但同时，随着社会风气的变坏、心理压力的增强、心理疾患的增多，宗教同情者也日益增多，但找到正确道路的人却非常少。所以，把宗教的核心内容揭示出来，把各种异化因素澄清，对宗教和社会都是有益的。

随着科学取得意识形态霸权，科学侵入宗教领域，科学用经验主义的方法、概念、理论解释宗教生活成为潮流。这种研究方法本身并没有不妥，如前所述，问题发生在人们对经验的限制上，忽视人们内在的生命体验，否定少数人士获得的特殊经验，从而使宗教生活的核心经验被否定，由此宗教的内核也就被否定。如果只有大多数人都能够获得的经验才得到尊重，其结果也就是只是物质世界和人们的物质欲望及相关的情绪情感体验得到尊重。这就造成近代以来的基本的价值观。这种价值观对人类物欲的满足起到了极大的推动作用，创造了今天这个极其繁盛的物质世界。但问题是：当人们的物欲得到充分满足后，如果无法从物欲中超越出来，就会使身心陷入混乱状态，表现为精神颓废，价值迷失，各种腐朽的生活方式大行其道，由此带来严重的社会混乱，形成"富裕之后的精神问题"。同时，对那些物欲受挫人员，心灵也找不到别的出口，无法从物欲的缺憾中升华出来，内心也很容易陷入彷徨、痛苦中，由此也衍生出种种心理疾病和社会冲突。所以，对超越性需要的主张，将有利于社会的稳定、和谐和健康发展。

世界上许多有丰富人生经历的人，一般而言，活到40岁以上的人，许多人都会认识到：这个世界并不像现代科学所展示的那么简单，人的生命也不像现代科学所认为的那么简单，它们都还有更丰富的内容。因此，这些人就很容易被各种神秘现象吸引，被各种宗教性承诺所诱惑，纷纷陷入各种信仰陷阱。比如，近年来传出许多官员、明星纷纷陷入各种宗教陷阱的新闻。而如果我们能够以理性的方式将宗教生活的内核呈现出来，将宗教生活的种种神秘外衣剥离，将宗教组织所带给人们的种种限制、误导剥离，给人们指出一条理性的、可自控的自我实现、自我完善、自我超越道路，对社会和民众将是一件非常有益的事情。

从人类认识世界和认识自我的角度讲，超越性宗教历史上在许多地方都曾经起到巨大的作用。我们可以看到，在古代社会，凡是那些超越性宗教或相似的哲学（比如儒学）没有到达的地方，文明一直都处于比较低级的阶段。而在现代社会，凡是科学没有取得意识形态霸权的地方，就面临着严重的生存压力，社会难以健康、和谐发展。而科学取得意识形态霸权的地方似乎又恰恰是超越性宗教曾经发达的地方。这就说明超越性宗教和科学的极端重要性和相互依赖性。现代社会的发展也同样启示我们：单纯依靠科学的社会也很难建立良好的社会秩序和文化秩序。而那些科学与宗教协调得比较好的国家，社会秩序往往也会比较安定、和谐，社会发展也容易处于良性状态。所以，我们需要调和宗教和科学之间的关系，避免二者之间的竞争，把物质世界、欲望世界留给科学，而把超越物欲、开发心智意识更高层次的事情，留给宗教。但这里所说的宗教已经不是指宗教组织，而是指宗教所承载的超越性价值追求及其所指明的实现超越的道路和方法。我本人和周围许多朋友多年生活实践证明，这种超越性价值追求、价值实践与科学是完全可以很好地融合的，二者不仅不会相互制约，反而可以相互推动。一个人对现实生活越具有超越精神，就越能更清醒地认识现实生活，并能与现实生活建立和谐关系；一个人的心越静，就越有智慧处理现实矛盾和冲突。所谓"宁静致远、淡泊明志"就是这个意思。马斯洛的研究也证明了这点具有一定的普遍性。

但我们也不要对宗教持片面的信任态度，就像不能对科学持片面的信任态度一样，要认识到我们对宗教和科学的认知都存在层次性，在不同层次都有不同表现，我们要以辩证的、系统的态度来看待宗教和科学。一个宗教徒的生活境界是分许多层面的。除半信半疑者外，最低的层面就是单纯的信，在实践中无法深入，很容易成为教条主义者、痴迷者和狂热分子，它们很自然地把本教所讲的一切奉为绝对真理,以其为标准衡量一切人和事,但通常不会衡量自己的思想、言行,由此制造种种宗教冲突。民国初年风行东北的王善人王凤仪先生曾说:"世界上有三大恶人,盗贼不算在内。讲道不行道,知过不改过,是第一等恶人。"① 科学界同样。在科学界没有真正进入真理探索大门的所谓科学研究者、学习者也很容易成为科学狂热分子,他们无力进入科学研究的大门(切莫把发表几篇论文、出版几本书作为标准),就把对科学的满腔热忱化为维护科学的激情,以自己所认为的科学观念衡量一切,但同样不会衡量自己,由此热衷于借科学之势制造种种意识形态冲突。大多数所谓的宗教信仰者和科学主义者都属于这种情况。只有当一个人能够冷静地对待宗教或科学,通过诚恳的实践获得一定成果,比如宗教修炼者真切地感受到自己生存境界的提升(注意不是认识的提升),科学研究者真正地通过自己的研究获得了真理(而不是学习来的),才能成为一个合格的宗教修炼者和科学研究者。当一个人成为真正的宗教修行者或科学研究者后,依然存在不同境界。在宗教界的更高阶段完全回到个人内心,完全超越了本教的理论观念、教派组织。达到这个境界的修炼者不会参与到任何宗教或教派冲突中,因为他们已经体验到不同宗教和教派虽然话语不同,但都在表达更高的相同的生存境界和生命体验,所以就自然成为宗教界的和谐力量。在科学界也同样,那些科学思维达到最高层次的时候,其思维也会由外部世界回归到人的内心,开始对理性、心智思维本身进行思考,成为真正意义上的哲学家,对已有的科学理论、学术派别完全持超越态度,具有更宽广的心胸、气度,更包容的思维,从而成为科学界的和谐力量。只是在两个领域这种人都不是很多。

三、超越性价值追求在价值哲学中的地位

虽然在以往的价值哲学中,人们一直不能很清晰地表达超越性追求的内容,但人们很清楚其意义:就是要引领人们走出单纯的物质生活或动物性生活的境界,走出对立性生存境界,走向更高的、精神性的生存境界,走向统一性的生存境界。正是这种追求的存在使价值哲学、伦理学获得了

---

① 王凤仪:《王凤仪讲人生》,中国华侨出版社2009年版,第2页。

在经济学之外的存在根据,提醒人们不要满足物质生活。但由于许多哲学研究者缺乏真实的超越性生活经历,不知道其实际的内容和实现途径,无法从肯定的方面将其阐释清楚,所以大家都只有一个模糊的方向,这个方向更多地指向宗教(但往往分不清宗教的内涵),也有一部分指向中国儒道两家哲学。他们从以往的宗教修行者和哲学家身上看到过这种超越性追求,感受到其美好,并心向往之,从而将其引入价值哲学和伦理学中。感谢他们,虽然面临物质主义的压力,虽然目标并不是非常清晰,但不向世俗低头的精神(这背后应该有一种崇高的美感发生),使他们将人类的这一美好的存在维度和价值维度保留下去,一直在启发着我们的思维,使我们不至于彻底地堕落为物欲的奴隶。

第十二章 价值判断形成的先验程序和演绎过程(下)

第一节 审美判断

在前文讨论价值判断词时,我们就把审美判断词纳入价值判断词中,这表明我们认为审美判断属于价值判断的一种类型。美学和价值哲学一样,已经很长时间在理论上没有进展,我认为这在很大程度上也是因为人们没有从认识论上把审美判断的来龙去脉阐释清楚所致。我认为,审美判断的形成和演进过程与我们前面讲的价值判断是完全一致的,也经历了一个前审美判断和四个审美判断的演绎过程。

一、前审美判断即是前价值判断

审美判断产生前也有一个前审美判断,它也产生于身体感受,实际上与前价值判断是同一个判断,也包括三大类型。

1. **来自外部感官感受的美感**。比如,我们前面讲到:在冬日,当我们看到一缕阳光照入房间的时候,除了看到光线,还感受到温暖。这种温暖感是舒服的、舒畅的,因此,我们会感觉这阳光很美。这种舒服感、舒畅感就是美感。准确地说,我们就因这种舒服感而说阳光是美的。这种温暖感、美感就是身体感受。当我们吃到一种食物、喝到一种饮料,感觉身心舒畅,我们会说这种感觉太美啦!同样,当我们看到一个景色,我们也会获得一种心理感受，如果这个感受是舒服的、轻松的、愉悦的、和谐的，我们也会说这感觉多美啊！这景色多美啊！当我们触摸到一个东西，感觉柔软舒适或者光滑凉爽，等等。我们立即就会说这个感觉美呀！温暖、舒畅、柔软、凉爽、愉悦、轻松等感觉都是非常舒服的，这些舒服感都是美感。当我们把这种美感表达出来的时候，就是一个审美判断。只是在这个层面是对感受的审美判断。

一个身体感受或身体感觉是不是美的，有一个非常直接的标准：你是否还想继续得到这种感受，如果想继续得到的，就是美感，即前文所讲的舒服感；如果想远离的就不是美感，就是前文所讲的不舒服感。在中文中，被视为美感的身体感受包括舒服、爽、畅快、温暖、惬意、敞亮、灿烂、愉悦、光滑、柔软等。这些感受我们都可以用"美"来表达。所以"美"这个概念所代表的感受很多，可以说所有被判断为舒服的感受都可以说成是美的。一般情况下，在中文中，与美相对的是丑，但很少人会说与美感相对的是丑感，我们会说感觉丑。但就身体感受而言，我们一般只把丑用来表达不美的视觉感受，即不舒服的视觉感受。比如，我们见到一个东西看起来很不舒服，刺眼，或使心里难过，我们就会说这个东西好丑。而如果是来自听觉、触觉、嗅觉、味觉等不舒服的不美的感受，我们就不会用丑来说明的，而会说声音难听、触觉难过、味觉刺鼻、味觉恶心或难吃等。即我们没有发明一个同一词汇来表达不美的感受。

如前所述，身体感受是由身体意识决定的，当身体感受被心智意识到后，那些愿意留住的感受，我们称之为好的感受或美的感受；而想远离的感受，我们称之为不好的感受和不美的感受。即好的感受就是美的感受，不好的感受就是不美的感受。这只是一个分别性标签，本身没有对任何身体感受做出判断。所以，不属于判断，我们称之为前价值判断或前审美判断。即，前价值判断和前审美判断实际上是一个东西，只是根据后来的发展不同而做出两种不同的标签罢了。前价值判断或前审美判断都属于心智意识，而不再属于身体意识了。

2. 来自身体内部的美感和前审美判断。 为了区别，这里所说的身体内部的感受特指那些没有直接外部刺激源的身体感受。比如，我们在做体育运动时所获得的身体内部的舒畅、柔软感，练习气功时所获得的那种宁静、愉悦、祥和感、力量感等，还有身体的各种不舒服的感受，比如酸、麻、胀、痛等各种感受。面对这些感受，我们的身体也会自动做出反应，有些感受愿意继续得到，就是美感；有些感受我们不愿意继续得到，就不是美感。心智面对这些感受也同样自动做出反应：希望继续得到或远离。我们把这种自动的意向反应和语言标签也称之为前审美判断。

3. 情绪情感美感和前价值判断。我们也会愿意经常得到高兴、兴奋、激动、崇高等积极的情绪感受，继续得到爱、喜欢等积极的情感体验。这些感受和体验也都是美感。反之，那些消极的情绪和情感都不是美感。面对这些感受，我们的心智也同样会做出自动反应：希望继续得到或远离。我们也把这种自动形成的意向反应和语言标签称为前审美判断。

二、审美判断的延伸程序

前审美判断形成后，我们的心智立即就会将各种舒服的感受称为美的，各种不舒服的感受称为丑的或其他什么概念。比如，温暖的感受是美的，明亮的感受是美的，爽快的感受是美的，灿烂的感受是美的，舒服的感受是美的，高兴的感受是美的，爱的感受是美的，等等。这就是第一级审美判断，是对身体感受的判断。美和丑才是心智系统所创造的概念。当第一级审美判断形成后，立即就形成第一级价值追求：我要继续得到美的感受，我要远离丑的感受。当人们意识到美的感受是来自一个外部客体时，我们就立即想得到那个客体，并称那个客体为美的，由此形成第二级审美追求：我要得到那个客体，然后形成第二级审美判断：那个客体是美的。在生活中，我们常遇到这种情形，比如，当你听人说某个东西的味道是如何如何美的时候，如果你已经认为那个味道是好的、美的时候，你就想吃到那个东西，甚至听说那个东西就会产生一种愉悦的感受，即美感，形成那个食物是美的判断。

在人们形成对于某一客体的审美判断和价值追求之后，人们的心智就会自动运作：我要如何得到这个客体，审美思维就进入第三阶段：对行为、知识或生活方式的审美追求阶段。我们会由此就对有利于自己得到希望得到的价值客体的行为、知识和生活方式产生美感，我们在做那些事，学习那些知识的时候，感觉身心是愉快的、兴奋的，我们就会认为那些行为、知识和生活方式是美的。比如,对一个渴望异性的人来说,当他看到那些能够博得异性欢心、有利于得到异性的行为、观念(包括图像、音乐)等时,就会产生愉快的感受,即美感。他或她会感觉那些行为多美呀!那些话语、声音多美呀!这就是人们普遍爱看言情小说、爱情电影的原因,我们在看的过程中得到美的感受。相反,一个人如果对异性充满憎恨,他看到这些行为、观念会感觉恶心,那么,他就不会喜欢看那些言情小说或电影,对这些小说或电影也就不会产生美感。当然,还有这种情况,一个人内心渴望异性,但他的社会身份却要求远离异性或厌恶异性(一种禁忌),那么当他看到、听到那些有利于得到异性喜欢的语言和行为后,依然会自动地体验到愉悦,感觉很美。如果他很虔诚地要尊重禁忌,在发现自己的愉悦之情后会后悔、自责。如果他对自己的禁忌并不当一回事,那么这种禁忌就不能影响他的愉快感。再比如,一个一心想当官的人,不仅看到官员会感觉很帅、很美、很神气,即产生美感,就是看到官员做事、说话都会产生美感,这就是人们对生活方式的追求所产生的美感。由这种美感人们就会做出审美判断。

当人们确定了第三级的审美追求和审美判断之后,其思维就自然引导人们将审美追求的对象延伸到社会文化、人格品性等方面,由此社会文化、人格品性也就转化为激发人们美感的对象、客体。与此相关的美就是人们过去所说的文化美、心灵美。比如,对一个虔诚的佛教徒来说,当他看到、听说一个和尚在美色面前一丝不动的时候,他的内心就会产生一种激动感、庄严感、神圣感。此时既有对本教禁忌的尊重所产生的美感,也有对和尚个人品性所产生的尊重感,这种尊重感、神圣感、庄严感都属于美感。当这个美感产生后,哪怕这个人面目并不美,这个人也会感觉他或她很美。人们很自然地根据这些感受做出第四级的审美判断:对社会文化、心理特征等做出审美判断。

因此,审美判断产生的生命本体论基础和心智演绎的路径与价值判断是完全相同的,针对的对象也是完全相同的。所以,二者可以合并,将审美判断视为价值判断的一种类型。但二者之间还是有些差异的,因为无论在哪个层面,审美判断的做出都不完全是理性运作的结果,总是伴随着美感,即一种身心感受。与通常情况下我们根据功能、效用进行价值判断是不一样的,它突出了一种感受的存在。但也不要因我们强调审美感受的存在对审美判断的重要性，就认为其他价值判断的形成中没有身心感受。只是，有些类型的价值判断的做出并不一定要求有身心感受的存在而已。所以，下面在讨论价值判断时都把审美判断包括在内，讨论价值追求时也把审美追求包括在内。

这个也说明审美判断与价值判断在心智运作中本身就是一个东西，只是心智的思维运作程序将其分离开。而这种分离很可能与人们想将审美体验与某种现实利益区分开造成的。因为，人们都难以抵挡美感、舒服感的诱惑，但社会文化又让人们对某些实际利益持远离或禁忌态度。为了解决这个难题，人们就想把审美判断与价值判断区分开来。这样，人们可以继续理直气壮地享受各种美感，但又与那些被禁忌的对象保持一定的距离。

第二节 情绪感受在价值观念延伸中的作用

上面我们在阐述价值判断和价值观念延伸的先验程序时，是从身体感受出发的，那么，在这个过程中情绪感受起到什么作用呢？

一、情绪感受强化价值判断和价值追求

1. 情绪感受强化价值判断和价值追求。一个价值追求或价值判断一旦形成，它们就开始影响到人们的情绪，使人们产生情绪感受，这些情绪感受会反过来强化人们对自己的价值判断和价值追求的坚持，从而推动其思维向下延伸。比如，当我们认为"张三是好人"，并形成与之交往的价值追求（愿望）之后，这个价值判断和价值追求就会影响到我们的情绪。当我们听某人也说张三是好人时，我们就会产生愉悦的情绪，这个价值判断在我们心中就会得到强化，我们就会更加愿意（价值追求）跟张三交往。这就使我们的这个价值判断和价值追求得到了强化。这就是社会舆论对人们价值追求、价值判断的强化功能形成的机制。过去，人们错误地认为一个观念得到重复会被强化，一个观念被重复只能加深记忆而不一定会产生行为。要想产生行为通常需要得到情绪的推动。即真正使一个观念得到加强的是情绪。而我们的一

下　篇　价值观念形成的先验程序和先验结构

个价值判断和价值追求一旦形成，如果是自主形成的而不是从外部输入的，那么，即使表面上遗忘了，即想不起来，该观念依然会影响人们的情绪。如果是从外部输入的价值判断和价值追求，在得到主体认同前，是不会引发人们的情绪的。

　　得到强化的价值判断和价值追求会推动我们进一步去了解张三的各方面信息，了解张三的喜好、行为特征、生活方式（获得新的事实判断），寻找与张三建立关系的途径（即形成新的价值追求）。为此我们就会开展一系列行为，形成一系列与之有关的新的价值判断。比如，听说张三喜欢某个游戏，本来我们对这个游戏并不了解，也谈不到喜欢，但听说张三喜欢，我们也会认为这个游戏是好的，并喜欢上这种游戏。这就是明星八卦非常火爆的原因，也是明星具有巨大广告价值的原因。一个人在多少人心中获得肯定性的价值判断，在多少人心中引发情绪感受，就会有多少人想与之交往，即成为多少人的价值判断和价值追求的对象，他的八卦新闻的关注度，他的广告的影响力就是最好的说明。

　　如果我们听另一些人说"张三是坏人"时，我们就会产生难过的情绪，并为张三辩护，如果对方不能让我们完全相信张三真的是坏人，我们通过这个情绪和辩护行为，就会更加坚信张三是好人。即这个价值判断在我们心中就会得到强化。当我们的某一价值判断和价值追求受到攻击时，如果对方不能以非常有力的证据推翻我们的判断和追求，那么我们通过自主的辩护行为都会使该价值判断和价值追求在我们心中的能量得到强化，使其更能引发我们的情绪，支配我们的思维、言语和行为。这也是明星们在不断地制造绯闻，然后澄清，以提升自己人气的心理机制。

　　一个价值判断和价值追求在我们心中形成后，如果一直没有被外界因素重复，使它们引发我们的情绪，或者没有受到攻击，使我们没有机会为之辩护，那么，这个价值判断和价值追求就会慢慢沉寂下去，以至于我们会忘掉，失去对我们日常生活的支配力量。所以，一个价值判断和价值追求形成后，其对我们行为的支配力是与其引发的情绪的次数和强度成正比。为此，对那些代表正能量的价值观念，我们就要反复通过播放与其相关的能够激发人们情绪的故事、音像制品，来强化其在人们心中的影响。

当我们了解了张三的生活方式之后，我们就会认为这个生活方式是好的，甚至也愿意按这种方式去生活，由此"张三是好人"这个价值判断和相应的价值追求就把我们引导到对生活方式的价值判断和价值追求，并由此进一步引导我们去学习相应的社会文化，形成相应的心理特征。至此，这个第二级价值判断和价值追求就延伸到第四级价值判断和价值追求。这也是名人对社会风尚和个体心理的影响力形成的机制。如果在这个过程中，没有情绪的不断参与，那么这个"张三是好人"这样的价值判断和相应的价值追求就没有机会层层深入下去。

再比如，如果我们认为某一工作是好工作，并产生了想得到这个工作的价值追求，那么当我们得到了这个工作后，我们就会很高兴，这个高兴的情绪会使我们对工作中所出现的各种困难产生积极的消解作用，从而使我们在这个工作中继续获得大量积极的情绪，这些积极的情绪会使我们更加喜欢这个工作，并产生要继续保有这个工作的价值追求（愿望）。除非，我们在工作中所遇到的困难、挫折超出了我们的承受能力，从而产生大量的消极情绪，这些消极情绪积压到一定程度，才会改变我们对该工作的价值判断和价值追求。如果我们得到了大量的积极的情绪，我们就会产生更加努力工作的愿望，从而加强学习和锻炼，由此产生一系列新的与之相关的价值判断和价值追求。比如，我们会产生强烈的提升自己工作能力的愿望，由此形成好好学习与自己工作相关的社会文化，培育相关的心理特征。在这个过程中，情绪感受及其强弱都会加强或改变我们已经存在的价值判断和价值追求。

2. 情绪感受的强弱决定着对客体的价值的量的判断。大家知道，大量的价值判断包含量的判断，那么，我们在对某物的价值量的判断是由何种因素决定的呢？我认为是由两个因素决定的。

（1）身体感受。我们对那些能够直接影响到身体感受的价值客体的价值判断的量的是由该客体所能引发的身体感受的强弱和多少种类决定的。不同的价值客体在我们身上所引发的身体感受的强度是不同的，所引发的感受的类型也是不同的，大多都能引发多种类型的感受。比如，在冬天，衣服能够给我们带来温暖的身体感受，但不同的衣服所带来的温暖的感受是不同的，棉袄胜过单衣，羊皮大衣胜过一般棉袄，所以，在人们心中，羊皮大衣的保暖价值比单衣和棉袄更大。同样是羊皮大衣，除了给人们带来温暖感受外，还可以给人们带来其他感受，羊皮大衣因比较重，更贴身，在冬天给人的皮肤带来更好的触感，外形也可以给人们带来美感。这些感觉加在一起，都会影响人们对一件衣服或羊皮大衣的价值的量的判断。

（2）情绪感受。情绪感受也深深地影响着我们对一个事物的价值判断。比如，一件衣服如果贴上一个有名的商标，在人们身上所引发的情绪立马不同，人们对其价值的量的判断立即升高。这就是人们要制造假冒产品的原因。边际效用价值理论所解释的就是人们在消费某种产品时所获得的情绪感受对产品价格的影响。因为，同样的产品作用在人们身体上所引发的身体感受基本上是不变的，但如果该产品供给非常紧张，只有少数人能够得到，那么消费者就会因对稀缺品的占有而产生额外的情绪感受，即获得的心理满足感更高，所以人们就愿意付出更高的价格。比如，一个人见到一幅别人难以见到的名画非常高兴，甚至激动，获得了极大的心理满足，甚至愿意出极高的价格买到它。但此时如果有人告诉他，这只是一个赝品，那么他那种高度的兴奋感立即就会消失，甚至会产生愤怒、厌恶感，此时，同样是这个作品，在他眼中一文不值。而实际上他所获得的视觉感受没有任何变化，但因情绪感受的差异，而对其价值的量的判断出现巨大差异。或者商家通过制造幻象使人们相信拥有某种商品就是成功者的标志，就能进入高大上的行列，从而通过激发人们积极的情绪引诱人们购买。这就是情绪感受影响我们对某物价值的量的判断。

二、情绪感受强化审美判断和审美追求

审美判断和审美追求同样会影响我们的情绪，而我们的情绪也同样会强化我们对某物的审美判断和审美追求。当我们面对、听说或回忆一个被认为是美的东西，尤其是我们希望得到的美的东西时，我们就会产生高兴、愉悦等积极的情绪，如果我们的愿望非常强烈，就会产生激动的情绪。这些情绪一旦形成就会反过来强化我们对该物的审美感受和审美追求，这种情绪被激发起来的次数越多，我们对该物的审美判断就会越坚定和审美追求就会越强烈。这在第二、三、四级审美判断和审美追求中都会起作用。比如，如果我

们认为某个人是美的，那么我们见到这个人就会产生高兴的情绪，如果我们在跟他交往中，他能使我们保持这个高兴的情绪，甚至能使我们获得更多的高兴情绪，如果我们经常回想到他，高兴的情绪不断被激发，我们不仅会保持那个审美判断，甚至认为他或她更美，更想接近他或得到他。这个状况在谈恋爱的过程中经常出现。随之，我们就会想法了解对方的各方面的信息，比如爱好、习惯等，并将这些爱好和习惯也判断为美的、好的，进而看到他人也有相同的爱好和习惯，我们也会认为这是美的。我们许多人的审美能力都会受到自己喜欢的对象的形象、打扮的影响，把相似的形象、打扮，乃至习惯、爱好都认为是美的、好的。

反之，如果我们对某人形成了负面的审美判断，认为对方是丑的，那么他的相关的一切都会被判断为丑的，严重的连他的穿着、习惯等都是丑的。这就是审美判断的衍生效果，价值判断也同样具有这种衍生效果。

三、情绪感受在价值观念延伸中的作用

情绪感受与身体感受一样，推动价值追求和价值判断的形成。心智系统在情绪感受面前，与身体意识对身体感受时一样，也遵循趋乐避苦原则，高兴的情绪要继续得到，痛苦的情绪要远离。所以，当我们形成某一价值判断和价值追求之后，如果该价值判断和价值追求引发了我们的积极的情绪，那么，我们就会对相关的人和物产生肯定性的价值判断和价值追求。比如，如果我们形成一个价值判断：信仰某种宗教是好的，并形成要信仰该宗教的价值追求。当这个价值判断和价值追求形成后，如果我们某天见到了一个人，他表现出对该宗教的虔诚的态度，我们立即就会产生高兴、兴奋的情绪感受，并同时形成一个价值判断：这个人是好人，并产生与之结交、建立友谊的价值追求。往往我们当时所产生的积极的情绪越强烈、越丰富，我们就会越认定其是好人，与其交往的愿望就越强烈。实际上这个人可能很差劲，或者根本就是个坏人。在宗教界，许多人就是这样上当受骗的。

情绪感受在价值观念延伸中起作用的机制，主要是由于人们对情绪引发对象的错误表达和情绪的不当迁移引起的。所谓对情绪引发对象的错误表达是指当我们面对某对象产生情绪时，往往是由两个方面的原因引起的：一是

我们自己内在的价值观念（包括价值判断和价值追求），二是对方的某一行为符合了该价值观念的标准，或与该价值观念一致。因此，我们的情绪产生的原因仅仅是对方的一个行为符合了我们的一个价值观念而已，所以，准确的表达应该是：某人在某一方面是好人。但通常我们不这样表达，而会这样表达：某人是好人。这个判断就把该人的所有方面都判断为好人。比如，如果我们因某人的信仰与我们一致，我们就认为对方是好人，然后就会按自己的好人标准，把其他事项也安在此人头上。比如，如果我们认为好人都是大方的、诚实的，我们就会认为那个人也是大方的、诚实的。实际上可能并不是这样，这个人可能既不大方，也不诚实。

再比如，张三看到一个女子的笑容非常迷人、美丽，让自己很愉快、舒服，然后会做出这样的审美判断：这是个美女。但很可能她的鼻子、身材或其他什么地方并不美，但张三当时就把这些地方都忽视了，甚至看她的鼻子、身材也感觉很美。李四听张三说该女子很美，就会把他自己所认为的美女应该具备的各种形象附加在她身上，心中充满期待。如果李四在看到该女子时，也正好看到了其迷人的笑容，就会立即心生欢喜，认为这是个美女，并可能忽视了她的其他方面。但如果当李四看到该女子时，正好看到其在哭，一点都不好看，心中立即产生失望的情绪，认为张三说错了，张三审美眼光差，等等。这就是我们在进行价值判断和审美判断时经常犯的以偏概全的错误。在人们发现这种错误前，该判断不仅会影响人们的情绪，人们还自然会将该价值判断延伸到与之有关的许多事物身上。

第三节 情感在价值观念延伸中的作用

一、情感强化价值判断和价值追求

1. **情感强化价值判断和价值追求。** 情感是建立在观念和情绪的基础上，当我们对某物某人某事产生情感后，这个情感就会反过来影响我们的情绪，并通过情绪强化或削弱我们的价值观念。即观念、情绪、情感三者之间存在着相互促进、相互强化的关系。比如，我们对某人产生了爱和尊敬等积极的情感，我们在与其交往过程中，如果经常还继续产生积极的情绪感受，即对方继续让我们快乐，不仅我们对他的情感会继续并不断加强，而且我们对他的价值判断和价值追求（与对方保持友谊关系）也会不断得到加强，由此我们就会加强与对方的联系，在一起开展更多的活动，建立更广泛的关系，由此形成一系列新的价值判断和价值追求。但如果我们在与其交往中不断得到负面的情绪感受，即对方让我们痛苦，这样一开始我们因先在的情感而给对方行为提供合理性解释，忍受某些程度的痛苦，但当痛苦的情绪经常发生或达到一定程度时，我们就会由爱而生恨，此时，我们对其价值判断就会改变，就会认为对方是坏人，并产生与其断绝关系的愿望。所以，情感在价值观念延伸过程中也会产生强化和削弱价值观念的作用。

2. **情感的强弱也决定对某物价值的量的判断**。（1）情感的强度是指我们爱一个人或恨一个人的程度，这个程度是由其所激发的情绪强度衡量的。一个人的情感对象是无限多的，针对不同的对象，我们的情感强度是不同的。那么，我们如何知道自己对某人、某事、某物的情感强度的差异呢？这要根据该情感被激发时所表现出的情绪的强度来决定。比如，要衡量我们对一个人的爱的程度可以从分离时思念的程度（实际上是思念的次数、时间加寂寞、煎熬、痛苦的程度的总和）、对方受苦时（比如生病、遭难、被别人伤害等）自己痛苦的程度等方式来衡量的；或者从我们喜欢对方的程度，想让对方快乐、成功的程度等来衡量。（2）我们对一个人、一件事、一个物的肯定的情感强度越高，给予的正向的价值判断的值就越高，否定的情感强度越高，给予的负向的价值判断的值也就越高。

二、情感强化审美判断和审美追求

我们对某物、某人、某事的情感越强烈，我们就越感觉其是美的，美感越强烈。所谓情人眼里出西施，儿不嫌母丑，都是这个道理的体现。女人都很懂这个道理，她们从男人是否认为其美的角度来判断一个男人是否还爱她。这是因为，美感的本质依然是积极的情绪，审美判断的本质是对自己的情绪感受的确认，只不过所确认的是引发情绪感受的客体；而情感的本质也是情绪与愿望的综合体。所以，我们是否爱一个人、一个物、一件事的表现就是他们是否还能激发我们积极的情绪。所以，情绪感受、审美判断、审美追求、情感等都是直接相关的。我们对一个事物的情感越深，就越能激发我们积极的情绪感受，我们所获得的美感就越强烈，对其所做出的审美判断就会越坚定，就越想继续得到此种感受。

三、情感与审美观念的延伸

如前所述，当第一级审美追求形成后，心智系统就将审美对象转向外部客体，由此做出关于外部客体的审美判断，即第二级审美判断：某物是美的，并由此形成继续得到该客体的第二级审美追求。当第二级审美判断和第二级审美追求形成后，当我们得到或失去该物或人时，就会引发我们的情绪反应，并进而对该物形成情感。

当我们对某物、某人的情感形成后，在这种情感的支配下，心智系统就继续前行。我们以对人的情感为例来说明。如果我们已经对某人形成了情感，我们就会形成积极的价值追求，希望保持与他的交往。为此我们就要去了解对方的行为、习惯、爱好、职业、生活方式等，这就是新的价值追求，并形成新的价值判断。比如，你原本不喜欢一种游戏，甚至认为这种游戏是不好的，但为了与他交往，就学习这种游戏，渐渐认为这个游戏是好的。这是第三级的价值追求和价值判断。在这个过程中，我们会发现自己对自己原来不喜欢、没什么感觉的东西有了美感，从而形成新的审美判断，并开始追求这些审美对象。这就是朋友交往对一个人价值观和美感的影响。这就是情感对人美感、审美判断和审美追求的影响。这种现象在恋爱中特别容易出现。当一个男子爱上一个女人，为了获得美人的芳心，他会去做许多事情、学习许多东西，在做这些事情的时候，由于内心爱的充盈，也会感觉这些事情都很美，那些观念也很美，从而爱上相关行为（事情）和观念，爱上对方的职业和生活方式。由此，我们就会对相关人、物、事做出审美判断、形成审美追求，并可能由此形成对相关对象的生活方式的审美。这就是爱屋及乌这种情感和审美心理的表现。

当我们对具体对象、职业、生活方式等形成情感之后，为了获得这些对象，我们的思维还会进一步延伸到对相关行为规范、社会文化、个人心理特征的审美，德性的审美，由此形成对某种行为规范、社会文化、心理特征的情感。在这种情感支配下，我们就会形成对这些内容相关的行为、事物和人的美感。比如，一个人感觉当教师很美，对教师这个职业形成情感，那么他看到教师就会形成一种美感，心情愉快，看到一个教师在很好地履行职责、表现出相关的德性等，就会产生美感，我们通常称之为心灵美或德性美（美德），等等。

  由于情感具有强烈的倾向性，因此，强大的情感会影响人们对情绪感受的判断。大家知道在审美中有一种情形，就是人们有时会认为悲剧所引发的悲伤感是美的。按心智系统的趋乐避苦本能程序，悲伤感是一种负面的感受，不是一种美感。但悲剧之所以吸引人恰恰在于其引发了人们强烈的悲伤感，人们会被这种悲伤感深深地吸引，从而不自觉地留在这种情绪中，并且认为这种感受是美的。实际上，这是心智的一种误判。其发生机制是这样的：当人们对某人产生积极的强烈的情感之后，比如爱、同情或怜悯等情感之后，在心理上就会与其产生共鸣，愿意分担其痛苦，所以，当对方痛苦时，他也痛苦，并把这种痛苦视为自己有良知或爱心的表现，从而给这种情绪贴上好的、积极的标签，对自己的这种情绪感受做出积极的肯定性的判断，从而愿意继续体验这种感受，并因对其的肯定性价值判断而在这种感受中获得一种神圣感、自我肯定感，而后者属于美感。这就是情感对情绪感受的价值判断的影响，并因此而引发了新的情绪感受，进而影响美感，影响人们对事物的审美判断。在现实生活中，我们往往也把自己与爱人的情绪共鸣视为爱的表现，尤其是在负面的情绪感受中体验自己对爱人的情感，借此神圣化自己的情感，由此形成这种悲剧性美感或审美体验和审美判断。这种现象的形成说明两个问题：一是情感作为更高层级的体验感受会影响低级的体验感受。二是情绪、情感也遵循对立统一规律，我们对情绪情感的价值判断也会在相反的两极间相互转化。当我们对情绪情感的这种特性理解深刻后，就可以将任何一种情绪情感向对我们有利的方向引导，从而增加社会舆论引导的效果。比如，愤怒是一种负面的情绪，通常情况下，我们都会自动地想逃离它，不愿意主动地保留这种情绪或发生这种情绪。但如果我们的心智认为这种情绪的发生是我们正义感的表现,是我们对某人爱的表现,或我们对敌人恨的表现,那么,我们就愿意继续体验这种情绪,并认为这是好的,形成肯定性的价值判断,并进而激发对抗性的行为。这一心理经常被政治家、军事家或宣传家利用来鼓动人们从事某种行为。

因此,情感形成的内在机制、延伸机制与审美观念(审美判断和审美追求)的形成机制和延伸机制是相互渗透、交互影响的,而且也与价值观念的形成机制、延伸机制是一样的,在其中情绪也都起到了重要的催化作用。

四、价值观念、审美观念和情感的客体的逻辑延伸路径

我们还以对人的价值判断、审美判断和情感为例来说明。当一个人的身形或外表、语言、行为等使我们产生了积极的身体感受或情绪体验或美感后,我们就自动地赋予相关的身形、外表、言语和行为以积极的正向的价值判断、审美判断。由于这个价值判断、审美判断是自动形成的,且心智在觉知到这些身体感受和情绪体验或美感时是以知觉经验形式出现在心智中的,所以,这个价值判断和审美判断主体经常意识不到,往往需要逻辑对经验来源的分析才能意识到。当该价值判断、审美判断形成后,我们就会对相关的身形、外表、语言、行为产生情感,表现为我们会喜欢这种身形、语言和行为;或相反,如果我们获得的是负面的情绪,就会形成消极的价值判断,我们就会讨厌那种身形、语言和行为。这就是第一层的价值判断、审美判断和第一层的情感。但我们大多数人也不能清晰地意识到自己的这种情感,因为,我们的身形、语言和行为都不是真正的实体,而我们的心智系统习惯于把握实体,所以,心智系统会误认为是拥有那个身形、语言和行为的人是可爱的、讨喜的、美好的。由此我们就会对那个人产生积极的、肯定性的情感。这就是第二层的价值判断、审美判断和第二层情感的形成。这才是大家都能意识到的价值判断、审美判断和情感,也是大家研究最多的对象。

当第二个层面的价值判断做出,第二个层面的情感形成后,我们就会根据自己对客观事物的认识(事实判断),根据其他对象与我们的情感和价值观的因果关系的认识,对那些没有直接引发我们情绪的事物做出价值判断、审美判断,由此形成对它们的愿望,并最后形成对它们的情感。第三、第四层

次的价值判断（价值观）、审美判断、愿望和情感都是这样形成的。比如，一个孩子根据自己的生活感受、情绪经历知道钱是好的，形成了对钱的爱的情感。当他认识到做生意能赚到钱，工作能赚到钱，或取得某些东西（这些东西本身并不能满足他的需要，不能给他带来任何情绪感受）能换到钱时，他就会产生去做生意、工作或得到那个东西的愿望（价值追求），并由此形成对生意、工作和某物的一系列价值判断、审美判断和情感。这就是第三层次的价值判断、审美判断和情感。当他进一步认识到要想做好生意，就需要某些社会关系，遵守某些社会规则，具备某种心理素质等时，他又会产生建立那些社会关系、遵守那些社会规范、养成那些心理素质的愿望，并形成对它们的价值判断、审美判断和情感。这两个层面的情感的建立一方面是依赖于我们对某些社会事物间的因果关系的认识，另一方面依赖于我们的价值判断、审美判断和愿望的形成。

所以，第三、第四层次价值追求、价值判断、审美判断和情感所指向的事物是与人们所处的社会历史条件有关的，也是与人们对社会历史文化条件的认识相关的，更与人们的实际经历有关。所以，这类价值观、愿望和情感都会随着社会历史条件的变化而变化，从而使人们对那些东西的价值判断、愿望、美感和情感都表现出历史性和相对性。

五、小结

价值判断（含审美判断）、价值追求（愿望，含审美追求）、情绪、美感、客体与情感等之间存在复杂的互动关系，我再简要概括一下，可以分三个层面来概括：

1. **第一个层面是感受。**包括身体感受、情绪感受、美感。美感是积极的、舒服的身体感受和情绪感受的总称，或者说美感包括好的身体感受和好的情绪感受两种形态。一切价值判断、审美判断首先都来自于对身体感受的分别判断，而价值追求或愿望首先是对好的身体感受的追求、对坏的身体感受的逃离。当愿望（价值追求和审美追求的总称）、价值判断和审美判断形成后，身体感受过渡到情绪感受，价值判断、审美判断、愿望、情感都是围绕情绪展开的。没有情绪感受，我们的价值思维很可能就会停滞在价值客体层面而不会向前推进，即使能够推进，推进得也将比较缓慢。因为，情绪是心智思维、话语和行为的动力之一。当第三级价值判断、审美判断、愿望、情感形成后，它们也会反过来影响人们的情绪；情绪又反过来强化人们的价值判断、审美判断、愿望和情感，并推动心智思维向第四级过渡。当然，第四级的价值判断、审美判断、愿望、情感形成后，也会影响到人们的情绪，并因情绪而使它们得到强化。在这个过程中，如果人们的行为涉及具体的身体消费行为，这些行为就会影响到人们的身体感受，从而引发新一轮的价值思维、审美思维和情感形成过程。人类就是这样在感受和观念两个层面不断循环推动生命活动的展开的。情感是观念和感受的复合体。即人类的观念和感受的不断循环，推动人类行为、观念和情感的不断复杂化，使人类生活越来越远离生命活动本身所需要的东西，远离自然和人的天性。

所以，在这个身体意识和心智意识活动所构成的链条中，感受是第一位的，其他心理活动形式都是在感受的基础上形成的。我们可以说感受（或体验）是生命的本质性活动。我们评价自己人生好坏的唯一标准就是自己感受的好坏。没有好感受或好感受稀缺的人生是悲催的。

2. **第二个层面是价值观**。价值观包括价值判断和价值追求。让身体感受向情绪感受过渡，并使情绪感受主导人类生活的是价值观。没有身体感受（包括身体美感），价值观就不可能产生，而没有价值观，则就不会有情绪（包括心智美感）。由于身体感受具有即时性，身体需要满足即消失，所以，人类对感受的追求绝大部分都是情绪感受。在每天的生活中，我们对感受的追求至少80%以上是对情绪感受的追求，也被情绪感受所困，而情绪感受的启发器是价值观，即价值判断（包括审美判断）和价值追求（愿望）。所以，对人类的生活来说，物质消费、自然环境和身体行为、遭遇决定身体感受，价值观决定情绪感受（包括情感）。因此，价值观就是决定人们生活是否幸福的关键问题。到将来，等我们的物质生活、社会治安问题得到彻底解决的时候，价值观就成为决定人们是否幸福的唯一因素。这不是说此时物质生活不重要，社会治安不重要，而是指这些问题在社会层面都已经解决了，而决定个人幸福的因素，对每一个个体来说就是价值观了。这也就是价值观问题为什么随着社会发展越来越重要的原因。

3. **第三个层面是对象问题**。即我们价值判断、审美判断、愿望、身体感受、情绪、美感和情感的对象问题。从感受的形成来说，它们的对象是共同的，可以分为四大类：对象的属性、对象整体、能带来对象的生活方式（包括行为、知识技能和职业）、能实现生活方式的社会规范、心理特征。而这些认识和情感对象不断延伸的核心先是身体感受，后是情绪，如果没有情绪，人们的认识对象就仅限于对象的属性和对象本身。

第四节 价值评价活动

在以往的价值哲学研究中，人们正确地指出评价思维是价值思维的核心，但在我们前面对价值观念的形成和延伸过程中，几乎没有谈论到评价活动或评价思维。这是否说我们不重视或忽视了评价活动在价值观念，尤其是价值判断形成中的作用呢？当然不是。我们所说的价值判断的所有形式中都包含评价思维、评价活动，价值判断中的"判断"本质上就是评价。只是我们前面主要强调了价值判断与价值追求这两种价值观念的形式之间的互动，冲淡了评价思维和评价活动在价值思维中的作用。这是论述方式造成的。学术研究经常存在这种现象，论述方式会严重地影响人们对某一个问题或事物的看法，这才使我们需要从不同的角度来研究同一事物，用不同的方式来论述同一事物，以便我们对一个事物和思维过程有更全面的认识，这是由人类心智运作方式决定的。我们的心智喜欢单线的运作，既便于思维和陈述，也便于读者理解。所有以单线的方式论述的理论都会更招人喜欢。为了照顾评价论研究者的需要，我们从评价思维的角度对价值判断的研究内容和结果做一个简单叙述。

一、价值评价活动的根据

所有的评价活动都不是凭空进行的，都有自己的根据。价值评价活动的根据是指我们以什么为根据对某物做出一个价值判断。这样的根据有三种。

1. **主体的生命体验**。比如，我吃到一个苹果，感觉很甜、爽口、令我不饿等，我立即就可以做出一个价值判断和审美判断，形成价值性观念：这个苹果是好的，这个苹果的味道很美，这个苹果是具有使人不饿的功能或价值的等。反之，如果我们吃到一个苹果感觉很酸、很难吃，我们就会得出：这个苹果是不好的，是没有价值的等。即价值评价的第一个根据是生命体验，是生活经验直接给予的，是其他价值观形成的最原始根据。一个婴儿一生下来就会做这种评价，虽然此时他还没有语言，但会以身体反应或行为的方式做出这种评价，比如笑或哭。这表明价值评价并不是随意的，而是有生命存在根据的。人们之所以会做出此种价值评价是因为在人的心智系统中早已形成了这样的价值判断：给我们带来好的感受的东西就是好的、有价值的。这是一个价值判断，实际上还是价值评价的标准。只是这个中介性价值判断作为推理的一个环节经常被遗忘。

2. **主体的需要或价值追求**。如果主体已经形成了某种需要或价值追求，那么它们就成为价值评价的根据。比如，当我感觉需要药时，我就会说药是好的。当我们形成"我要爱情"这个价值追求时，立即就会形成"爱情是好的、有价值的"等价值判断。所有能满足我们需要，帮助我们实现价值追求的东西都直接被判定为好的、有价值的。反之，阻碍我们需要满足和价值追求实现的东西就会被判定为是坏的、恶的、有害的。与我们的任何需要、价值追求无关的东西都是无用的。这种价值评价的进行也不是任意的。

3. **已经形成的价值观**。比如，如果我已经形成"苹果是好的"价值观时，当我看到一个苹果即使还没有吃就会说"这个苹果是好的"。大量的第二、三、四层次的价值观都是以已有价值观念作为评价标准得出的结果。因此，价值评价活动和价值观是相互建构的。这也是价值评价活动的三种基本类型。

二、评价活动主体

所有的价值评价活动都是人做出的。当然，我们可以确信动物尤其是高等动物也会进行价值评价活动，但它们的价值评价活动与我们人类没有关系，它们的价值判断我们也不知道。我们这里所研究的只是人的价值评价活动。

人的价值评价活动的主体都是个体。有些人把集体、人类全体，甚至把整个世界，作为价值评价主体，是一个误解。因为评价是一个实际的思维活动，只有个体才能完成这样的活动。即使一个群体中的成员100%都进行了同类评价活动、获得了同样的价值判断，该评价活动依然是个体的。但由于存在着对群体或类的认同，人们常会僭越自己的个体地位代表群体发声，误以为自己的评价结果就是群体的价值观。这是个体的自大。人们常说的集体性价值判断是指某一个体关于某物的评价结果被一个群体的大多数人接受成为共同的价值判断，或被组织以规范的形式确定为组织的共同判断。在这两种情况下，每一个价值评价活动都依然是个体的，每一个活动着的价值判断也是个体性的。确认价值判断和价值评价活动的个体性有利于防止一部分人以群体的名义压制另一部分人的价值评价活动，为更好地协商、合作奠定基础。以个体僭越群体是价值观表达中人们常犯的重要错误之一。

三、价值评价活动的对象

即价值评价活动的客体。这个比较复杂，价值研究的许多问题就发生在这里。价值评价对象包括具体事物和抽象事物两大类。具体事物就是我们可以感知到的事物，又分三种形态：个体、集体和类。

1. **具体事物**。所谓具体事物是可以直接直观到的东西。包括两种形态：个体和集体。（1）个体指一个相对独立的认识对象。比如一杯水、一所房子、一个人、一个组织、一个理论、一个行为、一种职业、一种德性、一个国家、一个民族等。对具体事物的价值评价就是对具体物的属性、功能等对人类生存状态（包括心理状态或生命体验）的影响的性质和程度的评价，比如某一杯水、某一个理论、某一个组织对人们的生存状态有没有影响、有何影响、有多大影响，也即有没有价值、有何价值、有多大价值。在市场经济条件下，还有值多少钱，等等。这种价值判断既可以定性，也可以定量。

（2）集体指若干相互关联的同类对象所构成特定的集合体，它们也可以成为价值评价的客体，它们也是具体的。比如一群人、一片房子、一套技术等。我们可以对一群人的功能、价值进行评价，同样，既可定性也可定量。对集体的价值判断是建立在对个体的价值判断基础上的，是个体价值判断的归纳和综合。但如果集体构成一个系统，该集体就成为一个个体，其价值判断就不再是个体判断的归纳和综合。

（3）类概念是指一类存在者的总称，而不具体指向任何一个个体对象，比如水、房子、动物、组织、理论等都是类概念。这类概念虽然是抽象的，不特指任何一个个体或集体，但在世间可以找到确定的对应物。类概念不同于集体，因为，集体是由若干特定个体构成的特定的集合体，比如，一个班级就是人的集合体。而类概念不指向任何特定个体，比如，我们说人类，就是将所有个体都无差别地包含在其中。类概念是人类为了思维方便把具有相同属性的事物归为一类而做的标识。它们本身没有意义，其意义是在定义中根据分类原则获得的。比如男人、女人、军人、学生等，其含义都是通过概念划分或分类获得的。由于类概念包含对象众多，所以，很难做出具体的价值判断，通常只能在普遍性的层面确定某类物品的功能或意义进行判断，即进行功能性价值判断。这种判断只能定性而不能定量。我们不能简单地说水值多少钱，或理论值多少钱，而只能说它们有何功能、用处。

2. **抽象事物**。抽象事物即抽象概念，指我们不能直接感知到的东西。抽象概念是人类描述、评价自己的认识对象而创造的概念，其中包括为了对自己的具体生存状态以及人们在其中的感受进行区分而创造的概念。比如，一个人从衣食不周转变为丰衣足食就会觉得自己富裕了。但当他接触到更富裕的人，跟他们在一起过了一段时间山珍海味、名车豪宅的生活后，就会感觉自己很穷，什么都没有。这其中的"富裕、贫穷"都是抽象性概念，其含义取决于人们的实际感受。再比如，在现实生活中，我们找不到一个东西可称为爱情，只能找到男女间的关系。人们创造"爱情"这个概念是为了描述自己对两性间的一种独特的心理状态或心理体验，或者对男女间交往方式、交往体验的一种向往、追求。至于什么样的心理状态或心理体验是爱情，各人体验不同，理解也就不同，人们在不同的状态下的理解也不同，与人们前后不同阶段体验的变化和比较也相关。比如，一个人一开始很喜欢他或她的伴侣很能干，帮助自己解决了很多生活困难，感觉对方很可爱，自己的爱情很美满。但这种状态持续一段时间后，随着他或她以往的各种需要的满足、生活压力的降低，他或她的内心就会产生新的相反的需要。此时如果有一个柔弱、温和的异性出现在他或她的面前，就会立即激发起他或她的关怀欲，立即感受到自己被需要的快乐和优越感，从而体验到一种完全不同的幸福感，此时他或她就会得出结论：这才是真正的爱情，原来自己并不懂爱情，把原来的感情完全否定了。所以，总有人问：这个世界到底有没有爱情，但没有人对两性间的性关系、夫妻关系的存在表示怀疑，也没有人会认知错误。所以，爱情就是一种抽象概念。价值也是抽象概念，世界上不存在一种叫价值的东西，人们创造这个词只是人们为了表示自己对某物的评价、态度，是为了思考和交流的方便。同样一个东西在此时感觉没价值，而在彼时则感觉有价值；在此时感觉价值不大，在彼时感觉价值很大，如自由、平等、公平、正义、美满、高尚、勤劳、善、恶等都是如此。

在价值思维中，由于抽象概念的内核是人们在某种环境下的生存感受，所以，它必然与人们的生存状态相关，并随人们的生存状态的变化而变化，从而没有客观的稳定的含义。所以，这类概念都有比较级。如前所述，关于富裕、富强的含义完全随环境变化而变化，今天在我国感觉最穷的人，如果跟生活在20世纪60年代的人比，就会感觉自己还是比较富裕的。我国今天的综合国力比过去任何时候都要强大，但跟美国比还是感觉比较弱小。

过去人们也习惯以抽象概念为对象进行价值评价，比如，富强是好的，公平是好的，等等。（1）这类价值判断都属于同义反复，因为，这类概念被创造出来时都已经暗含了价值判断，比如爱情、奸情、美、丑、公平、正义、善、恶、自由、平等本身就已经包含了价值判断，并是其他价值判断的依据和标准。再说"爱情是美好的或有价值的"都是同义反复，即重复判断，当然，在语义和情感上有强调的作用。（2）当我们在述说这类概念时，往往表达的是一种价值追求，即自己想得到某种生活状态，比如富强、自由、平等的生活状态。（3）当人们把此类概念作为价值判断和价值追求的客体时，容易给人们造成误导，或者把人引导到追求一种不确定的生存状态，或者把人引导到攀比状态。因为，这类概念都是比较性的，且比较的对象可以是现实中的一个对象，也可以是自己想象的对象。比如一个人说他要追求爱情，那么，这个爱情是什么样他是不知道的，很容易陷入一种自己的幻想中，从而对伴侣提出许多不切实际的要求。一对情侣或夫妻，如果一方对爱情抱不切实际的幻想，则两个人的关系就很难协调，幻想方往往就会心生不满，从而抱怨，进而产生种种其他不良情绪，最终导致关系破裂，因爱生恨。

这些抽象概念还有一个特点，就是容易成为各类意识形态炒作的对象，从而成为诱导人民的诱饵，使人们盲目地跟从。可以说，所有的意识形态家都是以炒作此类概念为生的。这是由于人们过去对此类概念不了解和人们内心希望胜出两种原因造成的。

人们在研究使用此类概念时，还很容易犯一个错误，就是将其实体化，以为它们是实际存在，这是价值研究陷入混乱的一个重要原因。因为，长期以来，此类概念在价值研究中一直占有重要位置，人们在它们身上花费了大量的时间和精力，甚至主导了某些人的价值思维。大家一定要记住：（1）抽象概念不能抽象地使用和理解，一定要放置到具体的现实环境中、具体的主体身上和具体的社会关系中来理解。它们不仅与人们的实际的生存状态相关，还与人们的实际感受和体验相关，与人们所处的文化传统、个人习性相关。抽象地谈论抽象概念及其相关问题是教条主义产生的主要根据。因为，它们没有确定的含义，只有比较的含义。所以，意识形态家们总是不断推出更高版本的爱情标准、富强标准、不同版本的公平标准。这些标准在引领人们不断改变自己的生活的同时，也在不断制造失望和痛苦，从而使其在实际生活中反面的作用越来越强大。大家看看，我们这些年对富裕的追求在整个社会引起了多么大的负面效果。（2）抽象概念没有真正的对象做支撑，因此不能当实体性或存在性概念使用。但人们常常误将其作为实体性概念对待，从而将人们的思维引导到一个错误的方向。比如，长期以来，许多人都在寻找"价值"的本质、"美"的本质等，想给价值下一个实体性定义。

在以往的价值哲学研究中，人们在寻找"价值"的统一的定义时所遇到的一个很大的困难就是无法在一个定义中同时容纳上述两大类三小类对象。以具体对象为样本的价值定义会强调价值的质和量，价值的质也就是事物的功能，价值的量往往就是价格。经济学对价值的定义一般就是如此。而以类概念为样本的价值定义只能进行质的定义，实际上是一种功能性价值判断。过去哲学上的主流的价值定义就是如此，它与经济学的价值定义的区别是只能有质的判断，无法进行量的判断。而以抽象概念为样本的价值定义，则会对上述两种定义方式严重不满，他们会更关注抽象事物，强调价值是某种意义。一般而言，政治哲学、伦理学会这样做。但这种做法显然与价值研究的主流有些不合拍，它们又没有能力解决双方的冲突，所以，只能一直被视为一种情感诉求而处于价值研究的边缘地带。这种情况的存在也是价值定义、价值研究长期陷入困境、寸步难行的重要原因之一。由此人们只能被迫纷纷转向具体价值问题的研究[①]，但由于基本问题不清，所谓的对具体价值问题的研究，或所谓的应用性研究，常常是盲人骑瞎马，自说自话而已，通常是自己的愿望、情绪、情感的表达罢了。以往的价值研究贡献最大的是经济学的价值理论，它们还能真的对人们的行为产生实际意义，而哲学对价值的研究，效用价值论完全可以归结到经济学的价值理论中，其他的价值定义除抗议效用价值论和提醒人们不要沦陷在经济学的价值思维中的功能外，主要是将与价值判断有关的问题都提出来了，起到深化价值问题研究的功能。

四、主体在价值评价和价值理论中的地位

人类之所以会评判各种事情的价值首要就是为了生命的健康、延续、发展，为了获得各种积极的好的身心感受。这是人的身体意识的直接反应，也是心智的自然程序，因此是先验的。所以，这个无需论证，可以说是自明的，每一个人都可以在自己的每一天的生活实践中体验到它。如果有人还要追问：人为什么会有如此先验的身体意识和心智程序？这就要追溯到生命的起源、进化这样的问题了。这就不是本书的研究对象了。所以，在人的价值思维中，生命的健康、延续和发展自然被置于首要问题，这表现在面临生命的健康、安全与其他对象、行为的选择时，人们通常都会自然地、本能地选择生命的健康、安全。这就等于赋予了生命最大的价值。在自然状态下人们都会把自己的生命作为衡量其他东西价值的标准和源头。在许多场合下，生命不仅具有最高价值，还是无价的，即个人的生命的价值（价格）是无法衡量的，我们不能拿任何东西与个人生命进行交换。

但在现实生活中，生命在许多情况下不再具有最高价值，而是有价的。这是怎么回事呢？当裴多菲说"生命诚可贵，爱情价更高。若为自由故，二

[①] 赖金良：《关于价值哲学和价值科学的思考》，载《学术月刊》，2006年第9期。

者皆可抛"时,就表明在他看来爱情和自由都比生命价值更大。当有人说"杀身成仁、舍身取义"时,就说明对他们而言仁、义比生命更有价值。当有人说"士为知己者死"时,就说明对他们来说获得理解和认同比生命本身还重要。还有更多的人为公平正义、为真理等而英勇赴死。人们之所以有这些最高价值是因为在人们心中有最高价值追求。所谓最高价值追求就是认为将其作为一个人存在的基本标志,认为若不如此,自己就没有存在的意义了。比如,有人认为人就是为爱情而活的,如果不能按自己的意愿得到爱情,活着就没有意义了。有人认为人活着就要追求公正,如果没有公正,虽然活着也跟死了差不多。虽然不能说每个人都有生命之上的最高价值追求,但对社会化的人来说,大多数人都有一个或几个这样的愿意付出生命代价维护的最高价值追求,只是互不相同罢了。

　　这种情况的存在说明了什么问题呢?对价值哲学的研究有何意义呢?这是人们从未思考过的问题。这个问题把人的价值思维或价值理性的更深本质展现出来。

　　1. 对人类来说,这个肉体生命的存在并不是最重要的,还有比它更重要的东西。而这些更重要的东西都不是实体,而是爱情、自由、仁、义、理解、正义等心智创造出的抽象概念。即,这些抽象概念的价值比人的生命价值更大。这些抽象概念都来自于人类心智对自身生存状态的一种体验、理解,是现实生活尤其是社会关系在人们意识中的反映。它们是抽象的、模糊的,没有明确的边界,不可直接感知;但同时又是具体的,与具体的社会生活状态直接相关的,当我们深入具体的社会关系中设身处地去体验时,我们都能理解它。它们或者代表了人类的生存状态,比如自由、正义、爱情、被理解认同,或者代表了对他人的态度、行为方式,比如仁、义。这些概念在价值研究中长期居于核心地位,表明我们人类主要的并不是生活在具体的物质层面,而是生活在抽象的精神层面,准确地说生活在生命体验层面,我们都是为了得到那些生命体验而活着。而对生命体验的追求是人类第一层价值追求的内容。这个层面我们不能直接用眼睛观察到它们,但可以体验到它们。如果用物质来衡量,它们一文不值;但如果我们设身处地去体验,它们就价值无限。所以,这个问题的存在表明对价值问题的研究不仅要在社会的物质生产生活层面进行，还必须深入生命的体验层面，深入生命体验发生、变化的内在规律中，高度关注那些表达生命体验的价值追求的抽象概念。这也再次表明对体验的追求在人的生命活动中具有本质重要的地位，在价值思维中也具有本质重要的地位。正是这些抽象概念使人生展示出对现实生活的超越性。这种存在特性也是价值思维的生命存在论基础之一。

由于这个原因，许多人对仅在物质生活层面研究价值问题非常愤慨，是非常值得同情的。但由于他们忽视了在生命体验层面研究问题，因此虽提出了问题却不能解决问题。搞清这种现象，我们就会明白：社会主义核心价值观所表达的都不是具体的价值判断，而是人们的价值追求；都不是具体的实际生活状态，而是人们希望在生活状态中获得的体验。只有当我们掌握了生命的体验规律之后，我们才有可能帮助人们实现那些价值追求。否则，仅在物质层面努力，很可能做得越多，距价值观的实现就越远。因此，我们舆论宣传工作的重点应该从物质层面转向精神体验层面。

2. 之所以出现上述现象，从价值思维的角度讲，是由于"主体"自身的分裂造成的。在价值思维中，从表面上看"主体"这个概念是同一的，实际上存在两个"主体"。（1）前文论证过价值思维的主体都是个体，即自然存在的个体生命。在这个层面，人们以生命整体的形式参与到对对象的评价和实践活动中，其目标是维持个体生命的存在、完整和延续。这个主体所关注的客体都是具体对象。在这个层面个体生命的价值都是最高的、无限的。在这个层面人们所说的人、主体都是活生生的生命个体。（2）根据拉康的主体理论，人类在社会化的过程中，社会文化通过语言作为大他者窃取了主体的地位。① 大他者在价值思维中就是表达价值追求的抽象概念。当社会文化所创造的富裕、公平、自由、平等、正义、尊重、美、善、爱情等抽象概念被人们接受、认同之后，不仅转化为人们的价值追求，实际上它们就替代了活生生的主体。后者不仅表现为人们以这些概念为标准对现实生活进行评价，而

---

① 张一兵：《不可能的存在之真：拉康哲学映像》，商务印书馆2006年版，第188页。"在拉康这里，这个创造了丰富意义构架和生活世界的语言，虽然生成了主体，可是也在其问世之际谋杀了主体。"

下 篇　价值观念形成的先验程序和先验结构

且还表现为这些概念会引发情绪情感,由此控制我们的思维、言语和行为。为何如此呢?因为,当人们从这些抽象概念出发对自己的生存状态进行价值判断时,关注的并不是实际拥有的物的具体价值,即人们并不是真正被物控制了,被物控制只是一个假象;人们真正关注的是其生活状态是否符合那些概念的标准,而这个标准可能与实际生命活动所需毫无关系。比如,一个人对富裕的追求在表象上是对具体财富的追求,实际上是其头脑中的富裕概念对一种"富裕"状态的追求,这个"富裕"状态并不是财富的物理存在,而是与他人财富占有状态的比较优势。所以,处于抽象概念控制下的人永不满足。换言之,是这些抽象概念将人们的需要转化为欲望。这就是道德哲学、伦理学、政治哲学等一直对现实生活持批判态度的原因。一个完全被抽象概念控制的人往往很容易成为教条主义者、成为社会批判者。因此,当人们在运用那些抽象概念进行价值判断时,实际上就是那些概念在进行价值判断,是这些概念替代了人。拉康认为这样的人都是虚假的主体。当这种虚假主体支配了我们的价值思维后,就很容易使我们的价值思维偏离生命的实际需要,由此可能给我们带来种种危机。这就是价值思维给我们的害处,与价值思维给我们的利益是对立的,双方也是平衡的。所以,我们对自己的价值思维和价值观念都应该持理性态度,时刻保持着对其合理性进行判断,否则就可能威胁到我们的生存。

那些想把人自身的价值特别凸显出来,强调其无限价值的人,还有一个目标,就是表达对社会现实的一种抗议:抗议一部分人仅把另一部分人作为价值客体(实现自己目的的工具)对待。但这并不是他们真正要表达的东西。他们真正要表达的是抗议人们在分配关系、交换关系中的不平衡。世界上没有人不把自己作为价值判断的原点,作为衡量他物、他人价值的尺度,没有人会否定自己具有无限价值。只有当人们把抽象概念作为价值目标时,人自身的最高价值、无限价值才会受到侵犯。所以,我们要学会如何时时把握我们的生命,把生命的真实需要作为价值判断的标准,从而使我们的价值思维不至于走得太远,以至于危害我们。

五、评价活动与评价结果的类型

价值评价活动也就是价值判断活动,评价结果也就是价值判断。所以,价值判断的类型也就是价值评价活动及结果的类型。具体内容请参看下文对价值判断的分类。

第十三章 价值观念的内在结构

在日常用语中,价值观念是与科学观念相对使用的。可以说,科学观念之外的观念都属于价值观念。这就使价值观念的外延极其广大。比如,有人就把宗教、道德、伦理、文学、艺术等中的所有观念都视为价值观念。在价值观受到高度重视的今天,搞清价值观念的内涵和外延,将是一项极端重要的基础研究。而我们研究价值观念的内在结构问题就是建立在对价值观念这个概念内涵的正确把握的基础上的。而要正确把握价值观念的内涵和外延,把握价值观念的内在结构,都离不开"分类"这种研究方法。本章希望通过对各类价值观念之间的关系的研究,确定价值观念的内涵和外延,澄清价值观念的内在结构,为人们深入研究各种具体的价值观念夯实地基。

第一节 "价值观念"的内涵和外延

一、"价值观念"使用中的乱象及原因

价值观念这个概念在过去的使用中比较混乱,每个人根据自己的需要和习惯使用它们,缺乏统一的界定。比如,李德顺将价值观念与价值观区分开来,认为价值观是关于价值(这一问题或研究对象)的观念,即对价值问题的看法,如世界观、人生观一样。这个价值观实际上指价值论。而李德顺所说的价值观念则是指"人们内心深处的价值取向或态度情感,指人们关于基

本价值的信念、信仰、理想系统"①。这个定义实际上是一个内涵与外延的混合物，前半句是内涵，后半句是外延。将价值观念限定为价值取向或态度情感，应该说严重限制了价值观念的范围。其所说的价值取向是一个很模糊的概念。我感觉奇怪的是李德顺教授将价值观念定义为价值取向的时候，就说明价值取向这个概念具有本质重要性，但他在《价值论》这本书中却一直没有定义过这个概念，甚至始终没有讨论过这个概念。这是不应该的。但李教授却认真讨论过态度这个概念，对情感也做了简单的讨论。这样我们可以认为在李德顺教授这里价值取向与态度情感是一个意思。如果这样，价值观念就是人们的态度情感了。而态度是什么呢？态度"是对知识所提供的多种可能的主体选择和定向"②。这就把价值观念限定为主体选择和定向，就与我们所说的价值追求有相似之处。这一点也与他对价值意识的形式的界定比较一致，他认为"欲望、动机、兴趣、趣味、情感、意志、信念、信仰、理想等都是价值意识形式"③。但如果这样，日常生活中无数的价值判断就不是价值观念，甚至连他高度重视的伦理规范也不是价值观念，这就把价值观念的范围限定得非常狭窄。而且他把价值观念的外延仅限定为信念、信仰和理想系统，就等于对态度情感进行了再次限定，使价值观念的外延更小了。所以，为了使我们对整个价值现象、价值观念有一个完整的理解，我们不采用李德顺教授的这个定义。我们不采用李德顺的这个定义的另一个重要原因是他的用法与我们日常生活中的用法是不同的。

而对价值观与价值观念关系的看法，宴辉则又与李德顺不同。宴辉也认为价值观与价值观念不同，他所说的"价值观念是个人与组织在特定环境下形成的关于对象有无价值、有多大价值的认识"④，这个定义与我们所说的价值判断基本一致。而他所说的"价值观是一个人或一个组织对当下事物及将来事物是否具有价值、有多大价值、应该具有何种价值的信仰、信念、认知、

---

① 李德顺：《价值论》第3版，中国人民大学出版社2013年版，第199页。
② 李德顺：《价值论》第3版，中国人民大学出版社2013年版，第178页。
③ 李德顺：《价值论》第3版，中国人民大学出版社2013年版，第186页。
④ 宴辉：《现代性语境下的价值与价值观》，北京师范大学出版社2009年版，第33页。

情感及意志的总称"①。在这里宴辉将价值观理解为对价值判断的信仰、信念、认知、情感及意志的总称,应该说与李德顺的价值观念的定义有较大的相似性。他将信仰、信念、认知、情感、意志这些概念并列在一起,却没有说明理由,甚至连情感、意志与价值观之间的关系都没有做任何说明。我想很可能是宴辉教授感觉到二者之间存在某种联系,但没有办法说清楚,所以,也就点到为止了。

我们认为,赋予价值观与价值观念两个概念不同的含义,非常不妥。在日常用语中,大多数人也都将价值观念与价值观视为同一概念,观就是观念的简写,价值观作为一个观念是对某物价值的判断,或与价值判断有关的观念。在英语中,价值观或价值观念都是 values,是价值的复数形式。《中国大百科全书》就将价值观念理解为一套与价值有关的观念,是指在某种世界观的基础上对各种事物、行为以及可能做出的选择等进行评价的标准和据此采取的某种行为的态度及倾向。②但这里把评价标准、态度、倾向并列都作为价值观,也存在一些问题。因为这三个概念之间的关系是不清晰的,比如,评价标准的核心就是人们的倾向,态度的核心也是倾向。而且这个定义也把价值观念限定在评价、态度和倾向上,也没有把人们研究的各种价值观念都包含进来,也把日常生活中的各种价值判断排斥在外,而价值判断无疑是价值观念的主要形态。

总之,至今在实际使用中,价值观念或价值观的含义是十分混乱的,人们的使用也是十分随意的,基本上把科学观念之外的观念都随意地贴上价值观或价值观念的标签,但往往又仅指其中的一小部分,并没有任何清晰的说明,从而使我们对价值观念的研究,对价值问题的研究,完全在混乱之中。

之所以出现这种使用和界定的混乱,我们认为主要原因包括三个方面:(1)研究对象过于庞杂,且对诸对象间的关系缺乏清晰的梳理。在价值研究中,人们要处理的对象除包括价值判断、价值追求外,还包括伦理规范、伦理判断、道德判断、态度情感等诸多观念形态,可以说人们将事实判断或科学观念之外的所有观念形态都纳入价值研究范畴,由此造成价值学、伦理学、

---

① 宴辉:《现代性语境下的价值与价值观》,北京师范大学出版社2009年版,第34页。
② 《中国大百科全书》第四卷,中国大百科全书出版社,2004年版,第2572页。

道德学之间的关系一直处于混乱状态。在人们对这些观念和学科之间的关系进行有效的梳理前，是不可能给出一个合理的定义的。（2）之所以存在上述问题，是因为人们在价值研究中缺乏清晰、系统的研究思路和研究方法，即没有找到价值观念形成的经验基础，也没有采取正确的将复合性价值观念还原为简单性价值观念的方法。（3）由于人们没有采取科学的还原方法，从而直接将各种自然形成的价值观念作为研究对象，这些价值观念往往都是一个观念系统，其中除包括价值判断、价值追求外，还包括伦理规范、伦理判断、道德判断、科学观念等各种观念形式，比如人们经常研究的"民主""自由""公平"等都是一个庞大的观念体系，面对这些庞大的观念体系，人们除了随意地发表情感、表达愿望外，根本无法进行严谨、科学的研究。所以，当以这些价值观念为研究对象时，价值的定义如何寻找？

二、本书所说的价值观念的含义

本书所说的价值观念是指人们常说的价值观，有两种用法，一是指狭义的价值观，仅指价值判断和价值追求。二是指广义的价值观，即人们大脑中所形成、储存的所有与价值问题相关的观念。本文从广义的立场研究价值观念，但重心在狭义的价值观念，通过对狭义的价值观念的澄清来澄清广义的价值观念。就人类的全部观念而言，除事实判断（不包括功能判断）和真假判断外，都属于价值观念。有人可能会由此得出结论：所有非科学观念都属于价值观念。这个说法不够严谨，因为科学观念中也包含许多价值判断，对某物功能的判断既是价值观念，也是科学观念。因为，科学研究的重要内容之一就是判断某一客体对人们或他物有何影响。所以，科学观念与价值观念实际上是有交叉关系的。

价值观念，既可以是一个单数名词，也可以是一个复数名词。作为单数名词，指某一个价值观念，比如一个价值判断、一个价值追求等。在传统的价值哲学研究中，这样的价值观念包括许多类型，比如价值追求、价值判断、伦理规范、伦理判断、道德判断等。作为一个复数名词，指由一组具有逻辑关联的价值观念所构成的价值观念系统，即一套价值观念体系，比如人们常说的自由的价值观就是指一套以自由这个概念为核心的价值观念系统，它是由许多具体的价值判断、价值追求、伦理规范、伦理判断、道德判断、事实判断、真假判断所构成的观念体系。对一个成人来说,尤其在教育高度发达的今天,绝大多数人都拥有多套价值观念系统,而很少有人仅只有一套系统,并且几乎在每一个具体问题上都如此。比如,一个中国人可以拥有一套中国人的价值观念系统,也可拥有一套西方人的价值观念系统;可以拥有一套世俗价值观念系统,也可拥有一套宗教价值观念系统;可以拥有一套专制主义的价值观,也可以拥有一套民主主义的价值观,等等。而一个社会的价值观念就更丰富了,包含更多的价值观念系统。可以说,每一个社会的价值观念都像一个生态园,里面包含多种不同的价值观念体系,它们共存于该社会的价值观念生态系统中。这些价值观念系统在不同的场合起着不同的作用,对人们的生活具有不同的意义,往往并不存在真正的冲突,更不存在唯一正确的价值观念体系。这也是人生和社会之所以如此复杂的重要原因。

本书所说的价值观念的内在结构包括两个方面的意思:一是指一种价值观念的逻辑结构,表现为一个价值观念的命题形式。二是指一套价值观念系统的逻辑结构,即指由那些不同类型的价值观念构成的,相互之间存在规律性的逻辑关系的价值观念系统。阐明这个结构是为了帮助人们能够从整体上理解价值观这种现象,并理解不同类型的价值观之间是如何延伸、演绎的,从而使我们对整个价值现象有一个系统的理解。

第二节 价值观念的类型

价值观念的类型问题也就是价值观念的分类问题。本文在尊重日常语言习惯和学界传统的前提下,通过多层次分类,把人们在日常使用中的不同的含义凸显出来,同时也将价值观念的不同形态在整个价值观念体系中的地位和功能显现出来。这也是我们研究价值观念的内在结构所必须要做的工作,也是我们的重要研究方法论。

一、价值观念的两种用法:广义的与狭义的

1. **狭义的价值观念。**人类之所以有价值现象就是因为人们能够形成价值判断和价值追求，没有这二者就绝不会有价值现象的存在。我们认为只有价值判断和价值追求才是真正的价值观念，其他所谓的价值观念都是在价值判断和价值追求的基础上为适应社会活动要求而形成的，都是价值判断和价值追求的延伸，是价值现象的衍生现象。前文我们曾建议将伦理学从价值学中分离出去，将道德学从伦理学中分离出来，对三个学科的发展将是非常有利的。我们认为将伦理规范、伦理判断、道德判断剔除在价值观念之外，是符合学术研究要求和学术发展规律的。这样，价值观念就仅指价值判断和价值追求，为了区别，我们把这种价值观念称为狭义的价值观念。

2. **广义的价值观念**。为了照顾习惯，我们把以往人们所说的包括伦理观念、道德观念的那个"价值观念"称为广义的价值观念。但在我们这样做的时候，还是要强调这种称呼是不合理的，对价值研究、伦理研究、道德研究都会产生误导作用，所以希望大家谨慎使用。我们建议把伦理观念、道德观念与价值观念并列使用。伦理观念特指伦理规范、伦理判断和伦理观（对伦理问题的看法、观点）。道德观念特指道德判断和与德性有关的观念、理论。这样就不会在谈到价值观时，把三者混在一锅煮，相互干扰，什么问题都谈不清。在将三者分开后，还有利于将三者关系谈清楚。这就等于将传统的价值观念这个概念所涵盖的区域进行重新分区、细化，绝对是有利于相关问题的研究的。所以，我们虽然提出广义的价值观念这个概念，但建议慎用，最好不用。

3. **价值追求与价值判断的关系**。以往的价值观念研究重在价值判断，我们将价值追求与价值判断放在同等的地位，二者共同构成价值观念的两种基本形态。这两种形态相互包含，相互过渡，但又相互独立，谁也不能替代谁。过去，人们很少谈价值追求，不把价值追求作为价值观的独立形态提出，只是以"需要"这个概念形式出现在价值定义中，是价值判断形成的一个中介性概念，使我们不能对其展开详细研究，也没有真正理解其学术价值和现实意义。我们之所以将其作为价值观念的一个重要类型提出主要有三个理由。

（1）人们常说的价值观中有相当一部分就是价值追求，比如，我们所说的社会主义核心价值观的十二个概念所代表的首先就是十二个价值追求，大家实际上也都是这么理解的，比如，自由、平等、民主、法治、富强等都是价值追求。当然，这些价值追求中包括价值判断，并可以衍生出伦理规范、制度规范等。但首先是价值追求。如果我们不想要民主制度带来的许多好处，就不会说民主是好的，也不会建立具有民主性的伦理规范和制度规范，更不会提倡与民主有关的伦理判断和道德判断（社会舆论）。人们通常所说的价值观的不同，在许多时候都是指价值追求的不同。比如，面对婚姻，人们的价值观差异大多数时候是指人们对婚姻生活的具体内容的追求不同，比如有人追求实惠，有人追求浪漫，有人追求形象，有人追求荣誉，等等。由于价值追求不同，人们对一个婚姻生活的价值判断也就不同。在我们前面对价值观念延伸的先验程序研究中，第二、三、四级价值追求都是先于价值判断的。由于价值追求在价值观中的独立和核心地位一直没有得到确认，所以，它只能以各种不同的形式出现在价值研究中，出现在价值定义中。比如，有许多人鉴于效用价值理论存在导致人生物化的可能，就强调人生的"意义""超越"等概念在价值研究中的地位，要求将其纳入价值定义中，其实质就是强调人对意义、对超越性生命体验的追求。

（2）价值追求不仅是价值判断建立的基础、内核，也与价值判断具有互生的关系。每一个价值判断都会催生一个价值追求，每一个价值追求也都会催生一个价值判断。所以，仅仅将价值追求以需要的形式嵌入价值判断中，而忽视其独立存在，对我们完整地理解价值观，尤其是价值观的形成和推演是非常不利的。

（3）价值追求是价值观念不断向外延伸的关键，是其他衍生性价值观形成的关键。如果没有价值追求，人们就不会建构伦理规范，也不会形成伦理判断。如果不是为了强化伦理判断，人们就不会发明道德判断。我们制定伦理规范是为了通过社会合作实现自己的价值追求。形成伦理判断和道德判断则是为了促进伦理规范的落实，以便帮助人们实现价值追求。

所以，价值追求是一种与价值判断并列的同等重要的价值观念，应该具有自己的独立形式，其与价值判断的关系应该得到清晰的阐述。

二、价值判断的两种形态

价值判断又包括功能性价值判断和分别性价值判断两个子类。

1. **功能性价值判断**。所谓功能性价值判断即功能判断，就是对认识客体的功能的判断，是对客体对主体的实际所发生的影响的判断。这个影响可以是生理的，也可以是心理的。但最终都会影响主体的存在状态和生命体验。所以所谓某物的功能就可以定义为对人的生存状态和生命体验的影响。这也是我们判断一个事物价值的根本点，或一个事物价值属性的含义。比如，食物可以充饥，衣服可以保暖，音乐使人愉快，等等。功能判断除定性的判断外，即对某物是否具有某功能的判断外，还包括对某些功能大小的判断，即影响力大小的判断，即量的判断。

功能性价值判断有两种表达形式：一是直接陈述某物对主体的功能，比如，这件棉袄能够保暖。二是直接陈述判断客体是否具有某种功能，比如，这件棉袄是有保暖的功能的。后一个命题形式就是对棉袄的保暖功能的有与无做出了判断。这个可以视为功能性价值判断的标准形式：S is P。P 指某事物的功能，整个命题的含义是：S 具有功能 P，或 S 是有 P 功能的。

功能判断可分为直接性的功能判断和间接性的功能判断。直接性的功能判断就是对某物对人的生存状态和生命体验直接影响力的判断，间接性的功能判断就是对某物对人的生存状态和生命体验间接影响力的判断。比如工厂内生产的大多数中间产物都不会对人的生存状态和生命体验产生直接的影响，而是通过最终产品产生间接影响，我们对这些事物的功能的判断就属于间接功能判断。当然，我们也可以站在某个终端产品的立场来判断某物的功能，这类判断也都属于间接性功能判断。

功能性价值判断也是事实判断，因为某物对人的需要的满足，或某物对人的实际影响都是一个事实，对这个事实的陈述就是一个事实陈述，人们过去就将这种陈述称为事实判断。因为，人们认为这个陈述的内容就是对客体功能之有或无的判断。比如，这件棉袄是可以保暖的，就是对棉袄功能的陈述，这个陈述的内容是告诉人们这个棉袄是有保暖功能的，即对该棉袄的功能做了肯定的判断。因此，功能判断既是价值判断也是事实判断。

2. **传统价值哲学主要是以功能性价值判断为研究样本的**。传统的价值哲学在研究价值时的主要样本就是这种功能性价值判断，把功能判断视为价值判断的标准形态，由此人们形成所谓的使用价值论或效用价值论，即将价值界定为某物对人的效用或需要的满足。需要的满足的直接结果就是客体对主体生存状态和生命体验的改变。比如，吃饱了就有能量了和舒服了，就是对人的生存状态和生命体验的改变。由于这种价值判断只是众多价值判断中的一个子类，所以，当人们试图据此来定义价值时，就等于以一个很小的筐要装远大于筐的东西，使整个价值定义陷入混乱。

3. **分别性判断**。所谓分别性判断就是心智意识根据二分法对认识对象或客体的分别判断，判断的方式就是运用对立统一原则，将一类事物区分为两个相反的类别，比如将身体感受分别为舒服的感受、不舒服的感受，一个事物区分为有用无用，一个观念区分为对或错，一个陈述区分为真或假，一个行为区分为善或恶，等等。分别判断实际上是心智程序的二进制运算规则，是这个世界上一切事物（包括观念）建构的基本规则，是心智系统建构的基本规则。要想充分认识这个世界、心智系统和人的思想观念、理论体系，都必须充分理解对立统一规律，并准确描述对立统一规律在所研究领域的表现形态。这是马克思主义哲学在认识论领域指导地位的根本体现。

4. **分别性价值判断**。分别性价值判断是心智的分别性判断的一种形态，是心智基于分别性思维对事物价值进行的分别判断。分别性价值判断是建立在功能性价值判断基础上的。当我们面对一个事物时，自然会根据我们对其功能的认知或预期对其进行有用或无用、有价值或无价值、正价值或负价值等的分别判断。当我们发现一个事物具有某种功能之后，即对我们的生存状态和生命体验产生影响之后，立即就进行好或坏、善或恶、美或丑、有意义与无意义等的分别判断。这些分别判断都属于分别性价值判断。所以，分别性价值判断是建立在功能判断基础上的。功能判断中包括审美判断。

三、分别判断的六种类型

为了更深入地理解人类认知，尤其是广义的价值观念，根据分别判断的内容，我们将分别判断分为六类。

1. **第一类分别判断是对感受的分别判断**。包括对身体感受的分别判断和对情绪感受、情感体验的分别判断。这是由身体意识和心智意识的趋乐避苦程序决定的。审美判断是建立在美感基础上的，美感包括身体感受、情绪感受和情感体验三种形态。美感实际上就是好的、舒服的身体感受和积极的、快乐的情绪感受和肯定性的情感体验，即审美判断实际上也是对感受的分别判断。对身体感受、情绪感受、情感体验和美感的分别判断是整个价值思维的基石，在此基础上才有对其他价值客体的分别判断。

2. **第二类分别判断是对陈述语句的真假判断**。即对一个陈述的内容的真与假进行分别判断。当我们把一个经验或一个理论陈述出来后，我们需要判断该陈述是否准确地表达其所要表达的内容，如果是就是真的，如果不是就是假的。比如，我看到了一个很漂亮的小男孩，我却说这个小男孩很难看，就不是一个真的陈述。这个判断也即真理性判断，是分别判断的重要形态。除了单纯的感叹词，比如，啊！我们面对其他的所有命题、语句都要进行真假判断。

3. **第三类分别判断是对具体事物价值的分别判断**。这是在功能判断基础上的有用无用、好坏、善恶、有意义和无意义、有价值或无价值的判断。有功能就是有用，没有功能就是无用。有用的就是好的，无用的就是坏的。在这个层面，我们针对不同的价值客体创造了不同的价值判断词。比如，对物质体，我们常用的价值判断词是有用或无用、好或坏、有价值或无价值。对人的行为、动机、人品我们用好与坏、善与恶，有积极的功能的，就是好的、善的，有消极功能的就是坏的、恶的。对抽象的事物（抽象概念、理论）的判断用有意义或无意义，当然也可用好坏、有用无用、有价值无价值。比如，这个口号没有意义，这个理论没有用，没有价值，没有意义等。

4. **第四类分别判断是合理性判断**。即对一个价值追求、一个伦理规范需要做出合理性判断。对价值追求和伦理规范不能做真假判断，只能做合理性判断。判断一个价值追求是否合理要注意五个方面的内容：（1）与人们的客观需要是否一致。（2）与上位价值追求和价值判断是否一致。（3）与同级的价值追求和价值判断是否协调。（4）与相关的事实判断是否一致。（5）与法律和伦理规范是否相符。

人类的价值追求从根本上说都源于人类生命的客观需要，包括身体的客观需要和心智的客观需要，这些客观需要本身就是价值追求，也是下一级价值追求形成的前提。人类身体和心智的客观需要是天然合理的，我们不能对其进行再判断。但人的身体和心智的客观需要之间有时会发生冲突。比如一个病人需要吃药，但药是苦的，不符合身体意识和心智意识的求乐的客观需要。此时，就需要心智的理性选择：在两个客观需要之间做一个选择，当然也是判断，判断哪一个需要优先满足。这也是为什么我们要对人类的价值追求进行合理性判断的原因。在对价值追求的合理性判断中，人们经常遭遇的都是这种求乐的需要与其他需要之间的选择，因此，趋乐避苦是人类生命持续存在的最重要力量，但也是人生所经常遭遇的最大考验。这是人性的对立统一规律的一个体现。这也说明，对价值追求的合理性判断通常是在若干价值追求之间进行选择，合理性判断的含义是判断哪一个需要或价值追求应该优先得到满足。

前面我们提出价值追求和价值判断有四个级别，按价值观念延伸的顺序，上位价值追求和价值判断是下位价值追求和价值判断形成的根据，按照理性原则，下位价值追求不能与上位价值追求冲突，也不能与上位价值判断冲突，否则就是不合理。比如，一个人想追求一个异性，这属于第二级的价值追求。但同时他又不想花时间、精力去了解异性。而按照理性原则，他就应该努力学习与异性相处的方法，了解异性的心理和行为。所以，他不想花时间、精力了解异性的价值追求就是不合理的。同时，同一级的价值判断和价值追求是相互蕴含的，如果一个价值追求与相应的价值判断不一致也是不合理的。比如某人认为物质生活是不好的，财富是坏的，但又想过富裕生活，这个价值追求就是不合理的。一个价值追求如果与相关的事实判断不一致也是不合理的。比如，人总是要死的，如果一个人不想死，就是一个不合理的价值追求。对价值追求的合理性判断还与社会的伦理规范相关，因为人是社会的人，人的许多价值追求的实现是依赖社会合作完成的，如果一个社会的伦理规范（社会合作的形式）不支持某一价值追求，那么该价值追求就是不合理的。比如，如果一个男人想娶多个老婆，在当前中国就是不合理的，因为法律和伦理规范都禁止。

那么，我们如何判断一个伦理规范是否合理呢？前面我们曾讨论过伦理规范的建构公式：

我们是需要水的	（价值追求）
水是来自水源的	（事实判断）
水源是受到人类不当行为的威胁的	（事实判断）
所以，我们要保护水源	（伦理规范）

从上式可以看出，伦理规范来自价值追求和事实判断。价值追求为伦理规范确立方向，即人们为什么要制定伦理规范。事实判断为人们制定伦理规范提供客观信息，告诉人们由于某事实的存在，我们要想实现某价值追求，就必须如何做。上式中，由于水源受到威胁，为了满足我们对水的需要，所以要保护水源。再比如：

我们在课堂上想好好听讲
课堂上噪音很大，我们听不到老师的声音
所以，大家不要制造噪音

这个事例也是如此。由此，我们判断一个伦理规范是否合理的主要标准是价值追求是否合理和事实判断是否真实，价值追求和事实判断之间是否存在关联。

我们对一个价值追求和伦理规范本身不能做真假判断，你不能说某人所具有的价值追求是假的，社会制定的一个伦理规范是假的。但对陈述一个价值追求和伦理规范的语句可以做真假判断：判断此语句是否准确地陈述了主体的价值追求和某一伦理规范，即语言与事实是否一致。一个价值追求的存在和伦理规范的存在都属于事实。

5. **第五类分别判断是伦理判断**。即对一个行为（思想、言语、行动）的合伦理性判断，即是否合乎伦理规范的判断，其他的如合法性判断、合纪律性判断、合戒律性判断、合礼节性判断等都属于这一范畴。

6. **第六类分别判断是道德判断**。我们把合规范性道德判断划归合伦理性判断。剩下的道德判断有两类：一类是对行为和人格的合道德性判断，即善与恶判断。二类是德性判断，即判断某人、某行为是否具有某种德性。

上述六种分别判断中第二种对陈述语句的真假判断属于科学哲学或科学认识论研究的对象，其他的五种都属于价值哲学和价值科学的研究对象。当然，对各种价值判断陈述语句也可以进行真假判断。为了便于价值学、伦理学和道德学的发展，我们建议将伦理判断和道德判断排除在价值判断之外。但我们可以通过一些中介性判断将其拉回到价值判断范畴中。比如，我们可以做出这样的判断：所有的合伦理性的行为都是好的、善的，所有的美德都是好的、善的，所有的合道德的行为都是好的、善的等，这样伦理判断和道德判断中也就具有了价值判断内涵。通常情况下，确实如此。但这并不是绝对的。因为，如前所述，合伦理的行为并不一定是好的、善的。同样，合道德的行为也不一定是善的，比如，对敌人诚实，把本国的秘密告诉敌人，对我们来说就不是一个具有正向价值的行为。所以，我们将伦理判断和道德判断剔除在价值判断之外是合理的。

第三节 价值观念体系的内在结构

根据上面的研究，我们可以看到，人类的价值观念体系是一个复杂的结构体，内部包含所有观念形态，而且它们之间是相互影响的，一起构成一个不断生成、不断进化的自组织结构。要想正确理解这个系统结构，我们需要以自组织的进化理论为基础和方法论原则，才有可能将该系统的内在结构合理地呈现出来。

一、人类的价值观念系统是一个开放的不断进化的自组织系统

所谓自组织系统就是指那种能够不断与外部环境进行物质、能量和信息交换的开放系统。价值观念系统之所以也是一个自组织系统是因为心智在遭遇外部环境刺激时，总是在不断地形成新的价值追求和价值判断，一个人也不断地从社会上接受各种价值追求和价值判断，一个社会也不断地从其他社会共同体中接受新的价值追求和价值判断。所以，无论是一个人，还是一个社会的价值观念系统都在不断地从外界输入信息、输入新的价值观念。这些价值观念的不断输入就能促进价值观念系统的不断升级、进化，表现为价值观念的不断增多，以及对旧的价值观念的升级重构。

二、价值观念的演绎过程和先验结构

无论是一个人还是一个社会，其价值观念系统都存在一个客观的、必然的先验结构。这个结构体的起始点是前价值判断，即身体意识对身体感受的区分和心智意识对情绪感受的区分。这是由身体和心智的趋乐避苦程序决定的。同样，在趋乐避苦程序推动下，形成第一级价值追求：对身体感受的价值追求，得到舒服的感受，远离不舒服的感受。当价值追求形成后，就立即影响到人们的情绪感受。表现为我们一听说自己要得到什么或得不到什么身体感受就会引发情绪感受。然后，我们就希望得到积极的情绪感受。这个过程和结构是：

1.1 身体感受+趋乐避苦→前价值判断+趋乐避苦→第一级价值追求（身体感受）

1.2 第一级价值追求（身体感受）→情绪感受+趋乐避苦→第一级价值追求（情绪感受）

心智意识对所有的感受的态度都是一样的，好的、舒服的就继续得到，坏的、不舒服的就远离。所以，人们对情绪感受的心理倾向都属于第一级价值追求，由此形成对情绪感受的价值判断，这个价值判断也属于第一级价值判断。

在第一级价值追求基础上形成第一级价值判断：舒服的、想得到的身体感受和情绪感受就是好的感受，不舒服的、不想得到的身体感受和情绪就是不好的感受。然后心智系统的趋乐避苦程序随即将第一级分别性价值判断推进到第二级价值追求。第一级价值判断加上功能判断（对某客体与身体感受的影响关系的事实判断）就形成第二级价值追求：确定要得到带给人们积极的身体感受的对象，远离带给人们消极的身体感受的对象。第二级价值追求形成后，随之就会转化为第二级分别性价值判断。但想得到的客体都是好的，想远离的客体都是不好的。当第二级价值追求、价值判断形成后，也就开始影响人们的身体感受和情绪感受，由此又回到第一级价值追求和价值判断。当人们得到情绪感受之后，由于受第二级价值追求的影响，人们又形成对价值客体的情感，获得情感体验。当人们获得情感体验后，又回到身体感受上，人们依然会按照趋乐避苦原则对其形成价值追求、做出价值判断。其中的思维过程或观念结构是：

2.1 第一级价值追求+趋利避害→第一级分别性价值判断+功能价值判断→第二级价值追求→第二级价值判断（分别性价值判断）→身体感受+情绪感受→第一级价值判断和第一级价值追求

2.2 第二级价值追求+情绪感受+身体感受→情感体验+趋乐避苦→第一级价值追求（得到积极的情感体验）→第一级价值判断（对情感做出价值判断）

第二级分别性价值判断形成之后，在趋利避害程序推动下，为了更好地得到价值客体和积极的身体感受、情绪感受，根据人们对得到某种价值客体的影响因素的判断确定第三级价值追求对象。所谓影响人们得到某种价值客体的因素就是那些东西会影响人们实现第二级价值追求，即这些东西具有何种功能能够影响到人们获得具体事物。这也是一个功能判断，既是价值判断也是事实判断。当人们认识到某种东西，比如行为、知识、技能及三者的集合体（职业和生活方式）等能够影响到人们获得具体的价值客体时，也就对这些东西进行了功能性价值判断。这种功能判断又使我们对相关对象做出好与坏、有用与无用、有意义与无意义等第三级分别性价值判断。当人们做出第三级价值判断和价值追求之后，又会影响到人们的情绪感受，进而对第三级价值判断的客体形成情感。当情感形成后又影响情绪感受和身体感受，由此又进入第一级价值追求和第一级价值判断。其中的思维过程或观念结构是：

3.1 第二级分别价值判断+趋利避害+第二级功能性价值判断→第三级价值追求→第三级分别价值判断→情绪感受→第一级价值追求和价值判断

3.2 第三级价值追求+身体感受+情绪体验→情感体验→身体感受+情绪感受→第一级价值追求和价值判断

第三级价值判断形成后，同样在趋利避害程序推动下，为了更好地得到第三级价值客体，在社会合作条件下，人们在对社会文化、行为规范和个人心理素质等的功能判断基础上形成第四级分别性价值判断，然后形成第四级价值追求。第四级价值判断和价值追求形成后，又开始影响情绪，再次进入第一级价值判断和价值追求。当第四级价值判断和情绪感受结合在一起又形成对第四级价值客体的情感，由此又反过来影响人们的情绪和身体感受，再回到第一级价值判断和第一级价值追求。其中的思维过程或观念结构是：

4.1 第三级价值判断+趋利避害+功能性价值判断→第四级分别性价值判断→第四级价值追求→情绪感受→第一级价值追求+第一级价值判断

4.2 第四级价值追求+身体感受+情绪感受→情感体验→第一级价值追求+第一级价值判断

对一个成人来说，所有人的价值观念体系中都包括这些层面的价值观念、身体感受、情绪感受、情感感受，它们共处于一个价值观体系中构成一个动态的不断变化的结构。因为每一个价值观念形成后都会通过两种方式影响到整个价值观念体系的变化。首先，通过影响人们的行为，使人们身体获得新的刺激，从而产生新的身体感受，进而引发一个新的价值观念演绎过程，为价值观念体系增加新的内容。其次，每一个价值观念一旦形成就会影响到人们的情绪和情感，使人们产生新的情绪感受和情感体验，进而也引发一个新的价值观念的演绎过程，为价值观念体系增加新的内容。所以，一个人的价值观念的上下层次之间不断循环，导致价值观念的内容越来越丰富，并日益复杂化。这也使人生的经验越来越丰富，对事物的价值的认识越来越丰富，价值追求也越来越丰富，即欲望越来越多，越来越丰富。从身体感受出发，不同层次的价值观念演绎的路径如下图：

身体意识	心智意识								
趋乐避苦	趋乐避苦	趋 利 避 害							
身体感受	前价值判断	价值追求 I		价值追求 II		价值追求 III		价值追求 IV	
		价值判断 I		价值判断 II		价值判断 III		价值判断 IV	
		功能判断	分别判断	功能判断	分别判断	功能判断	分别判断	功能判断	分别判断
		情绪感受							
		情感体验							

（图一）

上图也可以用下面动态图表示：

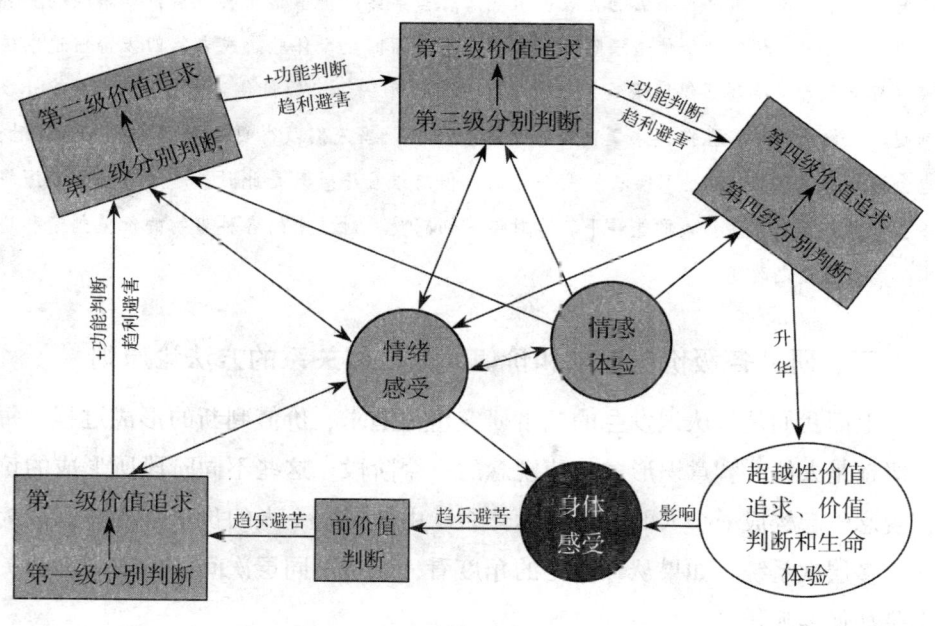

（图二）

说明：身体感受用深灰色的圆圈，表示其感受比较粗重，物质化程度最密，属于身体意识，是整个价值思维的起点。浅灰色的圆圈、方框都属于心智意识的较低层次，表示物质化程度较低。完全透明的圆圈代表心智系统较高级层次，物质化程度最低。圆圈代表感受，方框代表观念。单向实线表示单向影响，双向实线表示相互影响，单向虚线表示反作用。价值思维都是从身体感受出发的，心智意识因趋乐避苦程序形成前价值判断。心智意识再根据前价值判断形成第一级分别性价值判断：对身体感受的价值判断，进而形成第一级价值追求。第一级分别性价值判断和价值追求就会影响人们的情绪，情绪反过来影响价值判断和价值追求。第一级价值追求与某物能够带来某种身体体验的功能判断相结合，在心智意识的趋利避害程序作用下（心智意识将能够带来舒服的感受的事物称为利，带来不舒服的感受的事物称为害），就形成第二级分别性价值判断，然后形成第二级价值追求：对具体事物的价值追求。第二级分别性价值判断和价值追求同样会影响人们的情绪，再由情绪形成情感，影响身体感受。第二级价值追求与关于某些知识、技能、职业、生活方式等有利于人们得到某事物的功能判断相结合形成第三级分别性价值判断：对某些知识、技能、职业、生活方式等的分别性价值判断。然后形成第三级价值追求。第三级分别性价值判断和价值追求同样会影响人们的情绪，再经过情绪影响到人们的身体感受和情感体验。第三级价值追求与关于某规范、德性等的功能性价值判断相结合形成第四级分别性价值判断：对某规范、德性的分别性价值判断。然后形成第四级价值追求，再影响情绪、情感和身体感受。情绪、情感再反过来影响各级价值观念。当第四级价值追求实现后，如果顺利实现升级，就会进入超越性价值追求阶段，追求更高层面的生命体验。或者第四级价值追求破灭（感觉到即使实现了第四级价值追求也无法实现第一、二级价值追求），也有可能升级到超越性价值追求，直接追求更高层面的生命体验。当人们获得更高层面的生命体验时，也会影响身体感受，由此又会引发新一轮的价值思维程序。只是此时，趋乐避苦的程序将逐步削弱，直至解除，人们能够平等地对待一切感受，对原来的各种事物的价值判断和追求心态也将随之改变。

三、研究各级价值追求和价值判断之间关系的方法论原则

上面我们是从认识发生的角度研究价值追求、价值判断的形成过程，每一级都是人的心智意识形成价值观念的一个阶段。这些不同阶段所形成的价值观念一起构成一个人的价值观念体系，由此使一个人的价值观念体系成为一个多层次系统。如果从存在论的角度看，这些不同层次间的价值观念的关系是如何的呢？

首先，如果人们按前图一所示，按从原因到结果层层传递垒起来的线性关系来理解它们之间关系，当然是可以的。但我们要认识到这只是一种高度简化了的关系。它们之间关系也可用图二表示，就是人们常说的相互作用关系或辩证关系来表达更好一些，但依然还不足以表达它们之间的复杂关系。要想全面描述它们之间的关系，必须用自组织的进化理论的结构层次关系原理才有可能。

系统结构层次关系原理是笔者基于20世纪最新的自然科学研究成果自组

织理论（复杂性科学）提出来的解决系统内外不同层次之间关系的理论模型，该理论模式是一个可以用作阐释所有的具有自组织性的系统结构及其内部关系、进化动力、进化机制、进化过程的宏观理论。这个模型用传统的机械论思维方式很难理解，用普通的所谓的辩证思维也不能完全理解。所以，读者在此是需要仔细体会的，最好能够先花时间了解一下孙志海的《自组织的社会进化理论：方法和模型》或《论层次的时间性——兼论历史是如何进入结构的》。[1] 该书不仅阐释了这个原理的来源，而且还有许多具体应用。笔者就是根据这个原理重新阐释了人类历史的发展道路。

系统结构层次关系原理包括两个部分：一是系统结构层次理论，二是不同层次之间关系的动力学理论。

1. **系统结构层次理论**。这个理论主要阐述系统结构与系统层次之间的关系，对价值观念系统来说，就是价值观念系统与价值观念系统内的各个层次之间的关系。每个人心智系统中的观念都是一个系统，差别只在于这个系统内部信息整合度不同。思维能力强的人，信息整合得就会比较好，而思维能力弱的人，信息整合得就不怎么好。就像一家企业是一个系统，有的企业内部组织、管理非常有序，而有些企业内部组织和管理有些混乱，是一个道理。就价值观念而言，也是一个系统，一个价值观念系统。这个系统的结构层次就如前面所阐释的有四大层次，第三、四两层又可再分为若干小的层次或方面。

自组织的系统进化理论所说的结构层次不是空间性层次，而是时间性层次。即是根据系统结构方式的进化来确定进化的阶段，每一个进化阶段也就是系统结构的一个层次。先出现的为低层次，后出现的为高层次，最后出现的就是最高层次。最高层次是代表系统本质的层次。每一个层次都是系统结构体内部的一种物质、能量和信息流动方式。每一种物质、能量和信息流动方式也就是系统内部物质、能量和信息的稳定的流动路径，这个路径通常是循环性的，遵循超循环理论。比如，对人的生命体而言，社会运动是一个高级层次，社会性代表了人的本质，其他的如机械运动、物理运动、化学运动、生命运动等则代表了人的生命的基础层次。当我们讨论人的生命内部各层次

---

[1] 孙志海：《自组织的社会进化理论：方法和模型》，中国社会科学出版社2004年版；《论层次的时间性——兼论历史是如何进入结构的》，载《江苏社会科学》，2003年第12期。

之间关系时所讨论的就是这些不同层次的物质、能量和信息流动方式的关系，而不是讨论社会系统与生物体、物理存在体等独立个体之间的关系。过去许多学者都把不同存在体之间关系视为人性的不同层面、不同属性之间的关系，即把人性的不同层次之间的关系与人和其他存在体之间的关系混淆在一起。在人性中，既有物理性，又有生物性，还有社会性，这三种性质实际上代表了人类生命的三个层次，它们之间的关系遵循结构层次关系原理。我们可以在人性这个题目下讨论这三种不同性质之间的关系，而不是讨论一般的物质体、生物体和人体之间的关系。

再比如，人类社会也就是一个由个体的人组成的自组织系统，它具有进化性。其系统结构就不能从个体的人是如何一级一级地组织成社会这个角度来理解，而要从整个群体的角度进行理解。人类社会是从动物群体进化来的，而动物群体也有一个进化过程。这个过程是从两性生殖活动的出现开始的，最初两性完成交配活动后，其后代的命运就交给大自然了。这种动物个体之间的关系是很散的，仅仅在两性之间存在交配关系。这种关系就是人类社会的两性关系。两性关系的实质是两性之间存在遗传物质、信息、情感的流动，两性因这种流动而结成关系。人与人之间的所有关系的背后都是物质、能量和信息的流动。到动物的幼崽需要亲代抚育才能长大后，动物群体的性质改变了，双亲之间的关系更紧密了，双亲与子代的关系也更紧密了。这就是亲代与子代关系。这种关系就是人类社会的亲子关系，它是由亲代与子代之间的物质、能量和信息流动构成的。亲子关系就是个体间所出现的一种新的物质、能量和信息关系。等到动物之间形成集体保护时，动物群体内部的关系就更复杂了。这种集体保护就是通过个体合作形成集体暴力以保护整个群体的生存（保护领地及其上面的资源和相互保护）、后代的抚育。这种关系就是后来人类社会的政治组织关系。到人类社会产生时，社会上就出现了生产组织关系。所谓生产组织关系就是人们通过互助合作共同完成生活资料的生产和消费。以后随着社会生产的发展又出现了更多层次的社会关系。[①] 人类社会

[①] 想深入了解这个社会进化理论的请参阅孙志海：《自组织的社会进化理论：方法与模型》，中国社会科学出版社2004年版。或参考孙志海：《论层次的时间性——兼论历史是如何进入结构的》，载《江苏社会科学》，2003年第12期。

就这样不断进化,结构越来越复杂。每一个进化阶段都是出现一种新的物质、能量和信息流动方式,是这种流动方式将个体联结在一起形成社会,不同的流动方式带给人们不同的社会关系和社会活动方式。

就价值观念系统而言,其基点是人的身体意识所产生的感官感应和感官感受,还有身体对不同感受的倾向(趋乐避苦),当这些东西被心智系统觉知到后就转变为经验(由此形成事实判断)和第一级价值判断,这是价值观念系统的第一层次。这种价值观念应该在较低级动物中都会形成,因为所有的生命都会趋乐避苦。第二级的价值追求和价值判断,在高等动物群中也应该存在,因为它们也已经根据自己的经验来寻找价值客体,并具有获得经验信息的能力。然后,根据人们的生活方式,价值判断延伸到第三、四级,这应该是在人类社会才出现的。从一个人的价值观形成的历程看,第一层次的价值观是从人一生下来就有的,而第二层价值观则要到能够知道事物好坏时才形成。过去要到6—7岁,现在的儿童大概3岁就开始形成了。第三层价值观则需要到青少年时知道自己学习的目的时形成。第四层则到开始考虑自己的职业和人生规划时才会形成。当然,由于社会文化的传播是所有层次的价值观在同时传播的,人们也是同时学习的,所以,在一个人的价值观念系统中,这个时间分期不明显。但就一个人形成自觉的价值观念来说,层次之间差异还是很明显的。比如,我们很难发现一个儿童会自觉地为未来的职业发展学习社会习俗和文化规范,学习心理调整和塑造,大人跟儿童讲这些问题也只有跟具体的价值客体,比如玩具、食品联系起来时才有用。当然,这个层次划分与年纪的关系也不是绝对的,有人发展快些,有人慢些。比如,有的人到老了也不知道要塑造自己的人格和德性。超越性的价值追求和价值判断的形成都会更晚些。

2. **价值观念内部各层次之间的关系**。系统结构层次关系原理认为,在一个结构体中,新旧层次之间的关系如下:

(1) 低层次的存在、运行是高层次产生的基础,没有低层次就绝无高层次。即低层次决定高层次的产生。就价值观念来说,没有第一级的价值判断和价值追求,就不会有后面的价值判断和价值追求;没有第二级的价值判断和价值追求，就不会有第三、四级的价值判断和价值追求。这是绝对的，是不可逾越的。

（2）在新的系统或物质体中，低层次的物质、能量和信息流动方式都继续保持独立的存在，并作为高层次的物质、能量和信息流动方式存在、运行的基础条件。这叫低层自主。当一个人形成高层次的价值判断之后，原来低层次的价值判断依然存在，并能独立运作。这就是我们童年时期的经验、价值观必然影响一生的原因。大家都听说过童年阴影这件事，就是一个人在童年时受过某种行为或人的伤害，由于他受苦了，所以，就必然会形成"该行为是不好的""这个人是坏的"等这样的价值判断，并形成远离此类行为和人的负向价值追求。这样的价值判断和价值追求一旦形成就立即开始支配这个人，即使他成年后忘记了这件事、那个人，忘记了这个价值判断和价值追求，但该价值判断和价值追求依然以无意识力量起作用，一旦见到、听到相似相同的事和人，他依然会痛苦，严重时就成为心理疾病，影响正常生活。我们童年时形成的对某物、某人这些具体价值客体的价值判断都会影响人一生，很难改变。这就是低层价值观念的自主运行的表现。同样，在我们成年后，我们面对一些价值客体也会形成新的价值判断和价值追求，然后在这些价值判断和价值追求基础上形成更高层次的价值判断和价值追求，但这些对已经形成的第一、二层次的价值判断影响都不大，只不过会形成一些新的价值判断和价值追求而已。即，新的价值判断和价值追求的形成只是在丰富我们的价值观念系统的内容，而不影响已经形成的价值观念在我们大脑中的持续存在和对我们生活的影响。

（3）在一个存在体中，最高层次决定该系统的本质，决定着该事物与之前所有旧事物的区别，最高层次一旦解体，该事物也就解体。对一个成年人来说，他对风俗习惯、行为规范的价值判断和价值追求，对人格、德性等的价值观念是最高层次的价值判断和价值追求，是决定其社会本质的价值观念。我们往往也是根据这些价值观念来判断一个人的教养、特性或本质的。一旦这个层面的价值观念出现问题，比如陷入混乱或崩溃，对他的打击是致命的，会导致整个价值观系统紊乱。我们常说某人价值观出现危机，一般就是在这个层次出现了问题。因为，这个层次的价值观是关于我们与社会的关系的判断，也是关于我们与自己心理的判断，它在宏观和微观两个层面决定着我们如何与社会发生关系，如何与自己发生关系。一旦这个层面出现危机，比如我们对自己与社会的关系的判断出现了逆转，对自己与自己心理的关系的判断发生倒转，就会动摇一个人与社会的关系、与自己的关系，会影响其对社会和自我的认同，从而引发严重的心理危机。这也是为什么一个社会所关注的价值观主要是与社会规范和人格品性有关的内容，而不是关于具体事物的价值判断和价值追求。而我们对身体感受的价值判断和价值追求是不会改变的，对客体的价值判断虽然在不断丰富，但很少发生严重冲突；即使发生冲突也只在个别具体事物上，不会影响整个生存状态。对行为和知识的价值判断和价值追求总是在不断增加，不断变化，大家很容易适应这种改变。再者，我们一般不会将其与自身联系得太密切。对生活方式的价值判断和价值追求的影响会大一些，但也没有对社会文化、行为规范、心理素质、德性等的价值判断和价值追求的改变对人们的影响大。在现实生活中，这一层次的价值观念一般不会被消灭，但会发生重大变迁，一旦发生重大变迁，我们就会发现这个人发生了根本的改变，随之，他对各种具体的价值客体、知识、行为的价值的判断和态度都会发生改变。当一个人形成超越性价值追求、价值判断之后，尤其是体验到超越性的生命体验之后，这些价值观念和生命体验就成为他的价值观念的最高层次，也就代表了其本质特征。

（4）在新的系统中，新层次（最高层次）一旦形成就会对所有低层次进行整合，从而使低层次的具体存在方式发生改变。这叫高层控制。即在新的结构体中，高层次的存在方式不能决定低层次能否存在，但它能决定低层次的具体实现方式，改变的仅仅是实现方式而已。比如，在生命体中，机械力学的所有规律都继续有效，且一旦出现异常，人作为一个生命体就会生病、残疾乃至死亡；但机械力学在人体中的表现形式、实现方式都与普通机械物（比如石头、地球等）不同。因此，人类作为宇宙进化的高级产物，宇宙进化中曾经出现的所有存在方式在人体中都有存在，但它的实现方式、表现形态都有所不同。就价值观而言，高层价值观念形成后就会影响低层价值观念的具体实现方式。比如，所有的人都追求物质利益，这是不变的，但我们获得物质利益的方式则是由高层次的价值观决定的，并随着最高层次的价值观念的改变而改变。再比如，我们想获得好的感受，这也是不变的，但如何获得好的感受，也是由最高层次的价值观决定的，也随我们最高层次的价值观念的改变而改变。当一个人形成超越性价值观念后，其实现低层次的价值追求的方式也会随之而改变。

上述四点表明，一个现实生活中的人，其价值观念系统是一个不断生成的自组织系统，该系统分为四大基本层次，这些层次间存在复杂的动力学关系，说相互作用、相互影响非常正确，但不够具体，我们只能说它们遵循结构层次关系原理，包括四个要点：低层基础、低层自主、高层本质、高层控制。

我们以人类的爱情生活中的价值观念为例来说明各个层次价值观念之间的关系。我们知道，我们的心智已预先设置了什么是好的感受，什么是不好的感受和趋乐避苦程序，这个程序决定着我们对异性的追求态度，即爱情。这是不变的。即关于爱情生活的前价值判断、第一层价值追求、第一层价值判断、第二层价值追求和第二层价值判断都是不变的，它们在动物阶段时都已经形成了。它们共同构成人类社会产生的基础，也构成人类的价值观念的基础部分。低等动物的爱情关系遵循的偶然性原则，遇到谁就是谁，机遇决定一切。而高级动物之间的爱情关系所遵循的就是个体体验原则，即感觉谁爽就跟谁，它们之间开始出现了对个体之间的比较。但随机性原则也常起作用。爱情生活的个体之间的差异、时代之间的差异都是到第三层价值追求和价值判断后才出现的。当人类社会积累了一定的知识、技术，开始出现职业分工和生活方式的差异之后，也就出现了爱情生活的第三级的价值追求和价值判断。然后它们作为高级价值观念就开始影响了个体之间的爱情关系。这表现为：无论男女，谁拥有异性所追求的价值客体越多，越能满足对方的价值追求（需要），谁就在爱情市场上越有吸引力。由此知识、技能及二者带来的财富在婚恋关系中开始起决定作用。但它改变的只是婚恋关系的具体形式，而不能改变婚恋关系的存在。这就是低层自主和高层控制的关系。低层决定高层产生的可能性，高层决定低层实现的具体方式。双方都是决定性关系，但决定的内容是不一样的。随着社会交往的加深，社会共同体范围的扩大，社会系统结构的增加，社会规范的作用对人们的生活方式、社会成就影响越来越大，人们发现能够尊重和适应社会规范的人，具有良好个人品格、德性的人，往往能够获得更丰富的知识和技能、能够得到更好的职业和生活方式（第三级价值客体），也能够获得更多的价值客体（比如物质财富、金钱等）（第二级价值客体），由此，人们在形成第四级价值追求和价值判断的同时婚恋观（关于婚姻的价值追求和价值判断）也随之改变，人们更愿意与能够尊重和适应社会规范的人、具有良好德性的人建立婚姻恋爱关系。即第四级的价值观念从高层影响了人们的婚姻观，也影响到两性的交往和体验。但当超越性价值追求和价值判断形成之后，人们实现前四个层次的价值追求的方式都将发生改变，并随着境界的提升，最终将使前面四个层次的价值观念统统归于虚无，不再起作用，从而价值观念、价值思维的运作在一个人身上走向终结。注意，这种现象只能在个体身上表现出来，而不可能在群体或组织身上表现出来。

四、价值观念体系的结构体系

这是在狭义的意义上讨论价值观念，即仅指价值判断和价值追求，其内容我们在前节已经详细论述过，这里就直接陈述如下：

1. 价值观念＝价值判断＋价值追求
2. 价值判断＝功能性价值判断＋分别性价值判断
   价值追求＝一般客体价值追求＋审美感受价值追求
3. 分别性价值判断＝感受的分别价值判断＋客体的分别性价值判断
4. 感受分别判断＝身体感受分别性价值判断＋情绪感受分别性价值判断＋情感体验分别性价值判断＋审美体验的分别性价值判断
5. 客体的分别性价值判断＝对具体对象的分别性价值判断＋价值追求的合理性的分别价值判断

价值观念							
功能性价值判断	价值判断					价值追求	
	分别性价值判断					一般客体价值追求	审美感受价值追求
	感受分别性价值判断				客体分别性价值判断		
	身体感受分别判断	情绪感受分别判断	情感体验分别判断	审美体验分别判断	具体事物价值的分别判断	价值追求的合理性分别判断	

五、价值观念系统构成的逻辑规则和研究方法论

1. **各种具体的价值观念系统**。这里所说的具体的价值观念系统是指人们针对某一具体事物或抽象事物所建立的价值观念之和，比如与工作有关的价值观念、与国家有关的价值观念、与民主有关的价值观念、与自由有关的价值观念等都是具体的价值观念系统。对每个人或社会来说，这些价值观念都是一个系统。这些价值观念系统都属于第二、三、四层次的价值观念，它们的形成规则都符合前面所讲的价值观念形成规则。

对现实的价值观念研究来说，我们面对的都是各种已经存在的价值观念系统，为了确认这些价值观念的合理性或真理性，我们应该对其进行还原性研究，将其还原到前价值判断和第一、二级价值观念。对于还原的方法，我们首先将有关的价值观念系统分层一一拆解开来，将不同层面的价值判断、价值追求、功能判断和事实判断分列出来，然后判断同一层和不同层价值观念的内容之间的关系是否合理和正确。这个研究将会成为未来价值科学研究的主要内容之一，借此我们将对现有的各种价值观念系统进行甄别、修改和提升。

2. **复合性价值判断**。各种具体的价值观念系统与前面所讲的复合性价值判断有关但并不是一个东西。价值观念系统的内容如上所述非常复杂，而复合性价值判断则仅指价值判断。前价值判断、第一级价值判断都属于原子性价值判断。

下篇 价值观念形成的先验程序和先验结构

第二级价值判断分为功能性价值判断和分别性价值判断，这两种价值判断的主词都有两种形态：属性和整体。如果是对某一属性进行价值判断，这种价值判断都属于原子性价值判断。如果是对事物整体进行价值判断，严格地说都属于复合性价值判断。因为，实际上带给我们具体身体感受的是事物的某一属性而不是事物整体。但思维为了方便，会倾向于对整个事物做出价值判断。比如，我们在吃一个苹果时，苹果的颜色、形状、味道都给我们带来感受，我们会根据其中任一感受对苹果做出价值判断。通常情况下，我们不会去区分这些感受来自哪一个属性或感官途径，而直接对苹果进行价值判断。但在特殊情况下会关注事物个别属性，对属性做出价值判断。比如，一个苹果形状很难看，但味道很美，心细的人就会说：这个苹果虽然难看，但味道很好，营养价值也很高。所以，严格地说，所有以事物整体为主词的价值判断都属于复合性价值判断。但如果不是很严格，以事物整体为主词的价值判断也可视为原子性价值判断。在实际研究过程中，我们要看研究目标是什么了，如果研究目标就是以该事物本身为对象，就应该将其视为复合性价值判断，如果该事物仅是研究的一个环节，则可以视为原子性价值判断。在这个层面，原子性价值判断与复合性价值判断的关系是很明显的，从原子性价值判断推导出复合性价值判断也是很容易的，其逻辑规则是归纳法。

而第三、四级的价值判断都又分宏观和微观两个层面。宏观层面的价值判断都属于复合性价值判断，比如对职业、生活方式、生存状态、社会文化、伦理规范等的价值判断都属于复合性价值判断。因为这些判断的主词都不是独立事物，而是由诸多具体事物构成的整体，且我们也不能对其直接进行价值判断，我们对它们的价值判断都是建立在其他诸多具体事物的价值判断和价值追求基础上的。对这些价值判断进行合理性和真假判断就需要运用上面所说的针对价值观念系统的还原法，将其层层还原为原子性价值判断，然后按照逻辑规则的要求进行价值判断。

微观层面的价值判断是否属于原子性价值判断则要看其所判断的对象是否是单个知识、行为方式、技术或德性了。所谓单个知识是指关于某物的单一价值判断、事实判断，单个行为方式是指某一特定行为方式，单个技术是指某一独立技术，单个德性是指某一心理特征等。但这种原子性价值判断都不是标准的原子性价值判断，因为，这些事物都不是独立存在的事物，它们都是依赖一个知识、技术、行为、心理系统的，其对人们的影响是在特定系统中发生的，离开其所处的系统，就无法进行价值判断。所以，对这些事物进行原子性价值判断是比较困难的，需要对所处系统进行系统研究。这也是社会事物进行价值研究特别复杂和困难之所在。限于本书的目标，这里不能就某一复合性价值判断或价值观念系统的真假和合理性进行实例研究了。

第四节 单一价值观念的语言逻辑结构

不同的价值观念具有不同的逻辑结构，即语句结构或语法形式。为了照顾到更广泛的需要，下面我们从广义的价值观念立场来讨论各种形态的价值观念的语法形式或语句结构，也是其逻辑形式或思维形式。

一、功能性价值判断的逻辑结构

1. **功能性价值判断的含义**。功能性价值判断就是对某物对人的生存状态和生命体验等实际所发生的影响的判断，即有何影响、有多大影响的判断。由于任何事物对我们生活或生存状态的实际影响都会表现在身体感受和心理感受上，所以，一个事物的所有功能最终都可以归纳到该物对我们身心感受的影响或身心体验的影响。这个影响可以是直接的，也可以是间接的。这种判断实际上是一种经验陈述，也即事实陈述。所以，这种价值判断也是事实判断。由于人类有大致相同的身体特性、心理特性，所以，一个事物的功能，在正常情况下，对所有的主体大致都是一样的。比如，小麦可以充饥，给人提供营养；计算机能够帮人获取信息、处理信息等。但又由于每个人都是独特的个体，所以，每个事物对每一个具体的人的影响又不同，又具有特殊性。比如，糖尿病患者就不能多吃小麦的面粉，计算机容易让一些人沉溺于游戏和上网，等等。每一个事物的功能都有无数种，有常用功能，也有在各种独特条件下出现的独特功能。比如，一台计算机也可以作为杀人凶器，具有杀人的功能。

我们前面所研究的所有身体感受、情绪感受、情感体验、审美感受以及各级价值判断所针对的客体都有其功能。对这些功能我们可以通过实验、观察等方法进行科学研究，由此建构各种科学理论。比如人的身体感受对人的生活的功能是使人们了解自己的身体状态，引导人们从事某种活动，或远离某种状态，等等。某种德性也都有其功能，比如大方这种德性可以使人们更好地与他人交往，与人共享自己的所有，使人们的社会关系更和谐，等等。这些都是功能性价值判断。

2. **功能性价值判断的质与量**。功能性价值判断的质就是断言某物具有某种功能，量就是对某物某项功能的大小的判断。在我们的语言中，表达价值的量的差异的词汇非常丰富，基本上数量词、具有比较级的形容词都可以用来表达事物价值量的差异。比如，出色、震撼、非常等。一个事物对我们的生存和感受影响越大，其功能就越强，价值就越大；影响的方式越多，其功能也就越多，价值就越多。对人类来说，食物、衣服、住所等的功能最强、最大，因此价值也最大。因为，它们对我们的生存影响最大。但这些东西在我们日常生活中没有体现出多大价值，主要是因为我们评估价值的标准货币化了和供应非常丰富造成的。而一旦当它们的供应短缺到一定程度时，它们的货币价值也会超出其他所有事物，在某种情况下，甚至1斤黄金也换不来1碗水。而一个事物对我们身心的影响方式越直接其功能就会越大，越间接功能相对就越小。比如，一件衣服的价值要大于一包亚麻，因为亚麻对我们的价值是间接的，而衣服是直接的。

3. **交换、金钱和价格**。在市场经济社会，由于交换高度发达，除各种实际物质客体外，知识、技术、劳务等，都可以通过交换获得，而交换的媒介物就是货币，因比，人们把对各种具体价值客体的追求自然转移到对金钱的追求上，对金钱的追求取代了对各种具体价值客体的追求。因此，在市场经济社会，对金钱的价值追求成为最普遍的价值追求，主导着人们的现实生活，由此产生马克思所说的货币拜物教。

但是这并不是说金钱真的可以替代各种具体价值客体，而只是市场交换所造成的一种假象。我们真正需要的是具体客体，而不是货币。如果具体客体，比如食物、衣服缺失，当金钱不能换回食物、衣服时，它就没有任何意义。

当金钱成为交换媒介物时,所有进入市场交换的价值客体的价值量就有一个很具体的评价了,这就是价格。价格就是对某一客体的价值量的度量,是价值判断的数量形态。一个事物在市场上的价格是由其功能、生产的劳动时间和供需关系决定的,功能是价格的支撑,没有实际功能的东西是没有人愿意出钱购买的,即形成不了需求;功能越强大、越多,人们的需求就会越大,愿意支付的价格就会越多。

4. **功能判断的语法形式**。功能判断的语法形式就是:$S\ is\ P\ (x)$。S 代表 subject,主词,指价值判断的客体,$P\ (\ )$ 代表有某功能,是一种关系属性,x 代表事物的某属性,比如保暖属性、解渴属性等。功能性价值判断的命题形式正好说明功能性价值判断的关系性质。

李德顺等人将某物的功能即客体对主体的实际影响称为价值事实,认为这种事实的存在是价值产生的基础。实际上对这种事实的陈述就是功能性价值判断,它是人们对某物的价值进行分别判断的基础,即判断某物是否有价值、是否有用的基础。

功能判断是一个定性的功能价值判断,如果把量的判断加入就是:$S\ is\ P\ (qx)$。其中 q 代表量词。所有的量词都可以用,还有一部分形容词也可以用。

如果将这种价值判断用价格表示就是:$F\ (x)\ is\ P$。其中 $F\ (\ )$ 表达某物的价格,而 x 代表任何事物,P 指具体价格,比如多少元。

二、感受的分别性价值判断

感受的分别判断包括对身体感受、情绪感受、情感体验和美感的分别判断,这四类感受性分别性价值判断的语句形式都是:$S\ is\ P$。S 代表感受,P 代表对感受的判断,比如舒服的或不舒服的,好的或坏的,积极的或消极的,美的或不美的。比如高兴的感受是好的或美的。

三、具体事物的分别价值判断

对具体事物的价值的分别判断也是价值判断的核心类型,其命题形式是:$S\ is\ P$,S 代表具体事物,P 代表价值判断词,包括:有用与无用,好与坏,善与恶，有意义与无意义，有价值与无价值，等等。

四、价值追求的语法形式及其合理性判断的语法形式

1. **价值追求的语法形式**。当我们的价值追求用语言表达时，通常的表达形式是：我想要 P，或我不想要 P。语句形式是：S 想要 P。这样的句式我们可以简称"想要句"，以对应于表达事实判断和价值判断的"是句"和表达伦理规范的"应当句"。"想要句"也可以转换为"是句"，比如，我想要一套房子，可以转换为：我的愿望是一套房子。我不想要这套房子，可以转换为：我的愿望不是想要这套房子。也就是说把表达愿望的词汇变成主词，把主体变成所有格。其就获得一个命题形式：S（d）is P。S（）代表所有格，即我的或他的，等等；d（desire）代表需要、愿望或价值追求。这样表达价值追求的句子就可以适用命题逻辑的推理规则了。我们在日常生活中经常进行这种逻辑推理，从一个愿望推导出另一个愿望。

"想要句"的谓词可以是任何一个表达意向或蕴含意向的动词。比如需要、喜欢、爱、害怕、讨厌等。如果我们把"想要句"变成"是句"后，谓语就变成了系动词 be 了，然后所有表达意向的动词就要转变为名词。

"想要句"的宾语可以是任何东西，既可以是一个物体，也可以是一个感受，还可以是事物的一种存在状态，包括自己的存在状态。将"想要句"转换为"是句"后宾语是不变的。

2. **价值追求的合理性判断及其语法形式**。价值追求的合理性判断是人类分别意识的重要形态，在人们生活实践中占据极为重要的地位，对人们的价值思维和行为具有监督、审判功能。对价值追求的合理性判断的判断词就是合理的或不合理的。其语法形式是：S is R。S 代表具体的价值追求，R（rational）代表合理的或不合理的。

人们对价值追求进行合理性判断主要是为了使人们的众多价值追求之间保持一致性，以免相互冲突，影响人们更重要的价值追求的实现。

上面四种价值判断都属于狭义的价值判断形式，下面的价值判断都属于广义的价值判断。

五、伦理规范的语法形式及其合理性判断的语法形式

1. **伦理规范的语法形式**。伦理规范的语法形式是：S should P。即应当句，指人们应该做某事，或如何做某事。

2. **伦理规范的合理性判断及其语法形式**。伦理规范的合理性判断也是人类分别意识的重要形态，在人们生活实践中也占据极为重要的地位，对人们的行为方式具有监督、审判功能。对伦理规范的合理性判断的判断词也是合理的或不合理的。其语法形式是：S is R。S 代表具体的伦理规范，R（rational）代表合理的或不合理的。

人们之所以需要对伦理规范进行合理性判断，主要分两种情况。一是对已经持续存在较长时间的伦理规范进行合理性判断。通常是该伦理规范已经给人们带来了大量的负担，影响了社会的正常运行。我们通常所说的改革、移风易俗都是因为人们认识到已经存在的伦理规范是不合理的。二是面对新出现的伦理规范，人们也会对其进行合理性判断，主要判断其对人们的各项价值追求的实现是不是有利，或者与人们的信仰、信念是否一致等。

六、价值分别意识的本质

价值分别意识是心智系统的分别意识的重要形态[①]，其目的不仅是维护身体的续存（意味与他物的对立），更主要的是寻找与他者的统一。这是我们这个世界对立统一性的对立性和统一性并存的表现。这个世界的一切都是按二分法运作的，二分法导致事物之间的分离和对立，但如果仅有对立的力量，这个世界就无法集聚成一个个系统和独立的存在，所以，必然要有一个统一的力量制衡分离的力量。在人的心智中，对立首先表现为心智对事物的二分，总是把任何事物分别为两个相反的方面，但心智在将事物区分为两个相反的

---

① 心智系统的分别意识的另一种重要形态是在科学思维中，人们为了描述事物的存在方式而采用的描述方式。这种方式也是通过二分法实现的。比如大小、高低、上下、左右、长短、快慢、明暗、粗细、香臭等。同时，人们在进行科学加工时，也会采取各种二分法来对事物的某种属性进行抽象性描述和判断。比如，一与多、部分与全体、肯定与否定、必然与偶然、实在与虚无、独立与依赖、可能与不可能、存在与不存在等。即分别性思维也是科学思维的基本方法。

方面时，还有趋乐避苦程序同时起作用。趋乐避苦看起来也是在制造对立，至少是加强对立，实际上它也在寻找统一。因为，所有的乐都在于满足人们的需求，使我们的生命和思想观念获得肯定，使我们感受到我们与对方是一体的。比如，我们听到与我们的观点相一致的观点，我们就高兴，就想再继续听到，这就是在寻找一致。我们在吃到好的食物时，感觉舒服、爽快，我们就想多吃，这就是找到了与自己的身体相一致的食物。如果我们要把人类的所有感受、情绪、情感用最简单的最代表生命本能的方式来概括，就是我们的生命和心智总是在寻找肯定，远离否定。寻找肯定就是寻找与自己相一致、相统一的东西，使自己的生命得以维持。远离否定就是远离与自己不一致、冲突的东西，也是为了使自己的生命得以维持。即，我们之所以要远离否定是为了获得肯定。而肯定带给我们的就是乐的感受，否定带给我们的就是苦的感受。对肯定的乐的感受的追求是人类一切价值追求的根本内核，对否定的苦的感受的远离也是人类一切价值追求的内核。所以，人类永远在寻找肯定，无论人们以什么方式肯定我们，当我们感受到被理解时，我们都是愉快的，并产生肯定的情感。那么，人类为什么又在不断制造对立、冲突，相互否定呢？因为，我们要寻找统一、肯定，当我们发现任何东西与我们不一致、冲突时，我们就否定它、消灭它。这是心智在低层次进行的直接反应。当一个人的心智发展到更高层次时，就会有意识地约束这种直接反应，使人们能够很好地包容差异、不一致了。此时我们的心智表现出理智特性。也就是说，在心智这个多层次系统中，层次越低，对立性越强，层次越高，统一性越强，当一个人的心智开发到最高层次时，或体验到最高层次时，就是完全的统一了。

所以，心智的价值分别意识就是我们的生命（包括身体和心智）在寻找肯定、一体、统一的过程中对事物所进行的辨别，由此它把所有与自己有关的事物（物体、感觉、经验、观念、行为、人等）分为两类。与自己的身体和心智一致的、肯定的就是好的，有价值的，我们就给予肯定的态度：善或爱的态度。不一致的、否定的就是坏的，无价值的，我们就给予否定的态度：恶的或恨的态度。由此可以看到，我们之所以恨和恶是因为我们寻找肯定的意图和行为的失落，恨来自爱的缺席，恶来自善的缺席。所以，我们生命最本质的追求是肯定，反映生命本质的意向和行动是爱。当然，这是一个高度简化的程序，因此，单凭此程序并不能很好地维持我们生命活动的需要，它还需要有丰富的经验和知识，以帮助人们完成对事物的区分，需要心智开发到更高的层次。由此我们才需要发展科学，帮助我们实现对所有事物的客观认识；也需要开发心智，使其发展到更高层次。

　　心智的对立统一无处不在，当我们为了实现更好地获得肯定、表达爱意和善意的追求，我们就建立了庞大的社会文化体系。当这些文化体系建立起来后，我们就被这套文化体系所负累和迷惑，往往就忘了我们原初对肯定的追求，对爱与善的追求，而迷失在对具体事物乃至感官享乐本身的追求上，迷失在制造对立和冲突上。冷静想想，低层次的人生还真的就是一副"杯具"（悲剧），除非我们把自己的心智开发到更高层次，乃至最高层次上，才能变成完全的"洗具"（喜剧）。

结　语

本书的主题是人的价值观念，目标是研究价值观念的形成机制和人类价值观念系统的内在结构。为了解决这个问题，我们深入人类认识的各个领域和各个层面，涉及人类生存方式的各个领域和各个层面，从而使我们得以对人类的整个知识体系和生活方式进行一番系统的研究和梳理。虽然，我们对许多问题的细节尚未展开，但总体框架已经搭就，主要思路也已经阐明，为进一步研究奠定了基础。

本书作为一个原创性研究，对传统哲学、科学和宗教等各种知识体系的革命性在前文的论述中已经得到了充分的展示，我们希望借此推动一场人类认识领域的革命，提升人类对自我的认识水平，对自身的身体和心理的认识水平，尤其是对心智自身的认识水平，缝合传统知识体系划分所带来的不同知识体系之间的缝隙。这些缝隙在现实生活中造成了人与人之间的巨大鸿沟，造成不同知识体系拥有者之间的分歧和无尽的争论，由此使人类的自我认识的历程变得更加曲折和艰辛。当然，本书并不能消弭人与人之间的分歧和争论，但我相信它对推进现有知识体系之间的融合、综合，使人们在某些基本问题上达成一些共识，引领人们往心灵深处探讨生命活动的规律，具有一定的积极意义。我个人一直认为哲学就是人类自我意识事业的承担者，而自我意识的核心是对人类认知现象、心理现象的认知，因为，我们人类从根本上说毕竟是一个精神的或心智的存在物，离开对心智的正确阐释，我们必将成为迷途的羔羊。

本书的内容包括三大部分，三部分内容在写作的空间安排上是交叉在一起的。第一部分内容是探讨价值理论的概念体系、问题体系和运思路径。这部分内容主要是通过反思现有的价值理论进行的,在反思批判传统的同时阐明新的研究思路和概念体系。第二部分是探讨价值观念形成的机制和价值观念的内在结构。这部分内容是根据对价值经验和心智运作程序的分析直接阐释的,是一个经验性研究。第三部分是对人类认知的整体特性进行研究,试图从整体上把握人类的认识活动、观念活动,由此把握人类的生存方式。

一、价值理论体系和概念体系的反思和重构

当年休谟提出所谓的"休谟问题"时,他想寻找的就是从事实判断向伦理规范和道德判断(实际上是伦理判断)过渡的根据,他警告人们不要从事实判断直接过渡到伦理规范和道德判断。只是休谟没有把这个问题清晰、准确地描述出来,因为他没有使用伦理规范、伦理判断和价值判断这样的概念,而是用"道德"这个概念。可见,在休谟那里,伦理与道德是不分的。这是因为西方人对道德的认识总体比较表面,停留在行为层面,因此也就停留在伦理层面。当然,这不是说西方人不知道有德性的存在。后人又把伦理规范和道德判断都称为价值判断,将三个概念完全混同[①],使问题变得不可解。将伦理规范称为价值判断,将价值判断与事实判断对立起来,将伦理问题与道德问题混同,这是当代哲学的基本信念,也是整个价值学、伦理学、道德学陷入困境的首要原因,也是整个哲学和社会科学陷入困境的首要原因。因为,当代人所面临的最大的三个问题就是价值观混乱、伦理失序、道德败坏。而要想解决这三大问题,就必须在理论上将价值学、伦理学和道德学建设好。而要建设好这三大学科,就必须首先将它们区分开来,同时阐明它们之间的内在关系。这个任务如果顺利完成,对整个哲学和所有社会科学都具有里程碑性的价值。经过极其艰苦而琐碎的研究,我认为本书基本上完成了这个任务,至少为解决这个问题开辟了新的道路,提供了一个可供选择的方案。

[①] 参见〔美〕希拉里·普特南:《事实与价值二分法的崩溃》,应奇译,东方出版社2006年版,第20页。他特别指出休谟用的是"道德"术语,所讨论的完全是伦理问题,并指出以后的价值总是与伦理判断混用在一起。

要想澄清价值学、伦理学和道德学之间的关系,则必须澄清事实判断、价值判断、伦理规范、伦理判断和道德判断各自的含义及相互关系。

(一) 事实判断与价值判断的关系

1. 事实和事实判断。所谓事实即经验。判断就是对某物做出了某种断言,包括肯定或否定两种形式。事实判断作为一个思维形式是对某个经验是否发生做出断言,因此,事实判断就是断言某个经验确实发生了。比如,"今天天气很冷"就是一个事实判断,它断言了我们对天气的感觉经验是"很冷"。当我们对某个经验是否发生做出断言并陈述出来后,就成为一个命题,此时再称为事实判断就不太符合逻辑学的语言习惯了。人们所谓的事实判断是描述性的,是指事实判断对某物的属性做出了某种断言,实际上是陈述了以某物为主词的一个经验,该经验属于某物的一个属性。属性即经验。比如,"这本书的封面是黄色的"作为一个事实判断就是描述了书的颜色。黄色的就是我们用来描述书的属性。这个命题所陈述的就是一个原子经验,一个原子经验就是关于某物的一个属性,一个原子事实。所以,这样的原子经验也被称为原子事实,陈述这样事实的命题就是原子命题。因此,事实、属性都是经验,原子经验就是关于某物单一属性的经验。我们描述某物的方式就是将其属性陈述出来,而陈述属性的方式就是陈述经验。所以,描述即陈述。事物是诸属性的集合。事物作为本体论概念,仅仅是一个命名或标签,其逻辑功能就是使相关经验或属性能够汇集在一个集合或文件夹中,以便心智的逻辑加工。

2. 价值和价值判断。价值是价值判断的简称,但是一个错误简称。因为,它把中心词"判断"简化掉了。这在语言逻辑上是一个严重的错误。所谓价值判断即是对某物的价值做出了判断。价值判断有两种形态,一是功能性价值判断。即对某物对人们的生存状态或身心体验的影响及其大小的判断。这通常是一个经验陈述,告诉人们某物对人们的实际影响和影响的大小。这种命题既是传统意义上的价值判断,也是事实判断。因为它就陈述了一个关于某物对人的影响的经验。比如,这件棉袄很暖和,就是陈述了这个棉袄影响到了我的身体感受,带给我暖和的经验感受。这样的陈述当然是一个事实判断,也是一个价值判断。我们称之为功能性价值判断。功能性价值判断包括直接功能判断和间接功能判断。所谓直接功能判断即直接对某物对人们的生存状态或生命体验的影响进行判断。所谓间接功能判断是指那些通过中介事物才能影响到人们的生存状态和生命体验的事物的功能的判断。心智思维的分别判断程序在获得一个功能性价值判断之后，立即进行了分别性价值判断。心智会根据自己的价值追求来判断某种影响是好还是坏，是有价值还是无价值。无论是功能性价值判断还是分别性价值判断，都只是告诉人们一个判断，其中不包含任何规范性内容，所以，伦理规范不属于价值判断。以往人们对价值的定义有些是以功能性价值判断为样本的，有些是以分别性价值判断为样本的。当我们将价值定义为价值判断的简称时，就同时是以这两种判断形式为样本做出的。

3. **事实与价值之对立**。现代哲学的一个基本信念就是事实与价值是对立的，准确地说是事实判断与价值判断是对立的。而这又是建立在这样的一个信念基础上的：我们的所有的言语形式或观念形态，要么是事实判断要么是价值判断，二者是对立的，不相容的。由此人们还把学术研究分为描述性研究和规范性研究。通过上述研究，我们发现所谓的"事实（判断）与价值（判断）对立"这一判断包括四个方面的含义，但都是错误的。（1）在语法形式上阐明了价值判断的语法形式与事实判断一样都是 S is P，否定了"事实判断的语法形式是'是句'、价值判断的语法形式是'应当句'"这一经典理论。"应当句"是伦理规范的语法形式。（2）在存在论上阐明事实和价值都是认识论概念，都是主观的，否定了"事实是客观的、价值是主观的"这一流行观点。在阐明这个问题的过程中，我们系统讨论和重新界定了主观的与客观的、主观性与客观性、主观与客观这三对范畴的语境和含义。（3）在语义上阐明功能性价值判断也是描述性的，也是事实判断，否定了"事实判断是描述性的、价值判断是规范性的"这一经典命题。我们确认功能性价值判断是事实判断的一个子类。功能性价值判断与非功能性价值判断的差异仅在于表语不同。功能性价值判断的表语都是功能性价值判断词，即描述事物影响力或功能的词汇或短语。（4）推翻了价值判断不适用普通命题逻辑推理规则的著名论断，认为价值命题同样适用普通命题逻辑推理规则。（1）（3）（4）错误的根源就是将伦理规范视为价值判断的主要形态。

4. **事实判断和功能性价值判断的形成规则、真假判断规则、推理规则**。

事实判断和功能性价值判断都直接来自经验，是对人们感觉经验的直接陈述。其真假由经验直接判断。事实判断和功能性价值判断的推理规就是普通命题逻辑的推理规则。

5. 分别性价值判断的形成规则、真假判断规则、推理规则。分别性价值判断的形成规则（公式一）：

水能解渴	功能性价值判断
我需要解渴	价值追求
凡是能满足我们需要的就是有价值的	价值判断标准
所以，水是有价值的	分别性价值判断

其中的大前提是功能性价值判断，小前提是价值追求和价值判断标准。所谓的价值判断标准就是：凡是符合价值追求的或能够满足我们需要的就是有价值的、有用的、好的、善的、有意义的等。这是不变的。表语可以根据需要置换价值判断词。

审美判断也属于分别性价值判断，只是其审美判断标准不同于一般的价值判断标准，审美判断标准是：凡是让我感觉舒服的、愉悦的、好的、高兴的事物等都是美的事物。其推理形式是（公式二）：

这朵花我看着很舒服、很愉悦	事实判断
凡是让我感觉舒服的、愉悦的事物等都是美的事物	审美判断标准
所以，这朵花是美的	审美判断

我们对功能性价值判断可以进行真假判断，对分别性价值判断也可以进行真假判断。对分别性价值判断真假判断的标准就是功能性价值判断与人们的价值追求。只要我们确认一个分别性价值判断正确表达了功能性价值判断与人们的价值追求的一致关系，就是一个真的分别性价值判断。比如（公式三）：

这件衣服具有保暖功能	功能性价值判断
我需要保暖	价值追求
所以，我需要衣服	价值追求

所以，这件衣服就是有价值的　　　　　　　　分别性价值判断

如果这个推理形式是正确的，则结论就是正确的。

分别性价值判断的推理规则也适用普通命题逻辑的推理规则，可以从一个分别性价值判断推出另一个价值判断。因为，其命题形式都是 S is P，所以适用命题逻辑的推理规则。比如（公式四）：

这个房子是有价值的　　　　　　　　　　　分别性价值判断
有价值的东西就可以卖钱　　　　　　　　　事实判断
所以，这个房子可以卖钱　　　　　　　　　功能性价值判断

这是从一个分别性价值判断推出一个功能性价值判断的推理形式。

或者（公式五）：

这个房子是有价值的　　　　　　　　　　　　　分别性价值判断
这个房子是由地基、建筑体和家具构成的　　　　事实判断
所以，这个房子的地基、建筑体和家具都是有价值的　分别性价值判断

这是从一个分别性价值判断推出另一个分别性价值判断的推理形式。

上述就价值判断的推理规则仅做最简单的探讨，这些探讨表明价值判断完全适用普通命题逻辑的推理规则。深入的研究要等以后再来进行，也欢迎学界朋友一起参与。

（二）价值追求

1. **价值追求**。价值追求很少被人视为一种观念形态，在传统的价值哲学中是以需要的形式出现在价值的定义中。这使价值追求在价值思维中的地位被严重遮蔽了。在现实生活中，当人们在言说自己的价值观时，尤其在言说自己的价值观与他人的区别时，经常所说的就是价值追求。社会主义核心价值观的十二个概念所代表的首先就是十二个价值追求。我们在宣传社会主义核心价值观时，首先要做到的就是使人们将这十二个概念作为自己的价值追求。当然，社会主义核心价值观念每个概念中都还代表了一系列价值判断和伦理规范。过去人们主要将价值判断理解为价值观念，是

比较狭隘的，没有认识到价值追求在价值观念中的重要地位。当然，这与过去人们主要是从价值认知的意义上理解价值判断这一研究思路有关。受认知主义影响，人们往往忽视意向或价值追求在人类观念体系中的地位，更忽视价值追求在人类认知中的地位，仅仅把需要或价值追求视为主体主观的东西。然后，又因"主观的"一词而更加轻视价值追求在价值认知和科学认知中的地位和作用。

2. **价值追求与价值判断的关系**。我们在阐释价值观念形成和延伸的路径时，已经充分表明价值追求与价值判断是相互生成、相互转化、相互蕴含的。我们每形成一个价值判断，就会自动生成一个价值追求；反之，每形成一个价值追求，也就随即形成一个价值判断，二者是不可分离的。所以，在我们的价值观念体系中，价值追求与价值判断是同等重要的。没有价值判断，价值追求就失去方向和理性支撑；没有价值追求，价值判断就失去意义。当然，从生命本体的角度讲，价值追求更具源头意义。因为，在身体意识层面，正是因为人有趋乐避苦的本能，心智意识才会形成前价值判断；同样，在心智意识层面，正是因为人有趋利避害的本能，才使心智的价值判断不断延伸到第二、第三、第四层。

3. **价值追求的观念形态**。价值追求用一个语句表达出来也是一个陈述句，一个事实判断，因为是对自己意向的一个陈述。比如，我的愿望是幸福快乐，我想读书等，都是一个直言命题。其命题形式也可改写为"我想要××"，称"想要句"。

4. **价值观念的狭义和广义之分**。本书所研究的价值观念主要指价值判断和价值追求。为了区分于人们的习惯性用法，我们将其称为狭义的价值观念。这才是严格意义上的价值观念。广义的价值观念还包括伦理规范、伦理判断和道德判断。

5. **价值追求的形成规则**。价值追求有两个系列，第一个外向型的价值追求最初的形成就是由心智意识的趋乐避苦程序遇到身体感受、情绪感受和情感体验时自动形成的。但第二、三、四级的价值追求都是从分别性价值判断直接转化而来的。比如当我们判断某一具体事物是好的时候，由于心智意识的趋利避害程序的作用，也就自然形成要得到的价值追求。这两种形式可以转化为价值追求的逻辑推理规则。价值追求的第二个内向型系列是心智意识自身具备的，与社会活动、思维活动本身都没有直接关系。但社会活动、思维活动会增强或降低其追求的程度。但低层次的价值追求向高层次的价值追求的提升还是需要社会活动的推动和个人的思维活动的。

6. **价值追求的推理规则**。除上面两种直接转化形式外，我们还可以从一个价值追求推出另一个价值追求。比如（公式六）：

我希望我们国家成为法治国家	价值追求
一个法治国家的必要条件是每个公民都尊重法律制度	事实判断
我是我国公民	事实判断
所以，我要尊重我国的法律制度	价值追求

7. **价值追求的合理性判断**。面对一个价值追求，就价值追求的内容来说，我们不能判断其真假，因为，这是一个意向活动，是一个存在。我们不能对一个存在进行真假判断。但我们可以对一个价值追求判断其意向是否合理，即可以进行合理性判断。所谓对一个价值追求进行合理性判断我认为有三种情况。（1）合伦理性判断，包括合法性判断。如果我们的价值追求涉及他人和社会，会影响到社会运作，就应该进行合伦理性判断。与大家所公认的伦理规范冲突的价值追求就应该是不合理的价值追求。但这个判断标准具有很大的相对性，因为伦理规范本身是存在许多种不同的，甚至相互冲突的体系的。但这个标准又是普遍的，因为伦理规范毕竟是我们实现价值追求的基本方式，其本身也是价值追求的对象，所以，那些与某一伦理规范有冲突的价值追求在实现中会遇到许多问题，会引发社会矛盾和社会冲突。（2）现实性判断。因为人的合乎伦理的价值追求也有很多，而且相互经常冲突，并且我们的时间、金钱、身体条件、心理条件、社会条件等各方面的因素都是有限的，所以我们在某一特定时刻必须对自己要实现的价值追求进行选择。而选择的根据就是判断某一价值追求是否具有实现的可能性，如果没有现实性，这样的价值追求会对人们形成误导，把时间、精力浪费在不能完成的事情上。此时进行所谓的合理性判断就是指我们应该去实现那些能够实现或者能够给我们带来更大满足或效用的价值追求。所以，此时进行价值追求合理性判断

下篇 价值观念形成的先验程序和先验结构

的目的是便于我们进行行为选择，使自己在众多价值追求中有所选择。同样，一个组织、一个国家的价值追求也是如此。（3）一致性判断，包括四个方面的内容：①与自己的身体的客观需要是否一致。这是首要原则。因为，这是我们在这个世界继续生存和更好地生存的首要条件，所以满足身体的客观需要是第一位。②与上位价值追求和价值判断是否一致。因为，下位的价值追求是为实现上位价值追求服务的，如果一个价值追求违反了自己的上位追求，那么就不是很合理。比如，一个人想从事某种职业，却不想学习相关的专业知识，作为一个价值追求就是不合理的。再比如，一个人想超越物欲对自己的控制，却又不想改变自己心智活动的方式去开发自己心智的更高层次，后者这个价值追求也是不合理的。同样，如果一个价值追求与上位的价值判断不一致，也是不合理的。③与同级的价值追求和价值判断是否协调。④与相关的事实判断是否一致。

8. 表述价值追求命题的真假判断。 当一个价值追求被陈述出来后，就变成一个命题。面对一个陈述价值追求的命题，我们也需要进行真假判断，即判断该命题是否准确表达了人们的价值追求。一般来说，我们对自己的价值追求都是有明确意识的，就很容易判断一个表达价值追求的命题是否准确地表达了自己的价值追求。但有些时候我们对自己的价值追求还没有达到完全自觉的时候，往往也会因社会潮流、习俗、意识形态或语言表达方式等的影响而错误地表达自己的价值追求。在此种情况下，我们需要对自己的陈述进行真假判断。当然，我们也要对他人的陈述价值追求的命题进行真假判断。因为，人们可能无意地错误地陈述自己的价值追求，也可能有意地错误地陈述自己的价值追求，以达到误导或欺骗他人的目的。

9. 价值追求的层次性、不变性和历史性。 人类的价值追求有两个系列，第一个系列的第一层次的价值追求基本上是不变的。因为，人们对舒服的感受和不舒服的感受的体验基本上是不变的。现代化学调味品、毒品的出现，给人们带来更强烈的身体感受，并希望持续得到这些感受，形成新的对体验的价值追求。但这些新的价值追求严格地说只是感受的强烈增加了，而不是新的体验种类。比如各种垃圾食品带给人们的味觉感受只是增强了味觉感受，而没有提供新的感受。而第二个层次的价值追求是对具体事物的价值追求，基本的食物、衣服、住宿、婚恋等没有改变，改变的是食物的种类、衣服的款式、住房的形态等。这类价值判断的客体就随着生产方式的改变而改变。第三层的价值追求的基本内容的变化性比较大，因为随着人类的生产方式的变革，人们所需要学习的知识、技能有很大的改变，职业群体和生活方式也有很大的改变，所以，变化很大，历史性非常明显。第四层的价值追求的对象社会文化、伦理规范改变也会比较大，但心理素质的提升或德性的提升的方法的改变就会相对较小，因为，人的心智运作模式本身没有变化，所以，改善、提升心智模式的方式也不会发生多大改变。所以，传统文化在此处往往表现出更大的魅力。当然，新的时代我们有可能发现更有效的方法或技术，比如静观，但基本方法古人都已经发现。

第二个系列的价值追求都是心智意识自身之内的价值追求，因此，与社会没有直接关系，却是在社会活动中呈现出来并得到发展的。也正是因为人有此类价值追求，第一个系列的价值追求才能不断向前推进。

（三）价值判断、价值追求与伦理规范、伦理判断之间的关系

1. 伦理问题的产生。 即伦理规范和伦理判断的产生。价值判断和价值追求都是个人心智面对具体的价值客体自动运作的结果，无需社会的参与。但伦理问题一定是社会问题，是人们在社会条件下形成的。那么，人们为什么在社会生活中会形成伦理问题呢？主要是因为人们要实现自己的价值追求，比如获得足够的食物，获得性满足对象，都必须与他人进行合作，才会得到实现。伦理规范就是人们在合作过程中，为了使合作关系稳定，对所有人都有益，而相互协商或在自然状态下形成的一种合作规范。比如，两性交往中的合作规范表现为各地的恋爱和婚姻中的各种风俗习惯。这些风俗习惯虽然从表面上看形成的起因是不同的，但一定是围绕着使两性能够顺利交往并且互惠互利的，单纯有利于一方的伦理规范难以持续。而伦理判断则是人们为了督促大家遵守伦理规范而发明的舆论活动。这种舆论活动在存在伦理规范的前提下是自然形成的，因为，人们面对不符合伦理规范的行为自然会批判，因为，这种行为会直接和间接地影响到每个人的利益或价值追求的实现。所以，伦理问题的基础和核心是价值问题，是人们实现价值追求过程中而形成的社会现象。所以，人们把伦理问题视为价值问题是有根据的。但我们不能

因为二者之间的这种内在联系就把伦理规范视为价值判断。这不仅与语言逻辑不合，也不利于我们对价值观念和伦理观念的专业化研究。因为，二者有内在联系并不说明二者是一回事情。应该说，价值追求是目标，伦理规范是实现目标的工具，二者是目标和工具的关系。把工具视为目标，肯定是不对的。

2. **伦理规范**。本书对伦理规范持宽泛态度，指所有对人们的行为、语言、思想进行规范性限制以便实现人们共有的价值追求的社会合约，或者是人们为通过社会合作实现共有的价值追求对人们的行为、话语、思想观念进行限制的合约。这样，现代社会的各种法律制度就都属于伦理规范范畴。所以，伦理规范本质上是一种社会契约，是社会各方共同协商和在相互合作中自然形成的。当然，有些契约的形成是有明显的协商过程，而有些则是某人或某组织直接规定的。这些规定看起来没有协商过程和契约形式，如果这些规范不能得到人民群众的认同和自觉遵守，那么它们就没有意义。人民群众是否会遵守一个伦理规范关键看其能否给人们的基本的价值追求的实现提供方便。如果不能提供方便，造成许多障碍，这样的伦理规范就不会得到普遍尊重，即使靠暴力维持也难以持久。暴力力量一旦削弱，就会立即被人们抛弃在一旁。伦理规范包括四种形态：要求做、鼓励做、允许做和禁止做。对行为的规范大家都很容易理解。对话语的规范是什么呢？当然不是逻辑规范，而是告诉人们什么话可说，什么话不可说，什么话该如何说。比如交往中的语言礼貌问题就是。对思想观念的限制一般很少提，主要是告诉人们什么问题不能想，什么问题必须想，什么问题应该如何想。比如，我们在与人交往中不能仅想自己得利，还应该照顾对方的利益，就是对思想的规范。

3. **伦理规范的形成规则**（公式七）：

我们需要维护社会公平	价值追求
法治是有利于维护社会公平的	功能性价值判断
破坏法治就是破坏社会公平	事实判断
所以，我们要严禁破坏法治的行为	伦理规范

因此，伦理规范是由价值追求出发的，然后以价值判断和事实判断为中介（小前提），就可以形成一个伦理规范。

4. **伦理规范的推理规则**。即从一个伦理规范推出另一个伦理规范的推理规则问题。由于社会生活的系统性，人们行为之间存在着各种确定的因果关系，所以，我们从一个伦理规范是能够合理地推出另一个伦理规范的。其中也一定有自己的逻辑规则。比如（公式八）：

我们应该维护国家法律制度的尊严	伦理规范
知识产权法是我们法律制度的一部分	事实判断
所以，我们应该尊重知识产权法	伦理规范

这个公式说明，我们是可以从一个伦理规范推导出另一个伦理规范的。即在伦理规范领域也可进行逻辑推导。对这种逻辑推导，当然也可进行真假判断。但此时所进行的是推导过程的真假判断，而不是对结论进行真假判断。因为，对伦理规范我们不能进行真假判断，只能进行合理性判断。即我们可以从一个合理的伦理规范出发，按照正确的推理规则推出一个同样合理的伦理规范。这种行为在立法工作中非常普遍，其适用的也是命题逻辑的推理规则。

5. **伦理规范的层次性**。伦理规范既然是人们借助社会合作实现价值追求的合约，那么它的形成和存在都与人类价值追求的层次性具有直接关系。伦理规范的第一个层次就是人们为获得具体事物进行社会合作中形成的伦理规范。比如物质生产活动、恋爱婚姻活动、亲子抚育活动以及其他辅助的社会活动（比如商业活动）中形成的合作契约。此类伦理规范是一个社会最基本的伦理规范，是基础性伦理规范。第二个层次的伦理规范是与第三层的价值追求一致的，是人们在生产和传播知识、技能和形成特定职业群体和生活方式过程中形成的伦理规范。一般而言，特定的职业群体和生活方式都需要特定的知识和技能。换言之，第二层次的伦理规范是知识创新及其传播过程中的伦理规范。比如，知识产权保护方式的规范，教学和科研方面的伦理规范，各种职业的伦理规范等。那么，与价值追求的第四层相一致的伦理规范是什么东西呢？是否存在第三个层次的伦理规范呢？我们认为不存在第三层的伦理规范。因为这个层次的活动包括两个层面，相关知识的学习活动是社会活动，其规范应与第二层规范相同。而相关知识的内化和行为、心理素质的塑造则主要在个体内心完成，所以，不需要他人合作，也就不需要伦理规范。

6. **伦理规范的合理性判断**。我们对伦理规范不能进行真假判断，但可以也必须进行合理性判断。因为，（1）伦理规范的形成往往具有许多偶然性，其内容也往往具有很大的片面性，人们很容易根据特殊的情境制定出一些伦理规范。所以，面对一个伦理规范要进行合理性判断。（2）伦理规范的形成具有强烈的地域性质，往往与人们特定的社会交往合作环境有关，在一个地方适用的伦理规范在另一个地方不一定适用。伦理规范的形成和改变往往会直接改变一个地方的分工合作形式，其中最重要的是价值客体的分配方式。比如，中国各地流行的随份子送礼的习俗之所以很难改变，是因为其中涉及财富的分配问题，改变了这个风俗就改变了人们对自己收入的预期，所以，困难很大。（3）随着社会发展，尤其是分工合作方式的改变，有些伦理规范已经不再适用，给大家造成很大的不便，也应该废担或修改。

那么，我们如何来判断一个伦理规范是否合理呢？这个问题比较复杂，要具体问题具体分析。但主要的标准应该包括：是否有利于人们实现各项价值追求，是否有利于推动心智的价值追求的升级，与上位伦理规范之间是否存在冲突，等等。

7. **伦理判断**。伦理判断的产生是因为在伦理规范形成后，并不是每个人都会一直遵守伦理规范。虽然伦理规范本身就其普遍性而言，对所有相关方都会有利的，但由于时空位置的变化，守约在某个时刻对某个人可能是不利的，或者违约在某个时刻对某个人是很有利的。为了督促、鼓励人们遵守伦理规范，人们就发明了伦理判断。伦理判断不仅仅是一个思维活动，还是一个社会交往活动，因为会根据对某人某行为的伦理判断而采取相应的行为，比如舆论谴责、改变合作方式（比如拒绝继续合作）等。舆论谴责本身就能对人们心理直接产生影响，因为人的心智意识有追求肯定、认同的客观需要，当这个需要没有被满足或者受挫时，人们就会产生痛苦的情绪。这个痛苦的情绪是人不想继续得到的，为了得到肯定，人们就会愿意改正错误。当然，这对那些能够用理性控制自己情绪体验的人来说，效果就不大。对这种人，就需要通过改变与其合作方式的方法强迫其遵守伦理规范。人们在进行伦理判断时有一个普遍的伦理判断标准，就是：凡是合乎伦理规范的行为就是合伦理的。伦理判断就是判断某行为是合伦理的。伦理判断的形成规则，公式九：

遵守伦理规范的行为就是合伦理的行为	伦理判断标准
张三的这个行为是符合某伦理规范的	事实判断
所以，张三的这个行为是合伦理规范的	伦理判断

（四）道德判断与伦理判断的关系

1. **道德判断**。人们常说的道德判断实际是伦理判断，我们就把这个还给伦理学。因为，如果还把伦理判断称为道德判断，道德学和道德判断就都是多余的，也影响伦理学的发展。我们所说的道德判断包括两种形式：一是道德性判断，二是德性判断。所谓道德性判断就是判断某人是善是恶，是好是坏。所谓德性判断是判断某人是否具备某种德性。

2. **道德问题的产生**。人类之所以会在伦理问题之外又形成道德问题，是为了解决伦理问题的不足或缺陷的。也正因如此，道德问题被与伦理问题混同在一起。人类在伦理生活范围内有两大问题是自身不能解决的。一是伦理规范的相对性和历史性所产生的问题。我们没有办法制定一个永恒有效或合理的伦理规范，更没有办法针对未来的变化制定出合适的伦理规范。伦理规范的制定往往有很大的随机性。所以，我们需要有人在某些时候突破伦理规范的限制以满足大家最重要的需要。二是伦理判断的舆论力量不够，需要加强舆论力量。道德性判断就是为了增强伦理判断的舆论力量的，所以，与伦理判断关系较近。德性判断就是为了解决伦理规范的不足而出现的。

3. **德性判断**。德性判断虽然是为了解决伦理规范的不足而出现的，但德性判断既不是伦理规范，也不是社会舆论。但德性判断常被误解为社会舆论。我认为人类之所以发现人有德性问题是因为人们发现一个人是否遵守伦理规范，是否能弥补伦理规范的不足，取决于自身的心理特性，这些稳定的心理特性会直接影响到人们的行为能力。由于这些心理特性与道德性判断和伦理判断都是直接相关的，所以，称之为德之性：德之本体、本性。对德性的关注和研究使人们将人类行为、规范和舆论等因素都归到个人的内心或心智意识的特性。从而使人类的心智思维从外部世界转回向内心世界，并由此为人们不断升级开发个人的心智意识的层次提供了机会。所以，我认为德性才应该是未来道德学研究的核心目标。随着人类对德性研究的深入，人们会普遍关注提高德性的方法，随之将开发人类心智意识的更高层面，从而为人类解决当前物质文明和科技发展给人类带来的一系列难题提供新的机遇。

4. **伦理判断、道德判断与价值判断的关系**。伦理判断和道德判断本身并不是价值判断，但在现实生活中人们基于社会舆论习惯会很自然地认为它们是价值判断。因为，在人们的心目中存在着这样的价值判断标准：凡是被判断为合伦理的行为就是好的，凡是被判断为有道德的也是好的，或者凡是被判断为具有某种美德的，也是好的。就这样，伦理判断和道德判断就立即被转化为价值判断。即如果我们对某人的行为做出了合伦理的判断，人们立即就会认为该行为是好的、有价值的。事实上，二者之间是有差距的。上述价值判断标准不是完全合理的。

（五）价值理论的概念体系

1. **价值哲学的概念体系**。用两种不同的陈述方式：一是认识论的陈述，二是本体论的陈述。

（1）认识论陈述方式：价值哲学的研究是从价值观念开始的，价值观念包括价值判断和价值追求。当人们去研究价值观念的形成机制时，首先找到的是价值主体（人）和价值客体（物），然后由主体又找到人的价值经验和价值思维。即这个过程是：价值经验和价值思维←价值主体和客体←价值观念（价值判断+价值追求）。然后，人们又从价值观念出发，进入伦理领域和道德领域。即整个思维进程是：

价值经验和价值思维←价值主体和价值客体←价值观念（价值判断+价值追求）→伦理规范→伦理判断→道德判断（道德性判断→德性判断）

但哲学的价值研究并没有到此结束，而是随着研究的深入逐步进入细节部分。深入研究主要中介点是对价值判断和价值追求的研究。由于价值判断分为功能性价值判断和分别性价值判断，人们就从这两种不同的判断形式出发形成了两种不同的定义价值的思路。大多数人的价值的定义是从功能性价值判断出发的，经济学和大多数哲学家们所定义的价值都是功能性价值判断，即效用价值判断，人们简称效用价值。所以，效用价值论在价值研究中一直占据着主流地位，是有道理的。这也是因为人类的一切价值思维确实是从功能性价值判断开始的。少数人的价值定义是从分别性价值判断出发的，这些人往往强调价值是意义、美好事物或者其他类的东西。当然，至今所有的价值哲学家并不清楚自己的这个定义思路。他们的定义思路是下面这个样子的。

由于人们是误将价值判断简称为价值，所以，就出现了这样一种很奇怪的思维景观：一方面人们要寻找价值的本质，另一方面却不自觉地根据自己对价值判断的理解来定义价值，由此人们就将定义价值的思路确定在这样一个问题上：所谓价值就是决定人们判断某物具有价值的那个因素，即价值判断的影响因素。这样人们就由于所关注点的形成价值判断的因素（或根据）不同而提出了不同的价值定义。强调价值客体在价值判断中的决定作用的人，就将价值定义为价值客体。强调价值主体在价值判断中的决定作用的人，就将价值定义为主体或人。强调价值判断来自主客体关系的，就将价值定义为主客体关系。强调价值判断是来自对客体作用于主体所产生的影响这一事实（价值事实）的，就将这种价值事实定义为价值。强调人们的价值追求对价值判断的影响的就将价值定义为一种主观意向。强调情感对价值判断影响的，就将价值定义为一种情感。

总之，人们在价值定义中所要寻找的是影响价值判断的因素，而不是价值判断本身。所以，我们认为，以往人们的价值定义都存在定义内容错位问题。价值的本质就是价值判断的简称，而且是一个错误简称。价值判断是一个认识论概念，而不是一个本体论概念，在人的价值判断之外并不存在一个叫价值的东西。

所以，传统的价值哲学就被一系列的思维错位误导到一个完全错误的方向上，这些错误包括：将价值误解为价值判断之外的一个东西，将伦理规范误解为价值判断，将道德判断完全误解为伦理规范。

从认识论立场看，价值理论的研究思路和问题体系也可以有两种陈述方式：一是从价值认知的立场阐释的，分两个层面。第一个层面是：确定价值就是价值判断,然后定义什么是价值判断。第二个层面是:研究价值判断的形成根据、心理机制、价值判断的功能、推理规则等。价值追求也属于价值判断的形成根据之一。二是从价值观念的立场阐释的。第一个层面界定价值观念。价值观念就是价值判断和价值追求。第二个层面是阐释价值判断和价值追求的形成根据、心理机制、功能和推理规则等。

(2) 本体论陈述方式。这种陈述方式就是上述错误发生的思维原因。这种思维方式认为:在价值这个概念之外存在一个叫价值的东西,价值哲学研究就是要把握住这个东西。根据对自己所关注的价值内容的理解不同,人们走上了不同的定义价值的道路。强调价值客观性的人,认为价值就是被我们判断为有价值的客观事物。强调价值主观性的人,认为价值就是人的主观愿望、追求的意义、情感,甚至人本身。将价值与价值判断这种思维活动联系起来的人,就看到价值判断的根据在于价值主体和价值客体的关系,由此,就从价值主体和价值客体的存在和相互作用开始研究价值,将价值界定为客体的一种功能或效应。由于这种思维方式缺乏认识论的思维方式的正确指导,所以,根本无法区别价值判断与伦理规范和道德判断,而是听任所谓传统和权威的支配,陷入无可奈何的思维状态,找不到解决问题的任何思路。

2. **经济学的概念体系**。经济学对价值问题的研究从总体上与哲学相似,但有两点不同。一是经济学没有涉及伦理和道德问题,使问题域变得较为简单。至少在马克思主义经济学中是如此。二是经济学的核心问题不是寻找价值的本质,而是确定价格的决定因素,即经济学价值理论的核心问题是价格决定问题。这就使我们在经济学中比较容易找到概念体系的混乱表现、原因,找到使其概念体系达成一致的方法。这种研究对哲学的价值研究具有很大的借鉴意义。

由于经济学的价值研究是从价格决定开始的,所以,其所研究的价值的第一个含义就是价格,即交换价值,准确地说是交换价值判断。这是一个认识结果。交换价值判断是价值判断的一种形式,在市场经济社会是最常见的一种形式。所以,在经济学中,交换价值判断也是价值判断的第一个含义,即价格是价值判断的第一个形式,但不是原初的形式。

当人们研究价格决定因素时,第一个找到的就是使用价值,即某物对人们的影响。这个使用价值准确地说是使用价值判断，即人们认为某物到底有何价值或用处的判断，即认知。这个使用价值判断也就是价值哲学中所讲的功能性价值判断。这是经济学中价值的第二个含义，也是价值这个概念的原初含义。

从价格决定因素出发人们找到的第二个概念是价值追求，即人们的需要、欲望等意向性东西。我们对某物的需求度越高，消费该物时获得的消费体验越强烈，由此人们愿意付出的价格越高。我们把这种价格称为消费体验价格，即商品的边际效用价值。所以，我们对一个事物的价值判断有量的差异和变化，需求的心理强度越高，给该物的价值判断的值或量就越高，即某物的价值量与需求量成正比。而人们对某物需求的程度又与供给的量相关，供给量越大、越充分，需求度就越低。即需求度与供给度成反比。即我们对某物价值量的判断是与功能性价值判断有关，又与价值追求的心理强度（需求度）相结合的产物，而需求度与市场供给成反比，所以，价值量就又是功能性价值判断与市场供给相结合的产物。

所以，在经济学上，价值判断包括三个方面的内容：有没有价值、有何价值、价值有多大。实际上有没有价值是建立在有何价值基础上的，所以，在经济学上价值判断的基本含义就是两个：有何价值（这就肯定了其有价值）和价格高低。但到此问题并没有结束。人们对价值判断的研究又深入生产劳动领域。

从使用价值出发人们又找到了生产劳动，因为大多数商品都是劳动创造的。马克思将创造商品的劳动也称为商品的价值，并以劳动量衡量价值量。在市场经济条件下，一个商品的价格是与人们生产其所付出的劳动量直接相关的，如果付出的劳动量很多而商品价格很低，人们就会放弃这种商品的生产。如果劳动量低而价格很高，人们就愿意多生产这种商品。当一种商品的供需平衡时，其价格就是其劳动量的货币表现，即劳动的价格。当然，这个劳动量是死劳动和活劳动之和。当商品供给小于需求时，其价格就会高于劳动量，供给大于需求时，其价格就会低于劳动量，供给就会减少，或者使价格趋向劳动量，或者直接退市。

劳动价值论和边际效用价值论各自强调了价格决定因素的一个方面，完整的价格决定理论应该是二者的合体。即一个商品的价格是劳动时间价格和消费体验价格之和。劳动时间价格是商品的底线价格。低于这个价格，该商品的供应量就会减少，直至退市。

在经济学中，人们还经常把商品、资源等都称为价值，是因为这些东西都是价值判断的客体，然后进行错误的简称造成的。人们把商品生产称为价值生产，产品分配称为价值分配，都是把价值判断的客体理解为价值造成的。

无论是经济学的价值理论的概念体系，还是哲学的价值理论的概念体系，价值都是价值判断的简称，这样我们就保持了价值这个概念的含义的同一性。从这里出发，我们把整个概念体系都统一起来了，消除了概念体系内部的矛盾，并随之消除了所有相关的理论问题，并实现了将所有相关理论学派统一为一体的理论效果。所以，基于纯粹的逻辑原则，我们有理由相信这个理论的合理性和可靠性。

3. **经济学中的伦理问题**。当我们将经济学的价值概念体系澄清之后，我们就可以将哲学的理论问题和道德问题引入经济学的价值理论之中。马克思主义经济学虽然没有伦理学的形式，却有伦理学的本质。因为，马克思的劳动价值论就具有明确地维护劳动者在价值客体分配中的地位的作用。如果我们把资本主义生产理解为一种劳资双方的生产合作，整个生产组织方式和分配方式就是劳动合约，这种合约就具有一种伦理性质。而马克思对资本主义生产方式所批判的两个方面就是生产组织形式和分配方式对工人都是不利的，这种批评本质上是一种伦理批判。通过一百五十多年的社会实践，我们发现，马克思对资本主义生产方式和分配方式的伦理批判是绝对有道理的，但有些过头了，应该说太多偏袒工人阶级了，没有如实地肯定资本家的贡献。其实，我们如果冷静思考一下就会发现，在人身自由的条件下，如果一场合作只对一方有利，或只对一方有害，是很难持续进行下去的。所以，我们应该实事求是地考察劳资双方在生产过程中的作用、贡献，然后根据市场规则确定合理的分配份额，确定合理的劳动保护措施，从而实现劳资双方的共赢，以不断推动更好更多的价值判断客体的生产，给人们带来更方便、便宜的生活条件。而要达到这个理论目的就需要再次深入现代工业生产方式内部，站在中立的、客观的立场重新进行研究。

4. **哲学—经济学合一的价值理论概念体系和问题体系**。这是一个多层次的概念体系。我们按认识论陈述方式陈述。（1）第一层，价值哲学的研究对象是价值观念。价值观念包括价值判断和价值追求。价值判断就是对某物价值的判断。价值追求就是人们的意向，包括需要、欲望、兴趣、志向等。价值判断和价值追求相互生成、相互转化。价值就是价值判断的简称，但是个错误简称，最好不要这样做。（2）第二层，价值判断包括功能性价值判断（即使用价值判断或效用价值判断，判断有何用）、分别性价值判断（判断是否有价值）和价格判断（即交换价值判断或边际效用价值判断，判断值多少钱）。功能性价值判断和分别性价值判断是哲学和经济学共同研究的对象，价格判断是经济学研究对象。（3）第三层，影响价值判断的因素。这是哲学和经济学研究的核心问题。包括价值主体、价值客体和主客体之间的关系。价值主体即价值判断和价值追求的主体，价值客体即价值判断和价值追求的客体。价值主体、价值客体是哲学研究的对象。主客体之间的关系首先是消费关系（客体对主体的生存状态的影响，包括审美影响）和认知关系（价值评价活动），是哲学和经济学共同研究的对象。消费关系体现为商品的消费体验价格。认知关系体现为价值判断和价值理论。（4）第四层，价值主体的存在方式、价值客体的来源、主客体关系的形成。价值主体的存在方式即人类的生存方式。价值客体的来源包括自然赋予（自然资源）和生产劳动。生产劳动在哲学上是价值客体的创造者，在经济学上既是商品的创造者，也是价格的决定因素之一，劳动时间价格是商品的底线价格。生产劳动是主客体关系的第三种形态。主客体关系的形成是主体的生命存在方式、价值追求和客体的存在方式、对主体的影响方式两个方面共同作用的结果。（5）第五层，价格判断的决定因素。一个商品的价格是劳动时间价格和消费体验价格之和。

如果我们要把价值研究延伸到伦理问题和道德问题，那就再增加两个层次。这样，我们就把哲学价值理论的概念体系和经济学价值理论的概念体系完全统一起来。

（六）厘清价值理论概念体系和理论体系的方法论原则

面对价值理论内部庞杂而混乱的关系，我们要想理出个头绪，就必须时时保持严格的逻辑规则意识和强烈的现实生活意识，并时时将二者结合在一起,语言逻辑分析进行不下去的时候,就要回到现实生活分析,现实生活分析遇到困难的时候,回到语言逻辑分析。这个神经稍有放松就会不小心再次跌入理论陷阱中。作为读者在阅读本书时,也需要保持这种态度,才能跟上我们的步伐,而免受现有理论成果和研究方法的干扰。

作为一种哲学研究首先面对的是文本,现有的理论体系,即语言概念体系。研究的第一步是对这个概念体系进行语言逻辑分析,对这个体系进行逻辑诊断,提出其中的语言逻辑问题。比如我们对价值判断与伦理规范关系的梳理就是完全建立在语言的逻辑分析基础上的,并且坚信这个逻辑分析的正当性,不为权威、传统所动。再比如,当我们试图解剖现实的人的道德意识、道德判断时,就是借助对"德性"的语言概念分析完成的。我们首先把道德与伦理分开,德性属于人之内在特性而与行为分开。但对德性的研究仅在语言逻辑层面很难完成,所以,我们就回到现实生活中,通过对现实生活的人们的内在品格、动机、行为与社会规范等之间关系的仔细分析和细心体察,将它们慢慢梳理清楚,其中来回进行了很多回合,从而最终将它们之间的逻辑关系和实践关系阐释清楚。在这个过程中,我们相信虽然人们之间行为、思想等各个方面都是不同的,但作为同类,其内在的根据和逻辑路径、逻辑规则一定是一样的,深信"人同此心,心同此理"这一古训。通过深入观察、自我体验,我发现人的行为的内在根据在于德性,观念只是一个校正参数,伦理规范是社会给定的相互合作的方式,也是一个校正参数。当然,本书还没有涉及德性的核心问题,这个要留在下一本书才能进行了。

二、价值观念生成的先验程序和先验结构

(一) 研究方法

对文本的语言概念的逻辑分析和对现实生活的逻辑分析相结合,作为本书根本的方法论原则,也同样完整地体现在我们对价值观念生成的心理机制研究中。我们对价值认知的研究是首先从经验开始的。但我们对经验的研究不是从任何文本所述说的经验出发的,更不是从任何形态的经验理论出发,而是从我们每个人实际发生的经验出发的,主要从我自己的经验出发的,是根据我对自己的经验的反省、体验、分析出发的。这就是对现

实生活的逻辑分析。我个人的经验也是现实生活的一部分。因为，我们前面一再阐明：现实生活是通过经验进入我们的认知系统的，我们并不能直接研究现实生活，而只能通过经验研究现实生活。在研究自己的经验过程中，我们发现了传统经验论的重重谬误和缺陷，然后尝试根据自己的经验分析来修正这些谬误、弥补这些缺陷。所以，我这部分的写作方式属于直接陈述为主，反思批判为辅：直接陈述和分析自己的经验，然后在分析经验的过程中指出传统经验论的不足。这种写作方法会让许多习惯于文本研究的人感觉很不适应。这种将文本研究视为学术研究正统的流弊已经使中国的哲学界进入思想的黑暗深渊。

本书之所以能够提出一系列原创性观点，其根源除了我们对价值理论的一系列概念的语言逻辑分析找出传统研究的弊端外，还在于我们大大扩展了经验范围，即我们获得了新的研究材料。新材料导致新发现，是理所当然的。（1）我们对传统认识论所研究的感官经验进行了重新分析，从中引申出价值经验的存在。价值经验的发现才使整个价值认识论有望升级为真正的理性科学、经验科学，即价值科学。（2）把大量非感官经验引入认识论研究中。这些新经验都来自我们的现实生活，它们很少成为认识论的研究对象，却在我们身上每天都大量发生，比如身体内部感受经验、审美经验、情绪感受、情感体验、心智意识感受经验等。这些都属于价值经验，当然，也可视为科学经验作为科学理论加工的对象。这些经验才是我的生存状态的直接反映，我们生存状态的好坏直接由它们决定。（3）我还因自己的特殊经历获得了一些特殊经验，这些经验具有极高的科学研究价值。我在静观过程获得了大量心智和身体的感受体验，通过中医实践获得大量身体感受经验。这些经验之所以具有极高的科学研究价值，是因为这些经验不是随机的无意识中发生的，也不是简单重复的，而是在有意识的静观过程中、通过改变心智运动方式的过程中获得的，或者在改变身体内部的物质能量状态后获得的。大家知道，自然科学所研究的经验都是通过有组织的规划收集的，这些经验的发生是有序的，且随观察对象的有序变化而不断变化，而不是随机的。科学家是在实验中根据这些经验的变化与观察对象的变化之间的对应关系来解释经验的改变规则，由此推断被观察对象的运动规律。

（二）价值思维的前提和原点

人类的价值思维的前提或基础是人的身体意识能够产生各种身体感受和身体意识的趋乐避苦程序。如果人的生命没有这一特性就不可能有价值思维这种心智活动。

而价值思维的原点则是心智意识能够觉知到身体感受、趋乐避苦的程序和分别判断能力。这三点缺少一个，价值思维也不可能形成。正由于心智意识能够觉知到身体感受，然后由于趋乐避苦程序对觉知到的身体感觉形成倾向性态度，是继续得到还是远离。当心智意识觉知到身体意识的倾向后就随即将其确定下来形成前价值判断：某种感受是舒服的，某种感受是不舒服的。在这个过程中，心智意识的工作原理是：想得到的感受就被称为舒服的，不想得到的感受就被称为不舒服的。

人类的身体感受就是价值经验，身体感受包括外部客体引发的感受经验，身体内部生存状态引发的身体感受经验，还包括情绪感受和情感体验。除此之外，还包括心智意识自身的感受经验，比如宁静感、愉悦感等。

（三）价值思维延伸的路径

从根本上说，当心智意识觉知到身体感受并对其进行概念编码的那一刻，心智的思维意识就已经启动，随着前价值判断的形成，价值思维也随之启动。前价值判断形成之后，心智系统的趋乐避苦意识立即做出第一个价值判断：舒服的感受就是好的，不舒服的感受就是不好的。然后，由于趋利避害程序的作用，人类的价值思维形成第一个价值追求：好的就要得到、坏的就要远离。人类价值思维的第一个对象是生命体验而不是具体对象。对体验的追求是人类一切价值追求中的起始追求和终极追求。其他的价值追求都是建立在体验的追求的基础上的，是为实现对体验的追求服务的，或者是实现某种体验追求的工具。

当人们发现是某种事物给自己带来了快乐体验之后，即认识到该物能够影响自己的生命体验（即功能、效用或意义）时，就立即形成一个功能性价值判断。功能性价值判断既是事实判断也是价值判断。随之，价值思维的分别意识就对该物做出分别性价值判断：给人们带来快乐体验的事物就是好的、有价值的，带来痛苦体验的事物就是坏的、没有价值的。即分别性价值判断是建立在功能性价值判断基础上的。即价值思维的第二级追求对象是能够直接给人们带来生命体验的具体事物。在此基础上，价值思维又形成了第三级价值追求、价值判断。其中的思维是这样的：人类如果想实现第二级价值追求，即获得某一价值客体，就需要从事各种活动，比如从事各种生产活动、社会交往活动。而为了提高生产活动、社会交往活动的效率，人类就必须不断提高自己的活动能力，掌握各种知识和技能。因为人们发现知识、技能的获得有助于提高自己的生产效率，由此形成关于知识、技能的功能性价值判断。随之由于趋利避害的心智程序的影响又形成对知识、技能的分别性价值判断，在此基础上又形成价值追求。同时，人类为了获得第二级价值客体、提高劳动效率，就参与社会合作，进行社会分工。在这个过程中形成各种职业团体和生活方式。人们很快就认识到某种职业团体和生活方式更有利于自己获得第二级价值客体，由此又形成对职业和生活方式的价值追求。即第三级价值追求的对象在个体微观层面是知识、技能，在社会宏观层面是职业和生活方式。人们为了进入不同的职业团体和生活方式，同样需要获得相关的知识、技能。某种职业团体和生活方式也会更有利于人们获得特定的知识和技能。这是由人类的物质生产方式和知识生产方式决定的。而这两种生产方式都是为了提高人们的生产效率发展出来的。所以，价值思维的第三级的两个层面是相互依赖的。

当人们形成进入某个职业团体的价值追求时就需要学习该团体相关的伦理规范和相关的社会文化，或者当人们进入某个职业团体之后，为了更好地适应职业需要，也需要学习相关的伦理规范和相关的社会文化。同样，当人们进入某一社会共同体中（比如移民），希望能够更好地实现自己的第二、第三级价值追求时，也同样需要学习其伦理规范和相应的社会文化。因为，人们发现了这些伦理规范和社会文化的功能（形成功能性价值判断），随之做出分别性价值判断，最后形成第四级价值追求：对特定职业团体或社会共同体的伦理规范和社会文化的价值追求。同时，人们在具体实践活动中发现，仅仅机械地固守伦理规范和尊重社会文化是不够的，还必须具有特定的心理素质，即德性。由此就形成与德性有关的功能性价值判断、分别性价值判断和价值追求。这也是第四级价值追求的对象。总之，第四级价值思维的对象是伦理规范、社会文化和德性（即心理素质）。即伦理问题和道德问题都是人们为了实现自己的价值追求而形成的问题。

人类之所以能够形成价值判断和价值追求，从根本上说是由于人的心智思维。人的心智思维自身具有先验的客观的需要，是这些需要推动人们的价值思维不断向前。正因为人有获得信息的需要，才会形成事实判断和功能性价值判断。因为人有分别判断的需要，才有分别性价值判断。心智之所以要进行分别性判断是为了简化心智的思维活动，以便更快地确定价值追求的对象。人有解释的需要才促使人们形成各种知识体系，从而为扩大人们的认知范围和行为范围，保证知识体系的一致性，提供心理动力。人有分享信息的需要，从而为知识的传播提供了心理动力，是我们整个族类生存能力不断提高的重要心理条件。人有追求合理性的客观心智需要，这是保证人类思维和行为一致性，以便保证行为效果的基本心理条件；同时，也是人们能够相互合作的重要条件，因为对合理性的追求使人们的行为具有可预期性。当然，整个价值思维能够持续的根本原因是人具有趋乐避苦的心理需要。正是对快乐的无限追求，才使我们的活动对象的范围不断扩大、不断延伸。而对尊重和名的需要是维持社会合作的基本条件，是社会舆论能够发生作用的基本条件。如果心智没有对尊重或名的需要，社会舆论就会完全失效。这些价值追求都是心智意识自身所具有的先验的价值追求，是人人皆有的，也是人类为了适应这个物质世界生存环境的需要而形成的。

但人类生命之伟大，或者人之所以是万物之灵，其根本并不在于适应环境、维持生存和获得快乐这些特征上，如果这样，人与动物真的没有区别。人之伟大的根本点在于人的心智有更高的超越物欲的价值追求。比如对纯粹真理的追求，对心智发展的追求，开发生命潜能的追求，对正义的追求，对各项积极情感的追求，对宁静感的追求，对与万物一体感的追求等，都是与物欲的满足和生存没有直接关系的价值追求。这些价值追求使我们超越动物，真正地成为"人"。这是那些心智获得更高发展的人，为了提升自己的生存境界，或者为了给自己的价值追求提供合理性，就把仅限满足物欲的生活方式归于动物，而把超越物欲的生活方式归于"人"，以这种肯定性的方式达到对物欲生活的否定。同时，另一类心智获得更高发展的人，为了强化区分的效果，赋予这样的超越性的生存方式以"神性"，把所有超越人的生存方式的维度、属性都归于"神"，以此为人类开辟新的生存空间、新的追求，引领人类心智向上开发。但我们不赞成以这种在动物或人、动物或神之间的二分法来判断人的价值追求的层次性。这不利于我们尊重广大人民群众，也不利于我们以客观的心态来对待人类的物质欲望，不利于和谐文化的建设。我们承认人的价值追求有层次性差异，但这种差异是心智自身设定的差异，面对这种差异，我们应该承认相互之间的价值的平等性。就像面对一个多层次的楼房，我们不能抽象地说哪一层楼更高尚些，价值更大些。因为，它们都是整幢楼的一部分。但这不妨碍我们每一个人有自己喜欢的楼层，自己给出主观的高低不同的价值量的判断。

就我个人的体验和观察，在我们的心智中，确实存在着超越物欲的先验的愿望。因为我发现，无论我们接受什么样的教育，具有怎样的价值追求，当我们面对那些能够克服物欲诱惑和控制的人，我们内心都不由自主地心生赞叹、佩服之意，并立即生出敬意。而对那些完全被物欲操控的人，总是心生鄙视，无论其有多高的社会地位、知识技能，我们都很难尊重他们。这两方面的心理活动使我开始相信人的心智有一种天然的超越性价值追求，它们应该属于心智的更高层次，且人人皆备。就像王阳明所说的人人心中都有一个圣人，佛陀说的人人皆有如来佛性。这个圣人、佛性就应该是人心智中的这个超越物欲的价值追求的形象化表达。同时，在长期的静观体验中，我发现自己的心智层次确实在不断提高，物欲对我的控制力、诱惑力在自然降低，智慧和德性在自然提高。这就证明了古代先贤们所描述的心智的更高境界的真实存在。所以，我认为人的心智具有层次性，自我完善、自我超越是心智存在的更高境界。我之所以说它们是纯粹心智的，是因为它们的实现与我们所面对的这个物质世界没有关系，是完全在内心完成的。当然，即使一个心智开发得很高层次的人在这个世界生存的时候，依然需要吃饭穿衣，其与心智开发比较低的人相比而言，差别在他们不再以这些物质对象为追求对象，不再被这些物质欲望及由其所产生的快感所控制和诱惑，至少是在努力抗拒这些诱惑。人生的现实生活的另一面是：不追求不代表就没有。往往不追求的人可能拥有的会更多。心智在低层运作的一个极大的误区就是认为：如果我不求就不会有。而心智开发到更高层次的人会认识到：人生确实存在"无求而自得"的生存状态。世界上许多拥有巨量价值客体的人，往往并没有多么强烈的欲望，他们仅仅在做事而已，在做事中得到了那么多出乎其预料的东西。

（四）价值观念的先验结构

本书所说的价值观念的先验结构有两个层面：一是单个价值观念的语法结构或语法形式。二是一个人心智系统中的所有价值观念的系统结构。人类社会的价值观念系统结构是个人价值观念系统结构的外化，是根源于个人心智系统中的价值观念结构的。

严格意义的价值观念就是价值判断和价值追求。价值判断是个认识、判断，价值追求是个意向。所以，价值观念是认识和意向的统一体。价值判断和价值追求是相互生成的，双方自然相互转化。功能性价值判断和分别性价值判断的语法形式都是"是句"，价值追求的语法形式是"想要句"。

我们在解析一个人心智系统的价值观念的结构时，实际上分了三个不同的维度。一是从意识结构的立场进行的，包括身体意识和心智意识两个层面。身体意识是前提和基础，心智意识是价值观念生产的主体。二是从心智意识的两条活动路线进行的：外向型的价值观念系统和内向型的价值观念系统。内向型价值观念系统是根本，是外向型价值观念系统形成和不断延伸的动力；外向型价值观念是面向我们所处的这个物质世界的，是为满足人的物质需要而形成的。内向型价值观念系统借助外向型价值观念系统和价值行动实现自己的价值目标：体验自己想体验的体验。三是两条价值观念系统各有自己的内在结构，皆可分为不同的层次。外向型价值观念系统是从前价值判断的形成开始的，如果这样算，就分五层。而内向型的价值观念系统的研究很不够，可简单划分为与物质欲望的满足相关的价值观念和超越物质欲望的价值观念。我们曾借助佛学的三界概念来阐释心智意识的层次性，但只是一个借喻，具体内容我们将在未来研究人性和人的德性塑造问题时再来详细论述。

三、对人类知识整体的反思和重构

价值认知是人类认知的重要组织部分,应该说核心部分。科学认知是为价值认知服务的。所以,相对而言,价值认知比科学认知更重要。但传统哲学一直都是以科学认知为样本的,认识论哲学和认知心理学等都是以科学认知为样本的,从而使人们感觉到价值认知似乎没有科学认知重要。这是由于人类一直没有找到科学的研究价值认知的途径和方法,也与价值认知更加复杂有关。本书的目标是建构一个价值认识论体系,但为了阐明价值认识论,我们就不得不回到科学认识论,借助对二者的比较研究来阐明价值思维、价值认知在人类整个认知中的地位,与科学思维的关系,同时,对科学认识论进行反思和批判,以便价值认识论研究能够摆脱科学认识论的干扰。由此,也使我们实现了对人类认知整体进行研究的意图。当然,这个意图还没有完全实现。

(一) 价值认知与科学认知都遵循经验—逻辑规则

1. **价值认知和科学认知的共同点。**我们的研究充分证明人类价值认知的基础、路径与科学认知一样,遵循同样的经验—逻辑这一理性主义规则,建立在同样的身体意识的感官感应基础上,建立在同样的心智觉知能力、对经验的陈述能力、对经验的分别判断能力和逻辑推理能力的基础上。

关于经验,我们确定了两个基本观点,这两个观点保证了我们不放过任何一个经验、任何一类经验。第一个观点就是经验永远为真,错的只能是理论。第二个观点是否定性的经验是不存在的。我们只能说:就我的经验而言,在某时某地,我没有经验到某东西。所有否定性的经验陈述都是建立在逻辑推理基础上的,都不是原生态的经验,表述该"经验"的命题都属于复合命题。这两个基本观点不仅修正了传统的经验理论,而且还把经验论坚持到底,从而使我们的思维保持最大限度的开放性,为把解放思想、实事求是原则贯彻到底提供了新的理论基础。这两个特点适用于所有类型的经验。

2. **价值经验和科学经验的差异。**当然,价值经验与科学经验在某些细节上存在差异。这些差异包括:

(1) 经验形态差异。每一个原生态的经验实际上都包括两类经验:感官经验和感受经验。科学认知是从感官经验出发的，价值认知是从感受经验出发的。但感受经验也可作为科学认知的经验材料，由此可达到对人类生命存在状态（生理和心智）的认识。因此，价值经验对人类生命自我认识具有更加重要的价值。已因此，本书借助对价值经验的研究提出了一系列人类生命存在论假设。

（2）信息加工方式的差异。科学认知有一套信息处理系统，即经验的数据化、客体化处理系统。这套系统在未来的价值研究中同样可以采用。只是我们需要将人类（价值研究样本）进行适当的分类，取消科学研究完全忽视主体的个体性差异这一原则。因为，人们的身体状态和心智开发程序都会影响人们的价值经验的具体内容，但价值经验的生成程序对所有的个体都是一样的。价值认知的关键是心智意识有趋乐避苦功能，该功能使人能够形成意向，进而形成趋利避害的能力，形成种种价值追求，参与到价值判断形成过程中。

（二）科学知识和价值知识皆具有主客体间性

传统认识论一直强调知识的客观性，排除知识的主观性。我们的研究表明所有的知识都具有主客体间性，是客观事物与人的身体和心智相互作用的产物。完全与人无关的知识对人来说是不存在的，也是人类无法理解的。

1. 科学认知和价值认知都是建立在人的感官经验系统基础上的。人类不可能超越自己的感官经验系统来认识这个世界，人类对这个世界和所有事物的认识都是通过经验进行的，不同的经验表现为事物不同的属性。我们对一个事物认识的丰富性就表现在我们对该事物属性认识的丰富性上。即我们所认识的事物的属性越多，表明我们对该事物的认识越广泛和越深刻。属性都是经验。科学经验和价值经验都会丰富我们对事物属性的认识。现代科技手段对事物属性的认识也没有超过我们感官能力所涉及的范围。所以，无论是科学经验还是价值经验，皆具有主客体间性，是主体和客体相互作用的结果，是主体和客体内在客观规律作用的结果。

2. 价值知识也具有普遍性和先验性。价值知识即价值观念是建立在价值经验和心智意识的先验程序基础上的，因此，也必然具有客观性、必然性、普遍性。价值知识包括价值判断和价值追求。以往人们不愿意承认价值判断的知识性，除了受伦理规范影响外（因为人们把伦理规范视为价值判断的标准样本），还与价值判断中包含价值追求有关。长期以来，人们一直不认为价值追求属于知识范畴，因为人们认为价值追求是个体的、主观的，缺乏普遍性。这是由于人们对价值追求的形成机制缺乏科学理解造成的。对人类的心智意识来说，价值追求是普遍的、先验的。个体之间的价值追求差异主要包括三个方面：（1）各个价值追求在人们心中的地位不同，排序不同。即每个人重点对待的价值追求不同，或每种价值追求在人们心中的强度不同。（2）每个价值追求所直接相关的对象不同，这取决于人们的经历和社会条件。比如，都需要住房，但各个时代人们所希望得到的房子不同。（3）每个人心智开发的侧面、层次不同所呈现出来的价值追求也不同。

在人类交往活动和人类自我意识中，对每个人和整体人类的价值追求的认识，是我们知识结构的重要组成部分，是我们相互理解、相互认同的关键。没有这一部分，每个人的知识和整个人类的知识都不可能是系统的，必然是零散的。

另外，价值判断和价值追求虽然具有先验形式，但其具体运作都依赖于外界的刺激和内在生命存在状态的改变，所以，也都具有客观性、客体性。

（三）人类认知的正确陈述方式是认识论陈述方式

长期以来，人们正确认识自己的认识的一个极大的认知障碍是本体论思维方式的盛行。这种思维方式对人类的认知缺乏自觉意识，至少是对认知方式和知识特征缺乏系统深入的认识。这一点对科学认知和价值认知都是一样的。这种思维方式忘记了我们所谈论的任何问题都是在认识范围内谈的，认识之外的世界是我们不能言说的。我们特别把两种思维方式、陈述方式阐释清楚，为解决诸多哲学问题、价值问题提供了理论基础。本体论的思维方式和话语方式的路径是：客体→经验→理论。而认识论的思维和话语路径是：客体←经验→理论。即二者的差别是对经验与客体之间的关系的认识不同。本体论思维方式是人类习惯性、天然的思维方式，认为我们的经验就是对客体的直接反映，认为客体决定经验。这种方式是与我们的日常生活经验完全一致的。而认识论的思维方式则意识到客体是我们根据自己的经验推导出来的。如果没有经验，对我们的思维和言说而言，客体是不存在的，我们是无

下 篇 价值观念形成的先验程序和先验结构

法思维和言说它们的,所以是经验决定客体。但认识论的思维方式并不否定客体的预先存在,而只是说当我们在思维和言说某物时,一定是先有经验的,且只在经验范围内思维和言说。这两种思维方式给我们带来不同的认知态度,本体论的思维方式是经验主义和教条主义的认识论基础,认识论的思维方式使我们对这个世界、对自己的认知和他人的认识都保持开放的、宽容的态度,这是我们做到"解放思想、实事求是、与时俱进"的思维基础。在本体论思维方式看来,本体论是认识论的基础和前提,有什么样的本体论就有什么样的认识论。而在认识论思维方式看来,本体论是认识论的推演,本体论是为特定的认识论提供逻辑基础而做出的一种理论假设,有什么样的认识论就会有什么样的本体论。这一思维方式在自然科学的微观研究和宏观研究中都得到普遍认同和运用。

后　记

　　本书是教育部人文社会科学一般项目"价值观的先验结构及其生成的内在程序研究"（12YJA720023）的最终成果。非常感谢教育部对本项目的大力支持，使这项研究得以完成。同时，本书的写作和出版也得到东南大学马克思主义学院及院长袁久红教授、副院长盛凌振教授的大力支持，得到东南大学江苏省中国特色社会主义理论体系研究基地的资助。袁久红教授还对本书提出了非常具有建设性的建议。在这里一并感谢。

　　本书的完成对我本人有着非同寻常的意义，因为它使我有机会将我过去在各个领域的学习、探索的成果得以集中展现，并将之串联为一个整体。我感觉自己一直是一个真理追求者，也是一个生命探险者，甘愿冒各种风险做聪明人士不愿做的事情。我在读中等师范的时候就醉心于逻辑学和语言学习，养成了对所有概念和理论问题进行语言逻辑分析的癖好。这种癖好非常令人讨厌，因为通过这种分析我发现市面上流行的所有哲学和社会科学理论体系都漏洞百出，貌似严谨辉煌的大厦只是一个个不能遮风挡雨的茅棚。于是我就尝试建构各种替代性方案。这么多年，我建构的理论体系草案至少有几十个，几乎遍布哲学和社会科学的各个领域。本书就是其中一部分的集结。所以，随着写作的完成我非常高兴，就像十月怀胎的孕妇终于要生产了一样，激动之情难以掩饰。幸好，我精通静观之术，很快就将其平息，复归宁静。

　　我的学术研究之所以能够从传统学术思维的问题体系、解决方式中彻底

后 记

突破出来，与我学术研究之外的生命探险活动有着极大的关联。我从小身体虚弱，读中等师范期间通过锻炼大有改善，但在复旦大学读研究生期间又出了问题，医生说我到40岁时就会变成白痴，花了学校很多医药费，为此对复旦大学一直心怀感激。来到东南大学后，我开始练习太极拳，结果身体很快得到根本性改善。通过阅读太极拳的相关文献，结合自己的练拳经历，我懵懵懂懂地认识到现代科学对生命的理解非常幼稚。由此我很自然地成为生命探险者。后来又接触到气功，练习过各种气功。我练习气功的天赋很好，练习各种气功都有很好的感受体验，效果非常明显。后来又自学了中医，自认为精通了中医的精髓。表现为具备治愈各种慢性病和疑难杂症的能力，所有相信我的亲朋好友的各种病症都治好了。在我的家乡我已经非常有名，我一回家，父老乡亲就会结伴上门找我医治。借助中医和气功我进入了中国传统文化所呈现给人类的神秘世界，大大超出我的所料，使我认识到人类生命之博大和神奇，也使我更加认识到现代科学研究的局限性，由此开始进入对人类认知的研究领域，大大拓展了我的经验范围，也促使我对传统经验论进行反思和批判。通过研究科学认识论、科学史，我发现在科学界实际上有两种科学，一是致力于探索宇宙、生命奥秘获得真理的科学。这部分科学家思维无限制，关注每一种经验，敢于大胆联想，往往也不在乎学界同仁的看法，是真正的严格意义上的人们真正期待的科学家。二是严格限制自己研究对象和研究方式，将与传统宗教、玄学有关的议题绝对排斥在外的科学。这部分科学是科学界的主流，研究认识论的哲学家大多都依附于此类科学。我经过仔细研究发现这种科学、科学认识论存在严重的内在矛盾，他们对经验论的理解是前后不一致的，为此我写下了两篇论文《"眼见为实"辩》和《论经验主义内涵和内在矛盾》。我本人坚持第一种科学观，以探索宇宙、生命的奥秘为己任，为此不惜牺牲任何代价。

为本书的写作，我后来找到了一种独特的观察人类心智运作的方法，这个方法我称之为静观。它是传统内省、内观方法的升级版。在持续十几年的静观中，我对人的心智运作的程序、规律有了极为深刻而丰富的经验。本书对心智运作程序的解剖只是我对心智运作程序理解的一部分（另一部分见孙志海的《静观的艺术》，中央编译出版社2014年版）。静观除了帮助我们认清自己心智运作的程序外，还会对人的生命、情绪、情感、认知产生神奇的效果。这些效果如果没有亲身尝试、体验，依靠日常经验是无法想象、无法理解的。我教会很多人学习静观，他们的感受与我一样，也都产生了神奇的效果，这些效果在现代科学范畴内无法理解，但从传统的宗教、气功和中医的角度比较容易理解些。这些经历使我对传统宗教有了理性认识，开始将其组织、仪式、戒律、社会目标等外衣统统剥离，最后归于人性的自我完善、自我超越的价值追求、生命体验和一套技术手段。2014年我出版了《静观的艺术》这本书。有不少读者打电话给我，表示我把他们多年修炼的困惑如此简单地解决了，并且表示这本书不仅简单，而且特别干净，没有任何杂质。他们的意思是没有任何宗教的、玄学的、神秘的东西，对实践者没有任何要求，只是一个单纯的技术，与我们生活中的其他技术手段一样，非常朴实，但效果神奇。所谓神奇就是非经验者不能理解，出乎预料。还有许多读者告诉我，读这本书使他们体验到从未有过的宁静。读者自发地建立多个《静观的艺术》微信群，还有更多读者在各种语音自媒体中朗读，比如喜马拉雅、荔枝、YY等。甚至几个静观爱好者催促我成立了一家公司传播静观技术，已经取得良好的社会效益。正是通过静观技术带给我的相关经历，使我最终将传统的科学、哲学和宗教之间的界限打破，并通过对价值理性或价值思维的阐释将它们综合为一体。这使我特别兴奋。因为，我深知人类在这个问题面前一直存在无数的困惑和纠结。如果我们不能将三者融为一体，价值哲学的灵魂永远不得安宁，人类的灵魂也永远不得安宁。

所以，我希望读者诸君能以更加开放的心灵对待本书，并相信我写作的真诚。如果有观点不能让您满意，还请原谅。如果有兴趣，我们可以一起探讨。最后，我还是请求读者诸君不要用现在学术界流行的那种引经据典式的写作方式要求本书。如果我按照那种方式写书，本书将无法完成。本书是站在传统的科学、哲学、玄学（包括宗教）之上的，所以，希望读者不要以自己习惯的写作方式来要求它,如果那样,您将无法理解本书的价值。

  本书的出版得到中央编译出版社董巍老师的大力支持,责任编辑王丽芳老师付出了非常辛苦的劳动,再次表示真诚的谢意。

2016 年 10 月 1 日于南京蜗居

孙志海

参考文献

一、著作

[1]《马克思恩格斯文集》(第5卷),人民出版社2009年版。

[2] 李秀林等:《辩证唯物主义和历史唯物主义原理》,中国人民大学出版社2004年版。

[3] 本书编写组:《马克思主义基本原理概论》,高等教育出版社2010年版。

[4] 本书编写组:《马克思主义哲学》,人民出版社2009年版。

[5] 李德顺:《价值论》,中国人民大学出版社2013年第3版。

[6] 孙伟平:《价值哲学方法论》,中国社会科学出版社2008年版。

[7] 宴辉:《现代性语境下的价值和价值观》,北京师范大学出版社2009年版。

[8] 冯平:《评价论》,东方出版社1995年版。

[9] 何萍:《生存与评价》,东方出版社1998年版。

[10] 韩东屏:《人是元价值——人本价值哲学》,华中科技大学出版社2013年版。

[11] 马俊峰:《价值论的视野》,武汉大学出版社2010年版。

[12] 余纪元:《德性之境:孔子与亚里士多德的伦理学》,中国人民大学出版社2005年版。

[13] 江畅:《比照与融通:当代中西价值哲学比较研究》,湖北人民出版社2009年版。

[14] 王玉樑：《21世纪价值哲学：从自发到自觉》，人民出版社2006年版。

[15] 王智：《价值与体验》，广西师范大学出版社2008年版。

[16] 王峰明：《马克思劳动价值论与当代社会发展》，社会科学文献出版社2008年版。

[17] 〔英〕洛克：《人类理解论》，关文运译，商务印书馆1959年版。

[18] 〔英〕休谟：《人性论》，关文运译，商务印书馆1997年版。

[19] 〔英〕亚当·斯密：《国民财富的性质和原因的研究》上卷，郭大力、王亚南译，商务印书馆1972年版。

[20] 崔战利：《我为劳动价值论辩护》，东南大学出版社2005年版。

[21] 《配第经济著作选集》，陈冬野、马清槐、周锦如译，商务印书馆1981年版。

[22] 〔英〕李嘉图：《政治经济学及赋税原理》，周洁译，华夏出版社2005年版。

[23] 〔美〕威廉·哈特：《内观》，台湾内观禅修基金会翻译小组译，海南出版社2009年版。

[24] 〔荷兰〕罗伊·马丁纳：《改变，从心开始》，胡因梦译，云南人民出版社2007年版。

[25] 吴清忠：《人体使用手册》，上海复旦大学出版社2013年版。

[26] 〔美〕尼尔·唐纳德·沃尔什：《与神对话》，李继宏译，上海书店出版社2009年版。

[27] 〔德〕埃克哈特·托利：《当下的力量》，曹植译，中信出版社2013年版。

[28] 〔美〕希拉里·普特南：《事实与价值二分法的崩溃》，应奇译，东方出版社2006年版。

[29] 〔美〕兰特·寇特莱特：《超个人心理学》，易之新译，上海社会科学出版社2014年版。

[30] 〔美〕亚伯拉罕·马斯洛：《人性能达到的境界》，曹晓慧译，世界图书出版公司2014年版。

[31]〔美〕A.H.马斯洛：《存在心理学探索》，李文湉译，云南人民出版社1987年版。

[32] 王凤仪：《王凤仪讲人生》，中国华侨出版社2009年版。

[33] 孟昭兰：《情绪心理学》，北京大学出版社2005年版。

[34]〔英〕弗兰西斯·哈奇森：《论美与德性观念的根源》，高乐田、黄文红、杨海军译，浙江大学出版社2009年版。

[35]〔德〕叔本华：《伦理学的两个基本问题》，任立、孟庆时译，商务印书馆2010年版。

[36]〔希腊〕亚里士多德：《尼各马可伦理学》，廖申白译注，商务印书馆2003年版。

[37]〔德〕马克斯·舍勒：《伦理学中的形式主义与质料的价值伦理学——为一门伦理学人格主义奠基的新尝试》，倪梁康译，生活·读书·新知三联书店2004年版。

[38]〔英〕亚当·弗格森：《道德哲学原理》，孙飞宇、田耕译，上海人民出版社2005年版。

[39] 管德华、孔小红：《西方价值理论的演进》，中国经济出版社2013年版。

[40]〔印度〕阿玛蒂亚·森、〔英〕伯纳德·威廉姆斯主编：《超越功利主义》，梁捷等译，复旦大学出版社2011年版。

[41]〔印度〕阿玛蒂亚·森：《后果评价与实践理性》，应奇译，东方出版社2006年版。

[42]〔英〕蒂姆·莫尔根：《理解功利主义》，谭志福译，山东人民出版社2011年版。

[43] 董世峰：《价值：哈特曼对道德基础的建构》，光明日报出版社2006年版。

[44]〔英〕边沁：《道德与立法原理导论》，时殷弘译，商务印书馆2005年版。

[45]〔奥地利〕胡塞尔：《伦理学与价值论的基本问题》，艾四林、安仕侗译，中国城市出版社2002年版。

［46］冯平主编：《现代西方价值哲学经典·先验主义路向（上、下）》，北京师范大学出版社 2009 年版。

［47］冯平主编：《现代西方价值哲学经典·经验主义路向（上、下）》，北京师范大学出版社 2009 年版。

［48］冯平主编：《现代西方价值哲学经典·语言分析路向（上、下）》，北京师范大学出版社 2009 年版。

［49］冯平主编：《现代西方价值哲学经典·心灵主义路向（上、下）》，北京师范大学出版社 2009 年版。

［50］孙志海：《自组织的社会进化理论：方法与模型》，中国社会科学出版社 2004 年版。

［51］孙志海：《静观的艺术》，中央编译出版社 2014 年版。

［52］Gardner, *Intelligence reframed: Multiple intelligence for the 21st century*, New York: Basic Books, 1999.

二、论文

［1］何祚麻：《经验不等于实践——纪念"实践是检验真理的唯一标准"的讨论二十周年》，载《真理的追求》，1998 年第 5 期。

［2］赖金良：《关于价值哲学和价值科学的思考》，载《哲学研究》，1995 年第 10 期。

［3］赖金良，《哲学价值论研究的人学基础》，载《哲学研究》2004 年第 5 期。

［4］胡义成：《"劳动价值论"与"效用价值论"的互补——马恩有关论述的本义》，载《攀枝花大学学报》，1995 年第 6 期。

［5］许有伦：《劳动价值论与效用价值论的辩证关系——与卫兴华、晏智杰教授交流》，载《经济评论》，2006 年第 3 期。

［6］白暴力、张栋：《边际效用价值论与劳动价值论的统一——兼论边际效用价值论 100 年的弯路》，载《财经科学》，2006 年第 8 期。

［7］邹升平：《深化对马克思主义劳动价值论认识的八大误区》，载《甘肃社会科学》，2008 年第 3 期。

［8］卫兴华：《马克思关于劳动生产力同价值关系的三个原理和社会主义

经济实践》，载《教学与研究》，1983年第2期。

[9] 郭永玉：《超个人心理学的形成与发展》，载《国外社会科学》，2001年第3期。

[10] 江传月：《论价值判断》，载《长安大学学报（社会科学版）》，2004年第3期。

[11] 李桂仙：《也谈哲学价值论的人学基础——以儒家文化为背景》，载《玉溪师范学院学报》，2008年第1期。

[12] 刘春蕾、冯大彪：《儒家内省对当代心理学的启示》，载《吉林师范大学学报（人文社会科学版）》，2008年第5期。

[13] 熊承清、许远理：《内省情绪智力量表的编制》，载《信阳师范学院学报（哲学社会科学版）》，2013年第3期。

[14] 张莹波、陈俊、王祖承：《内观疗法的应用与发展》，载《临床精神医学杂志》，2010年第1期。

[15] 周农建：《论价值经验》：载《东岳论丛》，1987年第4期。

[16] 孙志海：《论层次的时间性——兼论历史是如何进入结构的》，载《江苏社会科学》，2003年第12期。

[17] 孙志海：《价值哲学体系的重构——从价值判断出发》，载《现代哲学》，2015年第1期。

[18] 孙志海：《人性存在论研究的反思与重构——兼论人的自然属性、精神属性与社会属性的关系》，载《东南大学学报（哲学社会科学版）》，2014年第4期。

[19] 孙志海：《论经验主义的内涵及其内在矛盾》，载《科学技术与辩证法》，2005年第3期。

[20] 孙志海：《"眼见为实"辨——从一道考研试题谈起》，载《科学技术与辩证法》，2001年第3期。

[21] 孙志海：《论哲学体系的终结》，载《东南大学学报（哲学社会科学版）》，2005年第3期。